Johannes

# Quellen zur Schweizer Geschichte

Johannes Stumpf

**Quellen zur Schweizer Geschichte**

ISBN/EAN: 9783741143076

Hergestellt in Europa, USA, Kanada, Australien, Japan

Cover: Foto ©ninafisch / pixelio.de

Manufactured and distributed by brebook publishing software
(www.brebook.com)

Johannes Stumpf

# Quellen zur Schweizer Geschichte

# QUELLEN

ZUR

# SCHWEIZER GESCHICHTE

HERAUSGEGEBEN

VON DER

ALLGEMEINEN GESCHICHTFORSCHENDEN GESELLSCHAFT

DER SCHWEIZ.

SECHSTER BAND.

BASEL 1884.

VERLAG VON FELIX SCHNEIDER.

(Adolf Geering.)

# CONRADI TÜRST

DE SITU CONFŒDERATORUM DESCRIPTIO

# BALCI

DESCRIPTIO HELVETIÆ

# FRATRIS FELICIS FABRI

DESCRIPTIO SVEVIÆ

# JOHANNES STUMPF

REISEBERICHT VON 1544

BASEL 1884.

VERLAG VON FELIX SCHNEIDER.

(ADOLF GEERING.)

# Inhaltsverzeichniss.

# Conradi Türst

## De Situ Confœderatorum Descriptio.

Herausgegeben

von

**G. v. W. und H. W.**

# Conradi Türst

## de situ Confœderatorum descriptio.

---

**Ad invictissimos maximosque dominos dominum Consulem ac** fol. 1 a.
**Patres Conscriptos urbis Bernæ etc. de situ Confœderatorum descriptio Conradi Turst Med. doctoris, Turegii physici, primum præfatione incipit:**

Vos edoctos credo, generosi, nobiles, strenui ac prudentissimi Domini et Patres Conscripti, me fore horum, quæ pertinent ad vestram laudem, immortalitatem et commodum, studiosissimum. Ut autem huiuscemodi fervoris aliquod dem pignus, incultum præter calamum habeo nihil. Denique ratus pagos tris(!) nostros Confœderatorum: Tigurinum, Leopontinum et Helvetium (cuius majori vos P. C. prædominatis parti) atque eorundem situm geographicum conscribere, in universale quoque pingere, ut in his (cum licuerit per ingentes ac fere infinitas occupationes molesque) cognoscatis posterique ac exteri lectores cognoscant, vos præesse arto anfractu, e quo tamen innumerus educitur populus, qui binis etiam inimi | cis princi- fol. 1 b. pibus ad infestos et jam proeliare conantes exercitus abunde suffragari valet. Speroque vobis P. C. me non minus obsequi, quam operarius ille rudis (cui nihil aliud erat), cum aquam utraque manu e proximo haustam flumine Artaxerxi regi obtulit. Igitur optimi et excellentissimi P. C. vos obsecro, non opusculum, quod datur, vel inopiam vel communem eius apud geographos usum, seo alacrem dantis voluntatem metiamini. —

## Huius opusculi divisio.

De universalibus Confœderatorum limitibus et eorum principiis. Cap. I. — De situ decem Capitum in communi descriptione Cap. II. — De situ et singulari descriptione dominii Turegii Cap. III. — De situ et singulari descriptione dominii vestri Cap. IIII. — De situ et singulari descriptione dominii Lucernensis Cap. V. — De situ et sing. descript. dom. Uranionsis Cap. IIII. — De situ et sing. descript. dom. Schvitensis Cap. VII. — De situ et sing. descript. dom. Unterwaldensis Cap. VIII. — De situ et sing. descript. dom. Zugensis Cap. IX. — De situ et sing. descript. dom. Glaronensis Cap. X. — De situ et sing. descript. dom. Friburgensis Cap. XI. — De situ et fol. 2 a. sing. descript. dom. Solodrensis Cap. XII. De opidis | et universitate Confœderatis vobis colligata, non tamen conregentibus Cap. XIII. — De iis, qui sunt in proprietate octo Capitum Cap. XIIII. — De iis, qui sunt in proprietate VI Capitum Cap. XV. — De iis, qui sunt partim de[1] proprietate quatuor Capitum, partim binorum Cap. XVI. — De his, qui sunt de proprietate septem Capitum Cap. XVII. — De his, qui sunt de proprietate aliorum quatuor Capitum Cap. XVIII. —

## De universalibus Confœderatorum limitibus eorumque principiis Cap. I.

Gallorum omnium fortissimi estis vos, Helvetii sive Confœderati, cum majorem, tum potentissimam, tum munitissimam Belgicae Galliae partem possidetis, de vetusto quam maxime immutati ritu quondam ferociores, nunc vero et culti et humani. Mercatore plurimo frequentamini eo usque singulorumque

[1] „de partim" Ms.

domus foresve stipato resonant emptore. Neque de copia negotiatorum effœminatioris effecti estis animi; non minus enim magnanimitate virtutibusve crevistis, quam victoriis atque industriis. Namque vos omnis Germaniæ princeps et colit et veneratur, ipsus(!) quoque rex Romanus Maximilianus, sicut Fridericus f[elicis] r[ecordationis], genitor eius, Sigismundus- | fol. 2 b. que ceterique horum antecessores, ter centenis de nobis annis usque ad divum Heinricum V, non segnius observat quam foveat. Nec solum Germanus, sed Pannoniæ et Aquitaniæ quisquis sive rex sive dux, sive princeps ætiamnum Italiæ suas res publicas existimat minime aut salvas aut secundas, nisi vos sibi in socios conciliarit et amicos. Laudis huius maximam partem tum propter compositam vestram polliticamve vitam, tum ob splendidas vestras virtutes, tum amplitudinem propter vestri dominii populosissimam vos, Patres Conscripti, congessisse reor.

Latus id, quod ortum spectat, terminatur lacu Brigantino, in quem præcipitatur Rhenus; fuit quondam Nantuatium colonia, nunc vero civitas illic est diœcesana Constantia. Aliud vero, quo ad meridiem, eodem Rheno citra primos eius in Alpibus Rhetiis fontes in procinctu Curiæ Rhetiæ, ultra Adulam et Ticini scaturiginem longo illo Alpium tractu. Rhodano enim, loco quo Lemannum alluit, et Jura monte occidentale latus. Silva verum Hacenis septem erga trionem trans Rhenum in Germania finitur. Primæva itaque origine capitibus quatuor initiatum scitis fœdus: Uraniense, Schvitense, Unterwaldense utroque et Lucernense. Demum quatuor is | addita [est] Ture- fol. 3 a. gium, scilicet vestræ reipublicæ caput, Zugense, Glaronense; conjunctis novissime binis, Friburgo (nostra ætate municipali domus oppido Austriæ) et Solodro. Hoc se vicinum Romanis olim appellarat vetustatis inauditæ, apud geographos Forum Tiberii dictum, sicuti nostra urbs Turegum Gannodurum, in qua Romanus legatus (Romana republica adhuc dominante) sede prætoria in arce commoratus totæ illi provinciæ, ætiam in Rauricos usque ac Bojos, imperitabat.

## De situ decem Capitum in communi descriptione Cap. II.

Terræ istius vestræ, Patres Conscripti, cæterorumque Confœderatorum divisæ jam in partes decem. Is omnibus unus dies est horarum longior xv et minutiarum xxxx et circa magis aut minus, juxta earundem latitudinem. Distantes ferme singulæ ab occidente xxviij gradus, aliquæ viginti novem, et ab æquinoctiali versus arctum xlvij, interdum aliquæ plus aliquæ minus prope gradum, quia septimi climatis principium sumus et finis vero sexti. Quare dicendum nunc mihi videtur cuiusvis partium situm. Turegum a Rheni ostio de Curia Rhætiæ distat lxvj mille passus, de Constantia xxxiiij mille passus, ab Alpibus lxx, de Basilea l mille passus. Vestra urbs
fol. 3 b. Berna de | lacu Lemanno sive hostio Rhodani lxx mille passus, de Constantia lxxxx, a propinquioribus Alpibus lxx et de Augusta Raurica, juxta quam situata est Basilea, l mille passus. Lucerna de Alpibus xlv mille passus, lij de Basilea et a Constantia vj mille plus, de Lemanno lxx mille passuum. Urania est in Alpium pede, usque vero ad jugum Adulæ montis quindecies mille passus. Post Uraniam versus aquilonem Schvitz est per vij mille passus, a Constantia xlij mille passuum distans et a Turego xxiiij mil. Underwalden infra nemus a Lucerna vj mil. pass. et a fontibus Rhodani xxx mil., quasi pedem Alpium attingens, de Constantia lvj. Eodemve tractu Sarnen, quod Suprawaldo vocatur, Lemannum versus per quatuor milia passuum. Turegum inter Schvitz et Lucernam situatur Zug, undique distans ad duodecies mil. pass.; tamen erga Schvitz in uno mille excedit. Glarona xxiiij mil. pass. a Turego in austrum et a Curia Rhætiæ xxxi mille pass., de Urania xx mille. Friburgum vero a Lemanno distat lacu xxxvj mil. pass., de vestra urbe xvij mil., a Jura quoque monte xxij mil. pass. Solodrum Jurassum juxta, per stadia bina segregatum, a Lemanno lv mil., a Basilea xxxvj et de Constantia lxxj mil. passus.

## De situ et singulari descrip | tione dominii Turegii. Cap. III. fol. 4 a.

Ordiamur nunc a munitissima urbe Turegia (quia principalius vos inter Confœderatos caput est, primatum tenens) Cæsarum viscalina sive aeraria, quæ clero inquam numeroso et civibus locupletissimis inhabitatur. Phanum illic Carolinum conspicitur miræ vetustatis, ubi de legione Thebea corpora tria sanctorum Fœlicis, Regulæ ac Exuperantii post multivarium humata existunt martirium (clarent nunc quidem multis miraculis), quod non minus perpetui feudi de imperio est, sicuti regalis illa abbatia cis Linguin[1], jurium et legum Turegiarum vera æditrix. Urbs ultra stadiorum binorum longitudinem habens, haud latitudinis minoris, divisa (mœnibus tamen unitis) predicto amne Lingo. Juxtaque Fœlix Augla, monasterium monacharum Cisterciensis ordinis, infra mœnia autem binæ domus virginum Vestalium, vel (ut rectius loquar) s. Dominici, tris(!) quoque domus fratrum Mendicantium; itaque septies de septem is ecclesiis immortali in die concinnitur Christo Deo. Hæc quoque urbs Turegum adjacet lacu sui nominis erga austrum, predictus ubi Lingus fluvius effluit longo tractu ultra xviij mille passus contra aqui | lonem in fol. 4 b. flumen Aram, cum quo Rheno præcipitatur. Longitudo vero laci ultra Rapersehvil se per xvj mille passus extendit, in latum aliquando ad tres mille aliquando parum minus; in summitate alluitur Lingo. Huius oræ verno pratis rident, autumno gravidæ sunt, uberrime villis et villagiis refertæ. De Turego in una parte laci prior militum Hierosolymitanorum Germaniæ arcem habet et loci natura et ædificatio[ne] tutam, dictam Wedischvil, ad viiij millia passuum; in alia domum cum fratribus Buobickon nuncupatam, ad x mil. pass. Prope urbem ad iij mil. pass. domus est Küsnach eiusdem ordinis, proprio commendatore fratribusque ornata. Est et alius sacel-

---

[1] In der Handschrift ein Wort: cislingum.

lus tantundem distans versus septentrionem amnem citra Lingum, Var dictus, sanctarum monialium ordinis s. Benedicti. Prædictum prope Buobickon abbatia optimi decoris situata quinque ad stadia, ordinis Præmonstratensium, nomine Rhúte. Illic cultior divinus persolvitur cultus. Insuper montem supra Turegium ad ortum Phœbi præpositura cannonicorum regularium ordinis s. Augustini. Ultra montem eodem progressu per bis mil. pass. domus sanctarum sacerdotum Gfenn, ordinis s. Lasari. Et citra Wintertur per stadia sex Berberg, prioratus œtiam cannonicorum regularium. Citra | fol. 5 a. quoque id Wintertur collegium Heiligberg. Et ad duo stadia virginum s. Dominici collegium Döss. Eodem de oppido Wintertur vj mil. pass. parum a Constantiæ via se sinistraos abbatia monialium ordinis Cisterciensis Tennickon; in medio autem [inter] Raperschvil et Constantiam abbatia Vischingen, ordinis s. Benedicti ad pedem montis Húrnli. Post montem autem Alpis dictum erga Zug monasterium Capelle, ordinis Cisterciensis. Decorum insuper collegium cannonicorum Imbriacum, quod a Turego distat vj mil. pass. septem in trionem. Tot domus sacræ, tanta quoque religio dominio in Turegio continetur. — Haud pauca ætiam municipia continet una cum pago Tigurino, cuius arx prima (plurimis quidem tam apricis, quam penes rupes abundat arcibus) verusve comitatus est Kiburg, a quo abavi archi-Austriæ ducum hactenus geniti sunt, distans viiij mille passus a Turego contra oriens, sub qua oppidum Wintertur, quod ab arce ter mil. pass. in vallem segregatur, et castrum Wúlflingen, possessio nobilium de Rhúmlang, Cæsariis præveligiatum libertatibus, quamvis homagio comitatui obligetur, de ipsa distans arce v mil. pass., atque vicus Elge fol. 5 b. vj mil. passuum a Wintertur in meridiem, op | pidum quoque Búlach sejunctum viiij mil. pass. in aquilonem. Demum Grúningen castrum, multis attinentiis multaque servitute, ad x mil. pass. erga meridiem. Deinde baronatus Eglisouv in oris Rheni cum oppido et arce non minus forti, quam voluptuosa, inauditæ ætatis; divus enim Julius Cæsar barones eiusdem dictos de Tengen illic et ditarat et nobilitaverat, remotus a Turego xiiij mil. pass., a Bülach iiij mille. Postea, ubi in procinctu Rhenus Turo amne inundatur, vicus Andelfingen cum sua servitute, parum minus Eglisouv a civitate nostra distans. Dominatur pariter nostra urbs oppido Stein, quod Rheno alluitur, distans a Constantia xij mil. pass. totidemve a Schaffhuson, per xxiiij mil. de Turego, quondam vero dominio baronum de Chlingen subditum. Arx quodam monticulo adhæret eiusdem nominis, jucundissimi aditus et amœni: nemore omni venatuli[1] abundo vinetisve opimis culto, eo usque quod ipsa Ceres ibidem ipsusque Liæus patrocinari existimantur. Oppidum intra monasterium est ordinis s. Benedicti, quod Cæsar Heinricus, prosapia Bavarus, e monte transtulit Duellio. Continet etiam urbs Turegum in ditione sua oppidum in jugo constructum, cum salubre aura, tum loci aptitudine inexpugnabile, dictum Regensperg, | aliquando domus nativa familiæ baronalis, habens inde Bl. 4 a. nomen, cristam et ancile, urbe distans vij mille pass., cum agro fœcundo, villis et villagiis pene usque ad Rhenum. Et iterum dominatum circa paludem Griffense cum vico eiusdem vocabuli ac servitute, qui intersecatur v mille passibus a Turego, de quo ad bis mil. pass. contermina eadem paludi arx Ustri, comitum olim de Rapperschvil diversorium, nunc generosorum de Bonstetten. Est etiam ager ad longitudinem viij mil. passuum, ad latitudinem v mille, cuius propinquior terminus erga civitatem iterum v mille, longinquior terminatur amne Rhúsa occidens versus, dictus Fryampt. Büchhorn, oppidum in oris laci Brigantini xj mil. pass. ultra Constantiam ad ortum solis, perpetuum jus civitatense nobiscum servat gaudetque tutela, qua oppidani multis de nobis annis vixerunt in tuto. Non minori comites de Sultz trans Rhenum cum eorum prædiis ac terris, cum pago Kleckgœuv jure urbi nostræ obligantur. Hinc propatulum sicuti populosissimum fertiliusve patet fore caput Turegium vos inter Confœderatos, itaque magnanimum singularisve prudentiæ.

---

[1] venatili? Siehe unten (Seite 11, Zeile 11 von unten).

## De situ et singulari descriptione amplissimi opimive dominii vestri. Cap. quartum.

fol. 6 b. Venustioribus domibus, P. C., urbs vestra Berna agrisve dominiisve ditissima, Ara amne circum pene irrigata et fortius communita. Senatoribus generosis, nobilibus et virtute omni exornatis, constantis propositi, splendet cum in dominiis, tum in urbe multis templis. Primum collegio moderno cannonicorum, nostra ætate cum dotato, tum structura egregia innovato, sacellis quoque hospitalibus binis, uno ordinis s. Spiritus, alio sex capellanis inoffitiato, atque domo fratrum domove virginum s. Dominici regulari disciplina viventium et fratrum s. Francisci cœnobio. Verum civitatem juxta ad duo mil. et tercentum pass. in aphricum(!) domus militum Theutonicorum dicta Künnetz, parum longius versus occidens monasterium cannonicorum regularium ordinis s. Augustini, vocatum Frouvencappel. Eodemve tractu, sed ab urbe viiij mil. pass., abbatia Frenisperg, ordinis Cisterticnsis et ultra id eodem meatu per octo mil. pass. abbatia Erlach opulenta, ordinis s. Benedicti, irrigata fluvio Zil, effluente lacum Novicastri. In aspectum vero orcasus ab urbe per xv mil. pass. abbatia ordinis Præmonstratensis Gotstat. Erga vulturnum autem per vj mil. pass. in colle Torberg, quondam forticilio baronum de Torberg, fol. 7 a. domus Cartusiæ, lepide atque distinctim exstructa, ping | uis cum hoc censu ac prædiis, fratribus octo decem incolitur. Abbatiam insuper unam sacrarum sacerdotum dictam Rügsouv, xj mil. pass. de Berna, in arctum vero aliam per x mil. pass. Frouwenbrunnen, utramque ordinis Cisterliensis; versus eandem plagam domus militum Hierosolimitanorum Buchsi, sed non distans ultra vj mil pass. ab urbe. Dein, sed plus ad dextram, iterum domus eiusdem ordinis Tunstetten, plusque seperata (!) ab urbe xxv mil. passibus. Iterum a civitate vestra xj mil. pass. collegium cannonicorum juxta Aram flumen in meridiem, vocatum Anseltingen, iterumque post xij mille pass. monasterium cannonicorum regularium Interlacus vocatum, quum inter paludes binas existit, quas ab Alpibus Ara et influit et effluit. In latere laci inferioris ad ortum specus, ubi discipulus Petri s. Beatus Deo famulatus est, miraculis clarens multos nunc in annos. Versus euronothum infra montes abbatia Trûb, xxvij mil. de vobis pass. Prope Arouv [septem]triones ad iij mil. pass. arx Biberstein, de proprietate prioris militum Hierosolymitanorum Germaniæ. Fluminum Aræ et Rhúsæ juxta confluvium, ante Rheni ingressum, de vobis ad l mil. pass. et a Turego xvij mil. pass., monasterium fratrum et sororum Minorum, religionis adser | vatæ, Kúngsfelden, id fol. 7 b. est Campiregii. Quondam sauciatus rex Romanus Albertus a nepote Joanne duce Austriæ ob patrimonium illic cum cæteris tribus successoribus principibus, singulariter Lúpoldo in prœlio Zempach(!) occiso, marmore tumulatus. — Hactenus clero absoluto temporalia magis enumeremus. De civitate vestra versus austrum loco, quo Ara secundam effluit paludem, oppidum cum castro Thun xij mil. pass.; dein per tria stadia arx lepida Oberhofen, possessio nobilium de Scharnatal; ultra eandem per x mil. passus vicus dictus Undersewen, per bina stadia monasterio coram Interlacense. Illic piscatura voluptatis plurimæ, quæ neque imbre neque hieme neque glacie impeditur, quin præpositus ipse aut convivæ sui tantum possint manibus de aquis copiam carpere viventium piscium saturitatem usque, de diversis etiam speciebus. Per vij mil. pass. ad Alpes dominium Hasle, robustissimis refertum viris, juxta superiorem paludem, quæ distat xj mil. passibus a fontibus Aræ. De hinc erga Sedunum ager cum vico Erlibach et Frutigen castro, seperatus a Berna xiiij mil. pass., protendens se usque supra montis cacumen iterum xj mil. pass. In oris inferioris laci versus occidens oppidum cum arce Spietz, prædium ipsius generosi equitis | de Bubenberg. De post castrum Steffisburg, fol. 8 a. possessio quiritis et consulis Matter. Postea erga ortum arx perfortis munitionis super rupem cum oppido Burtolph, quam quandoque inhabitata est familia predicta comitum de Kiburg generosissima (nam regii sanguinis conjugium sæpius contraxit), de Berna xij mil. pass., cuius infra mœnia domus Cordigerum. Deinceps ad xxiiij mil. pass. oppidum Zovingen, capitale totius pagi Helvetiorum uberrimum, cum collegio decoro cannonicorum. De Zovingen versus aquilonem cis Aram flumen castrum Arberg[1] et vicus v mil. pass. Contra vero defluvium eiusdem fluvii a Solodro vij mil. passus Wietlispach vicus et castrum in apice Jurassi. Post Arberg[1] in fluminis processu xlv mil. pass. de Berna oppidum Arouv, intra quod cœnobium monacharum s. Dominici. Postea eodem tractu ad xj mil. pass. arx insignis nomine et loco in confinio Aræ Habspurg, ædificata per familiam Scipionum; inde Austriæ duces originem (ut gnari estis) trahunt eorumve legittima erat hereditas, sicuti cessit eis hactenus titulus eiusdem arcis ipsoque utuntur recenti nostra ætate. Sed orientem versus parum comitatus Lentzburg, arce insigni amplaque palatiis, cum ingeniose, tum voluptuose | fol. 8 b. singulari architectorum industria constructa, et oppido sejuncto a Turego xvij mil. pass. Ad sinistram postmodum in convicino Campiregii oppidum Brugg, quod inundatur Ara fluvio. Eodem de oppido versus occasum ad iiij mil. pass. in pede Jurassi arx Schenckenberg cum suis attinentiis et villagiis. Verum a Berna contra phavonium per iiij mil. pass. in litore Aræ castrum Richenburg[2], possessio nobilium de Erlach. Iterum per vj mil. pass. vicus Arberg, sortitus nomen a fluvio, qui profluit. Demum oppidum Burren eiusdem fluminis tractu de vobis xiiij mil. pass., citra quod capella virginis Mariæ noviter constructa ob miranda, quæ dietim ibidem contingunt prodigia. Dein dominatus Arwangen xxvj mil. pass. de Berna et dominatus Trachselwald in Alpibus. Versus nunc ortum in distantia iiij mil. pass. castrum Worb, possessio nobilium de Diesbach; ætiam arx Brandis, nativa baronum illius vocabuli, de urbe remota ad xv mil. pass. In medio urbis vestræ et Lucernæ vicus Hutwil, ab utraque distans xxiiij mil. pass. Ad dextram autem baronatus Signouv cum propria arce jam de possessione quiritum nobi-

---

[1] Lies: *Arburg*. [2] Lies: *Richenbach*.

lium de Diesbach, ab urbe xij mil. pass. Contra aphricum(!) primum ab urbe per tria stadia arx | fol. 9 a. Bimplitz, possessio nobilium et emeritorum de Erlach. Juxta amnem Sana oppidum Loupon, xiij mil. pass. de Berna; illic nobilis olim de Erlach rem publicam Bernensem pene lapsam suis sustulit viribus. Deinde castrum Grasburg infra Friburgum et Bernam, vicinum montibus. Contra profluvium illius amnis ascendendo bini agri aptius culti, multis villagiis populosi, de vobis distantes xxiij mil. pass., longitudine protrahuntur ultra xx mil. pass. Vallosi enim sunt Alpibusve cincti usque ad Sanen; dicuntur Obersibental et Nidersibental. Deinde vallis Sanen (ubi Sana torrente oritur), Sedunensibus vicina; hac in valle sola collegas habetis imperii Friburgenses dominos. In occidens ad xvj mil. pass. oppidum Erlach, dein circa Jurassum in brevi lacus viij mil. pass. longus. Huius in termino arx est munita magis pleris[1] fœlici solo, lepido amne Zil, Nidouv dicta, et marchionatus cum adherente vico, distante de vobis xvij mil. passibus. A tergo Nidouv ad tria stadia oppidum Biel, villicatus Basiliensis episcopi, perpetuo sacramento vobis P. C. annexum et huc usque vestra tutatum defensione. Apud Rhodani introitum in Lemanum arx et vicus Helen[2] cum suis villagiis, vinetis fœcundus omnino et venatilibus, distat a vobis lxx mil. pass. Comitatus Novicastri inter Sequanos, marchi | fol. 9 b. onatus Hachberg trans Rhenum in Germania cum comitatu Susenburg, baronatu Rœtelen et Badenwiler, vestri juris sunt civitatensis; pariter comes de Vallendis, cuius diversio est in oppido et arce nativa Jurasso in monte situata, v mil. pass. extra Castrum Novum. Aetiamnum pleri viri generosi, quos hic omnis (!) referre tediosum, quia ipsi scitis. Ut autem brevi totum comprehendam, vos P. C. virium plenos (citra mediusfidius assentationem dicendo) prædico firmos semper invictissimosve cum æquitatis, tum necessariorum defensores.

---

[1] Lies: *prae aliis*. [2] Lies: *Aelen* = *Aigle*.

## De situ et singulari descriptione dominii Lucernensis. Cap. quintum.

Lucerna est in oris sui laci, qui porrigitur usque Fluelen ultra xxiiij mil. pass., e quo Rhúsa ipsam perfluit civitatem. Hic fluvius Adulæ in rupibus oritur, mercibus aptissimus, dans aditum oceano et in omnes Rhoni colonias. Pontes habet quamplures et longos et tectos nec solo viatori faciles, sed pro deambulando solatiosos. Collegium habet præpositurae venerandæ, annexum mœnibus, et infra domum fratrum Minorum. Parum de ortu solis sinistrans habet per vj mil. pass. castrum vetustum militum Hierosolimitanorum, (horum olim ibidem fol. 10 a. fuerat verum pædagogium et milita | ris institutio) dictum Honre. Aetiam juxta Rhúsam a Lucerna per iiij mil. pass. abbatiam sanctarum sacerdotum, dicta Domus Consilii vulgo Rathusen, Cistertiensis ordinis, et collegium Aeschibach cannonicarum regularium ad vij mil. pass. in aquilonem, aliudve collegium sororum s. Dominici Nüwenkilch et collegium venerabile cannonicorum Beronense, condonatum infinita servitute, feudale sacro Romano imperio, locupletissimi agri, distans xiiij mil. pass. a Lucerna. Erga occidens domum Zümiswald continet militum Theutonicorum per xvj mil. pass. In arctum iterum monasterium s. Urbani, Cistertiensis ordinis, a Lucerna xxvj mil. pass. semotum. — Expeditis clericalibus possessionibus aggrediamur sæcularia. Ad austrum in oris laci Lucernensis dominatus Weggis, distans a Lucerna vij mil. pass. Circium versus oppida Willisouv et Surse, distantia invicem iij mil. pass., Surse erga septentrionem, et a Lucerna primum xvij mille, secundum per xiiij mil. pass., et id est in fine paludis situatum sui nominis, quam exit rivus Sur; apud cuius summitatem oppidum Zempach(!), a Lucerna distans vij mil. passus. Totidem insuper passus erga boream comitatus cum oppido Rottenburg. Lucerna dominium habet prope Zovingen fol. 11 b. ad iij mil. pass. et de civitate xxviij mil. pass., per | tinens arci Witgen, in cuius contermino ad iiij mil. pass. dominatus

Bürren; priscis temporibus in arce eiusdem commoratus baro de Arburg. Deinde progressu corami fluminis Rhúsæ dominatus Merischvanden, de Lucerna xiiij mil. pass., in pede montis Lindenberg; ultra montem in occidens ad vj mil. pass. in convalle palludes(!) binæ, irrigatæ amne Aa, una vocata Baldeckersee et alia Halwilersee, quia in eius fine arx est eiusdem vocabuli, de qua principium familiæ de Halwil nobilis inter nostrates manavit, que tamen inter limites vestros continetur. In lacuum insula vicus est Richensee, a Lucerna xij mil. pass. distans, finiens illic eiusdem civitatis Lucernæ ditionem. Sed ad ortum in litore laci Zug arx Hertenstein, origo atque possessio non modicæ servitutis nobilium illius progeniei, et distat a Lucerna xij mille passus. —

## De situ et singulari descriptione dominii Uraniensis. Cap. sextum.

Principalior Uraniæ universitatis villa est Altorph. Ad dextram in valle domus sanctarum monialium ordinis s. Lazari. Irrigatur amne Schechen et fluvio Rhúsa. In ascensu montis vallis Schechental. In monte autem Adula Urseren ac Hospital. Trans Alpes vero Oerlels et vallis deinde tota Liviensis, ad longum xxxvj millia passuum. | fol. 11 a.

## De situ et singulari descriptione dominii Schvitensis. Cap. septimum.

Si nec primum, neque minimum est caput Confœderatorum Schvitz, de cuius universitate originali omnis Confœderati unum commune nomen originale acceperunt Schvitzer. Villa Schvitz cœnobium ambit monalium s. Dominici. Et in procinctu ad iij millia passuum monacharum monasterium, ordinis Cisterciensis, dictum Steinen, prope paludem Louwersee. Dein erga lacum Zug villa Art, a Schvitz vij mil. pass. In oris laci Lucernensis villa Küsnach, a Lucerna iij mil. pass. et quingentos. Erga meridiem in apice montis Morsach; dein inter rupes in oriens vallis Muotental. Tutorum universitatem hanc delegere transactis temporibus (licentia tamen archi-Austriæ ducum, verorum defensorum) abbas conventus monasterii capellæ Meginradi, qui locus vulgo Einsidlen profertur. Hanc divinitus conse.ratam multi pontifices summi auctoriaarunt, de fonte uberrimæ pietatis conferendo indulgentias adeo vulgatas, quod e diversis Europæ totius nationibus et ab ultima Tule peregrini confluunt, haurientes divinas gratias eo usque, fol. 12 b. quod de visi | tacione una minime saturantur, sed procliviores quoad vivunt continue reincenduntur. Distat a Turego xviij mil. pass., a lacu eiusdem vij mil. et vij mil. de Schvitz. Hoc monasterium dominatur plurimis servis in agrum in der March, in quo præter ceteras villa Lachen nomen dignius habet, qui ager viij millia passuum longitudinis est; arci Pfeffickon cum vico plurimisve mansis et villagio Chaltbrunnen; neque solum in ditione dominorum de Schvitz, sed ætiam Turegiorum aliorumque Capitum Confœderetorum, atque ultra limites in Rhetiæ Alpibus præposituræ s. Geroldi, opimo in agro, culto villagiis multis, citra Pludetz, distante ab Heremo lvj mille passus trans Rhenum.

## De situ et singulari descriptione dominii Unterwaldensis. Cap. octavum.

Unterwalden infra nemus majorem villam habet Stans in litore laci Lucernensis. Supra nemus quidem Alpnach. Juxta id litus et Sarnen et Sachslen, quam penes villam ad torrentem Alpium capella anachoretæ Nicolai, qui illic vitam celebem duxit, quia supra xx annos vixisse asseritur terrenorum sine alimentorum adminiculo. Ibidem paludes binæ usque in Al- fol. 13 a. pium jugum, quod vario fle | xu se protendit usque ad aditum Sedunensis vallis. Continet monasterium Montis Angeli ordinis s. Benedicti in clivo Adulæ, sive Alpium, distans de Unterwalden xij mil. pass., et porrigitur usque in fontes Rhodani cum valle montuosa per rupes etiam ultra xv mil. passus.

## De situ et singulari descriptione dominii Zugensis. Cap. VIIII.

Universitas Zug tribus constituitur partibus. Prima pars oppidum ad litus laci; secunda mons Egri, ab oppido vij mil. pass. ad utrasque dimensiones, vario tractu, usque ad terminum Heremi; Barr villa tertia pars. Dominantur oppido Cham, lacu Zug adherenti, qui lacus per longum se extendit vij mil. pass. et in latum tris (!) mille. E quo fluit amnis Loretz, brevi meatu irrigans Rhúsam flumen. Dominantur quoque dominio Húnnenberg, v mil. pass. remoto de Zug et xj mille a Lucerna, in confluio Rhúsæ. Dein iiij mille pass. de Zug erga occidens insula amnis Loretz monasterium abbatiale sanctarum monialium Vallis Mariæ, satis devotarum et religiosæ vitæ, ordinis Cistertiensis.

## De situ et singulari descriptione dominii Glaronensis. Cap. X.

Glarona villam capitalem habet sui nominis, | Næfels fol. 12 b. quoque et Schwanden. Continet vicum Wesen, situm in portu laci Walisee, ubi in Lingum effluit. Extendit se hic lacus ad x mil. pass. et bis mille per latum. Litus, quod occidentem declinat, colitur pluribus villagiis; distat xxxj mil. pass. a Curia Rhætiæ et a Glarona vj mil. passus.

## De situ et singulari descriptione dominii Friburgensis. Cap. XI.

Friburgum civitas raræ structuræ et firmissimorum murorum, cum in architectorum laudem, tum in omnis inimici inaccessibilem obsidionem ædificata, ruposis collibus ac amne Sana cincta, ut quisque militaris unamquamque portam arcem arbitraretur munitissimam. Domus sanctarum monialium ordinis s. Dominici apprime religiosa, domus militum Hierosolimitanorum, fratrum quoque Minorum et s. Augustini mœnibus cinguntur. Erga aphricum (!) abbatia Altenriff, Cistertiensis ordinis, iiij mil. pass. distans de Friburgo. Ad latus Alpium dominio dominatur Blafeyg, vj mil. pass. a Friburgo et in dominatu Gugensperg; sed erga Allobrogos baronatu Illingen non modicæ servitutis. Est et castrum Wippingen versus nothum, possessio nobilium de Wippingen, distans vij mil. fol. 13a. pass. a | Friburgo. Comes de Griers cum prædiis servituteque sua perenni jure civitatensi se vovit eis, Lemanum lacum juxta habitans. Una autem vobiscum, P. C. Bernenses, gubernat oppidum Moraten juxta paludem sui nominis situm, distans de vobis xiiij mil. pass. et a Friburgo vij mille, atque in vetustissimam civitatem Avanticum, quam omnis (!) geographi adservato determinant nomine; oppidum quoque ac arcem Orben in summo laci Novi Castri, ab eodem Moraten per xiiij mil. pass. segregatum, et oppidum ac arcem Granson in Heduis quasi locatum. Omnis (!) hi populi, si Allobroges non sunt, sunt tamen eis finitimi.

## De situ et singulari descriptione dominii Solodrensis. Cap. XII.

Irrigatur Solodrum Ara fluvio, qui reddit ipsam fortis munitionis ætiamnum propter ædificatas veteri ritu turres non solum pro hoste arcendo, sed procul pellendo. Collegium in ea cannonicorum est saginatum reliquiis multis Thebeorum martirum, quoniam s. Ursus, qui manipularius extiterat dux, suis cum comitibus in procinctu illius civitatis ad exstructum quandoque pontem in flumine truncatus, defluxit usque ad templi fundum, ibidem clam monumentati a Christi fidelibus. Continet muris domum fratrum Cordigerum, foris autem fol. 13b. collegium cannonicorum Werdea vo | catum, conterminum oppido Arouv quasi ad tria stadia in litore eiusdem fluvii. Per totum quidem Jurassum municipia non pauca habet; inter cetera baronatum Falkenstein, arcibus binis mirisve in locis abruptas inter rupes constructis pro illius securitate agri, una proprii nominis per xij mil. pass. distante in arctum, alia Clusen dicta solum per viiij mil. Deinde baronatum Bechburg cum singulari arce xij mil. pass. de Solodro, ad clivum Jurassi, arcemve Pipp, ut fertur expensa Pipini patris Caroli Magni constructam, xvj mil. pass. de Solodro; de Ara usque in arcis cacumen tria stadia. Sub qua oppidum Olten, ponte accessum dans Rauracis in habendo cum Helvetiis comeatu, xxiij mil. pass. de Solodro et xxj mil. pass. a Basilea. De Solodro in austrum v mil. pass., in confinio Aræ, dominatus Chienburg cum sua servitute ac villagiis.

## De oppidis et universitate vobis Confœderatis colligata, non tamen conregentibus. Cap. XIII.

Oppidum S. Galli, singulis connodatum Confœderatis, a Constantia xxiv mil. pass. in austrum vergit et de Rheni flexu illo, quo lacum inundat Brigantinum, xij mille pass. Taliter | fol. 14a. quoque communitas dicta Cella Abbatis in agro longitudinis xxij mil. pass. vicove Altstetten, villis et villagiis pleno, ita quod Rheno finitur, a Curia Rhætiæ xxv mil. pass. Pari modo Schæfhusen, oppidum in litore Rheni post Constantiam xxij mil. pas., parum plus de Turego in arctum, Confœderatis vobis convinctum, quod cingit abbatiam se ipso seniorem Omnium Sanctorum, ordinis s. Benedicti. Hæc præest castro Louffen numerosæve servituti. Dein monasterium s. Agnetis sanctarum sacerdotum eiusdem ordinis atque Cordigerum cœnobium. Neo minori nodo oppidum insigne Rotwila ultra Schæfhusen in Germaniam xlij mil. passibus distons connectitur. Constantiensis episcopus cum oppido Cella-Episcopi, vico Arben, arcibus plurimis, omnibus quoque municipiis et prædiis ecclesiæ pertinentibus jam suum fœdus sacramento confirmando renovavit.

## De is(!), qui sunt in proprietate octo Capitum. Cap. XIIII.

Vicus Zurzach, in quo collegium est cannonicorum, ætiam si breves, tamen nundinæ abundantes magis cæteris singulos per vestros districtus, juxta Rhenum distat a Turego xvij mil. fol. 14 b. pass. septem erga trionem. Oppidum | Keiserstuol (quod Galliam separat de Germania) solum xiij mil. pass. distat a Turego in arctum. Oppidum Klingnouv ad confluvium Rheni et Aræ. Citrave Rhenum per tres mille pass. totidemve de Brugg domus Lútgern, prioris militum Hierosolimitanorum Germaniæ. Dein Baden oppidum, de Keiserstuol ad vij mille et quingentos usque passus in oris Lingi fluvii, et a Turego xij mil. pass. Nominantur verius Thermæ Helvetiorum voluptuosissimæ, ut quo hortus Hesperidum cæteros, sic hæc vallis magis alias Veneris valles præcedit. Nympharum illic chorus, qui vetustioribus de vobis viris et præcipue Pogio nostro visus est omnis zelotopiæ (!) et immunis et jucundus. Adheret arx in rupe oppido, cuius est circumferentialis illa terra jam enumerata, baronatum repræsentans, qui habet in confinio oppidi monasterium plus quam pulchri situs abbatiale Maristellæ, ordinis Cisterciensis. Et a tergo per trina stadia oppidum Mellingen, in litore fluvii Rhúsæ, dein in austrum bis mille pass. cœnobium sacrarum sacerdotum Vallisgratiæ, ordinis Cisterciensis. Et postea Premgarten oppidum contra Rhúsæ defluvium, a Mellingen vj mil. pass. et a Turego in occasum xj mil. distans. fol. 15 a. Singula hæc | vobis octa Capitibus sunt subjecta.

## De is, qui sunt de proprietate sex Capitum. Cap. XV.

Ultra Premgarten in austrum per bina stadia sacellum virginum votarum (!), ordinis s. Benedicti, Hermanswiler, in oris Rhúsæ. Eiusdemve ordinis monasterium dictum Mure distat a prænominato iiij mil. pass. oppido et xij mille de Turego in occasum, situatum in transitu montis Lindenberg, a cuius dorso juxta paludes prædictas in dominio Lucerno (!) domus militum Theutonicorum Sitzkilch (!) per iij mil. pass. De hinc iterum in contermino fluvii Rhúsæ de Zug ad viij mil. pass. vicus Meienberg. Tota illius agri Rústal ditio est de proprietate collegarum vestrorum Turegiorum, Lucernensium, Schwitensium, Unterwaldensium, Zugensium et Glaronensium.

## De is, qui sunt de mancipio partim quatuor Capitum, partim binorum. Cap. XVI.

Raperschvil deinde oppidum et arx, cum ob piscationes, vineta pratave jucunda, tum murorum ob structuram formidanda cunctis insidiatoribus, in oris laci Turegii, xiiij mil. pass. a Turego: eodem enimvero pene cingitur; tamen ponte miræ longitudinis superatur, ut facile sit iter peregrinantibus in capellam Meginradi, de litore | ad litus circiter duorum stadio- fol. 15 b. rum. Habet coram se ad trina stadia monasterium abbatiale virginum, Vurmspach vocatum, ordinis Cistortiensis, et est ditionis quatuor Capitum originalium Confœderatorum; in quorum fœdere est tota ista vallis Seduna, foris terminos vestros, uti vobis P. C. notorium est, consistens. Post Raperschvil turris publicana et fortis in præsidium fluminis Lingi, dicta Grinouv, subtus quam in proximo Turegius inundatur lacus, de Raperschvil erga meridiem vj mil. pass. Deinde ad mille ac quingentos passus oppidum cum arce Utznach totusve ille ager Gastell, in quo monasterium reverendum est monacharum Schænnis, ordinis s. Benedicti. Ista continentur binorum Capitum ditione Schvitz et Glarone.

## De is, qui sunt de proprietate septem Capitum. Cap. XVII.

Abbatia est ordinis s. Benedicti, dicta Pfæffers, in Alpibus Lepontiis, in cuius confinio erga occasum iij mil. pass. antra sunt, e quis (!) aqua fervens scaturit, salubris artubus et in corrigendam atram bilem, ad quam plurimi confluunt, balneis se exercitantes, et effecti saniores recedunt. In rupe montis erga ortum arx Wartberg. Non segregantur nisi ad x mil. pass. a Curia Rhætiæ. | Sanagasa deinde oppidum et arx multæ fol. 16 a. vetustatis, origo comitum istius agnominis, circa flexum Rheni per bis mille pass., quo fluit contra eurum; a Turego per xliiij mil. pass. Demum oppidum Walenstat, viij mil. pass. vicinius Turego, prope paludem Walense, ad duo stadia. Eodem quoque Rheni profluvio coram comitatus, a quo principium maximæ ac generosæ manavit familiæ de Werdenberg, vico arcibusve binis, una vicum cingens suæ denominationis, alia litus juxta Rheni dicta Wartouv, strictus locus, sed populosus et fertilis ita, ut litus (?) per mille domus suam habet convocare servitutem, de qua duo millia aureorum annui census colligit. Huius nunc possessor baro Castelwart a Sanagaza (!), per vij mil. pass. in eoum. Solus hic comitatus civitatensi jure Lucernensium fungitur. Et baro de Saxo cum castro Forstneck in montibus clsrhenanis jure Turego civitatensi gaudet. Post Werdenberg versus arctum in montibus fontium Turi amnis abbatia ordinis s. Benedicti, dicta S. Joannis, longa valle atque cum multa servitute; distat a Rheni antedicto flexu viij mil. pass.; ibi ætiam id monasterium dominatur in dominatu Gams agri multum fol. 16b. fertilis. | Vicus iterum Steckboren de Constantia vj mil. passibus, paludem juxta Constantiam, loco quo Rhenus effluit. Et per stadium abbatia sacrarum sacerdotum ordinis Cisterticensis, nomine Veldbach; trans montem in pago Tigurino v mil. pass. eiusdem ordinis et sexus phanum Chalcheren. Iterumque oppidum in litore Rheni Diessenhofen, a Schæfhusen in ortum per v mil. pass. cum collegio monialium ordinis Prædicatorum, ad duo stadia Schæfhusen vicinius, dicto Vallis s. Catherinæ. Dein ad iij mil. pass. domus vocata Paradisus, virginum Cordigerarum inquam honestæ vitæ. Atque Rheni postmodum Insula, abbatia et civitas (sicut nolarum sonus declarat et quia fundatoris agnomine caret, inauditi senii), haud tria stadia distans a Rheni saltu per rupes, de Turego verum xviij mil. pass. Rursus in pago Tigurino vicus Plin, a Constantia viiij mil. pass. in transitu amnis Tur. Et Frouwenfeld oppidum atque arx contra occidens de Constautia xvj mil. pass.; prope id oppidum per iiij stadia in ortum domus Cartusiæ Ittingen, et per vij mil. pass. erga meridiem domus militum Hierosolimitanorum Dobel. Omnia hæc a vobis P. C. cæterorum septem Capitum sunt mancipia Confœderatorum.

## De iis, qui sunt fœdere juncti aut de proprietate aliorum quatuor Capitum. Cap. XVIII. fol. 11a.

Monasterium S. Galli (quod longe præcessit oppidum illius, in quo situatum est, vocabuli) abbate gubernatur, principe imperii. Hic infinita servitute sua cum oppido Wil, distante a Turego xxv mil. pass. et xij mille de Constantia totidemve de S. Gallo, cum vico Roschach in litore laci Brigantini, vj mil. pass. de S. Gallo, in quo novissime monasterium expensa ipsius abbatis constructum; cum arce Nüwenravenspurg trans lacum inter Germanos, cum Blatten juxta Rhenum, de S. Gallo distans xij mil. pass., cum templo Magnouw monialium, ordinis Cisterciensis, iij mil. pass. de oppido Wil in austrum, cum vico et turre Bürren in procinctu eiusdem monasterii, cum baronatu et castro Schwartzenburg, quatuor stadia distante ab oppido Wil, atque cum toto comitatu Toggenburg, in quo Lichtensteig oppidum, distans a Raperschwil in ortum xij mil. pass., cum turre Iburg vicina magis, cum castro Glatburg, cum cætera quoque eius ditione, fœdere annexus est Confœderatorum vestrorum Turegiensi, Lucernensi, Schwitensi et Glaronensi Capitibus. Quorum ditionis est totus ille ager Rhinegg cum vico et castro sui | nominis, semoto xxiiij mille de Constantia fol. 17b. (passus).

———

fol. 1 a. **Zuo dem edlen vesten und vildüren Her Rodolphen von Erlach, altschulthessen zuo Bern, die beschribung gemeiner Eydgnosschaft, gesetzt durch Con. Türsten, doctor der medicin; hebt an des ersten mit der vorred.**

Oich syn bericht, hoff ich, edler, vester und vildürer Rodolf von Erlach, mich syn dero, so dir zů lob, ze nutz und zů untædemlichem lümden dienend, geflissen. Das ich dir abermals sömlicher lieb etschvas pfandschaft geb, hab ich nütz, dann allein ein unzierliche feder. Bin doch ze rat worden, die trü gœuv unser eidgnosschaft: Zürichgöuw, Birggöuw und Ergœuw, des ein herschaft von Bern den meren teil besitzt, und ir gelegenheit beschriben, ouch in ein gemein zů fisieren, das du nach diner merklichen, unzalberer műg und helgung, so es dir gelieb, erkennist, üch syn regierer eines kleinen kreis, us dem unzalberlich folk usgefürt wird,
fol. 1 b. das da fintlichen fürsten | , so da yetz zů kriegen und feldstryten mit iren heren beginnent, richlich beyden teilen zů hilf koment. In disem hoff ich mich diner edle nit minder zů willfaren, dann der arm taglöner, der (da [er] nütz anders fermocht) wasser mit beiden henden geschöpft us dem nechsten bach dem küng Artaxersi in erung wise gabet. Harumb ich dine edle bitt, sy welle nit das werkle, so geben wirt, oder das wenige oder syn unseltzne by denen, so der welt ermessung beschriben hand, sunder den schnellen willen des gebers erwegen.

## Teilung dis buechlis.

## Von den gemeinen anstössen der Eydgnosschaft und iren anfengen. Cap. j.

Aller Gallischen ir Ergöuwer und Eydgnossen die sterkisten synd; dan ir besitzend den mereren, den mächtigeren, ouch den bass bewartisten teyl Gallien, genant Belgica, von dem alten bruch ser verwandlot, vor jaren dörflsch, yetz sitig und zimlich von manchem koufman heimgesûcht, so wit, das eines yeden hus und tür dönend von menge der köffren. Ir synd ouch nit umb vile wilen der werbhaftigen dester minders gemûts worden, dann ir nüt minder an starkmütige | fol. 8 b.
und tugenden habend zûgenomen, dann an sygbare und geschickte. Won ein yeder Tütscher fürst üch hochachtet und eret, der Römsch küng ouch sälbs Maximilianus, als Fridrich seliger gedechtnus siner k. M. vatter, Sigmund und ander ir vorfaren drithunder(t) jar vor uns bis uf den loblichen keiser

Heinrichen den XV. (!) nit minder vor ougen halt und günstig ist. Ouch nit allein yeder Tütscher, sunder Ungersch, Französi[s]ch, ouch Italisch küng, herzog oder fürst sine gemeinen nütz nit achtet glückselig oder bestendig, er habe üch dann im sälbs zů fründen und gesellen gesůnt. Den grösten teil diss loubes (!) vergich ich eim herschaft von Bern, ouch besunder din stamm von Erlach, umb willen üwers wolgeordneten stettischen lebens, um willen üwer tugentriche und wite folkriche landschaft haben zůsamen geleit. Stost einhalb gegen der sunnen ufgang an Bregetzer see, in den der Rhin flüst, ein etschwan gesin sytz der inwoner genant Nantuates, yetz ein houptstat des bistumbs Costenz; gegen mittem tag fol. 4 a. an die Alpen vil nach by Chur, da der Rhin entspringt, | untz über den Gothart, dem Tisin und dem Alpbirg nach; am Rotten, da er in Genfer see gat, und am Blauwen gegen nidergang der sunnen; gegen mirternach (!) sich endet enhalb Rhins am Schwarzwald.

Dir ist wol zů wüssen des ersten dise püntnüs entsprungen durch die vier Walstet, Ure, Schvitz, beyde Underwalden und Lucern; dem nach andre fier Ort: Zürich, üwre statt Bern, Zug und Glaris; am lätsten noch zwey zůgefůgt (by unseren zyten angehörig dem hus Österich) Friburg und Solodrun, das sich der Römren nachbur geuempt hat, ser alt, by den geographen genant Forum Tibery, als unser statt Zürich Gannodurum, in welcher ein Römscher richter (der wil der Römren gemeiner nütz regiert) in dem schloss wonhaft beherschet die ganzen provinz bis in das Sungöuw und Beyeren.

## Von der zechen Orten gelegenheit nach gemeiner beschribung. Das ander Capitel.

Als dan üwre mit sampt andrer Eydgnossen landschaft yet(z) in zechen Ort ist geteilt, so ist üwer aller lengster tag xv stund und xl minuten, mer wenig oder minder, nach ir fol. 4 b. ge- | legenheit von nidergang der sunnen xxviij grad, etlich

xxjx, und von mittag xlvij etlich minder, etlich mer, by einem grad; won wir des sibenden climas anefang und gewar end des sechsten synd. Harumb mich nun bedunkt zů sagen eynes yeden Ort gelegne. Von Chur am Rhin bis gan Zürich lxvj$^{m}$ schritt, von Costenz xxxiiij$^{m}$ schrit, vom Gotthart lxx$^{m}$, von Basel l$^{m}$ schrit. Üwre stat Bern vom Genfer see an dem ort, da der Rhotten inlouft, lxx$^{m}$ schrit, von Costenz lxxxx$^{m}$, von den nechsten Alpen lxx$^{m}$, von Ougst by Basel l tusent schrytt. Lucern vom Alpbirg xlv$^{m}$, von Basel lij$^{m}$ und umb vj$^{m}$ schritt mer von Costenz, vom Genfer see lxx$^{m}$ schrit. Uri lit am fůss des Alpbirgs bis uf den Gothart xxiiij$^{m}$ schrit. Nach Uri gegen der byse vij$^{m}$ schrit Schwitz, von Costenz xxxxij$^{m}$ und von Zürich xxiiij$^{m}$ schrit. Underwalden nitt dem Wald vj$^{m}$ von Lucern, vom Rotten xxx$^{m}$, unden am Alpbirg von Costenz lvj$^{m}$. An der selbigen art umb iiij$^{m}$ schrit gegen dem Genfer see Sarnen, das man nempt ob dem Wald. Zug lit zwüschet Zürich, Schwitz und Luzern, von einem yeden zwölftusent schrit, ein tusent mer von Schwitz. | Glaris fol. 5 a.
xiiij$^{m}$ schrit von Zürich, von Chur xxxj$^{m}$, von Ure xx$^{m}$ schrit. Friburg von Genfer see xxxvj$^{m}$, von üwer statt xvij$^{m}$, vom Blauwen xxij$^{m}$. Soledrun by zweyen rosslöfen am Blauwen gelegen vom Genfer see lv$^{m}$, von Basel xxxvj$^{m}$ und von Costenz lxxj$^{m}$ schrit.

## Von der sundren gelegenheit und herschaft Zürich. Cap. iij.

Lass uns anheben von der werlichisten statt Zürich (won sy under üch Eydgnossen das obrist Ort den forgang hat), ein schrin oder schatzmeistrin der keysren, die da von einer märklichen priesterschaft und zal burgeren ingewonet wirt. Man sicht daselbs ein wunder alten stift durch Carolum gestift, in dem dry coerpel sant Felix, Regulen und Exuperanty von der Thebeischen schar nach mancherley erlitner marter begraben synd, (yetz mit vil zeichen schinnent), der da bestettes lechens ist von dem Römschen rich, in glicher wis, wie die aptye her diesshalb der Lindmag gewaltige rächtsetzerin und ware regiererin der gesatzten Zürich. Eyn statt mer dann rosslöffg lang, hart minder breyt, geteilt (doch in fol. 5 b. eyner ringmur) mit dem obgenanten wasser Lindmag. An | der stat Selnouw gelegen ein frouwencloster des ordens von Cytel, in der stat zwey frouwenclöster Brediger ordens, und drü hüser der dry Bettelördnen, also das zů siben malen im tag von disen syben kilchen dem untödemlichen Gott Christo gesungen wirt. Dise statt Zürich lit gegen der pfön an einem see synes namens, da die Lindmag mit einem langen zug usflüst, mer dann xviij[m] schritt gegen mitternacht in die Ar, mit der selbigen Ar in Rhin. Der seuw (!) nach der lengi sich für Raperschvil hinuf zücht ob den xvj[m] schritten, iij[m] breyt, zůwilen mer, zůwilen minder. Die Lindt rünt obnen in den see, des selbigen gelend im früling grün von wisen und boumen, am herbst fruchtbar richlich mit vil dörfren gespickt. An der eynen syten der hochmaister sant Johans ritterschaft ein schlos hat, nach buw und gelegne werlich, genant Wedischvil, by viiij[m] schrit von der statt; an der andren ein hus mit brůdren genant Bůbickon, x[m] schrit. By der statt by iij[m] schrit ein hus des selbigen ordens Küsnach, geziert mit eignen brůdren und einem eignen Comendator. Noch ein kloster ein wenig witer gegen mitternach, genant fol. 6 a. Var, darinne frouwen sant Benedicten ordens. By dem | erstgedachten Bůbickon ein aptye gelegen wol uf fünf rosslöf, wolgeziert, genant Rhüte, Premonstratenser ordens, da selbs der gotzdienst wolgedienot wird bezalt. Uf dem Zürichberg gegen der sunnen ufgang ein bropsty chorherren der regel sant Augustins, enhalb dem berg by ij[m] schritten ein frouwencloster Gfenn, sant Lazarus ordens. By Winterthur by sechs rosslöfen ein priorat Berberg, ouch chorherren von der regel. An der statt Winterthur der stift Heiligberg, und dar von zwen rosslöf ein jumpfrokloster Dœss, Prediger ordens. Von dem selbigen Winterthur besitzt[a] von dem Costenzer weg ein apty closterfrouwen Citeler ordens Tennickon. Zwüschet Raperschvil und Costenz ein apty sant Benedicten ordens,

a. = besits, seitwärts.

unden an dem Hürnle gelegen, Vischingen. Enhalb dem Alpis gegen Zug das gotzhus Cappel, Cyteler ordens. Ein wolgezierter stift mit chorherren Emberach, von Zürich vj$^{m}$ schritt gegen mitternacht. — So vil gaistlikeit und so vil geistlicher hüser werdent begriffen in Züricher gebyet, das da ouch nit wenig eigenthümen mit sampt dem Zürichgöuw begrift, in welchem das houpt schlos (won es rich ist an bergschlossen und wasserhüsren) und die recht | graffschaft ist Kyburg, von fol. 6 b.
welcher die abereltren vätter der erzherzogen von Oesterich geboren synd, viiij$^{m}$ schritt von Zürich gegen der sunnen ufgang. Dar under im tal vom schloss uf iij$^{m}$ schrit die statt Winterthur, und uf fünf tusent die veste Wülflingen, dero von Rhümlang sytz, gefrygt mit hochen und nidren gerichten, doch lechen von der graffschaft. Von Winterthur gegen mittag vj$^{m}$ schritt die statt Elgge. Und das stettle Büllach viiij$^{m}$ schritt gegen der byss. Dem nach die herschaft Grüningen mit schloss, eigenschaf(t) und einer merklichen manschaft, x$^{m}$ schritt gegen mittag. Dar nach die herschaft Eglisouw mit schloss und statt am Rhin gelegen, wunder alt, nit minder stark den lustig, da selbs der lobrich keyser Julius die herren von Tengen gefrigt, begabet und geedlet hat, xiiij$^{m}$ schrit von Zürich und iiij$^{m}$ von Bülach. Dem nach, gar schier do die Thur in den Rhin louft, Andelfingen mit syner manschaft, nit minder wit von unser statt, dann Eglisouw. Unsere statt ist ouch herschen zů Stein am Rhin, von Costenz xij$^{m}$ schritt, des gelich von Schaffhusen und Winterthur, vor jaren ein rechte herschaft der fryherren von Klingen, | in ganzem fol. 7 a.
lust gelegen, ein burg uf einem wunsamen berg an einem wald foll gewilds wol erbuwen, mit schönen wingarten, das man die göttin Ceres und den gott Lieuus gedenken möcht daselbs iren gunst haben angeleyt. In der statt ein closter sant Bendicten(!) ordens, das da keyser Heinrich vom stammen Peyeren ab dem berg Twiel da hin geendrot hat. Die statt Zürich begrift ouch in iro herschaft ein bergstettli, gesund von dem luft, dem gelend nach ungewönlich, genant Regensperg, vij$^{m}$ schrit von Zürich; von dannen die fryherren des selbigen schloss namen, stammen und schilt gehäpt hand, mit

sampt dem Wental, fruchtbar us vil dörfren vil nach an den Rhin reychen. Aber ein herschaft gelegen an dem Griffensee, mit eynem stettli des selben namens, mit einer besundren manschaft, v$^{m}$ schrit von Zürich. Und von dannen an dem selbigen see ij$^{c}$ schritt das schlos Ustri, da vor zyten die graven von Raperschwil hand gewonet, yetz die gebornen von Bonstetten. Es ist ouch ein ampt viij$^{m}$ schrit lang und v$^{m}$ breit, by Seitusenden nach der statt, stost gegen der sunnen nidergang an die Rhûs, genempt Fryampt. Noch mer die statt fol. 7 b. Bûchhorn am Bregenzer | see, xj$^{m}$ schrit enhalb Costenz, ist unser ewiger burger und in der statt Zürich schirm, der die selbigen burger langher in rûw behalten hat. Nüt minder die graven von Sulz enhalb Rhins mit sampt iren schlossen und dem Kleckgouw unser statt pflichtig ist und synd. Wie offenbar das ist, das Zürich under üch Eydgnossen das lütrichest ouch fruchtbarist ort ist, ze glicher wise starkmûtig und besundrer fürsichtikeit.

## Von gelegenheit und sunderbarer beschribung üwrer von Bern merklich grosser, dreffenlicher herschaft. Das vierd Capitel.

Mit bass gezierten hûsren, edler Rodolph von Erlach, ouch ackren und telren, ouch an herschaft die richest, üwre statt Bern, vil nach gar mit der Aren umbgeben, ouch werhaftenklich fersorget, schynt mit gebornen edlen, ouch allen tugenden gezierten rateherren, eines stifen steten willens, mit vil templen in iren herschaften, ouch in der statt. Des aller ersten mit einem nüwen stift der chorherren, by unserem alter begabt und erlichem gebûw ernüwrot; ouch mit zweyen fol. 8 a. gotzhüsren spitals, der einer helig geister ordens, der an- | der mit sechs verpfrûnten priestren besungen wirt; ouch mit einem closter der brûdren und einem jumpfroukloster Prediger ordens, lebent in ordenlicher disciplin, und einem gotzhus der brûdren sant Franciscen. Aber ij$^{m}$ und iij$^{c}$ schrit for der statt, vil nach gegen mittag, ein hus Tütscher herren, genant Künnetz. Ein wenig witer gegen nidergang der sunnen

ein gothus (!) chorfrouwen der regel sant Augustins, genant Vrouven Cappel. Der selben gelegenheit nach aber viiij$^{m}$ schritt von der statt ein apty Frenisperg, Cisterzier ordens, und für das selb hinus ob viij$^{m}$ schritten ein riche apty Erlach, sant Benedicten ordens, gelegen an dem wasser Zyl, flüst us dem Nüwenburger see. Gegen dem nidergang der sunnen von der statt xv$^{m}$ schritt ein apty Premonstratenser ordens Gottstat. Gegen dem schinttenhengst[1] vj$^{m}$ schritt uf dem Torberg (vor wilen ein houptvesty der fryherren von Torberg) ein Chartuser hus, lustenklich, wol und ordenlich erbuwen, so rich an gült und gütren, das xviij brüder gewicht darin mit priesterlicher wird wonent. Des gelich ein frouwen gotzhus, genant Rûgsouw, xj$^{m}$ schritt von Bern; das ander gegen mitternacht x$^{m}$ schrit Frou | wenbrunnen, beyde fol. 8 b.
Cisterzer ordens. Der sälbigen gelegne nach nit mer dann vj$^{m}$ schrit von der statt ein hus der rittren brûdren von Hierusalem, genant Buchsy. Dem nach aber eins mer uf die gerechten hand Bunstetten[2], des selbigen ordens, ob den xxv$^{m}$ schritten von der statt. Aber xj$^{m}$ schritt von üwer statt gegen mittag by der Aren ein chorherren stift, genant Anseltingen. Dem nach über xij$^{m}$ schrit ein münster der chorherren von der regel, genant Zwüschet den Sewen, won es zwüschet beyden seuwen ist, darin die Ar vom Alpirg (!) und widerumb us flüst. An der syten des undren seuws gegen ufgang sant Batten hülle; ein junger sant Peters da selbs Gott gedienot, yetz lange jar her vil wunderzeichen erzoegen. Noch mer gegen dem ostner im gebirg ein apty Trûb, von üch xxvij$^{m}$ schrit. Gegen dem sibengestirn iij$^{m}$ enhalb Arouw ein veste genant Biberstein, eygenthûm des hochmeisters der Hierusalemischen ritterschaft in Tütschen landen. Als die Ar und Rhüs schier nach zûsamen fliessend, eb sy in den Rhin gat, von üch uf l$^{m}$ schritt, von Zürich xvij$^{m}$ ein gotzhus der

[1] „schinttenhengst". Am Rande steht die Glosse: „NB. Ist der Byswind oder Nordost".

[2] Ist die Johannitercommende Thunstetten. Im Ms. offenbar verschrieben: „ob den xxv$^{m}$ schritten des selbigen ordens von der statt".

fol. 9 a. der Mindren brûdren und schwästren | geistlichs wesens[1]; da selbs küng Albrecht (den herzog Hans von ausprach wegen synes vätterlichen erbs erstach) mit sampt andren dryen nachkomenden fürsten von Österich, insunders Lütpolden zû Sempach am stryt ferloren, mit marmel ist begraben. — So nun bisher die geistlikeit ist usgericht, so erzellind wir fürer das zitlich oder weltlich. Von üwer statt us gegen der pfön an dem end, do die Ar us dem undren see louft, xij$^{m}$ schritt Thun, schloss und statt. Witer von dannen umb dry rossloef ein lustige burg Oberhofen, die da ist ein eygenthûm der edlen von Scharnental. Für die selbigen hin us umb x$^{m}$ schrit ein stettle Underscuwen, zwen rossloef von dem obgedachten münster; da selbs von unzalbarlichem lust ein vischetz, die in eynchen weg weder durch schlegregen, ungewitter noch gefrür gehindrot mag werden, dann das der sälbig brobst oder syne zergesellen mit den henden mugint so vil lebendiger vischen vachen, bis zû allem benügen, und dennocht von mencherley vischen. Dem nach gegen dem Alpbirg vij$^{m}$ schrit die herschaft Hasle mit eyner starken manschaft | fol. 9 b. richlich gefüllt, by dem obren seuw gelegen, xj$^{m}$ schritt von dem, das die Ar entspringt. Dem nach gegen Sytten ein tal mit eynem markt Erlibach und einer burg Frutigen, von Bern xxiiij schrit (gat ganz hin uf bis uf die hôche der Gemmi, aber wol xj$^{m}$ schritt). An der syten des undren seuws gegem nidergang schloss und statt Spietz, eygenthûm des gebornen ritters von Bûbenbergs. Dem nach das hus Steffisburg, des ritters und schulthes Matters besitzung. Dem nach etschwas gegen der sunnen ufgang ein ser werlich schloss uf einem fälsen mit sampt der statt Burtolph, das etschwan das wolgebornist geschlecht (dann es oft von künglichem blût sich hat ferheret) der obgenanten graven von Kyburg[2], von Bern xij$^{m}$ schrit; in der ringmur ein Barfûssen gotzhus. Witer uf xxiiij$^{m}$ schrit die houptstatt in allem Ergöuw, ganz fruchtbar, genant Zovingen, mit einem zierlichen stift der chorherren von Zovingen. Gegen der byss an der Aren das

[1] „Konigsfelden"; vgl. oben, S. 9, Z. 10. [2] „bewonet hat"; vgl. oben, S. 9, Z. 34.

schloss und stettly Arberg (!), v^m^ schrit wit. Heruf wertz wider das selbig wasser, vij^m^ schrit von Solodrun, Wietlispach, | fol. 10a. ein stätle und ein schlos dar ob, in dem Blauwen liggen. Under Arberg der Aren nach, xlv^m^ schrit von Bern, ein statt Arouw, darinne ein covent frouwen Prediger ordens. Dem nach witer uf vj^m^ schritt ein namhaftig schloss an einer lustigen art, der Aren vilnach gelegen, gebuwen durch die nachkomnen (!) des geschlechtz Scipio, genant Habsburg, von dannen die fürsten von Oesterich (als dir wol zů wüssen ist) har geboren synd, und ir vätterlich erb geweseu; wie dann bisher der titel des selbigen schlosses an sy gelangt und sich noch des by unsren zyten bruchent. Aber mer gegen ufgang der sunnen die graffschaft Lenzburg mit eynem zierlichen schloss, merklich wites infangs, in dem ein sunder wol erbuwner, zů der wer und lust palast mit ganzer synriche der werklüten, unden dar an ein stettli, xvij^m^ schritt wit von Zürich. Dem nach uf die linggen hand, vil nach by Küngsfelden, die statt Brugg, gelegen an der Ar. Von dem selbi(geu) gegen dem nidergang uf iiij^m^ schritt unden am Blauwen, den man nempt den Leggrer, das schloss Schenkenberg mit synen dörfren und zůgehört. Fürer | von Bern gegen der fol. 10b. sunnen undergang umb iiij^m^ schrit an der Ar das schloss Richenburg [1], eygenthům der edlen von Erlach. Aber über vj^m^ schritt die statt Arburg (!), hat den namen vom wasser, das daran flüst; dem nach die statt Bürren, gelegen an dem selbigen wasser, von üwer stat Bern xiiij^m^ schrit. Da selbs von wunderzeichen wegen, so teglich geschechent, ein capell unser lieben Frouwen ist nüwlich gebuwen. Dar nach die herschaft Arwangen, xxvij^m^ schrit von Bern, und ouch die herschaft Trachselwald am Wallisgebirg [2]. Gegen der sunnen ufgang iiij^m^ schritt wit die vesti Worb, eygenthům der edlen von Diesbach, und ouch das schloss Brandis, von dannen die fryherren des selbigen namens bürtig synd, von der statt ob xv^m^ schritten wit. Zwüschet üwer statt und Luzern die

---

[1] Randglosse von späterer Hand: „wird jetz Rychenbach genannt“.
[2] Lies: *Alpengebirg*. (Vergl. den latein. Text, oben S. 10).

statt Hutwil, von yetwedrer xxiiij$^{m}$ schrit wit. Aber mer uf die gerechten hand die herschaft Signouw mit sampt irem schloss, ist yetz der rittren und edeln von Diesbach, xij$^{m}$ schritt wit von der statt. Zwüschet mittag und nidergang der sunnen des ersten uf dry rossloef von der statt das fol. 11 a. schloss Bünplitz, mit syner zügehoert eygenthům der | edlen und ferdienten von Erlach. By dem wasser Sann ist gelegen die statt Loupem (!), xiij$^{m}$ schrit von Bern, da selbs vor jaren Erlach das best begieng. Dem nach zwüschet Friburg und Bern gegen dem birg die burg Grasberg. Wider das selbig wasser embor zwey wol erbuwne mit vil volks und dörfren teler, von üwrer statt xxiij$^{m}$ schritt wit, züchent sich nach der lenge ob den xx$^{m}$ schritten, won sy talhaftig und mit dem Alpbirg umbgeben synd, bis gan Sanen; werdent genant Obersybental und Nydersybental. Dem nach Sanen (da die Sana mit einem waldwasser entspringt), stosst an das land Wallis; allein das selbig tal helfend üch mit regieren die herren von Friburg. Gegen der sunnen nidergang uf xxj$^{m}$ schrit die statt Erlach. Dem nach vil nach am Blauwen ein seuw, ob viij$^{m}$ schritten lang. Unden am see ein schloss, für andre us vüst und gůt, an dem die Zill hin rhünt, genant Nidouw, und ein margraffschaft mit sampt einem stettli dar an gelegen, xvij$^{m}$ schrit wit von üch, mit eyner lustbarer landschaft. Hinder Nidouw by dryen rosslöfen die statt Biel, ein meyerampt des bistumps Basel, mit üch ewenklich ferbunden, ouch fol. 11 b. bysher durch üwren schirm in | rüwen gesessen. Am Rhotten, do er in Genfer see stost, lit mer ein schloss und ein markt, genant Èlen, mit sinen dörfren, fruchtbar mit wingarten und allerley wildbretes, von üch uf lxx$^{m}$ schritt wit. Die graffschaft Nüwenburg stost an Hochburguny. Die margraffschaft Hachberg enhalb Rhins in Tütscher natzion mit sampt der landgraffschaft Suseuburg, herschaft Röttelen und Badenwiler synd üch mit burgrecht verpflicht. Des gelich der grave von Vallendis mit sampt synem purtlichen (!) schloss und statt, am Blauwen gelegen, v$^{m}$ schrit enhalb welschen Nüwenburg. Ouch vil ander wolgeboren herren und menner (welch all ze erzellen ferdries brechte), die du sälbs weist. Aber damit und ichs kürze (by miner trüw an alles schmeichen gerett), do sag (ich) üch sin des rechtens, der billikeit und üwrer gûten fründen alzyt stet unüberwintlich beschirmer.

## Von beschribung und sunderbaren gelegni der herlikeit Lucern. Das fünft Capitel.

Lucern lyt an dem gestat synes seuws, der hin uf bis gan Flûlen gat ob den xxiiij m schritten. Us dem selbigen rhünt die Rüss durch die statt, die da ent- | springt in den fol. 12a. felsen des Gothartz, der koufmanschaft ganz gelegen, da mit das gût bis in das mer und in alle stett des Rhins licht-lich gevertigot wird. Hat vil langer und bedeckter bruggen, nit allein dem wandler nütz, sunder zû spazieren lustig; an der statt ein stift einer wirdigen bropsty; in der statt ein covent Barfûsser brûdren; gegen der sunnen ufgang, doch uf die linggen hand, doch by vj m schritten, ein langherkomen schloss der ritter brûdren von Hierusalem, genant Honre, da vor jaren ist gesin ein rechte pflanzung ritterspils und des ordens zucht. Ouch by der Rhüs iiij m schrit von Lucern ein apty closterjumpfrouwen, genant Rathusen, des ordens von Citel, und ein gotzhus Eschibach, chorfrouwen von der regel, vij m schrit von der statt gegen der byss, und ein gotzhus des ordens sant Dominici, Nüwenkilch. Ouch ein wolgeerten stift der chorherren, Münster, begabet mit merklicher manschaft und landschaft, an mittel lechen vom rich, von Lucern xiiij m schritt. Gegen nidergang der sunnen Zûmiswald, ein ritter-hus der Tütschen herren, wol uf xvj m schrit. Aber ein münster einer apty, gegen mitter- | nacht xxvj m schrit, Sant Urban, des fol. 12b. ordens von Cytel. — So wir der geistlichen eigenthûm und sitz habend usgericht, so gangind wir nun an die weltlichen. Gegen der pfôn von Lucern vij m schritt die herschaft Weggis, am seuw gelegen. Gegen der arbyss Willisouw und Sursee, by iij m schritten eins von dem andren, Sursee mer gegen mitter-nacht; das erst von Lucern xvij m schrit, das ander xiiij m, unden an dem seuw gelegen, da die Sur usrhünt. Obnen daran die statt Sempach, von Lucern ob vij m schrit. So vil schrit ouch gegem sibengestirn die graffschaft und statt Rottenburg. Lucern hat ouch ein herschaft uf iij$^{m}$ schritt nach by Zovingen und von der statt xxviij$^{m}$, gehört zů dem schloss Wilgen. Dar by by iiij$^{m}$ schritten die herschaft Bürren, da selbs uf dem schlos vor ziten ist wonhaft gewesen ein fryherr von Arburg. Witer der Rhüs nach die herschaft Merischwanden, von Lucern xiiij$^{m}$ schrit, nnden an Lindenberg. Enhalb dem Lindenberg gegem nidergang by vj$^{m}$ schrit zwen seuw in einem tal, durch die selbigen die Aa flüst, der ober genant Baldecker see, der under Halwiler see, won unden dar fol. 13 a. an ein schloss lit des selbigen | namens, von danne des edlen stamman(!) under den unsren anefang harflüst; wirt doch inhalb üwren gemerken begriffen. Zwüschet den seuwen ein insel, genant Richense, von Lucern ob xij$^{m}$ schrit, da selbs ir gebiet enden. Aber gegem ufgang der sunnen am Zuger seu gelegen Hertenstein das schloss, ein ursprung und gesess nit weniger manschaft der edlen des geschlechts, von Lucern xij$^{m}$ schrit.

## Von der gelegne und sunderbarer beschribung der gebieten des lands Uri. Das sechst Capitel.

Des lands Uri namhaftigist dorf ist Altorf. Uf der gerechten hand im tal ein frouwencloster des ordens sant Lasarus. Wirt durchgangen vom Schechen und von der Rhüs; als man das land uf gat Schechental; uf dem Gotthart Urseren und Hospental; enhalb im Alpbirg Oeriels, dem nach das ganz Liviner tal, xxxvj$^{m}$ schrit lang, bis an die Ablesch.

## Von der gelegne und sunderbarer beschribung der gebieten und landschaft Schwitz. Cap. vij.

Ob es nüt das erst, so ist es doch nit das minst ort der Eydgnosschaft Schwitz, von welcher ursprünglichen gemeind fol. 13 b. alle Eydgnossen ein gemeinen ursprüng | klichen namen Schwitzer empfangen hand. Schwitz dorf begrift ein samlung

frouwen, Prediger ordens, und in der neche iij$^{m}$ schritten ein gotzhus mit klosterfrouwen, Steinen genant, am Lowersee, des ordens von Cytels. Dem nach am Zuger seuw Art, von Schwitz vij$^{m}$ schritt, und am Lucerner see das dorf Küsnach, von Lucern iij$^{m}$ und v$^{c}$ schritt. Uf dem pirg gegen mittemtag Morsach; dannethin zwüschet den velsen gegen ostner Mûtental. Die selbigen gemeind Schwitz vor jaren eyn abt und coventz des gotzhus zû sant Meinratz cappel, das man nempt Ünser Frouw zû den Ensidlen, erkoren hand (doch mit urlob der erzfürsten von Oesterich, der rechten kastvögton) zû schützherren. Die selbigen cappel, von Gott gewicht, vil bäpst bestät hand mit begabung us dem brunnen der fruchtbaristen milte mit sömlichem ablass, der so treffenlich erschollen ist, das von yeden landen der ganzen cristenheit und von der hindristen insel, Tyle genant, bilgri darkoment und so vil der göttlichen genaden schöpfent, das sy von eyner kilchfart nüt werdent ersettiget, sunder ir leben lang entzünt von eynem heimsûchen für und für | in das ander. Ist xviij$^{m}$ schritt wit fol. 11 a.
von Zürich, vom Zürichseuv vij$^{m}$ und von Schwitz viij$^{m}$. Diss gotzhus herschet über ein merkliche manuschaft in das land in der March, da under andren dörfren Lachen den namlichisten namen hat; ist die March wol ob viij$^{m}$ schrit lang, ouch in dem schloss und markt Pfeffickon, in höfen, dörfren und besunder Kaltbrunnen; ouch nitt allein in der herren von Schwitz gebieten, sunder Zürich und andrer orten, und dar zû usshalb der Eydgnosschaft im Walgœuw mit der probsty sant Gerold, eins hüpschen, wolerbuwnen tals mit dœrfren, nach by Pludetz, von Ensidlen über Rhin lvj$^{m}$ schritt.

## Von gelegne und sunderbarer beschribung der herlikeiten Underwalden. Cap. viij.

Das merklichest dorf hat Underwalden Nit dem Wald Stans, am Lucerner see gelegen. Ob dem Wald Altnach, ouch am gestad des selbigen seuws gelegen, Sarnen und Sachslen. By dem selbigen dorf an dem waldwasser, so von dem Alpbirg flüst, ist die cappell des einsidels brůder Clausen, der da selbs ein gesündrot von der welt, gotsförchtig leben gefůrt; dan von im warlich gerett wird, das er ob zwentzig fol. 14b. jaren | ane irdische narung gelept hab. Da by zwen seuw, langent hin uf bis an den Brüning, des grad mit seltznen winden reichent an den dryt in Wallis. Im tal ist ein münster genant Engliberg, sant Benedicten ordens, von Underwalden xij$^m$ schritt; gat bis an das birg, da der Rhotten entspringt, durch felsen und teler ob xv$^m$ schrit.

## Von gelegne und sundrer beschribung der herlikeyt Zug. Cap. viiij.

Die gemeind, so allen gewalt Zug hat, ist von dryen teilen. Der erst teil die statt Zug, lit an synem seuw; der ander der berg Egri, by den vij$^m$ schritten wit und breyt, zücht sich bis an die waldlüt gegen Eynsidlen; der drytt teil Barr das dorf mit syner zůgehört. Si herschent all in dem stettli Cham, so da am Zuger seuw lit; der ist vij$^m$ schrit lang und iij$^m$ breit. Us dem flüst die Loretz in kurzem gang valt in die Rhüs. Ouch herschent sy die herschaft Hünnenberg, v$^m$ schrit von Zug und xj$^m$ von Lucern, vil nach an der Rhüs. Dar nach uf iiij$^m$ schrit von Zug gegen nidergang der sunnen in der Lorenzen insel ein aply mit closterjumpfrouwen fol. [illegible] gůtgsams, erlichs und geistlichs lebens, des ordens von Cytel | , genant Unser Frouwen Tal.

## Von der gelegne und sundren beschribung der herlikeit und gebiet Glaris. Cap. x.

Das obrist in Glaris ist das dorf selbs, dem nach Nefels und Schvanden. Hat under im die statt Wesen an dem gestad des Walliseuws, da das selbig wasser Aa bald in die Lindt flüst. Der seuw ist wol x$^m$ schritt lang und ij$^m$ breit, uf der syten gegen nidergang der sunnen wol erbuwen mit vil dörfren, von Chur xxxj$^m$ schrit und von Glaris vj dusent.

## Von der gelegne und sundrer beschribung der gebieten Friburg. Capitel xj.

Friburg ist ein statt seltzens buws, gebuwen mit starken muren und doren, zů lob den werkmeistren und zů gůt der wer, das sy kein find beligen mag; also sind die weren uf den velsachten bergen mit der San also umbgen, das ein yeder ritters oder kriegsman eyn yedes thor achtet ein vest schloss syn. Eyn jumpfrouclooster dar in, sant Dominicus ordens, ser geistlichs wesens, und ein hus der Hierusalemischen ritterbrůdren, ouch der Barfůssen brůdren und sant Augustins werdent mit der ringmur umgürt. Gegen mittemtag ] ein apty fol. 13b Altenriff, des ordens von Cytel, iiij$^m$ schrit von Friburg. Gegem birg herschet sy (in) der herschaft Blafey, vj$^m$ schrit von Friburg, des gelich in der herschaft Gugensperg; aber gegen Safoy in der herschaft Illingen nitt weniger mannschaft. Es ist ouch ein schloss gegen mittemtag, Wippingen, eygenthům der edlen von Wippingen, von Friburg vij$^m$ schrit. Der graf von Griers mit synen schlossen, land und lüten mit ewigem burgrecht sich inen verpflicht hat; stost mit siner herschaft an den Genfer see. Mit sampt üch, beschribnen vättern und herren zů Bern, regierend sy die statt Morten, an dem see gelegen synes namens, von üwer statt xiiij$^m$ schrit und von Friburg vij$^m$; ouch in der eltisten statt Wiblispurg, dieselbigen all alt geographi beschribent mit irem eignen namen; ouch schlos und stettli Orben, obnen an dem Nüwenburger see gelegen und von Morten xiiij schritten wit; des gelich schlos und statt Granson in der Wat; stost an das Burgünsch birg. Diss volk synd es doch nit Sofeyer, so synd sy doch an inen gelegen.

## Von der gelegne und sundrer beschribung der gebieten Solodrun. Cap. xij.

An der Aren Solodrun lit, von des wassers wegen werhaft, ouch von wegen der dürnen, gebuwen nach altem sytten, fol. 14a nitt allein unlegerhaft dem find, sunder in wit hin dan zů driben. Darin ein stift der chorherren, mit vil helthůms der Theboyschen marteren gespickt; won an der neche der statt dann sant Urs, ein herfürer, mit syner schar uf der brugg enthouptet, ist gerůnnen bis an die statt des gotzhus, da selbs heimlich von den christglöbigen begraben. In der statt ein gotzhus der Mindren brůdren, for der statt ein stift chorherren, Werd genant, nach by Arouw uf dry rosslöf am wasser gelegen. Hat an dem Blauwen hin und her wider vil herschaften gelegen, under andren die herschaft Valkenstein mit zweyen wolgebuwnen bergschlossen, zů schirm dem ganzen tal bewart, das ein schloss des selbigen namens, xij$^{m}$ schritt gegen sibengestirn, das ander Chlusen genant, by viiij$^{m}$ schritten. Dem nach die herschaft Bechburg mit synem schloss, xiiij$^{m}$ schritt von Solodren unden am Blauwen gelegen. Ouch Bl. 16 b. das schloss Bipp, als man | rett durch Pipinum des grossen Karolus vatter gebuwen, xvj$^{m}$ schritt under Solodrum, von der Aren bis uf das schloss wol dry rosslöf. Dem nach Olten die statt an der Ar gelegen mit einer bruggen, eyner strengen und gengen strass, dar durch die Sunggeuwer mit den Ergöuwren werben kunnend, xxiiij$^{m}$ schrit von Solodrum und xxj$^{m}$ von Basel. Von Soldrum(!) gegen der pfuen die herschaft Chienburg, nach by der Aren gelegen, mit synen eygnen lüten und dœrfren.

## Von den stetten und dem land ůch herren der Eydgnosschaft verbunden und doch nit mit regierent. Cap. xiij.

Gemeinen Eydgnossen die statt Sant Gallen ist verbunden, von Costenz gegen der pfuen xxiiij$^{m}$ schritt, vom Rhin, da er flüst in Bregenzer see, xij$^{m}$ schritt. Des gelich die gemeint genant Appezell, in eynem landli xxij$^{m}$ schritten lang, darin ein stettle Altstetten und ouch dörfer klein und gross, wol gespickt, stost an Rhin xxv$^{m}$ schritt unde(r) Chur. Mit gelichem knopf ůch Eydgnossen die statt Schäffhusen (lit am Rhin under Costenz xxij$^{m}$ schrit, etschvas mer von Zürich gegem

sibengestirn) verbunden ist. | Die umfacht ein aptye Aller- fol. 17a.
helgen, sant Benedicten ordens, elter dan sy selbs ist. Die selbig apty herschet in dem schloss Loufen und über vil eigner lüten. Dem nach das gotzhus sant Agnesen, closterjumpfrouwen des selbigen ordens, und ein covent der Mindren brûdren. Nüt minder ist zûknüpft die namhaftig statt Rottwil, in dero ein covent Prediger brûdren, enhalb Schefhusen im land Schwaben xlij<sup>m</sup> schrit; da selbs das keiserlich hofgericht gehalten wird und erblich hofrichter die graven von Sulz sind. Der bischof von Costenz mit syner statt Bischofzell mit Arben, mit vil schlossen, eigenthûmen und lüten, so der gestift und kilchen zûgehörrent, yetz[1] mit gelüpt die püntnüs ernüwrot hat.

## Von denen, die da synd angehoerig den acht Orten.
## Das xiiij Capitel.

Der markt Zurzach, dar inne ein stift der chorherren, ouch zwo messen im jar; ob die ja kurz synd, so synd doch in allen üwren landen und gebieten nit grösser jarmerkt; lit am Rhin, xvij<sup>m</sup> schrit von Zürich gegem sibengestirn. Ouch die statt Keiserstûl (scheidet Gallien und Germanien, die zwo nationen) | allein xiiij<sup>m</sup> schritt von Zürich gegen mitter- fol. 17b.
nacht. Die statt Klingnouw an der Aren, eb sy in Rhin louft. Her dishalb Rhins by iij<sup>m</sup> schritt, ouch so vil von Brugg, das hus Lütgren des hochmeisters Tütscher nation sant Johans ordens. Dar nach die statt Baden, von Keiserstûl vij<sup>m</sup> und v<sup>c</sup> schritt, und von Zürich xij<sup>m</sup> schrit der Lindmag nach. Da selbs die lustigisten, wunsamisten beder im

---

[1] Am 7. April 1483 erneuert Bischof Otto v. Sonnenberg seine Vereinigung mit den Eidgenossen (Eidg. Absch. 3, 1. S. 150).

Am 13. September 1494 erneuert Bischof Thomas (Berlower v. Cilly 1491/6) von Constanz die Vereinigung seiner Vorgänger mit Bern, Luzern, Uri, Schwiz, beiden Unterwalden und Zug. 6 Orte. – Eidg. Absch. 3, 1. S. 734.

Am 3. Juli 1497 erneuert Bischof Hugo v. Hohenlandenberg (1496–1532) seine Vereinigung mit den Eidgenossen. (Eidg. Absch. 3, 1. S. 543).

tal. Zů glicher wis der garten der jumpfrouwen Hesperides genant alle andre garten, also diss tal alle andre der göttin Venus teler übertrifft. Darin wollustig, frödenrich dentz und schall, das die eltren vor uns gedücht hat an alles ifren wundersam gůtes můtes, aller fröden zierd. An der statt ein schloss anhangt, zů dem die lan(d)schaft rings wises hin zů gehört, in namen einer herschaft. Nach darby lit ein gotzhus, zů dem Mersternen, mer dan lustiger gelegne, genant Wettingen, Cisterzer ordens. Ze rugg uf dry rosslöf die statt Mellingen, an der Rhüs gelegen; dem nach gegen der pfön ob ij^m schritten ein frouwencloster genempt Gnadental, Cisterzer ordens. Dem nach aber ein statt wider die Rhüs
fol. 18a. hin uf, Bremgarten, von Mellingen vj^m und von Zü- | rich gegem nidergang xj^m schritt wit. Diss alle gelegenheiten sind üwer der acht Orten eigen.

## Von denen, die mit eigenschaft den sechs Orten zuogehörend. Cap. xv.

Zwen rosslœf oberhalb Bremgarten gegen der pfœn ein gotzhus gelobter jumpfrouschaft sant Benedicten ordens Hermanswiler, an der Rhüss gelegen. Des selbigen ordens ein münster genant Mure, von Bremgarten iiij^m schrit und xij^m von Zürich gegem nidergang gelegen, am Lindenberg. Zů rugg by den zwey obgmelten seuwen in der herlikeyt Luceren ein Tütsch herrenhus Sitzkilch (!), von Mure iij^m schritt. Dem nach aber vil nach an der Rhüs ein markt genant Meyenberg, von Zug viij^m schritt. Die eigenschaft des selbigen Rüstals ist üwrer mitteydgnossen von Zürich, Lucern, Schwitz, Underwalden, Zug und Glaris.

## Von denen, do etlich zuogehörend den vier Orten, etlich den zweyen. Cap. xvj.

Der vischetzen halb, ouch der wingarten, Raperschwil schloss und statt lustig, von muren und gebüw dem vind erschröcken, am Zürichsee xiiij$^{m}$ schritt von Zürich gelegen, dan sy vilnach mit dem see wird umgeben, und | doch mit *fol. 18b.* einer merklichen bruggen von einem land bis an das ander überbrugget, wol uf zweyer rosslœf lang, damit der weg den bilgrin dester dogenlicher sye zû sant Meinratz capell. In der neche dryer rosslöf hat es ein gotzhus und ein apty closterfrouwen, Wurmspach genant, Cisterzer ordens; und ist in eigenschaft der vier ursprünglichen Walstetten, mit denen ouch das ganz land Wallis ferbunden ist, ushalb der Eydgnosschaft, als diner Veste wol zû wüssen ist, gelegen. Ob Raperschwil ein durn und ein zollhus, stark zû der wer dem wasser Lint, das in der nech in Zürichsee rhünt, genant Grinouw, von Raperschwil gegen mittag vj$^{m}$ schritt. Dem nach uf dusent und v$^{c}$ schloss und statt Utznach, ouch das lant[1] Gastel, darinne lit das wirdig gotzhus Scheunis, frouwencloster sant Benedicten ordens. Sind in eigenthûm der zweyen lendren Schwitz und Glaris.

## Von denen, die in eigenschaft synd der siben Orten. Cap. xvij.

Gegen Churwal an dem Alpbirg eyn apty sant Benedicten ordens. In der neche uf iij$^{m}$ schritt gegem nidergang sind holl, us denen heiss wasser entspringt | den gelidren und zû *fol. 19a.* büssen die melankoley. Dahin vil mentschen komend und badent, von dannen gesund scheident. Uf dem felsen des bergs gegen ufgang der sunnen die burg Wartberg, nit witer von Chur dann x$^{m}$ schritt. Dem nach Sangans schloss und statt, merkliche alters, ein herkomen der graven des selbigen namens, nach by dem Rhin kreis, da er begint zû loufen gegen der sunnen ufgang, xliiij$^{m}$ schritt von Zürich. Dar under viij$^{m}$ schritt Zürich necher Walenstatt, vil nach an dem Waliseu gelegen, uf zwen rosslöf. Ouch da selbs naeb by dem Rhin ein graff-

---

[1] Ms. „gant".

schaft, von dero de(r) ursprung des grösten wolgebornen geschlechtz von Werdenberg harflüst, mit eynem stettle und zweyen schlossen; das ein begrift das stettle synes namens, das ander, obhalb am Rhin gelegen; die herschaft nit wit, aber folkrich und fruchtbar; also das er mit einem horn dusent hüser syner eygnerlüten züsamen rüfen mag, von denen er zwey dusent guldin järklich nutzung ufheben (mag); die herschaft ein fryher von Castelwart besitzt; von Sangans gegen ostner vij$^m$ schritt. Dise graffschaft ist allein mit burgrecht fol. 19 b. denen | von Lucern zügehörig. Aber der fryher von der Hochen Sax mit syner herschaft und schloss Forstneck, am Rhin gelegen, fröuwt sich des burgrechtz Zürich. Vom Rhin viij$^m$ schritt für Werdenberg hin uf in das birg, da die Thur entspringt, gegem sibengestirn, ein apty sant Benedicten ordens, genant Sant Johans, mit einem langen tal und vil eigner lüten, insunders mit syner herschaft Gams, so ouch am Rhin lit, in einer güten ard. Dan nach das stettly Steckboren, vj$^m$ schritt under Costenz, da der Rhin us dem seuw flüst; und by einem rosslöf nach dar by ein frouwencloster Veldbach, des ordens von Citels. Her disshalb dem berg v$^m$ schritt, im Zürichgöuw, ein tempel des selbigen ordens und geschlechtz, Kalcheren. Aber ein statt am Rhin Diessenhofen, von Scheffhusen gegen der sunnen ufgang v$^m$ schritt, mit sampt einem gotzhus closterjumpfrouwen Brediger ordens, zweyer rosslöfen Scheffhusen necher, genant Sant Katherinental. Dem nach uf iij$^m$ schritt ein jumpfrougotzhus Barfüsser ordens, erlichs lebens, genant Paradis. Dem nach die apty und statt Rhinouw; als die gloggen anzegent und das man des stifters zünamen fol. 20 a. manglet | so alt, das des gelich niemans gehört hat, hart dry rosslöf vom Loufen, von Zürich xviij$^m$ schrit. Herwider im Durgöuw das stettle Pfin, von Costenz viiij$^m$ schritt an dem furt der Thur. Die statt Frouwenfeld, ouch das schloss, gegem nidergang von Costenz xvj$^m$ schryt. Uf iiij$^m$ schritt nach darby gegem ostner ein Chartuserhus, Yttingen, und vij$^m$ schrit gegen mittag ein hus der ritterbrüdren von Hierusalem, Dubel genant. Dise landschaft alle ist eigen der andren siben Orten der Eydgnosschaft.

## Von denen, so ferbunden synd oder eigen den andren vier Orten. Cap. xviij.

Das münster und gotzhus Sant Gallen (das lang vor und er gewesen ist, dann die statt des selbigen namens, dar inne es lit) wird geregiert durch synen apt, ein fürsten des helgen Römschen richs. Der selb mit siner manschaft, mit land und lüten; ouch mit der statt Wil, von Zürich xxv$^{m}$ und von Costenz xij$^{m}$ schrit, des gelich von Sant Gallen; mit dem markt Roschach, am Bregenzer see gelegen, vj$^{m}$ schrit von Sant Gallen, in welchem der apt in synem kosten ein gotzhus gebuwen hat; mit dem schlos Nüwenravenspurg enhalb dem see im land Schwaben; mit der veste Blatten obnen am Rhin, xij$^{m}$ schrit von Sant Gallen; | mit dem frouwencloster Magnouw, fol. 20 b.
des ordens von Citel, iij$^{m}$ schritt von Wil gegen der pfaen; mit dem thurn und markt Bürren, nit wit vom frouwencloster gelegen; mit der fryherschaft und burg Schwarzenburg[1], von Wil fier rosslöf; ouch mit der ganzen graffschaft Toggenburg, in welcher ist die statt Liechtensteig, von Raperschvil gegem ostner xij$^{m}$ schritt; mit dem thurn Yburg, der etschuwas necher ist; mit dem schloss Glattburg und mit andrem sinem eignen ist mit gelüpt ferbunden den vier Orten Zürich, Lucern, Schwuitz(!) und Glaris üwrer Eydgnosschaft. Der eigenthům ist ouch das Rhintal mit sampt dem stettle Rhinegg, xxiiij$^{m}$ schrit wit von Costenz.

(Hier mit der zwölften, voll ausgefüllten Zeile auf fol. 20 b hört die Schrift auf. Neun folgende Linien desselben Blattes — jede Seite zählt 21 Linien — sind angezeichnet, aber leer gelassen).

---

[1] Offenbar für „Schwarzenbach“ verschrieben.

# Verzeichniss

## der Namen auf der Landkarte zu Türst's

# „De situ Confœderatorum Descriptio"

### nach der Anordnung des Türst'schen Textes.

### Dominium Turegii (cap. III.).

Zürich
Adlikon (bei Andelfingen)
Andelfingen
Birmistorff
Breitten Landenberg
Bülach
Capell
Dalwil
Eglisouw
Elgg
Embrach
Fryampt
Girsperg
Griffense
Grünige
Horgen
Kiburg
Knonouv
Küsnach
Landenberg
Loffen
Maschvanden
Meilan
Pfeffikon
Raftz
Regensperg
Rhüte
Stamhen
Stefen
Stein
Ustri
Wedischwil
Wental
Widen
Wintertur
Wulflingen

## Dominium vestrum (i. e. Bernense) (cap. IV.).

Bern
Alon (= Ollon?)
Anseltingen (= Amsoldingen)
Ar (= Aare-Ursprung)
Arouv
Arberg
Arburg
Arwangen
Besz (= Bex)
Brandis
Briens
Brugg
Bruneck
Buchsi (= Münchenbuchsee)
Bünplitz
Bürren
Bübenberg
Burtolff (= Burgdorf)
Cander (= Kandersteg)
Diesbach
Drüb (= Trub)
Effrigen (= Effingen)
Elen (= Aigle)
Emmentall
Erlach
Erlach (Abtei E. = St. Johannsen)
Erlibach
Frenisperg
Frouvenbrunnen
Frutigen
Grimsel
Grindelwald
Guttenthann (= Guttannen)
Habspurg
Halwil
Hasle (= Meiringen)
Hinderlappen (= Interlaken)
Hutwil
Kilchberg
Kölliken
Küngsfeld
Kürnietz (= Köniz)
Landtshütt
Langental
Lentzburg
Loupen
Müsingen
Nidaw
Nidersibental
Nuwstatt (= Villeneuve)
Oberhofen
Obersibental
Pipp (= Bipp)
Premgarten
Richenburg (= Reichenbach?)
S. Batt (= Beatenberg)
Schenkenberg
Signouv
Spietz
Steffisburg
Sur
Tagmat (= Gadmen?)
Thun
Torberg
Trachselwald
Trostburg
Undersewen
Vinnigen (= Wynigen)
Wietlispach
Wisnov (= Weissenau)
Worb
Zil (= Zihlfluss)
Zovingen
Zûmiswald (= Sumiswald)

---

Biel

---

Nüwenburg
Landrenn (= Landeron)
S. Andre (= Fontaine André)
Werrier (= Verrières)

## Dominium Lucernense (cap. V.).

Lucern
Bürren
Honre (= Hohenrain)
Meggen
Münster
Reitnouv (= Reiden [1])
Rott (= Roth)
Rottenburg
Ruswil
S. Urban
Sempach
Surse
Weggis
Willisow

## Dominium Uraniense (cap. VI.).

Uri
Altorf
Adula: Gotzhart
Alpes Leopontii
Attichhusen
Bürglen
Flülen
Geschingen (= Göschenen)
Glattifer (= Plattifer, Piottino)
Hospital
Irnes (= Giornico)
Kercheren (= Kerstelenthal?)
Lasars closter (= Lazariterinnenkloster Seedorf)
Oerielssz (= Airolo)
Pfeud (= Faido)
Realp
Rhüss (= Reussquelle)
Schechental
Sedorff
Seuwlisperg (= Seelisberg)
Silinen
Tisni (= Tessinquelle)
Urseren (= Andermatt)
Wasneu

---

[1] Der Zeichner meint mit dem Schlossbilde bei Zofingen sicher das Johanniter-Ritterhaus Reiden, nicht das (jetzt argauische) Dorf Reitnau.

## Dominium Schvitense (cap. VII.).

Schvitz
Art
Brunnen
Duggen (= Tuggen)
Ensidlen
Galgnen
Grinouv
Gross (= Hinter-, Vordergross im Sihlthal)
Küsnacht
Lachen
Morsach
Mutental
Ouv (= Ufnau)
Pfeffikon
Sattel
Steinen
Turn (= Rothenthurm)

## Dominium Unterwaldense (cap. VIII.).

Oberuwald: Sarnen
Alpnach
Bruder Claus
Lungren
Sachslen
Nitdemwald: Stans
Bekenried

Engliberg

## Dominium Zugense (cap. IX.).

Zug
Barr
Cham
Egri
Hertenstein (d. i. das den Hertenstein gehörende Schloss Buonas)
Hünnenberg
Loretz (= Lorze-Ursprung)
Risch

## Dominium Glaronense (cap. X.).

Glaris
Lindtal
Lint (= Linthursprung)
Nefels
Schvanden
Sernental (= Sernfthal)

## Dominium Friburgense (cap. XI.).

Friburg
Altenriff
Blafey
Davers (= Tafers)
Illingen (Illens)

---

Graffschafft Gryers
San entspringt
Sanen

---

Granson
Grasberg
Gugensperg
Morlen
Orben

## Dominium Solodorense (cap. XII.).

Solodrun
Halstal
Bechburg
Clusen
Falkenstein
Kestinholtz
Olten
Wasserfall (= Wasserfalle-Berg)
Werd (= Schönenwerth)

## Oppida et universitas Vobis Confœderatis colligata, non tamen conregentia (cap. XIII.).

S. Gallen

---

Appenzell
Drogen (= Trogen)
Herisou

Urnesch

---

Schefhusen
Merishusen

---

Rotwil
Düslingen (Deisslingen)

---

Arben
Zell (Radolfzell)

## Qui sunt in proprietate Octo Capitum (cap. XIV.).

Baden
Dietlikon
Keisserstul
Klingnow
Koboltz (= Coblenz)
Lügern (= Leuggern)
Wettingen
Zurzach

---

Bremgarten
Mellingen

## Qui sunt de proprietate Sex Capitum (cap. XV.).

Meienberg
Mure
Richense
Sitzkilch (= Hitzkirch)

## Qui sunt de mancipio partim Quatuor Capitum, partim Binorum (cap. XVI.).

Rapschvil

---

Ammenberg (= Amden)

Bencken
Schenis
Smerikon
Utznach
Wesen

## Qui sunt de proprietate Septem Capitum (cap. XVII).

Bad (= Pfäverserbad)
Flums
Galveis (= Calfeiserthal)
Gungulsz (= Kunkelspass)
Meils (= Mels)
Pfefers
Ragatz
Sargans
Walenstatt
Wartberg
Wartouv

---

Werdenberg

---

Forstnek

---

Gams
Wildenhus
S. Johans
Dur (= Thurquelle)

---

Frouvenfeld
Bischofzell
Burglen
Calcheren (= Kalchrain)
Dobel (= Tobel)
Diessehofen (dabei Closter = St. Katharinenthal)

Ermetingen
Fischingen
Hagenweil
Ittingen
Merstetten
Nüdhen (= Neunforn?)
Paradis
Pfin
Rhinau
Steckboren
Sunnenberg
Tennikon
Winfelden[1]

---

[1] Der Ortsname „Sigmundstein“ ist, wie es scheint, irrig vom Zeichner hieher versetzt, etwa in die Romanshorner Gegend.

## Qui sunt fœdere juncti aut de proprietate aliorum Quatuor Capitum (cap. XVIII.).

S. Gallen (= das Stift St. Gallen)
Altstetten
Blatten.
Bürren
Gossow
Iberg
Lichtensteig
Magnouv (= Maggenau)
Neslow
Peterzell
Roschach
Rosenberg
Schvarzenberg (=Schwarzenbach)
Sidwald
Toggenburg
Wartensee
Wil

---

Rinneg (= Rheinegg)

---

## Bei Türst nicht aufgezählte, doch von der Karte berücksichtigte Gebiete.

### A. Die rätischen Bünde.

Curia Rhætiæ
Alpes Rhætiæ
Vallis Brettigeuv
Daphas (= Davos)
Davetsch
Disitis
Domins (= Tamins)
Ems
Engedin
Fiders (= Fideris: doch irrig an den Rhein bei Vaduz gezeichnet)
Fürstnouv
Inlantz
Kastel
Katz (= Katzis)
Krispalt
Kurburg
Kurwald
Lanquart (=Landquart-Ursprung)
Lentzer Heid
Lignitz (= Lugnetz)
Medels
Meyenfeld
Ortenstein
Ratzüns
Rechberg (- Ruchberg, Aspermont)
Rhin
Rhin (= Hinterrhein)
Savien (= Savien)
Hochen Trüns
Velsperg
Züzers

## B. Wallis.

Sitten
Bad (= Bad Leuk)
Brig
Burgum s. Petri (= Bourg St. Pierre)
Erne
Furgen (= Furca)
Gemmi
Geschingen
Gundis (= Conthey)
Lœg (= Leuk)
Martinach
Matt (= Zermatt)
Münster
Naters
Orschen (= Orsières)
Raren
Rhotten (= Rhone-Ursprung)
S. Bernhartzberg
S. Brancery (= Sembrancher)
S. Maritz
Siders
Sümpelen
Viesch
Vischb
Wald (= Oberwald)

## C. Italien.

Alpes Greij
Aninna (= Issiına, im Thal von Gressoney?)
Bartt (= Fort Bard)
Bomnal (= Pommat, Andermatten)
Brisalgo (= Brissago)
Cæsar Augusta, Ougstdal (= Aosta)
Daweder (= Val di Vedro)
Insubres
Liguria
Lugarner Seuw
Mon Jubet (= Montjovet)
Nowerren (= Novara)
Nicea (= Nizza Monferrato, wahrscheinlich)
Oron (= Arona)
Preiry nœff (?)
S. Vicentz
Thum (= Domo d'Ossola)
Valldösaz
Vigmen (= Vogogna?)
Yporegia (Ivrea)[1]

[1] Wie verhalten sich wohl die Bedeutungen von Pommat und Valldösaz, letzteres etwa gleich Val d'Ossola, zu einander? Der Versuch der Erklärung von Aninna beruht auf einer sehr schätzbaren Mittheilung von Herrn Cam. Favre in Genf.

## D. Waadtland.

(Allobrogi)

---

Betterlingen (= Payerne)
Iferten
Jurthen (= Mont Joral)
Lausanna
Milden (= Moudon)
Remund (= Romont)
Rhuw (= Rue)
Seuw (= Lemansee)
Steffis (= Estavayer)[1]
Vivis (= Vevey)
Wiblspurg (= Avenches)

## E. Hochburgund, Elsass und der linksrheinische Jura.

Belle (= jetzt Kt. Bern: Bellelay?)
Birs (= Birsursprung)
Blauwen (= Blauengebirge)
Dattenried (= Delle)
Dierstein (jetzt K. Solothurn)
Eicken (jetzt K. Argau)
Fricken (jetzt K. Argau)
Hochburguny
Hornessen (jetzt K. Argau = Hornussen)
Ill (= Illfluss)
In (?) (= Joux)
Loffenberg (jetzt K. Argau = Laufenburg)
Münstertall (jetzt K. Bern)
Mumpf (jetzt K Argau)
Nüwstat (jetzt K. Bern = Neuveville)
Ponterlin (= Pontarlier)
S. Manus klosster (= St. Germanus, resp. Moutier-Grandval? — jetzt K. Bern)
Sarrier[2]
Schöntal (jetzt K. Basel)
Walenburg (jetzt K. Basel)
Wanwil (?)
Watterberg (?)
Werse (?)
Willisau (?)

---

[1] Das Stadtzeichen daneben am Neuenburgersee, ohne Namen, geht wohl auf Cudrefin.

[2] Sollte etwa an Serrières, K. Neuenburg, gedacht werden dürfen?

## F. „Germanien", rechts von Rhein und Bodensee.

### a. „Schwartzwald", „Bare" und Klettgau.

Bahrgen (?)[1]
Baldingen (bei Villingen)
Bondorff
Bürren (= Kloster Beuron im Donauthal, Preussen)
Carpfen (= Hohenkarpfen, wirt. O.-A. Tuttlingen)
Dutlingen (= Tuttlingen)
Eschach (bei Villingen)
Fridingen (wirt. O.-A. Tuttlingen)
Fürstenberg
Guttenberg (= Gutenburg bei Thiengen)
Halouv (jetzt K. Schaffhausen)
Hechingen
Hewenegg (bei Möhringen)
Hochenberg: Graffshafth Hochenberg
Howenstein (am Rhein)
Hüfingen
Küssenberg (bei Thiengen)
Lentzkilch
Meskilch
Mülen (= Mühlheim, wirt. O.-A. Tuttlingen)
Necker (= Neckarursprung)
Nükilch (jetzt K. Schaffhausen)
Nuwstal (= Neustadt auf dem Schwarzwald)
Riedro (= Riedern am Wald, bei Stühlingen)
Rinsperg (bei Seckingen)
Rosenveld (wirt. O.-A. Sulz)
S. Bläsy
S. Jörgen (= St. Georgen auf dem Schwarzwald)
Schemberg (= Schönberg, wirt. O.-A. Freudenstadt?)
Scher (wirt. O.-A. Riedlingen)
Schonberg (wirt. O.-A. Rottweil)
Seckingen
Speichingen
Stülingen
Tengen (= Thengen bei Blumenfeld)
Thüneschingen
Thünaw (= Donau-Ursprung)
Totnouw
Tüngen (= Thiengen bei Waldshut)
Valkensteiner tal (= Höllenthal)
Villingen
Waldshut
Wiler[2]
Wurmlingen (wirt. O.-A. Tuttlingen)
Zorn (= Hohenzollern)

[1] Ein Ort dieses Namens in der Gegend der Baar, wo er eingezeichnet ist, fehlt: ist zu Bargen bei Engen (im Hegau) zu denken?

[2] Wegen der Gleichnamigkeit einer Anzahl Orte nicht zu bestimmen. Etwa Weilheim im Schlüchtthale? Doch kaum Wil bei Rafz, K. Zürich.

## b. Hegau und Gebiet am Bodensee.

Ach
Alenspach
Argen (= Langenargen)
Bodmen
Bollingen (= Bohlingen im Hegau)
Büchhorn
Costentc
Engen
Fridingen (im Hegau)
Haitnou (wohl verschrieben statt Hagnau, bei Meersburg)
Heiligberg
Hewen
Hochenfelsen (bei Sippfingen)
Honburg
Kreyen (= Hohenkrähen)
Lindouw
Mainouw
Marchtorff
Mekingen (= Mögging-gen)
Merspurg
Nellenburg
Oenigen (= Kloster Öhningen, bei Stein)
Randeck
Richouw (= Reichenau
Rosneck (bei Singen)
Salmenswiler
Scinnen (= Schienen)
Sinningen (wohl gleich Ob.-, Unter-Siggingen, östlich von Salem)
Stad (bei Constanz)
Stockach
Stoffen (= Staufen, bei Hohentwiel)
Stofflen [1]
Süplingen
Twiel
Überlingen

## G. Vorarlberg, Tirol.

Balzers
Bregetz
Closterli (im Klosterthal, am Arlberg)
Dorrenbürren [2]
Ems [2]
Faduts
Guttenberg
Hochenems [2]
Jagberg
Ill (= Illfluss)
In der Ouv (= Mehrorau, bei Bregenz)
In Rore (= Rohrspitz, bei Fussach?)

---

[1] Den rechts daneben, zwischen Hohenstoffeln und Schaffhausen, stehenden verstümmelten Burgnamen (Herblingen?) lasse ich offen.

[2] Dornbirn, Markt und Burg Ems stehen fälschlich auf dem diesseitigen Rheinufer.

Lutz (= Lutzbach, im Walserthal)[1]
Mentzigen (= Nenzing)
Metsch (bei Mals, im Tirol)
Montafun
Nüwenburg
Pludetz
Pur[2]
S. Gerold
Sunnenberg
Veldkilch
Walgouv

### Bemerkungen.

An der vorliegenden Karte ist hier in Verbindung mit den vorangestellten Namensübersichten ganz besonders die Aufmerksamkeit hervorzuheben, welche der Zeichner den Bergpässen zuwandte.

Der Weg über den grossen St. Bernhard ist durch folgende Namen vertreten:

Martinach
S. Brancery
Orschen
Burgum s. Petri
S. Bernhartzberg
Cesar Augusta, Ougstdal
S. Vicentz — (ob auch das unmittelbar darüber gezeichnete Preiry noeff (1?), das ich in der Tabelle nicht bestimmen konnte, dazu gehört?)
Mon Jubet
Bartt
Yporegia

Auf den Simplon beziehen sich:

Brig
Sümpelen
Daweder
Thum
Vigmen
Oron

[1] Dieser Name muss also zum Bache, nicht zur eingezeichneten (namenlosen) Burg gehören.

[2] Bauern steht fälschlich auf dem diesseitigen Rheinufer.

Zur Furca gehören:

Brig
Natters
Viesch
Münster
Geschingen
Wald
Furgen
Realp
Hospital
Urseren

Sehr vollständig ist der Gotthard-Weg angegeben

Flülen
Altorf
Silinen
Wasnen
Geschingen
Urseren
Hospital
Gotzhart
Oerielssz
Plattifer
Pfeud
Irnes

Doch auch untergeordnetere Wege sind verfolgt:

so: Ragatz, Pfefers, Gungulsz, Domine —
oder: Brunnen, Schvitz, Steinen, Satel, Turn, Pfeffikon, Rapschvil —
oder: Solodrun, Wietlispach, Pipp, Bechburg, Clusen, Falkenstein, Balstal, Wasserfall, Walenburg.

Durchaus nicht ist ferner zu übersehen, dass die Ortsbilder keineswegs schlechthin schematisch gegeben, sondern oft überraschend scharf, so weit der kleine Masstab es erlaubte, individualisirt sind.

Für das Gesagte legen theils grössere Städte, wie Bern (mit dem Baukrahn auf dem Münsterthurme) oder Freiburg, oder Burgdorf und Lenzburg (mit den Burgen über den Städtchen), oder Thun (die Burgansicht von der nördlichen Seite), oder

Sitten (mit den Burgen, Ansicht von der Ostseite) Zeugniss ab. Besonders individuell und zutreffend ist Kaiserstuhl gezeichnet (mit Inbegriff des gegenüber liegenden Schlosses Rötteln). Aehnliches gilt von Rapperswil, von Regensberg (mit Dielsdorf am Bergabhange), von Burg Uster, der Klosterkirche Cappel (mit dem Dachreiter), von Stein am Rhein (mit Hohenklingen). Auch Türst's Heimatstadt soll als von der Westfront gesehen aufgefasst werden. Bei dem Schloss und Stadt wohl unterscheidenden Zeichen für Sargans fehlt nicht auf dem steil aufsteigenden, isolirt dastehenden Felskopfe die Bärschiser-St. Georgscapelle. Burg Hohentrins, der Curer Bischofshof (die Stadt scheint nicht mit dargestellt zu sein) haben ebenfalls ihre bestimmte Ausprägung. Im Hegau und den ferner liegenden süddeutschen Landschaften verwandte der Zeichner gleichfalls grossen Fleiss auf das Einzelne: so ist der spitze Kegel von Hohenkrähen vom breiteren Twiel gut unterschieden, auch die Form der Kuppe von Fürstenberg getroffen. U. v. a. m.

Noch mag, im Hinweise auf einen früheren Artikel, den ich in den Anzeiger für schweizerische Geschichte und Alterthumskunde, 1868, Nr. 8, einrückte (dort pp. 140 und 141), auf den deutlich bei Tuggen, an der Südostseite des unteren Buchbergs, hineingezeichneten See hingewiesen werden.

Die Karte reicht gerade so weit, als die zehn Orts-Grenzen, wenigstens nach oben und rechts unten: dort ist über Giornico, die Urner Ortschaft im Livinen, hinaus nichts gebracht (so Bellinzona fehlend), und ist hier Basel weggelassen.

M. v. K.

# Nachwort.

Die älteste bekannte Beschreibung der Eidgenossenschaft ist die 1478 verfasste „Descriptio Helvetiæ“ des gelehrten Einsidler Capitulars Herrn Albrecht von Bonstetten: der Tractat betitelt „Superioris Germaniæ Confœderationis urbium terrarumque situs, hominum morumque brevis descriptio, ut et insignis loci Heremitarum S. Mariæ Virginis“; in Band III der Mittheilungen der zürcherischen antiquarischen Gesellschaft veröffentlicht.

An Bonstetten, der durch seine Herkunft und die Beziehungen von Vater und Bruder mit Zürich in naher Verbindung und als Conventuale von Einsideln auch im Burgrechte mit Zürich stand, schliesst sich nun, etwas später, die Arbeit eines wirklichen Zürchers an, der gegen Ende des 15. Jahrhunderts ebenfalls eine kurze Beschreibung der Eidgenossenschaft, allerdings in ganz anderem Geiste, schrieb und dessen Werklein vorstehend abgedruckt ist.

Dieser Mann heisst Conrad Türst, war ein gelehrter Arzt und Mathematiker, zürcherischer Stadtarzt und geschmückt mit dem Titel eines kaiserlichen Leibarztes und der Ritterkette (wohl von Kaiser Friedrich III., dessen er als eines (1493) Verstorbenen rühmend gedenkt).

Aber in diesen wenigen Worten liegt leider auch so zu sagen Alles, was wir von seiner Person und seinem Leben wissen.

Bürger oder wenigstens Stadtarzt in Zürich — woher gebürtig, wird nicht gesagt; der Name klingt glarnerisch — wurde er am 8. August 1485. Das Rathsmanuale sagt unter diesem Jahre (S. 104):

„Samstags vor Laurenzen. Präsentibus Herr Burgermeister Schwend und beyd Rätt; darzu min Herren Burger.

Doctor Konrad Türst ist von minen Herren Rätten und Burgern zum Statt Artzet uffgenommen, also das man im jerlich xxxx gulden zu den 4 vronfasten, uff jede x gulden, geben und das er

Erber lüt, denen er dienen wirdt, bescheidenlich mit dem lon halten und die nit überschetzen, auch das er zuo den appenteggen luogen und achten sol, darmit dass sie gut, frisch drüg haben und ouch niemandts, der das brucht, überschetzen."

Türst scheint eine Wittwe Lienhart geheirathet zu haben. Im gleichen Rathsmanuale (S. 140) kömmt der Rathsbeschluss vor:

„Jos Schanolt soll Hartman Lienhart zu im nemen und versehen, das Doctor Türst siner Mutter guot nit verendre, sundern das es sinen kinden lut der ordnung behalten werde und das, so er verukt hat, widerumb dartüge."

Am 23. Januar 1494 redet von Türst nachfolgendes, von Hrn. Staatsarchivar Dr. von Liebenau in Luzern mitgetheiltes Missiv:

Unser fründlich willig dienst und was wir eren liebs und guts vermegen alle zyt zu vor bereit. Frommen fürsichtigen wisen besondern güten fründ und getrüwen lieben eidtgnossen: uns hät fürbrocht der Hochgelert unser lieber burger und statartzat doctor Cunrat Dürst, das Im von uwerm burger Peter Thammann noch bi versprochnem artzatlon unbezalt usstande dryssig und dry guldin rinisch und drü ort. Darumb er Im langst bezalung und abtrag gethon haben solt; sige Im söliche bishar verzogen, und als er aber siner notturft halb sölicher summ lenger nit entwesen möge, uns umb fürdrung (die wir Im dann mitzuteilen geneigt sind) angerüft. Also und demnach bitten wir üwer liebe mit allem vlis fründtlich daran zo sind, ze verfügen und ze verschaffen, das der benannt üwer burger den bemelten doctor Dursten umb usstende summ und lidlon abtrag und benügig mache fürderlich und one verziehen und üwer liebe sich in dem zu bewisen und zu erzeügen, als wir uns des versähen, und das umb die zu beschulden und zu verdienen haben wellen alle zyt und wa es sich begibt. Datum donstag vor Pauli conversionis, anno etc. lxxxxiiij (1494).

Burgermeister und
rät der stat Zürich.

Den Fromen fürsichtigen und wisen schultheisen und rat zu Luzern, unnsern sondern guten fründen und getrüwen lieben eidgnossen.

Original im Staatsarchiv Luzern, Acten Sanitätwesen.

Ferner enthält das Umgeldbuch von Luzern folgende Notiz: „1497 VI lib. hlr. VI ß. Lucas Zeiner dem maler von Zürich umb ein pfenster, so min Herrn Doctor Türsten von Zürich um ein pfenster geschenkt hand.“

Ueber Türsts gelehrte Beschäftigungen sagt Konrad Gessners „Bibliotheca universalis“ (Ausgabe von 1574 durch Josias Simler) auf S. 145: Conradus Türst, Tigurinus, Cæsareæ Majestatis medicus et eques, scripsit opuscula genethliaca, mathematicæ observationis nativitatum Francisci Mariæ Sphortiæ Vicecomitis Papiæ et Cæsaris Sphortiæ, filii Ludovici Mariæ, satis eleganti stilo, quæ manuscripta nobis ostendit D. Christophorus Clauserus noster, et alia quedam.[1] (Ohne Zweifel ist der Stadtarzt Dr. Christoph Klauser 1531—1552, † Dec. 26, gemeint).

Wenn J. H. Hottinger hinwieder in der Bibliotheca Tigurina (s. Anhang zu der Schola Tigurinorum Carolina 1664, S. 99) den Namen des Verfassers in dem gleichen Zusammenhange „Fürst“ nennt, so beruht dies ohne Frage nur auf einem Irrthum.

Gleichzeitig mit Hottinger berichtet Petrus Lambecius in seinen Commentariorum de Augusta Bibliotheca Cæsarea Vindobonensi libri 8 (1665—1679) Tom. II, cap. 8, p. 608 und 976, unter den Büchern, welche Kaiser Leopold I. (1657—1705) von seiner Huldigungsreise ins Tirol im Jahre 1665 aus der Ambraser-Bibliothek nach Wien gebracht, befinde sich und werde in der kaiserlichen Bibliothek daselbst aufbewahrt:

> Nr. 380. Volumen Latinum membranaceum, quo continetur Conradi Türst, Tigurini, Liber de situ Confœderatorum sive Descriptio Helvetiæ, adjuncta tabula chorographica;

Angaben, die nach Lambeck Spätere und insbesondere auch Haller, Bibl. d. Schw. I, Nr. 670 u. Nr. 76, wiederholt haben.

Dieses (Original-) Manuscript liegt heute noch in der Wiener Hofbibliothek, eine im Jahr 1842 durch einen jungen Herrn Schubert in Wien angefertigte Abschrift (doch ohne Copie der chorographischen Tafel) in der Mülinen'schen Bibliothek in Bern.

---

[1] Gesneri Bibl. Universalis 1545, fol. 185 b.

Der Verfasser widmete seine Arbeit dem Schultheissen und Rath zu Bern und führt sie ein unter dem Titel: „de situ Confœderatorum descriptio Conradi Türst, Med. doctoris, Turegii physici.“

Im Texte finden sich die beiden von Meyer v. Knonau, Gemälde des Kantons Zürich II, S. 388 und 399, erwähnten Stellen über das Kloster Embrach und das Kloster Rüti genau so vor, wie Meyer v. Knonau sie citirt.

Wann ist nun Türst's Werk geschrieben worden? Darüber ergeben sich aus einzelnen Stellen des Inhalts Anhaltspunkte:

1. In Cap. 1 heisst König Friedrich „felicis memorie rex“; er ist also verstorben, d. h. Türst schrieb Cap. 1 nach dem 19. August 1493.

2. In Cap. 4 heisst Berns Schultheiss „Matter“. Hch. Matter war (nach Anshelm) Schultheiss in den Jahren 1495—1497.

3. In Cap. 8 wird Bruder Niklaus von Flüe als verstorben erwähnt; also ist das Werk von Türst nach 1487 entstanden.

4. In Cap. 13 wird vom Bischof von Constanz gesagt: „Constantiensis episcopus — jam suum fœdus sacramento renovavit. Es geht dies ohne Zweifel auf die am 13. September 1494 erfolgte Erneuerung des Burgrechts durch Bischof Thomas (Berlower aus Cilly, 1491—96) mit den VI Orten (Eidg. Absch. III. 734).

Es könnte zwar auch auf das Bündniss Bischof Hugo's (von Landenberg, 1496—1532) vom 3. Juli 1497 (ib. III. 543) gehen; allein

5. in dem ganzen Werke ist von den Graubündnern nirgends die Rede, und da diese — der Obere Bund am 21. Juni 1497, der Gotteshausbund am 13. December 1498 — mit den Eidgenossen sich verbündeten, wovon Türst nichts erwähnt und offenbar noch nichts weiss, so werden wir sagen müssen:

seine Arbeit entstand zwischen 1495 (nach Ostermontag, Tag der Rathsbesetzung in Bern) und 1497 (vor Juni), zur Zeit des Schultheissen Matter und vor dem Bündniss der Eidgenossen mit dem Obern Bunde.

Hiemit stimmt auch überein, dass

6. in Cap. 18 der Freiherr von Castelwart als Besitzer der Herrschaft Werdenberg und Wartau genannt wird. Denn die Castelwart kauften die Herrschaft 1493 von der Stadt Luzern und verkauften sie 1498 wieder an den Freiherrn von Hewen.

Doch hat Türst ferner seine Beschreibung auch dem Herzog von Mailand Lodovico Maria Sforza gewidmet, wie ein Schreiben des Herzogs vom 22. October 1497 sagt, das im Bolletino storico della Svizzera Italiana, 1881, Nr. 8, p. 207 u. 208, abgedruckt ist. Es heisst da z. B. „præterquam quod in scientia sua magni nominis est, cum ea eloquentiæ quoque partes conjunxit, sicuti ex eo libello satis perspici possit, quem *de situ regionis Confederatorum Germanie superioris* nuper composuit. Cum autem eum librum nobis dedicaverit, quod quidem munus ingenti voluptate nos affecit — — — tenore presentium prenominato magistro Konrado pensionem annuam xxv florenorum Rhenensium, incepturam kalendis januarii proxime futuri et in fine anni solvendam, duraturam usque ad nostrum beneplacitum, constituimus et promittimus."

Mit dieser Widmung stehen wohl auch die von Gessner aufgeführten „opuscula genethliaca" in Verbindung; denn die genannten Prinzen sind Söhne des Lodovico Maria (Moro): Franciscus Maria, zweiter Sohn des Herzogs, geboren 1493, 1521 Herzog und 1535 gestorben (als letzter des Hauses), und Cäsar Maria, ein unehlicher Sohn, gestorben 1496. Gerade dieses Todesjahr bietet den Anhaltspunkt für die „opuscula genethliaca".

Nun aber besteht neben Türst's lateinischer Arbeit auch eine gleichzeitige deutsche Uebertragung derselben, in einem Pergament-Manuscripte, 4°, 20 fol., aus der ehemals von Erlach'schen Bibliothek in Spiez, jetzt (seit 1875) im Besitze von Hrn. Kantonsrath Wunderly-von Muralt in Zürich; ein Manuscript, das durchaus dieselbe Arbeit enthält und auch mit einer chorographischen Tafel, vermuthlich Copie derjenigen des Originals, versehen ist. Dass es später als das lateinische Original verfasst und also wirklich Uebertragung, nicht etwa umgekehrt Original des lateinischen Textes sei, geht schon daraus hervor, dass die Widmung hier nicht an Schultheiss und Rath von Bern, sondern an den „Altschultheissen Rudolf von Erlach" in Bern gerichtet ist.

Dieser Rudolf von Erlach war 1449 geboren, wurde 1471 Mitglied des Kleinen Raths, focht 1476 bei Granson und stand in dem belagerten Murten als Kriegsrath neben Bubenberg; 1479 wurde er zum ersten Male Schultheiss; im Schwabenkrieg führte er 1499 das bernische Banner in's Hegäu; 1507 starb er. Das Schultheissenamt bekleidete Erlach in den Jahren 1479—1480, 1492—1494, 1501—1503, und im Jahre 1507 vom Ostermontag bis zu seinem im Herbst erfolgten Tode. Altschultheiss war er in den Jahren 1481—1491, 1495—1500 (Heinrich Matter und Wilhelm v. Diesbach bekleideten das Schultheissenamt) und 1503—1507. Ihm widmete wohl Türst selbst in dem Jahre 1496/97 seine Uebersetzung.

Der Text Türst's fusst auf der mathematischen Geographie und bezeichnet die Lage der Eidgenossenschaft wissenschaftlich, gibt ihre Ausdehnung nach allen Richtungen in bestimmten Massen an und knüpft hieran eine vollständige topographische Beschreibung des ganzen Gebietes der damaligen zehn Orte, sowie der zugewandten Orte und der gemeinen Herrschaften. Dabei verfährt der Verfasser so, dass er an die Beschreibung des Hauptortes diejenige der zugehörigen Landschaft derart anführt, dass unter Bezeichnung der Lage und Beifügung kurzer Bemerkungen zunächst die sämmtlichen geistlichen Stiftungen eines Gebietes und dann dessen weltliche Herrschaften aufgezählt werden. Die nach Graden und Minuten sorgfältig eingetheilte Landtafel, welche der Schrift beigefügt ist, verdient für ihre Zeit alles Lob. Doch wird dieselbe leider im Texte mit keinem Worte berührt.

Ueber diese Karte verbreitet sich Professor R. Wolf[1] folgendermassen: „Die auf Pergament gezeichnete Tafel hat, wie bei Tschudi, Süd oben, — geht bei der Höhe von 39 Cm. von Fürstenau bis Seckingen, bei der Breite von 52 Cm. von Bregenz bis Lausanne, und stellt somit den weitaus grössten Theil des jetzigen Gebietes der Schweiz dar, da ihr fast nur Genf, Bisthum und Basel fehlen, sowie der südliche Theil von Bündten und die italienische Schweiz. Aus 22 Distanzen der Polygone I—III erhielt ich $m = 1{,}78$ und $f = \pm\ 49{,}1$ (+ 73, — 81), so dass die Anlage nicht viel besser als bei Hylacomylus und wesentlich schlechter als bei Tschudi ist, mit welch Letzterer auch die Fehlervertheilung absolut nicht übereinstimmt, so dass man nicht daran zu denken hat, dass Tschudi dieselbe wesentlich benutzt habe. Mancher

[1] Siehe Vierteljahrschrift der naturforschenden Gesellschaft in Zürich, Jahrgang XXV, Notizen S. 426 f., n. 288.

Detail, und so namentlich verschiedene See-Formen, sind bedeutend besser als bei Tschudi und auch die Bergzeichnung, so weit man überhaupt von einer solchen sprechen darf, ist besser als bei ihm; dagegen finden sich arge Verschiebungen, und zwar auch in der Centralschweiz, — doch kann man die Tafel als den Versuch einer Karte betrachten und nicht bloss als schematisches Ortsverzeichniss. Bemerkenswerth ist, dass der Karte ein Netz zu Grunde zu liegen scheint, wobei auf den Breitengrad 169 Cm. kommen, auf einen Längengrad südlich 148 Cm., nördlich 118 Cm. Der Eintrag in dasselbe ist dagegen allerdings äusserst roh, indem z. B. St. Gallen und Sitten, obschon Ersteres 1° 12′ nördlicher ist, in demselben Parallel liegen. Nach 10 der Karte enthobenen Ortsbestimmungen ist der mittlere Fehler einer Breite ± 40′, — der mittlere Fehler einer Länge, wenn der erste Meridian 21° 31′ westlich von Paris angenommen wird, ± 20′."

Was die hier gebotene Ausgabe anbetrifft, so bietet dieselbe den lateinischen Text der Wiener Originalhandschrift und die deutsche Uebersetzung, die, wie oben erwähnt, in Zürich vorhanden ist.

Den Wiener Codex beschreibt Hr. R. Thommen, der unter gütiger Vermittlung des Hrn. Prof. Büdinger in Wien die Correcturen nach demselben besorgte, folgendermassen:

„Die in der Wiener Hofbibliothek vorhandene lateinische Handschrift (Cod. Pal. Vind. 567) des Werkes verräth sogleich die grosse Sorgfalt, die der Verfasser demselben hat zu Theil werden lassen. Auf 16 Pergamentblättern in Quarto (21 cm. l., 15 ½ br.) ist der Text in reinen, schönen Schriftzügen, deren Charakter auf die zweite Hälfte des 15. Jahrhunderts als Entstehungszeit zurückweist, von Einer Hand niedergeschrieben. — Durch rothe Doppellinien, die paarweise, nämlich zu beiden Seiten einer-, oben und unten andererseits, gleich weit von einander abstehen, ist der Raum für den Text abgegrenzt, so zwar, dass derselbe, indem der Rand unten (5 ½ cm.) und an der Buch- offenen Seite (4, 3 cm.) grösser ist, als an den beiden andern (2 cm. u. 1,8 cm.), etwas in die Ecke gerückt erscheint. Dieser Rand ist überall streng freigehalten, nirgends zur Anbringung von Correcturen oder dgl. benützt, die vielmehr, an und für sich selten, immer zwischen die Zeilen eingefügt sind. Nur auf fol. 13 a ist der obere Rand um den Raum von 2 Zeilen verkleinert, die vermuthlich nachträglich über die gewöhnliche Anfangslinie emporgerückt worden sind! Wie genau der Schreiber sich sonst an diese äussere Form gehalten hat, erhellt am Besten daraus, dass die letzte Seite eine einzige Zeile enthält, die er nicht mehr unter die unterste Grenzlinie der vorhergehenden Seite hat setzen wollen, obwohl sie das Buch schliesst. Jedes Blatt enthält 21 Zeilen, die durchaus auf rothen Linien, in gleichen Abständen gezogen, aufstehen. Die Capitel-Ueberschriften sind mit rother Tinte geschrieben, die Anfangsbuchstaben der Capitel vergrössert, einfach verziert und ebenfalls in Blau und Roth ausgeführt. Auch in den Text hinein sind oft Satzanfänge durch rothe und blau „C“-artige Zeichen oder durch gelbe Nebenlinien an den Anfangsbuchstaben gekennzeichnet. Auf dem ersten Blatt fällt vor allem die reich ausgeführte Anfangs-Initiale „V“ auf. Auf blauem Grunde mit röthlicher arabeskenartiger Zeichnung durchzogen hebt sich das in Schwarz und Gold gemalte „V“ sehr hübsch ab. Seine erweiterte Höhlung umschliesst eine grössere Zeichnung, darstellend das gedoppelte Berner Stadtwappen mit den beiden wilden Männern, überragt von dem kaiserlichen Wappen, d. i. dem Reichsadler und der Krone. Die Farben, besonders das Gold, sind noch ganz vorzüglich frisch und leuchtend.“

Die Mailänder Handschrift konnte trotz der verdankenswerthen Bemühungen des Hrn. E. Motta nicht mehr aufgefunden werden.

Die ehmalige Spiezer Handschrift, jetzt in Zürich, bringt auf dem ersten Blatte Eintragungen, welche für die Geschichte des Codex und die Zugehörigkeit desselben zu sieben auf einander folgenden Generationen des Erlach'schen Hauses belehrend sind. Es folgt deshalb hier dem Abdrucke dieses Blattes eine genealogische Tabelle der Familie Erlach. Die Eintragungen lauten:

## Hans von Erlach der eltter

Ist von obvermeltem Hansen von Erlach Erblichen an mich Anthoni von Erlach Synn Sun khommenn Anno 1584

---

Ist von meinem lieben Junker vatter selig Anthoni von Erlach Erblichen an mich Harttman von Erlach seinen sun kommen Anno 1618 den 20. Augusti.

---

Ist mir Abrahamen von Erlach von meinem lieben vetteren Harttman von Erlach verehrtt und geschenckt worden. Actum den 5. May 1621.

---

Item ist mir von meinem geliebten Jr. Vatter Säligen Hanß Rudolff von Erlach Herr zu Riggisperg Erblich an mich kommen alß Niclaus von Erlach sinem Sohn. Anno 1644 den 12. Aprellen.

---

Item ist mir von meinem geliebten Jrn. Vatter Niclaus von Erlach mir Rudolff von Erlach geschenckt worden Und an mich kommen den 1. July diss 1667 Jahrs.

---

Ist mir von Jungfer Elisabeht von Dießbach
In ihrem hohen Alter heute verehrt worden.
Ihr Vater war Stükhaubtman in
Mein Ggen. Herren teutschen landen;
Ihre Mueter war eine schwester
Herren kaufhauß Verwalters Stürler,
Welcher 1736 oder 1737 verstorben, bezeugt
Endenterschribener Carril Ludwig Stürler
de Serra.

Bern den 28sten Merz 1759.

„Beschrybung der Eidgnosschaft“.
genannte Besitzer: 1. 3. 4. 5. 6. 7. 8. 9.
vermuthliche Besitzer: (2).

1479 Schultheiss zu Bern. † 1507.
1. *Ihm widmet Türst sein deutsches Manuscript, 1480.*

**Johann.**
n. 1474. — Herr zu Spiez, Riggisberg
und zu Jegistorf. —
1519 Schultheiss zu Bern. † 1539.

**Wolfgang.**
1554 des Kl. Rathes. † 1556.

**Ludwig.**
n. 1543. Herr zu Riggisberg.
Oberst in kaiserl. Diensten, 1575 in Diensten
des Pfalzgrafen Joh. Casimir. —
1582—1587 *bernischer Oberst in Genf,*
*in Graubünden, in Mühlhausen.* † 1596.

7. **Hans Rudolf.**
Unter Lesdiguières Hptm. in Frankreich.
1614 des Gr. Rathes in Bern.
1618 Gesandter in Zürich
zum Bundesschwur mit Venedig.
† 1644.

**Hieronymus.** **Hs. Rudolf.** 8. **Niklaus.**
*1644, erhält das*
*Türst'sche Manuscript*
*„aus seines Vaters Nachlasse“.*

9. **Rudolf.**
*1667, erhält das Türst'sche Manuscript „als Geschenk seines Vaters“.*

6. **Abraham.**
In fürstl. Anhalt'schen, in Französischen
Kriegsdiensten in den Niederlanden, in
Italien. — 1619 des Grossen Rathes,
*erhält 1621 das Türst'sche Manuscript*
*„von seinem Vetter Hartmann“.*

**Abraham.**
Hptm. in Venedig.
1659 LV. zu Erlach.

**Hs. Rudolf.**
1658 Hptm. in Venedig.
1663 LV. zu Oron.

(2). **Diebold.**
n. . . . Herr zu Bümpliz.
1544 des Kl. Rathes zu Bern.

3. **Johann.**
1566 Landvogt in Mendris,
1569 in Saanen, 1583 in Aigle.

4. **Anton.**
*Erbt 1584 das Türst'sche*
*Manuscript von seinem Vater.*
1587 Oberst. 1590/1603 auf
Landvogteien. 1600 des Kl. Rathes.
† 1617 als *Herr zu Kiesen.*

5. **Hartmann.**
Dient unter Mansfeld, Christian
v. Halberstadt und Kg. Gustav
Adolf. — Dann im Piemont. —
Zuletzt unter Rheingraf Otto
Philipp als schwedischer
*Oberstlint. u. Kommandant*
*von Pfirt.* 1633. Von Bauern
in Pfirt erschlagen. —
*1617 Erbe des Türst'schen*
*Manuscripts; schenkt dasselbe an*
*„seinen Vetter Abraham“.*

**Rudolf.**
1592 Hptm. 1600 LV.
zu Morsee.

**Johann Ludwig.**
n. 1575.
*Oberst und Vertrauter*
Herzog Bernharts
von Weimar.
Generallieutnant und
Marschall in königl.
französ. Diensten. † 1650
(Jan. 26.) *zu Breisach.*

**Burkhart.**
† sine prole.
In Frankreichs Dienst;
später Landvogt zu Lenzburg,
zu Erlach, zu Nidau.

Die Behandlung des lateinischen und deutschen Textes richtete sich durchaus nach den Grundsätzen des Programms, welches als Anhang dem ersten Bande der Quellen zur Schweizergeschichte beigegeben worden ist, mit zwei Ausnahmen: Erstens haben wir durchwegs die lateinischen Zahlen beibehalten und zweitens im deutschen Texte die Verdoppelung, bezw. Schärfung der Consonanten in Eigennamen ganz ebenso behandelt, wie in den übrigen Wörtern, also bei Consonantenhäufung oder tonlosen Endsilben beseitigt und z. B. „Bern" für „Bernn", „Costenz" für „Costentz", „Basel" für „Basell" (welche Form abwechselnd mit jener vorkommt) geschrieben. — Wo in Wörtern, bei welchen schliesslich der einfache Consonant geblieben ist, dieser und der doppelte Consonant willkürlich miteinander abwechseln, wie z. B. „vil" und „vill" „wit" und „witt", „zit" und „zitt" ist durchgängig der einfache beibehalten worden. Zwei Punkte, die ganz regellos über dem geschlossenen und offenen „e" bald erscheinen, bald nicht, blieben unberücksichtigt, ganz einzelne Fälle ausgenommen, in welchen die Beibehaltung der zwei Punkte geeignet schien, Missverständnisse zu verhüten. Das Doppel-„e", welches in der Handschrift durch Ueberschreibung eines zweiten, sehr kleinen „e" über das erste angedeutet ist, erscheint in dem gedruckten Texte als „ee".

Die dem Abdrucke beigegebene Karte ist nach dem von Hrn. Wunderly-von Muralt mit grosser Gefälligkeit zu längerer Benutzung dargeliehenen Exemplar der deutschen Handschrift angefertigt. Doch hat auch Hr. R. Thommen, dem wir die Abschrift der lateinischen Wiener Originalhandschrift verdanken, ein Facsimile eines Theils der Karte des dortigen Codex eingesandt, das eine Vergleichung beider Landtafeln ermöglicht. Darnach ist — Hr. Thommen wählte die untere rechte Ecke — die Karte in Wien mit der unsrigen in der Anlage, der Umrahmung, der Wahl der Oertlichkeiten fast ganz übereinstimmend. Die Hauptabweichung liegt darin, dass das Wiener Exemplar in der Einfügung lateinischer Namen einen gelehrteren Charakter aufweist. Während unsere Karte von „Hochburguny", von „Wiblspurg" redet, heisst es dort „Sequani" und „Hedui", „Avaticum" und zur Bezeichnung des Gebirges in der Ecke „Jurassus".

Uebrigens geben wir Hrn. Thommen, dem hiemit für seine gefällige Mitwirkung bei dieser Ausgabe noch einmal der wärmste Dank ausgesprochen sei, zur Schilderung der Wiener Karte selbst das Wort; es passt dieselbe ja auch für unser Exemplar:

„Die Karte hat eine Länge von etwa 60 cm. bei einer Breite von 40 cm. Rothe Doppellinien umgrenzen die Zeichnung, welche derart angelegt ist, dass eine Linie, die von der nördlichen Spitze des Bodensees gegen das östliche Ende des Genfersees gezogen gedacht wird, das Rechteck ungefähr in der Mitte schneidet, wodurch das Bild allerdings ungewöhnlich verschoben erscheint, aber den Grenzen, die damals dargestellt werden sollten, besser entspricht. Die Zeichnung selbst ist roh, das bekannte Gemisch von Perspective und Projection — unter die Erstere fallen Berge und Wohnstätten, unter die Letztere die Gewässer. Die Lage der Orte und Burgen am Fuss oder Abhang oder auf dem Plateau eines Berges ist getreulich in naiver Weise veranschaulicht. Berge, Städte, Dörfer, Burgen und Klöster sind mit Tinte vorgezeichnet, die Ersteren grün, die Letzteren braun (oft sehr flüchtig) übermalt; die Gewässer sind mit der gewöhnlichen blauen Farbe angezeigt, ebene und unausgeführte Partien weiss gelassen. Nur die Wohnorte tragen genau ihren angemerkten Namen.

Beim ersten Blick fällt die durchaus ungleichartige Behandlung der verschiedenen Partieen der Karte auf. Der mittlere Theil, umfassend das Gebiet von Zürich, Zug, Luzern und Schwiz, etwa vom südlichen Ende des Vierwaldstättersees bis zum Zusammenfluss der Are, Reuss und Limmat reichend, ist am Eingehendsten und wohl auch am Richtigsten dargestellt; die Lage der drei Seen ist gegeneinander wohl abgewogen, die Flussläufe ziemlich wahrheitsgetreu wiedergegeben, die meisten Städte und Burgen hier verzeichnet. Desto grösser ist der Abfall in der Zeichnung aller umliegenden Theile und auffällig, wie weit die damals von der Eidgenossenschaft eingenommenen Grenzen im Osten, Süden und Norden von der Darstellung überschritten sind. Einzuschalten ist hier, dass man dabei Osten zur Linken, Westen rechts und dem entsprechend Süd und Nord zu vertauschen hat. So bildet die Ostgrenze nicht der Rhein, wie doch zu erwarten, sondern es ist noch ein ziemliches Stück von Voarlberg mit hereingezogen, markirt durch eine Grenzlinie im Osten, von Bregenz bis Stuben mit „Veldkilch“ und „Pludetz“, ebenso nördlich vom Bodensee ein Stück von Deutschland mit dem „caput Danubii“ und „fons Neckari“, dessen Lauf noch bis Rotweil, als nördlichstem Punkt auf der Karte, verfolgt ist, Alles ziemlich ungenau verkürzt. Der Rhein ist bis Seckingen gezeichnet. Die Strecke von der Armündung bis Solothurn und weiter zum Bieler- und Neuenburgersee, der sich bereits an den Westrand lehnt, erscheint wieder ungehörig verkürzt. Die linke Ecke der Karte, das Gebiet nördlich von den eben genannten Seen darstellend, ist, unter anderen unbedeutenderen Städtenamen, mit den beiden recht übel angebrachten der Haeduer und Sequaner geziert, sowie südlich vom Neuenburgersee der der Allobroger des Verfassers historische Anwandlung unglücklich genug bezeichnet. Anschliessend dann das östliche Ende des Genfersees mit der Rhone. Jenseits der Rhone beginnt, den ganzen Südrand einnehmend, der weitaus schlechteste Theil der Karte der wohl kaum mehr als skizzirt zu nennen ist. Aber auch diese wenigen Striche und Namen sind eben so wunderlich als falsch. Wir sehen die Namen Nicæa, Cæsarea Augusta, lacus Locarnæ in einer Linie mit den Quellen des Rhein, dessen naher Ursprung bei seinen Nachbarn Rhone, Are, Tessin auch nicht einmal geahnt wird. Die Quellen dieser drei sind ebenfalls seltsam verschoben; ihr naher Ursprung kaum richtig gedacht und jedenfalls verzerrt wiedergegeben; das Engadin ohne Inn nördlich vom Hinterrheinthal gezeichnet; am äussersten Südrande stehen in einer Linie also von West gen Ost „Brisalgo, Orone, Irnes, lac. Locarnæ“, die Quellen des Vorderrhein und der Hinterrhein, dessen Anfang nicht mehr gezeichnet, „Fürstenouv“ und „Campus Lentz“. Die Ecke füllen dann die „Alpes Rhætiæ“. Zwischen dieser und einer nördlichen Grenzlinie, gezogen etwa längs der Rhone, Thuner- und Brienzersee bis zum Vorderrhein, ist ein fast ganz leer gelassener Streifen, mit einigen Namen, die recht gut zum Ganzen passen: Ligurer nördlich vom Lemansee, dann Insubrer, Alpes Cottiæ, Adula mit den Quellen der Reuss!

Die Partie Unterwalden und Berner Oberland mit dem Brienzer- und Thunersee können Anspruch auf ziemlich richtige Darstellung machen. So ist die Lage der beiden Seen gut wiedergegeben, der

Zwischenraum zwischen beiden aber zu gross und andererseits Bern dadurch dem Thunersee zu nah gerückt. Als ein fühlbarer und auffälliger Mangel ist jedenfalls das Fehlen aller Grenzlinien zwischen den einzelnen Kantonen, wie gegen das Ausland zu bezeichnen, ein Mangel, der verglichen mit der scharfen geographischen Gliederung im Buche doppelt merkwürdig ist. Endlich auffallend ist es, dass eine Karte der Schweiz entstehen konnte, welche sich gegen das vorzüglichste geographische Element so gleichgiltig verhält, gegen die Gebirge. Ueber einige allgemeine zum Theil unrichtige Notizen ist der Verfasser nicht hinausgekommen."

---

Eine nachträgliche genaue Vergleichung der Beschreibung der lateinischen Wiener Handschrift mit der deutschen Zürcher Handschrift hat ergeben, dass jene Beschreibung so zu sagen bis ins kleinste Detail auch für das Zürcher Manuscript passt. Die dort angegebenen Masse stimmen auch hier genau oder bis an wenige Millimeter; die Zahl der Zeilen auf einer Seite ist dieselbe; was dort über die Randlinien, die Ueberschriften der Capitel, die Initialen etc. gesagt ist, passt hier ebenfalls vollständig, ausgenommen, dass in dem anlautenden, reich in Gold und Farben ausgeführten „O" des deutschen Textes das Wappen der Familie Erlach angebracht ist. Es geht daraus mit voller Sicherheit hervor, dass die beiden Manuscripte zu gleicher Zeit und wohl auch von der gleichen Hand angefertigt wurden. Immerhin beweisen schon die latinisirenden Satzconstructionen des deutschen Textes, dass das Werklein ursprünglich lateinisch niedergeschrieben wurde und dass die „Beschribung" eine Uebersetzung der „Descriptio" ist.

G. v. W. u. H. W.

# Balci
# Descriptio Helvetiæ.

Herausgegeben

von

**A. Bernoulli.**

# Balci

## Descriptio Helvetiæ.*

Illustri et excelso J. U. Doctori Domino Jafredo Caroli, pag. 2.
Senatus Mediolani vicecancellario et Delphinatus præsidi(1),
Domino et patrono observandissimo
Domitius Calciatus.

Balci, flebilis heu mei patroni,
Jafrede, Helveticum novum libellum
Dono, qui fuerat tibi dicatus.
Peccat si hic aliquo in loco libellus,
Excuses vitium, rogo, perempti.
Quod si tam celeri nece haud fuisset
Ereptus, poterat suos labores
Exactos facere et suaviores.
Qualiscunque igitur libellus iste,
Dicas, quando leges: lego libellum
Balci mancipii mei fidelis.

---

* Statt dieses Titels im Cod. Paris. hat Basler Hs. pag. 1, von Amerbach's Hand: Descriptio elegans agri et regionis Svitensium.

# Svitenses. pag. 3

Principio, cum nulla jam tum regnorum potentia duas ingentis provincias, quas dividit Rhenus, Galliam et Germaniam diversas effecisset, nec multum obstaret amnis, quia ipsius accolæ, si qui forte evaluissent, alii in alias commigrarent terras occuparentque, quod elegissent, Helvetios, Gallicam gentem, in terram Germaniam transiisse constat positisque sedibus Hercyniam sylvam inter ac fluvios Rhenum et Mœnim Germanis attributos. Tum qui postea tenuere Gallicas urbes, præterque robur atque sæviciam rerum quoque gestarumgloria nobilitati sunt. Profligavere cum ignominia nostra Romanum exercitum et L. Cassium consulem atroci prœlio ceciderunt, Quiritibus sub jugum missis. At M. Messala L. Pisone consulibus Orgentorix, inter Helvetios opibus et genere insignis, affectati regni in libera civitate conjuratione patefacta pœnas dedit, et quos ille jampridem ad quærendas jure belli novas regiones induxerat, ne tanti facinoris auctore defuncto quidem ab instituto deterritos, per provinciam irrumpentes et consilio deceptos et prœliis fusos, industria C. Cæsaris repressit in patriam. Helvetiorum nomen sicuti cætera fere antiquitate desiit atque | immutatum; est horum modo posteri Sviten- pag. 4
ses a Svitia, ipsorum oppido, nuncupantur.[1] De quorum moribus, terra, urbibus, quæ aliunde accepi, memoriæ prodam.

---

[1] Hier folgende Einschaltung in der Hs. von Como: Sed et Svitios sunt qui appellatos existiment quasi Svevitios, quod Svevi Germanica gens pulsis veteribus Helvetiis eorum regionem incoluerunt.

Svitenses igitur, etsi barbari omnino agrestesque sint, legibus tamen quibusdam inter sese agunt atque adeo sanctissimis, quas, quia vel minimo violasse piaculum est, nemo violet attrectetque contra. Jus civile nostrum et bonos mores et honestas consuetudines, et quod plus est, ne sua quidem instituta decretaque cum cæteris nationibus haudquaquam servant, quippe qui procul a fide, sinceritate humanitateque sint; sed omnia temere, audacia sola, non consilio freti aggrediuntur. In militiam profectis hoc magnum juramenti sacramentum est, uti quisque commilitonem suum, quem viderit belli desertorem atque fugitivum, statim interficiat, nihil magis militum animos et pertinaciam juvare existimantibus, quam si metu mortis mortem non timeant. In pace vero et civilibus actionibus Juramento quoque teneutur. Nam si forte alicui cum altero de re quapiam negotium sit, proptereaque disceptent aut armis, ut fit, aut contumeliis, tum alius accedens sese in medium mittat, utique arma deponant ac mitius agant, oret |
pag. 5. pacemque deposcat, alter autem litigantium id omnino nolit, eum is, qui sese in sequestrum obtulerat,[1] religione juramenti impune occidat necesse est. Pugnam ineunt ex veteri disciplina phalange facta, pervicaces et intrepidi vitam juxta et exitium æstimantes. In foro non legibus scriptis, sed publica consuetudine utuntur, nihilque magis justitiæ suum esse ducunt quam cito Judicasse, ideoque præcipites judicia sua censurasque faciunt. Immortalem Deum execrari et cælitibus ipsis maledicere capitale est, quod si quis eo scelere notatus fuerit, nulla prorsum misericordia, ne lege puniatur, adduci possunt. Rapinis assueta gens in pauperes tamen profusissima est. Discipuli litterarum Latinarum, si qui sunt, cantilena victum quæritant. Quottidianas vero cœnas non lautas tantum, sed tum copia tum luxu notabiles diutius trahunt, ut qui duabus tribusve horis inter ciborum varietates et barbara condimenta obstrepentes garrulique discumbant. Abhorrentibus ab id genus epularum delitiis infensi sunt. Legatos principum cum ad se

---

[1] obtulerat von Amerbach's Hd.

venerint, præfectus urbis statim aut decurionum aliqui salutatum vadunt; eos assidue in prandio atque cœna turba circumsistit, nec modo vocati, aut dignitate aut officio | nobiles, pag. 6 verum etiam e media plebe multi despicatissimi quoque ac nullius rei. Quos et familiariter admittere et opipare pascere legatis opus est. Alioquin hosce perpetuo odio et malevolentia prosequuntur. Collabuntur subinde mimi et præstigiatores, et si quis est qui ludicras artis exerceat; quod genus hominum festive recipere ingeniumque mirari nihilominus oportet, tum vero, antequam discedant, hujuscemodi viris muneris aliquid atque præmium artis relinquere. Porro senatus congios aliquot vini cuicumque legato sub horam prandii atque cœnæ quottidie dono dare consuevit. Quod qui afferunt, vel ære parvo ab eo, qui munus accipit, afficiuntur, at in recessu duobus aut uno saltem aureo, universa postmodum stipe in publicos usus emolumentumque collata. Fœminas quidem, et venustate oris et totius denique corporis gratia perquam amabiles, passim et a quovis sine discrimine amplectique et osculari mos est. Rarus apud illos ingenii cultus, egregiæque virtuti honos non habetur. Ignobile vulgus et rustica natio, in montibus atque sylvis progenita educataque forea brevi, Europæ regnare orsa imperii metas longius protendere, si quis æstimet vires, ne | utique curat. Cæterum bella, pacem, victorias adver- pag. 7 sosque successus regibus inclytis et dari ab his et eripi non dubium est. Bubulci atque pastores, qui premendo cogendoque lacte diem insumunt, non multi. Tum sine lege, sic dixerim, ac divinarum humanarumque rerum insolentes cæteris fere omnibus tradere leges ac principum causas audire volunt, ceu ipsi sint, ad quos provocatio supremumque judicium pertineat. Arrogantia iracundiave, pestibus furori proximis, reliquis mortalibus antecellunt; verum enim vero intus sese adeo conveniunt, uti concordiæ præmium atque fructus ipsis utique sit tranquilla perpetuaque libertas, quod aliorum quoque dissensio peperit. Ducentos aut paulo plures annos enumerant, ex quo ab Austriæ duce defecere, aspera gens et intractabilis, utpote cui jam tum imperium tollerare difficile foret. Non pauci, quos postea referam, nonnullius magnique nominis, mores eorum demirati, sese his socios addiderunt. Quod si cupiditate atque avaritia reipublicæ præsides minime tenerentur, principum muneribus capiundis, unde seditionem atque discordiam nonnunquam oriri vel modice necesse est, jam et latius imperarent virtutisque et industriæ suæ majus specimen darent.

Universæ terræ atque ditionis Svitensium insignia oppida, pag. 8. quos angulos nominant, octo sunt: | Turegium, Lucerna, Berna, Undervaldia, Urania, Svitia, Glarona, Zug. Omnibus idem comitiorum, idem consiliorum tenor. Curiam autem unumquodque oppidum habet, quo quidem universo populo convenire jus est. Habita vero concione, quod quisque velit in medium profert. Tum demum ex omnibus eliguntur duo, qui mandata sibi legatione id, de quo quæritur, ad majorum, ut ajunt, concilium referant. Senatus huiuscemodi Turegi habetur. Quod si alibi id raro fieri consuetum est, ubi jam tandem ceu supremo concilio deliberant senatusque consulta faciunt in publicis comiciis, summis pariter atque infimis sine delectu et discrimine, cæteris silentibus atque auscultantibus, sententias dicere licet. Inde, ut dixi, hi, quibus electio cesserit, ab uno quoque angulo bini, quo in loco dietam, quod ipsi concilium dicunt, foro decreverint, sese conferunt et, quid facto opus sit, tum denique statuunt. At ipsis urbibus singuli non præsunt pontifices, ut quæ potius castella nuncupentur; mysteriorum autem summa est penes præsulem Constantiensem.

Defectionis atque libertatis, quas superius attigimus, plebem ipsam autorem ferunt, ingenio simul et animo montibus pag. 9. suis atque nemoribus haudquaquam dissimilem. | Indocile genus, inquam, durum et immane, principum jussa non facile capessens, humanæ quoque rationi et legibus adversum infestumque. Rebellionis principes fuere Svitenses, Uranenses (Vgl. Bonstetten cap. X.) et Undervaldenses, de superbia sæpius atque avaritia dominorum inter sese conquesti, uti neque oppressiones neque tot injuriæ atque molestiæ diutius perferendæ forent. Jam igitur discessionis honestissimam causam et rationem nacti, conjuratione primum facta, deinde seditione atque impetu populari dominos suos, qui ducem Austriæ principem agnoscebant, et magistratus et insuper optimates atque ipsos etiam urbium parentes ad unum interfecerunt atque deleverunt. Id cum rescivissent Lucernenses, eodem quoque consilio atque spe identidem egerunt. Nec fortuna defuit; simul arces quascunque munitaque loca funditus evertere. Tum ducis Austriæ sibi proinde bellum inferentis conatibus obstiterunt, præmiumque victoriæ libertas fuit. Arma atque tela, quibus eas res strenue gesserunt, fuere lanceæ. Inde populis ipsis hodie quoque nomen Quattuor Sylvarum Confœderati, quippe qui saltus opacissimos altissimaque nemora præ cæteris teneant. Virtutis argumentum atque operæ bonæ apud posteros manet. Ea namque inter alios ipsorum existimatio est, is honor atque privilegium, uti bello lacessitis | reliqui impensa sua suppetias pag. 10. ferant, ipsi vero pro aliis nisi accepto stipendio militiæ munus non obeant. Porro Turicenses, Bernenses, Zugenses et Glaronenses, eorum vita, moribus optimoque reipublicæ statu, fortuna denique et perpetua felicitate intellectis atque perspectis, non secus atque illi conjurationem fecerunt. Tum demum eo pacto libertate parta iisdem etiam accessere.

Jam inde Svitense nomen clarum fieri et potentia major esse cœpit, rebus in finitimos prospero gestis adauctoque proinde imperio. Plerisque autem et proximis sibique et rebus suis haud ab re timentibus, ut et eorum amicitiam peterent et tributum penderent, consilium fuit. Partim auxilii petendi gratia inclyti principes et fœdus percusserunt et socios sese quoque Svitensium appellaverunt. Quorum in numero Ludo- Bonst. cap. XI vicus Galliarum, Matthias Pannoniarum reges, tum Sixtus quartus pontifex maximus, Sigismundus Austriæ archidux Rhenatus Lotoringiæ, Galeatius et Ludovicus Mediolani neque non Sabaudiæ duces; hi quoque præsules, quorum jurisdicio(!) ad sacra prophanaque pertinet: Argentinensis, Curiensis, Constantiensis,[1] Sedunensis, Basiliensis, Valesiensis; ad hæc abbates Augiæ Majoris, Sancti Galli et insignis loci Eremitarum; Romani

---

[1] Vgl. Bonst.: Constantiensis, Basiliensis, et Waltherus episcopus Sedunensis comes atque præfectus Vallesiensis.

pag. 11. imperii principes Rodulphus marchio Wochburgensis,[1] | comites Werdemburgenses, Montisfortis, Suneburgensis; civitates autem liberæ, Argentina, Basilea, Friburgum, Solatrum, Mylhusa multæque aliæ feruntur.

Bonst. cap. XII. Svitenses ipsi, rebellionis caput, cum patriciis atque nobilibus suis in montibus Morgardiæ acerrime depugnantes, eos omnis, ut proposui, misere et crudeliter occiderunt. Quo die quoque Undervaldenses et Uranenses optimatium suorum cladem fecere. Lucernenses[2] autem Sabaudiæ comitem eiusque copias apud vicum Lomphen[3] fuderunt atque trucidaverunt. Simul iidem populi quattuor effrenis animis ac viribus maximis, perpetuo fœdere juncto, in Leopoldum Austriæ ducem arma moverunt. Is ingentem exercitum comparaverat bellumque facturus ad castellum, cui Semphac nomen est, milites eduxerat. Conjurati pugnam iniere, atque hostibus universis ipsoque etiam duce percusso atque interfecto, sibi et posteris suis incomparabilem victoriam pepererunt. Glaronenses et ipsi, pro libertate ruentes in ferrum, campestribus in locis perduellionum millia quattuor extinxerunt. At Turicenses, obsessa et fere capta urbe fortiter et animose dimicantes, et memorabile factum fecerunt et certamen fœlicissimum hostibus interemptis[4] certavere. Tempestate nostra Burgondiæ ducem ipsumque, quem ductabat, pugnacissimum exercitum non modo devicerunt, verum etiam debellatos atque turpiter fusos ad pag. 12. internicionem usque | perdiderunt. Memoria dignum est, Svitensium paucos et inermes tot ex nostris perquam strenuos viros apud Girnas, non multis passuum millibus præter Bellizonam locum, profligasse atque cecidisse. Mediolani tunc fuere principes Bona eiusque filius.

Maximilianus Romanorum rex nuper, ut Svitenses armis domaret, annixus est, sed viribus hostium expertis remisit bellum pacemque pepigit. Excusso igitur, ut dixi, servitutis

---

[1] Lies: Hochbergensis; vgl. Bonst.
[2] Lies: Bernenses; vgl. Bonst.
[3] Lies: Louphen; vgl. Bonst.
[4] Hs. interempis.

jugo et libertate quæsita, Svitenses securi nimis atque ociosi agricolationem fere intermisserunt, nec multi, ut apud nos, mechanicis artibus et sordidis negotiis intendunt: honestum laborem aspernati, unique tantum militiæ atque hominum cædibus et terrarum direptionibus impense vacantes. Qua de re, si pro patria bellandum non fuerit aut ipsos stipendio nemo conduxerit, inedia ferme deficiunt. Hoc igitur illis in primis studium est, ea quoque astutia atque sagacitas, uti quenque auxilio vocati nec statim quidem defendendum suscipiant, nec susceptum omnino defendant, utrinque scilicet muneribus acceptis sibique ideo victu conquisito bella foventibus et regum dissidia obnixe curantibus.

Terra Svitensis triquetra forma est, montibus aspera, qua in meridiem atque Italiam spectat. Rhenus ad septentrionem vergens eandem, qua sol oritur, a Germania, ab occasu fluvius Ara, rupibus Alpium effusus, a Gallia disseparat regionibusque ditionum Sabaudiæ Burgondiæve | ducum. Lindemachus pag. 14 apud Glaronam ortus simul in boream fertur, inferiorem regionem secans; mox alveo suo Russam amnem admittit, ab iisdem Alpibus multis utique vorticibus evolutum; ambo autem in Aram influunt. Ubi vero sese invicem jungunt, Brugis[1] loco nomen est. Inde non tres, ut ante, fluvios, sed postmodum unum et perpetuum Aram, quindecim millium passuum cursu defessum, apud Clingon[2] Rhenus excipit. Germaniam itaque versus regni Svitensium Rhenus limes est. Curbergum[3] autem, sive quod est idem, jurisdicio Lanchrich[4] a Basilca[5] non procul bello, quod adversus Maximilianum gestum est, Svitensibus cessit, ea sub conditione peracta pace atque firmata, cuius autor maximus fuit Ludovicus Sforcia, jam tum Mediolani princeps. Suscepit legationem Galeatius Vicecomes, vir utique prudens et industrius, eiusque opera fœdus ictum est, uti

---

[1] Hs. corr. aus: Brusis.
[2] Lies: Clingnouva.
[3] Am Rande, von Amerbach's Hand: Turgovum.
[4] Lies: Turgovum autem lantgricht sive, quod est idem, jurisdictio.
[5] Lies: Constantia.

Curbergum, antiquum Basiliensium pignus[1], Svitenses acciperent atque interim tenerent, quousque jam certa pecunia recuperatum sit; tum bellum esse desineret.

Vgl. Boust. cap. I. Ferunt in media ferme regione montem, cui Regina nomen est, editum[2] et ipsius et totius Europæ meditullium esse, ut si ductis ab eo, velut a puncto, lineis directis quattuor ad totidem terrarum orbis principes regiones, ortum inquam et occasum, austrumque et septentrionem, eoque pacto descriptis, uti quattuor inter sese æquales angulos efficiant, in uno pag. 14. quoque | eorum quarta portio terræ Svitensis itemque totius Europæ designabitur. Montem ipsum octo, quæ diximus, præclara oppida ex ordine ambiunt atque ita posita sunt, ut pulcherrima et lepidissima divisione a quibusdam hoc modo distincta fuerint: Turegum urbs est septentrionalis, Berna occidentalis, Urania meridionalis, Glarona orientalis; Lucerna autem et Zug septentrionales, Svitia et Undervaldia meridionales, tum Lucerna et Undervaldia occidentales, Svitia vero et Zug orientales; rursus Zug, Turegum, Lucerna septentrionales, Lucerna, Berna, Undervaldia occidentales, Undervaldia, Urania, Svitia meridionales, Svitia, Glarona, Zug orientales. Monti quoque Reginæ proximiores sunt Lucerna, Undervaldia, Svitia.[3]

Boust. cap. II. Turegum inter Svitenses urbis excellentissimum. Qui nominum huiusmodi rationes reddere voluerunt, sic ideo dictum arbitrati sunt, quod et turribus et propugnaculis undequaque munitum sit, vel, si mavis,[4] quasi Duregum appellari, eo quod duo regna, quorum Lindemachus limes fuerit, antea perscriberet, quandoquidem urbs omnis duas in partis divisa est, ipso interfluente Lindemacho; verum unam et candem efficiunt pontes duo, phalangis trabibusque compacti. Oppidi altera pars major nuncupatur, altera minor; unis tamen et perpetuis mœnibus cinctæ fossaque securæ, nisi quatenus

[1] Lies: Turgovum, antiquum Constantiensium pignus.

[2] Hs.: æditum.

[3] Erg.: et Zug. Vgl. Boust.

[4] Hs.: maius, corr. v. Amerbach.

intrat exitque fluvius. | Unus item civitatis totius senatus atque pag. 13. præfectus est; is semestri fungitur magistratu, post quem alius reipublicæ præses suffragio designatur. Itaque per ordinem unusquisque haud diutius quam senis, ut dixi, mensibus cæteris præest. Sunt autores, qui minorem annis mille ante majorem conditam ferant, et hæc in boream spectat. Juxta collis opaci nemoris umbra amœnissimus, ubi olim arcem tutissimam fuisse commemorant, quam Decius, eo in loco Romani principis vices agens, extruxerit. Sub ipso, ut tunc erant tempora, Fœlix et Regula pro Christi nomine constanter extrema perpessi sunt; quorum ibidem reliquiæ etiamnum religiosissime cultæ perdurant. Ad locum arcis, quæ modo nulla est, palestram, ut ita dixerim, et id genus ludos exercent. In minore ipsa Ludovicus, Caroli Magni filius, cœnobium condidit, in eoque tum canonicos, tum sanctimoniales instituit ordinis atque sectæ divi Benedicti, quibus eodem in loco iisdemque subselliis et hymnos Deo canere et sacra omnia conficere mos est. Quippe Ludovicus paternam pietatem æmulatus est; nam et ille in majori sanctam ædem amplissimam condiderat, præposito ibidem atque canonicis quattuor et viginti ordinatis. Spectare licet et alia divorum augustissima templa atque cœnobia, ordinum inprimis et Minorum et Prædicatorum neque non sanctimonialium; quorum religio, frugalitas, continentia et denique vita omnis haud ingrata superis fore existimatur. | Uni- pag. 14. versa fere urbis ædificia lapide quadrato sectoque constant, partim etiam materia et laterculo coctili; porro viarum strata lapidea pulchritudini quoque urbis accedunt. Suppetit frumenti[1] avenæque copia; hac igitur equos largius alunt, quando regio ipsa ne satis quidem pabulosa est. Cæterum piscium, et quidem suavissimorum, tum lactis atque vini feracissima, et id omnino album et acerbum, sed quod in multos annos condi servarique possit; sapor optimus illi et præcipua æstimatio tempus est. Turgaudiæ[2] ager, Turego proximus, annonam urbi et multiplex alimentum copiose subministrat. Is

---

[1] Hs.: frumi | ti; Cod. Paris: frumenti.

[2] Hs.: Turgaudiæ.

initium habet a majori, quam diximus, parte, tum ad Rhenum usque procurrit, mox etiam Constantiam, itineris dierum duorum spatium conplexus, ambiturque flumine Rheno et lacu Podamico neque non horribili sylva,[1] qua solem occidentem respicit.

Lindemachus ipse, amnium limpidissimus, a loco, quem antea memoravi, sensim decurrens, apud Turegum tantisper immoratur, dum lacum efficiat. Dehinc urbem ingressus primum statim pontem alluit, ubi rota mirabilis arte mechanica exquisitoque ingenio lymphas hauriens perpetua vertigine fontem efficit. Inde rivulis et syphonculis deductam aquam et expressam incolæ suscipiunt. Lindemachus nulla utique tempestate, ne nivibus quidem eliquatis repenteque diffusis, pag. 17. nitorem mutat, in medio | præsertim alveo. Nullæ illi vel parvæ crescenti et residenti vices, ex quo summa pontium altitudo pedibus XVI vel viginti consumatur. Ibi pistrina quoque, in quibus uno impetu et volumine machinarum frumenta molis alteri farinamque et aromata ac alia id genus odora famis irritamenta, quibus ea gens impensius vescitur, in cerviculis[2] expurgari mirabile est. Hic et charta conficitur.

Bonst. cap. II. Inde vero balnea atque thermæ in castello, cui Baden nomen est; de quibus etiam Pogius Florentinus orator scripserit. Postmodum Lindemachus, suscepto Russa, magno fragore Aræ jungitur; mox apud Clingon[3] fluvius Ara secum ipsum deferens miscetur Rheno. Urbis incolæ pro generis conditione satis civiliter instituti moribusque tractabiles et consilio graves existunt. Senatoribus vestes oblongæ, populo breves. Imperant oppidis quam plurimis, castellis, vicis et frequentibus pagis, unde peditum decem millia ad bellum instruere et educere facile possunt. Vexillum Turicensium insigne est clypeus, a summo in imum indirecte, superiori parte candido inferiore cæruleo colore, distinctus.

---

[1] Vgl. Bonst.: Nigra Silva.
[2] Hs.: cerniculis.
[3] Lies: Clingnouva; vgl. Bonst.

Lucerna, vetustate nobilis, Svevorum[1] ducis opus. Si nomen rei conveniat, erit utique lux atque splendor urbium Svitensium. Basel. cap. IV. Non desunt tamen illi et amœnitas loci et mœnia fortissima. Umbilicum quoque omnium Confœderatorum, | qui regionem dimensi sunt, id oppidum esse ferunt, ibique pag. 12. ideo concilia generalia, quas dietas appellant, nonnunquam habentur. Muri atque fossæ non tantum urbem cingunt, verum etiam imminentem montem, qui turribus quoque firmatus et munitus est. Lacum, cui a vicina urbe nomen est, Russa fluvius implet; inde aurifer ipse per medium oppidum effluens pontes quattuor magnifici operis subterlabitur.

In fastigio montis aërii urbi proximi lacuna est, rerum naturæ miraculum, quæ scilicet, ut alibi etiam huiuscemodi stagna, si quippiam inciderit, tempestates turbulentas ciet et perspicuam cœli serenitatem nymbis obnubit. Pilati lacus ab indigenis appellatur, ceu illo delatum a spiritibus Pontii corpus divino ultione perpetuo inquietetur, adeuntibus noxium uniusque ob culpam temere adeuntis totius propinquæ regionis exitium. Quocirca apud Nursiam, ubi lacus eiusmodi, tantum periculum observatur. Arcent enim magos et quicunque manticæ studeat, etiamnum librorum gratia sacrandorum illuc usque properantis, uti consilio dæmonum atque præsidio, sacris ibidem inferno Diti de more persolutis, magicas vanitates exerceant. Si quis autem cum codice repertus fuerit, morte multatur, nec, quos ipsi tantum posse putant, præcipui disciplinæ suæ dii et antistites suppetias ferunt. Hæc si qua sunt profecto mera miracula, | et secretum naturæ opus est. Quæ pag. 13. non attigissem, nisi me quoque rerum istarum commentarium admoniusset, ne stagni Lucernensis ingenium omnino supprimerem. Mons ipse sylvis et fruticibus[2] densus non sine horrore umbrarum ingentium potitur. Cæterum vastus atque desertus nimis et vix homini pervius, e regione montem Reginam spectat, moxque etiam non secus ab eo Ergaudenses[3] inhabitant.

---

[1] Hs.: Sirenorum.
[2] Hs. fractibus, corr. v. Amerbach.
[3] Hs.: Ergandenses.

Bonst. cap. IV. Inter ædes sacras, quæ Lucernæ visuntur, una, cui canonicorum collegium est, in urbis laudibus numeratur. Oppidani satis divitiarum habent, verum plus quam licet voluptatibus dediti Bacchum et Venerem in primis colunt. Multa natio Lucernensibus paret, martium genus et omnino bellis assuetum, eaque peditum numerum, si quid opus pugnæ fuerit, novem milium implet. Insigne clypeus a superioribus in inferiora æque divisus; altera pars, quæ dextera est, cæruleo, sed altera colore albo figuratur.

Bonst. cap. III. Berna Germanico nomine ab urso,[1] scilicet quod eius gentis insigne est, nuncupatur, ædificiorum pulchritudine inclyta. Regiones urbis universas amplissimæ porticus, columnis et fornicibus structæ, undequaque ambiunt, quo fit, ut in magnis quoque imbribus procul a cœli injuria et urbe tota inambulari possit et mercatura non sistatur. Complures domus palatiis similes, templa divorum eximia. Cæteris præstat ædes Vincenti martyris, quam fratres ordinis Theutonicorum antea tenuerint. Horum hystoriam Æneas Sylvius, qui[2] Pius secun- pag. 80 dus | pontifex maximus, in Europa late prosequutus est. Illi hodie præest collegium præpositi, ut appellant, infulati ac quattuor et viginti canonicorum. Oppidi forma longior quam latior; quod tum mœnia, tum propugnacula, tum et turres in altum assurgentes tutissime vallant. Conditor eius dux Zeringen Bertoldus traditur; quam urbem sic ab eo conditam memoriæ proditum est, uti potentiam atque protorviam et temeritatem æmulorum suorum nobilium quorundam et potentium, quibus alioquin Burginer[3], id est pagani, nomen fuerit, frangeret atque reprimeret. Loci positura et opportunitate fere inexpugnabilis, quandoquidem ab uno tantum urbis latere via terrestris est. Cæterum fluvius Ara ingenti alveo complectitur, Ticino non inferior, amnium quoque Svitensium maximus. Antiquitas urbis anni ferme trecenti. Jam inde proximis bellum inferre et nationes armis subigere non destitit. Eius

---

[1] Hs: ab arso.
[2] Hs.: qui qui; ebenso Cod. Paris.
[3] Lies: Burgunner.

dicionis populi viginti quattuor numerantur, quibus alias tum comites, tum barones principes appellati regnaverint. Vicinior illi Uechtlandia terra est, Burgundia Minor alio nomine nuncupata. Bernam hinc et inde montes et nemora percinxere, et hi quidem excelsi aspectuque terribiles, verum ne satis quidem fertiles atque hominum usibus expositi. Ab occidente Friburgo Sabbaudiæque jungitur, a meridie Pedemontium principatus, ab ortu Valesiæ, sed et summarum |Alpium jugis. A septentrione, qua patet aditus in | Rhenum, Alsatiam et pag. 81. Basileam, pratorum et hortorum, quos nitidi et collucentes rivi perpetuo rigant, amœnitas frequens. Hinc autem amœnum incolis ingenium, civiles mores animumque benevolum propterea non admiremur. Præfectum urbis aut equestri dignitate, aut præclara familia insignem esse oportet. Sermo genti rudis est, consuetudo ferme Gallica.[1] Copiæ, quas educere possunt, peditum viginti millia. Eorum insigne supra descripsimus, quod albicanti[2] clypeo a summo in imum indirecte tripartito et id furvum inserere solent.

Undervaldia pariter intellectu Germanico centum sylvas seu nemora significat. Urbe media lucus est[3]; ea vero virentibus et nemorosis vallibus circumdata, unde nomen accepit. Situs eius sub monte prærupto, qui Mons quoque Fractus appellatur. Ille rupibus asper et sylvis hyrsutus et jugis excelsus sese difficilem atque horribilem adeuntibus præstat. Juxta quem et mons alter aspicitur, sancti Angeli nomine inclytus, siquidem ferunt cœnobium, quod ibi religiosissime colitur, angelorum monitu fuisse conditum. Ab ea parte, quæ ad Gallos protenditur, Brunik situm est. Ad radicem montium, quos diximus, fœcunda planities, unde pecorum armentorumque victus, et hæ quidem Undervaldensium opes, quibus reliquæ nationis magis iracundum atque superbum neminem dixerim. Numerus militum, quibus libertatem tueantur, tria millia Bonst. cap. VII.

[1] Vgl. Bonst.: populus non superbus, grossa utens lingua, expeditiores autem omnes ferme Gallicam sapiunt et ornate fari solent.

[2] Lies: rubicato; vgl. Bonst.: rubei.

[3] Vgl. Bonst.: et dividitur ingenti luco (Kernswald), juxta illud Maronis: „lucus in urbe fuit media laetissimus umbra."

pag. 11 sunt. Insigne clypeus | per transversum æque[1] divisus, cuius superior pars utique rubra, inferior alba est.

Bonst. cap. V. Urania non tantum urbis, quod alias Torfenum[2] appellatur, sed et nomen vallis est, a copia boum eximiæ magnitudinis, quos uros nuncupatos invenimus, originem trahens. Locus natura munitus est, ut qui bello capi non possit. Quando Carolus ille Magnus proximis regionibus expugnatis Urania nequaquam potitus est, mox tamen incolæ vicinorum amore ducti, qui id ipsum quoque fecerant, Christiana sacra susceperunt. Urania quidem ad Svitenses ab Italia divertentibus prima se offert, spectat itque[3] meridiem versus ad Alpes ipsas et immania montium juga, inter quos ille est, quem sancti Gotardi montem appellant, altitudinis admirandæ, quin etiam arduum nimis et cotibus asperum; ab ea tamen parte, quæ ad Italiam pertinet, paulo molliorum. Ibi ventorum, nivium et frequentium tempestatum, simul frigoris et hyemis regna. Tam vasto duroque itinere regio Svitensis ab Italia petitur. Ibi Ticinus et Russa exiguis fontibus oriuntur. Ticinus inde in Verbanum lacum, mox in Eridanum influit. At Russa rapidissimus post Torfenum altissimum lacum efficit, prærupta crepidine et spaciosis cavernis inclytum, deinde apud Lucernam alterum, quod superius attigimus, stagnum; hinc totam pag. 12 Ergaudiam[4] secans sinuoso alveo, ut dictum est, | et præcipiti flumine Lindemacho jungitur. Universa regio pecore lacteque dives est, bobus item insigni proceritate, quorum cornibus multæ capacitatis amplissima pocula (tanta est eorum magnitudo) et alia id genus vasa conficiuntur. Uranensium præcipuum a natura munus robur et temeritas, ut qui propositæ rebellionis potissimi auctores et ipsi fuerunt. Iidem bobus, ut diximus, opulentissimi bubulique capitis insigne deferunt colore nigro, annulo naribus inserto; reliquum clypei cæruleum[5] est. Hostibus autem tria millia peditum ostendere consueverunt.

---

[1] Hs.: aequa; Cod. Paris: aeque.
[2] Lies: Altorf.
[3] Hs.: idque; Cod. Paris: itque.
[4] Hs.: Ergandiam.
[5] Vgl. Bonst. glaucum.

Svitia corruptum vocabulum est, ut quibusdam placet, quasi Svediam dixeris, eo quod ipsius gentis auctores atque oppidi[1] conditores, inedia sua e terra Svedia,[2] quæ regi Dacorum paret, profugi, sibi sedes istas elegerint urbemque locaverint; vel, quod vero propius est, a Svitero, eiusdem populi duce, Svitiæ nomen inditum fuit, qui fratrem Svitium,[3] orta inter eos de oppido nominando contentione, singulari certamine devicerit atque interfecerit. Regio quidem angusta est et montibus obducta, pabuli tamen et pomorum frugumque feracibus, tum lacubus piscosa, paludibus humecta, universam terram ambientibus. Positio loci[4] sub monte arduo est aditu fere invio. Pecorum autem et armentorum copia, nobilis et fortissimi pectoris militibus potens, et hi quattuor millium aciem constituunt. Cœpit inde atque prævaluit | omnium populorum communis appellatio, et gentium consensus est, ut Helvetiorum posteri Svitenses nuncupentur. Eorum insigne clypeus in universum rubidus; vexillum quoque imagine Christi crucifixi spectabile, quo munere Rudulphus, Romanorum rex, benemerentes Svitenses donaverit. Bonst. cap. VI. pag. 84

Glarona quod a glarea dicta sit existimatur, sive Clarona sermone contrario, quod montium sylvarumque umbris nubila atque obscura. Vallibus et collibus frequens, sed et lætissima rura et pascua pecori gratissima pastoralesque domos ubi[5] demirari licet. Inde non procul montes atque sylvæ, unde Lindemachus manat. Curvaldiæ-marchionatus mediam regionem occupat, qua Glaronam respicit, orientem inter et meridiem; huic aliter Minori Oretiæ nomen est. At occidentem inter et septentrionem Durivallensium alpes et Appenzellinos montes attingit,[6] perpetuis nivibus addictos. Glaronenses ne Bonst. cap. IX.

---

[1] oppidi v. Amerbach's Hd.
[2] Hs.: Siredia.
[3] Vgl. Bonst.: qui fratrem suum.
[4] loci v. Amerbach's Hd.
[5] Lies: ubicunque. Vgl. Bonst.: hinc inde.
[6] Vgl. Bonst.: A retro trans alpes scrupeasque saxa ad medium orientis et meridiei marchionatus Curwaldie vicinus, que alias Minor Recia dicitur,

utique moribus agrestes nimis, tum religione sancti Fridellini, regio Scotorum sanguine, quem præcipue colunt, humaniores. Hunc quoque præclarum Christi confessorem, nigra cuculla velatum, in clypeo puniceo expressum attollentes, ter mille peditibus ad bellum proficiscuntur.

Bonst. cap. VIII. pag. 24.

Zug lingua Germanica tractum significat. Ea est urbs apud lacum sita, quo in loco piscatores retis trahentes sic | eundem ante quoque[1] oppidum conditum appellabant. Lacus ipse limpidissimus et longe fœcundissimus est; ad hæc umbrosi colles, vino, frumento fœnoque frugiferi, urbis ipsius laudibus accedunt. Gens omnino fœda atque agrestis est ac duræ cervicis monituque difficilis et pollicitationibus anceps, verum opulenti omnes, nec sceptro tenendo[2] personarum discrimen ullum. Agricolæ simul cum civibus magistratus ineunt, et hi persæpe ab aratro et rei rusticæ cura in concilium evocantur et civitati præficiuntur, nobilibus et ignobilibus suffragium æque ferentibus. Eorum milites bis mille traduntur. Insigne clypeus per transversum tripartitus, media portione cæruleo, reliquis albo colore figuratus.[3]

---

## Bemerkungen von P. Pithou und B. Amerbach.

Cod. Paris. fol. 41 b. manu P. Pithoei.

Hunc librum verisimile est scriptum ante annum 1481, quo demum Solodorum Helveticus pagus factus est, post Friburgum 1491,[4] Basilea et Scaphusia 1501, Abbatiscella 1513. — Pagina 6. meminit belli, quod Maximilianus imperator adversus Svitenses gessit anno 1499. — Aliunde accepit pag. 2.

---

et infra occidentem et septentrionem Durivallensium alpes, et montes Appenzellini propinqui.

[1] Ba.: quoque ante; Cod. Paris: ante quoque.

[2] Ba.: tenen*.

[3] pag. 26 leer.

[4] Lies: 1481.

Videri possit librum hunc ante annum 1481 perscriptum, fuisse, quod Solodurensium, qui eo anno Helvetiis accesserunt, nulla inter cæteros pagos mentio fiat, sed obiter fol. 11 a. cum multis aliis amicis Helvetiorum inter reliquos annumerentur, nisi fol. 12 a. 13 a. belli cum Maximiliano anno 1499 gesti operaque Ludovici Sfortiæ, legato Galeatio Vicecomite, compositi mentio fieret. Autorem fuisse Italum inde videri possit, quod rerum Italicarum crebra mentio, ut fol. 18 b, quod mores ab Italicis diversos nominatim recitet, ut amplexum mulierum fol. 6 b, episcoporum potentiam fol. 10 b, eorundemque non singulis oppidis præfectorum raritatem fol. 8 b, quodque Romanos suos appellet fol. 3 b. Qua ratione quoque fuisse Insubrem quis forte colligat, quod suos eos vocet fol. 12 a, Bonæque principis et filii eius, sed et Ludovici Sfortiæ fol. 13 b, ibique Galeatii Vicecomitis tanquam noti honorificam mentionem faciat, et a Ticino Araæ fluminis magnitudinem æstimet fol. 20 b. Itaque et professione fuisse juris consultum suspicari possumus, loco ex jure civili suo deducto fol. 4 a. Aliunde sane ea, quæ refert, sese accepisse fol. 4 a. ipsemet testatur. Ipse libellus, qui Lutetiæ repertus est a P. Pithœo, manu Itali videtur descriptus, in cuius fine hæc erant adjecta: Est communis Carolo cum amicis.

Cod. Basil. pag. 87. manu B. Amerbachii.

# Beilage.

## Ein Brief von Petrus Pithœus an Basilius Amerbach, vom 5. Juni 1570.*)

Clarissimo viro D. Basilio Amerbachio J. C.
et amico optimo.

Basileam.

S. P. Huc tandem veni V. C.; sed eo sane animo, ut te quoque brevi inviaam. Qua tamen in re nunquam desiderio meo nisi sero satisfaciam. Interea cum D. Simlerum extremam pene manum Helvetiæ suæ imponentem invenissem, ac de libris, quibus juvari in eo opere tam curioso posset, mentio incidisset, egoque pro jure quodam amicitiæ nostræ habere te plura eaque rarissima commemorassem, ac inter cetera, diplomata illa Murbacensis et Luceriensis cœnobiorum, itemque Curiensis episcopi privilegium (quorum exempla a te mihi dono data Genevæ imprudens reliqui) et vetus de Helvetia scriptum, itemque Germanicum aliud a Rodulpho Habspurgio nominassem, rogavit me valde, ut siquidem hæc impetrari posse putarem, sibi apud te ad eam rem sequester esse vellem. Ego vero de humanitate et liberalitate tua ea statim pollicitus sum, quæ alii fortasse audaciora paulo, mihi quidem sæpius experto ita certa esse visa sunt, ut te vel rogatu meo ea omnia lubenter communicaturum non dubitem. Quod ut

---

*) Das Original im Antistitium zu Basel, Kirchen-Archiv, C I 2, Epistolæ virorum eruditorum sæc. XVI. Tom. I. fol. 341.

facias, etiam atque etiam rogo. Vir is est, de quo apud te dicere putidum esset. Causa communis, immo tua magis, quem ego patriæ amantissimum esse cognovi. Itaque et ad honorem tuum, qui mihi charissimus est, pertinere putavi, nomen tuum inter eos legi, qui ad Helvetiæ decus et ornamentum aliquid contulissent. Qua etiam in re importunus esse non recuso. Josias librarius in fasciculo, quem Froschauero parat, hæc quoque, si videbitur, poterit reponere, et ut tuto advehantur, curare. Ego me de restitutione vadem ultro offero, immo etiam, si placet, exsponsorem, nisi forte putas, quod cæteris tuis summis in me beneficiis jamdiu par non sum in cavendo tam esse liberalem. In bibliothecæ epitome hodie totus sum, ad quam indices Francfordienses, qui nundinas autumnales anni MDLXVIII præcesserunt, valde desidero. Nam reliquos tuo quidem beneficio nacti sumus. Cætera ego brevi atque amplius coram. Interim bene vale VC. Salutat te plurimum D. Simlerus, cuius et ingenium et eruditionem et judicium acerrimum in dies magis ac magis admiror. D. Adamo, quem Genevæ vidi, libros quosdam ex his, quos desiderabas, dedi: cæteros nondum invenire potui. Tiguri, Nonis Junii MDLXX.

P. Pithœus tuus.

(Mit dem Sigelabdruck.)

# Nachwort.

Die Descriptio Helvetiæ, welche wir hier veröffentlichen, ist nur zum kleineren Theil ein Werk von selbständiger Bedeutung; denn ihr Inhalt stammt grossentheils aus jener längst bekannten älteren Beschreibung, welche um 1478 von Albert von Bonstetten[1] verfasst wurde. Die Abhängigkeit von dieser Quelle geht so weit, dass selbst Verweisungen auf ältere Schriften, wie z. B. auf Poggius Florentinus, aus ihr entlehnt sind. Aber dennoch verräth sich dieses Verhältniss sozusagen nirgends durch wörtliche Uebereinstimmung des Textes; sondern der Verfasser unserer Descriptio gibt sich durchweg alle Mühe, andere Ausdrücke und Wendungen zu gebrauchen als Bonstetten, und auch im Plan und in der Anordnung seines Werkes weicht er vielfach von seinem Vorgänger ab.

Bekanntlich beginnt Bonstetten seine Descriptio mit einer allgemeinen Orientirung (Cap. I), worin er, vom Weltall ausgehend, den Rigi als den Mittelpunkt Europa's bezeichnet, um welchen sich die 8 Orte der Eidgenossenschaft gruppiren. Hierauf gibt er die Einzelbeschreibung dieser 8 Orte (Cap. II—IX), und auf diese folgt je in einem Capitel (Cap. X, XI u. XII) die Entstehung der Eidgenossenschaft, die Aufzählung ihrer Verbündeten und eine Uebersicht ihrer siegreichen Kämpfe. Weitere Capitel (Cap. XIII bis XX) handeln vom kriegerischen Geiste der Eidgenossen insgemein, von den Bewohnern der Städte, von denjenigen der Länder, von den zerstörten Burgen u. dgl. m.

---

[1] Ausg. i. d. Mittheil. d. Antiquar. Gesellschaft in Zürich, Bd. III, p. 94—106.— Auf diese Schrift als Quelle unserer Descriptio hat zuerst Th. v. Liebenau hingewiesen in seinem „Alten Luzern", p. 37, i. d. Anm.

Bonstetten, der Dekan von Einsideln, schrieb sein Werk zunächst für Ludwig XI; bei aller Wahrheitsliebe beseelte ihn offenbar der Wunsch, dass sein Vaterland diesem mächtigen Verbündeten in möglichst günstigem Licht erscheine. Der Verfasser der vorliegenden Descriptio hingegen war ein Italiener, also ein Ausländer. Er hat daher keinen Grund, für die Eidgenossen Partei zu ergreifen, sondern seine Schrift hat vor allem den Zweck, seinen Herrn und seine Landsleute über den Charakter und die Macht dieser gefürchteten Nachbarn zu unterrichten, und ihren Ursprung, ihr Wesen und ihr Land zu beschreiben. Nachdem er als Einleitung — unter sichtlicher Benützung von Cæsar, de bello Gallico — die Thaten der alten Helvetier erwähnt und den jetzigen Volksnamen „Svitenses" erklärt hat, schildert er zunächst den Charakter der Eidgenossen, wie derselbe in ihren Rechtsanschauungen, ihren Sitten in Krieg und Frieden, in ihrer Lebensart und in der Politik sich äussert. Diesen Hauptabschnitt, den wichtigsten Theil der ganzen Schrift, dürfte der Verfasser wohl aus eigener Beobachtung oder aus Mittheilungen von Gesandten geschöpft haben. Ebensowenig lässt sich auf Bonstetten der folgende Abschnitt zurückführen, der die Tagsatzungen bespricht. Der geschichtliche Theil hingegen, der vom Ursprung der Eidgenossenschaft, von ihren späteren Verbündeten und von den Kriegen der Eidgenossen handelt, beruht lediglich auf Bonstetten Cap. X—XII, mit dem einzigen Unterschiede, dass wir hier als Fortsetzung noch den Schwabenkrieg von 1499 erwähnt finden, an welchen unser Verfasser noch weitere Bemerkungen über Charakter und Politik der Eidgenossen knüpft. Im übrigen aber ist er von Bonstetten so sehr abhängig, dass er z. B. das Verzeichniss der Verbündeten und Zugewandten kurzweg aus dieser Quelle abschreibt, obschon ihre Angaben nur zum Jahr 1478 stimmen, nicht aber zum Ausgange des Jahrhunderts.

Auf diesen geschichtlichen und politischen Theil folgt die geographische Beschreibung. Da der Verfasser nicht, wie Bonstetten, für einen ferne wohnenden Fürsten schreibt, so hat er auch nicht nöthig, zuerst die Lage der Eidgenossenschaft im Weltall und in Europa zu erklären, sondern er begnügt sich ihre Grenzen und Flüsse anzugeben und ihre jüngste Gebietserwerbung, den Thurgau

(1499) zu erwähnen. Erst hierauf wiederholt er aus Bonstetten Cap. I jene bekannte Orientirung, welche den Rigi als Mittelpunkt von ganz Europa annimmt, um welchen herum die 8 Orte der Eidgenossenschaft liegen. Dass seit 1478, wo Bonstetten schrieb, die Zahl dieser Orte sich vermehrt hat, das scheint unserm Verfasser noch völlig unbekannt. Es folgt hierauf, durchaus nach Bonstetten Cap. II—IX, die Beschreibung der einzelnen 8 Orte, womit die Schrift schliesst. Aus Gründen, die wir nicht kennen, ist hier die Reihenfolge der 8 Orte verändert, so dass Luzern vor Bern, Unterwalden vor Uri und Schwiz, und Glarus vor Zug zu stehen kommt. Zugleich aber erscheint sozusagen bei jedem der 8 Orte der Text Bonstettens noch durch allerlei Zuthaten erweitert, deren Werth allerdings ein sehr ungleicher ist. Neben grösseren Einschaltungen, wie über das Wasserwerk zu Zürich oder über den Pilatus, finden sich auch kurze Zusätze, welche noch Beachtung verdienen, wie z. B. bei Zürich über die Amtsdauer des Raths, über die Tracht u. dgl. Andere Zuthaten hinwiederum erscheinen sehr entbehrlich, wie z. B. die Erklärung von Namen wie Zug oder Unterwalden. Manche Stelle auch, welche auffallen könnte, beruht lediglich auf dem missverstandenen Texte Bonstettens. So ist z. B. die „horribilis sylva", welche westlich vom Thurgau liegen soll, nichts andres als der Schwarzwald, der bei Bonstetten „Nigra Silva" heisst, und umgekehrt, wenn der Gründer von Schwiz im Zweikampfe den „fratrem Svitium" erschlägt, so ist dieser Name des Unterliegenden hervorgegangen aus Bonstettens „fratrem suum".

Uebrigens sind nicht nur diejenigen Theile der Schrift, welche aus Bonstetten stammen, durch Missverständnisse dieser Art entstellt, sondern auch die eigenen Zuthaten des Verfassers sind nicht frei von Irrthümern, welche von mangelhafter Kenntniss des Landes zeugen. Gewisse Ausdrücke und Namen, wie „Landgericht", „Thurgau" u. dgl., sind ihm völlig unverständlich, und gerade das letztere Gebiet z. B. verlegt er in die Nähe von Basel! Um so weniger kann es daher befremden, dass der grösste Theil dieser Descriptio aus Bonstetten entlehnt ist: diese Quelle war dem Verfasser unentbehrlich, und ohne sie wäre ihm seine Arbeit nicht möglich geworden. Immerhin aber, trotz aller Missverständnisse und Irrthümer, bleibt diese Schrift in ihren selbständigen Theilen ein schätzbares Zeugniss für den Eindruck, den die Eidgenossenschaft zur Zeit ihres höchsten Ansehens auf den Ausländer machte.

Ueber den Verfasser können wir aus dem Inhalte des Textes nur entnehmen, dass er jedenfalls ein Mailänder war,[1] da er die Are mit dem Tessin vergleicht und die Besiegten von Giornico als „nostri“ bezeichnet; weiter noch zeigt uns das Beiwort „nuper“, welches er bei Erwähnung des Schwabenkriegs gebraucht, dass er nicht lange nach 1499 schrieb. Auf Mailand und auf die Zeit um 1500 aber weist uns auch die metrische Widmung, welche dem Werke vorausgeht; denn diese wendet sich an Jafredus Caroli, „Vicekanzler des Senats von Mailand und Präsident (des Parlaments) von Dauphiné“. Gioffredo Caroli, geb. um 1460 zu Saluzzo, stund seit 1492 im Dienste Frankreichs und wurde Mitglied des Parlaments von Dauphiné.[2] In Folge der französischen Eroberung des Herzogthums Mailand (1499) wurde er auch zum Mitgliede des mailändischen Senats ernannt, wo er die Geschäfte des vielfach abwesenden Kanzlers zu versehen hatte.[3] Nichtsdestoweniger behielt er seinen Sitz im Parlamente von Dauphiné und wurde am 28. November 1500 zum Präsidenten dieser Behörde erwählt. Er war jedoch meistens in Mailand und wurde gegen Ende 1504 Kanzler dieses Herzogthums und Präsident des dortigen Senats.[4] Da ihn nun die Widmung nur Vicekanzler des Senats von Mailand, aber Präsident von Dauphiné nennt, so muss sie zwischen 1500 und 1504 geschrieben sein.

Der Dichter dieser Widmung nennt den Verfasser der Descriptio nur kurzweg „Balcus“, sich selber aber „Domitius Calciatus“. Bei dem gänzlichen Mangel sonstiger Nachrichten müssen wir uns auf die Vermuthung beschränken, dass dieser Calciatus dem Geschlechte der Calci angehörte und mithin ein Verwandter des

---

[1] Deshalb nennt ihn schon Amerbach einen „Insubrem“; s. o. p. 95.

[2] In Frankreich nannte er sich Geoffroy Carles. Ueber sein Leben s. M. Piollet, Etude historique sur Geoffroy Carles, président du parlement de Dauphiné et du sénat de Milan. — Grenoble, 1882, Baratier et Dardelet.

[3] S. Piollet, a. a. O. p. 19, 21 und 48.

[4] S. Piollet, p. 21 und 50.

mailändischen Kanzlers Bartholomeus de Calcetis war, welcher 1499 durch die französische Eroberung aus Mailand vertrieben wurde. Dieser Letztere war befreundet mit Albert von Bonstetten, der ihm 1493 seine Historia Austriaca zusandte;[1] es lässt sich daher kaum bezweifeln, dass auch Bonstetten's früheres Werk, die Descriptio Helvetiæ, auf diesem Wege nach Mailand gelangte, wo sie in der Folge dem Verfasser unserer Descriptio als Quelle diente. Wenn es nun aber befremdlich erscheinen muss, dass ein Verwandter des vertriebenen Kanzlers Bartholomeus seinem durch die Franzosen eingesetzten Nachfolger eine Schrift widmete, so ist zu berücksichtigen, dass mehrere andere Mailänder Litteraten jener Zeit, wie z. B. der Dichter Mantovano, die französische Invasion zwar anfangs offen verabscheuten, durch die einnehmende Persönlichkeit Gioffredo Caroli's aber mit der neuen Ordnung der Dinge bald sich aussöhnten und nun diesem, als einem Freund und Beschützer der Wissenschaften, ihre Schriften widmeten.[2] In der That verstand es Caroli, durch Milde und durch Herabsetzung der Steuern die Mailänder für die französische Herrschaft zu gewinnen,[3] und die Gelehrten schätzten ihn überdiess wegen seiner Freigebigkeit und vielseitigen Bildung. Neben der Jurisprudenz waren es namentlich auch umfassende geographische Kenntnisse, durch welche er vor seinen Zeitgenossen sich auszeichnete;[4] um so glaubwürdiger erscheint daher die Angabe des Domitius Calciatus, dass unsere Descriptio Helvetiæ schon von ihrem Verfasser für Gioffredo Caroli bestimmt war. Den Namen „Balcus“, welchen Calciatus diesem Verfasser gibt, vermögen wir sonst weder als Tauf- noch Geschlechtsnamen nachzuweisen. Im Uebrigen aber erfahren wir über ihn aus der Widmung nur noch, dass er — gleichwie Calciatus — ein Untergebener Caroli's war, und dass er die Descriptio noch nicht völlig ausgearbeitet hatte, als ihn ein schneller Tod dahinraffte. Es fällt demnach nicht nur die Widmung des Domi-

[1] S. Bonstetten's Brief vom 14. April 1493, herausgegeben von E. Motta, im Anzeiger für Schweiz. Geschichte, 1881, p. 334.

[2] S. Piollet, p. 20 u. 50—54.

[3] S. Piollet, p. 21 ff.

[4] S. Piollet, p. 51, auch p. 22, Anm. 4.

tius Calciatus, sondern auch die Entstehung der ganzen Schrift und der Tod ihres Verfassers zwischen die Jahre 1500 und 1504.

Soviel bis jetzt bekannt, ist uns das Werk dieses Balcus nur in zwei Handschriften vollständig erhalten. Die ältere derselben, in der Nationalbibliothek zu Paris befindlich (Collection Dupuy, Nr. 454), ist von einer italienischen Hand aus dem Anfang des 16. Jahrhunderts gefertigt;[1] die jüngere hingegen, in der Oeffentlichen Bibliothek zu Basel (E III 24), stammt aus der zweiten Hälfte desselben Jahrhunderts. Die Pariser Hs. hat 12, und die Basler Hs. 14 Blätter in 4°; beiden aber fehlt die ursprüngliche Decke. Beim Vergleich des Textes erweist sich die jüngere Hs. als eine meist sehr getreue Copie der ältern, nur mit dem Unterschiede, dass ihr vor der Widmung der Titel fehlt: „Balci descriptio Helvetiæ". Statt dieser Worte, wie die Pariser Hs. sie hat, lesen wir in der Basler Hs.: „Descriptio elegans agri et regionis Svitensium". Diese Aufschrift ist von der Hand des Basler Rechtsgelehrten Basilius Amerbach († 1591),[2] von welcher Hand wir auch im Texte verschiedene Correcturen bemerken. Die Pariser Hs. hingegen hat auf ihrem letzten Blatt eine eigenhändige Eintragung von Pierre Pithou († 1596), worin dieser berühmte Gelehrte über das Alter der Descriptio seine Vermuthungen äussert. Aehnliche Bemerkungen, von Amerbachs Hand, finden wir an der entsprechenden Stelle auch in der Basler Hs., jedoch mit folgendem Schlusse: „Ipse libellus, qui Lutetiæ repertus est a P. Pithœo, manu Itali videtur descriptus, in cuius fine hæc erant adjecta: Est communis Carolo cum amicis."

Der „libellus", welchen Amerbach hier meint, ist offenbar nichts andres als die Pariser Hs., und da der Name des Besitzers meist auf die hintere Decke geschrieben wurde, so kann es nicht befremden, dass wir die Aufschrift: „Est communis Carolo" etc. an der deckenlosen Handschrift nirgends mehr finden. Da nun die Pariser Hs., wie schon bemerkt, von einer italienischen Hand des beginnenden 16. Jahrhunderts geschrieben ist, so haben wir keinen

[1] Laut gütiger Mittheilung von L. Delisle, Vorsteher dieser Bibliothek.
[2] Als Amerbach's Hand wurde sie erkannt von Dr. L. Sieber.

Grund, ihren einstigen Besitzer „Carolus“ in einer andern Persönlichkeit zu suchen als in Gioffredo Caroli, dem das Werk von Domitius Calciatus gewidmet wurde. Es ist uns demnach in der Pariser Hs. zwar nicht die Urschrift des Balcus erhalten, wohl aber diejenige Abschrift, welche Domitius Calciatus dem Präsidenten Caroli widmete und übergab.

Als die Franzosen 1512 wieder aus Mailand vertrieben wurden, kehrte Caroli zurück nach Grenoble, wo er 1516 starb.[1] Seine kostbare Büchersammlung[2] scheint zerstreut worden zu sein, und so wissen wir auch nicht, wie die Hs. unserer Descriptio nach Paris gelangte. Ihre Entdeckung daselbst durch P. Pithou, sowie auch die Fertigung der Abschrift für Amerbach, also der Basler Hs., dürfte aber jedenfalls noch vor 1570 erfolgt sein. Denn am 5. Juni d. J. schrieb Pithou, damals auf der Durchreise in Zürich verweilend, an Amerbach einen Brief,[3] worin er ihn für Josias Simler um verschiedene Bücher bittet, und unter andern auch um ein „vetus de Helvetia scriptum“; womit wohl nichts andres gemeint ist als unsre Descriptio, d. h. die dem Amerbach gehörige Basler Hs. Dieser ihr Besitzer starb 1591, und 70 Jahre später (1661) wurden seine Sammlungen, und mithin auch diese Hs., in Basel für die Oeffentliche Bibliothek erworben. Erst in neuerer Zeit jedoch hat Dr. L. Sieber auf ihren Inhalt aufmerksam gemacht, und in Folge dessen hat 1881 Dr. Th. von Liebenau in seinem „alten Luzern“ den auf diese Stadt bezüglichen Abschnitt herausgegeben.[4] Die Pariser Hs. hingegen gieng aus dem Nachlasse der Gebrüder Pierre und François Pithou († 1621) in die Sammlung von Pierre Dupuy über, von welcher der grösste Theil schon 1656 durch Testament, das Uebrige aber erst 1754 durch Kauf in die Königliche Bibliothek (jetzt Nationalbibliothek) gelangte.[5]

---

[1] S. Piollet, p. 34.

[2] S. Piollet, p. 51 u. 52.

[3] Das Original im Kirchen-Archiv im Antistitium zu Basel: C I 2, Epistolae viror. eruditor. saec. XVI, Tom. I, fol. 341. — S. o. die Beilage, p. 95.

[4] S. Das alte Luzern, p. 37, i. d. Anm.

[5] S. L. Delisle, Cabinet des manuscrits de la Bibliothèque Impériale, Tome I (1868), p. 263 u. 422 ff.

Neben diesen zwei vollständigen Hs. zu Paris und Basel[1] ist uns nur die erste Hälfte der Descriptio — mitten im Satze abbrechend[2] — noch erhalten in einem durchweg von derselben Hand geschriebenen Sammelbande von Benedetto Giovio's Collectaneen in der Stadtbibliothek zu Como. Diese Hs., deren Text E. Motta veröffentlicht hat,[3] ist namentlich deshalb bemerkenswerth, weil ihr die metrische Widmung des Domitius Calciatus fehlt, welche den Balcus als Verfasser nennt. Statt dieser Widmung finden wir nur die Ueberschrift: „De antiquitate, de moribus et terra Svitensium, qui prisco vocabulo vocantur Helvetii, Benedicti Jovii Novocomensis opusculum perbreve."[4] — Ausserdem bemerken wir im Texte, beim Vergleich mit den beiden vollständigen Hs., eine Reihe meist unbedeutender Varianten. Manche dieser abweichenden Lesarten erweisen sich auf den ersten Blick als Entstellungen, welche das Missverständniss eines Abschreibers verrathen, wie z. B. wenn wir „cum" finden für „consulem", „per duellium" für „perduellionum", oder „inque" für „inquam" u. dgl. mehr. Einzelne Varianten hinwiederum erscheinen an und für sich wohl annehmbar, wie z. B. „vel" statt aut, oder „opime" statt opipare. Nirgends aber finden wir in der Hs. von Como irgend eine Lesart, welche vor dem Texte der vollständigen Hs. unbedingt den Vorzug beanspruchen könnte; sondern die meisten dieser Varianten — wo sie nicht offenbare Fehler sind — machen lediglich den Eindruck, als ob sie die gesuchteren Ausdrücke und Formen, wie der Text der vollständigen Hs. sie bietet, durch ein gewöhnlicheres und leichter verständliches Latein ersetzen wollten. Wir haben daher keinen Grund, in diesen Varianten die Spur des ursprünglichen Verfassers im Gegensatz zu Domitius Calciatus zu

---

[1] Haller, Bibliothek d. Schweizergesch. Bd. I, erwähnt die Basler Hs. nicht wohl aber, unter Nr. 682, die Pariser Hs., nur dass er für Balcus „Balaus" liest.

[2] Sie bricht ab mit den Worten: „eoque pacto descriptis." — Vgl. p. 13 der Basler Hs.

[3] Im Anzeiger f. Schweizer. Geschichte, 1881, p. 366—370.

[4] Vgl. Haller, Bibl. I, Nr. 683: „Benedetto Giovio, libretto del sito e de' costumi degli Svizzeri. Mss." Mit dieser Schrift, auf welche mehrere Geschichtschreiber von Como verweisen, ist ohne Zweifel die vorliegende Hs. gemeint, oder wenigstens eine Uebersetzung derselben.

vermuthen — um so weniger, da die Hs. von Como derjenigen von Paris auch in Hinsicht des Alters keineswegs an die Seite zu stellen ist; denn sie scheint nicht viel älter als 1544, in welchem Jahre Benedetto Giovio starb. Ueberdiess aber ist die oben erwähnte Ueberschrift, welche diesen Letztern als Verfasser nennt, zwar von derselben Hand geschrieben wie der Text und wie der ganze Band überhaupt, jedoch erst nachträglich eingeschaltet.[1] Es erscheint daher zum mindesten sehr zweifelhaft, dass der Schreiber diese Ueberschrift in seiner Vorlage gefunden habe; wohl aber mochte schon auf dieser Vorlage der Name „Benedicti Jovii" als derjenige ihres Besitzers gestanden haben, so dass es dem Abschreiber nahe lag, diesen kurzweg für den Verfasser zu halten. Offenbar fehlte schon in dieser Vorlage die Widmung des Domitius Calciatus an Gioffredo Caroli, die in der That für einen mailändischen Schreiber schon 1512 — nach Vertreibung der französischen Herrschaft — keinen Sinn mehr hatte. Die Hs. von Como bietet uns daher keine einzige sichere Spur, aus welcher wir folgern könnten, dass sie von der Pariser Hs. unabhängig sei; sondern ihre Verschiedenheit erklärt sich vielmehr dadurch, dass sie nur eine mittelbare, durch mehrere Zwischenglieder getrennte Abschrift ist, während wir in der Basler Hs., obschon sie jünger ist, eine direkte und deshalb viel getreuere Copie jener ältesten Hs. haben.

Von der Basler Hs. nahm Dr. Sieber, der als Bibliothekar auf ihren Inhalt aufmerksam wurde, schon vor Jahren eine genaue Abschrift, und diess ist die Ursache, warum der vorliegenden Ausgabe der Text dieser Hs. zu Grunde gelegt wurde. In der Orthographie unterscheidet sich die Basler Hs. von derjenigen in Paris so zu sagen einzig dadurch, dass sie mehrmals „ll" schreibt, wo jene „l" hat, so dass wir hier z. B. „tollerare" lesen, dort aber „milia". Schon in der Pariser Hs. aber bemerken wir einige wenige Entstellungen,[2] welche der Urschrift des Balcus vermuthlich noch

[1] Laut den Mittheilungen von Dr. F. Fossati, Bibliothekar in Como, ist diese Ueberschrift — gleich dem letzten Theile des Textes — mit blasserer Tinte und flüchtiger geschrieben als der Anfang des Textes.

[2] Auch hier hilft uns die Hs. von Como nichts, da diese wenigen Stellen ohne Ausnahme der zweiten Hälfte der Schrift angehören.

fremd waren, wie „fructibus“ statt „fruticibus“, oder „maius“ statt „maris“. Kaum zahlreicher sind die weiteren Fehler, welche erst in der Basler Hs. noch hinzutreten. Sowohl diese als jene wurden aus dem Text entfernt und in die Anmerkungen verwiesen. Entstellte Namen hingegen, wie überhaupt alle Irrthümer und Missverständnisse, welche wir dem Verfasser und seiner mangelhaften Landeskenntniss zuschreiben dürfen, wurden im Texte grundsätzlich stehen gelassen und nur in den Anmerkungen, soweit es nöthig schien, berichtigt. Aus der Hs. von Como endlich wurde in einer Anmerkung der einzige Zusatz mitgetheilt, den diese Hs. beim Vergleich mit der Pariser Hs. aufweist.[1] Dem Texte der Descriptio folgen am Schlusse die eigenhändigen Bemerkungen Pithou's und Amerbachs, wie sie von Ersterem die Pariser Hs., und von Letzterem die Basler Hs. aufweist. Ausserdem geben wir als einzige Beilage den oben erwähnten Brief Pithou's an Amerbach, der unseres Wissens bis jetzt noch nirgends veröffentlicht wurde.

Zum Schlusse sprechen wir allen denjenigen, welche diese Ausgabe durch ihre Mithilfe unterstützt haben, unsern verbindlichsten Dank aus. Die wesentlichsten Aufschlüsse verdanken wir namentlich den Herren Leopold Delisle in Paris und Dr. L. Sieber in Basel, sowie auch den Herren Dr. Th. von Liebenau in Luzern, Emilio Motta in Locarno und Dr. F. Fossati in Como.

---

[1] Dieser Satz — offenbar eine spätere Zuthat — gibt nur eine weitere Erklärung des Namens Svitil.

# Fratri Felicis Fabri

# Descriptio Sveviæ.

Herausgegeben

von

**Dr. Hermann Escher.**

# Fratris Felicis Fabri

# Descriptio Sveviæ.

## Caput I.

### Descriptio aliqualis nostræ terræ et provinciæ Teutoniæ[a] et nationis Sveviæ. G. p. 46.

Ex dictis beati Hieronymi[b] et Orosii et Bedæ et ex commentariis Cæsaris[c] et ex Cornelii Taciti[c] et ex Plutarchi descriptionibus et magistri Vincentii Bellovacensis[d] et Bartholomæi libro de proprietatibus rerum et aliorum de terris loquentium invenio quattuor[e] nomina provinciæ nostræ. Dicitur Alamannia[f] et Germania, Teutonia et Cimbria.[1] Primum nomen

a. Theut. G. u. S. — b. Jerony, S. — c. fehlt bei G. — d. Beluacensis, G. Belucicensis, S. — e. quatuor, G. u. S. — f. G. u. S. haben stets die Form Alemania, Alemani. Den neuesten Forschungen entsprechend (vgl. die treffliche Abhandlung von F. L. Baumann, Schwaben und Alamannen, Forsch. z. deutsch. Gesch. XVI) ist für den vorliegenden Text die Schreibung Alamannia, Alamanni adoptirt.

[1] Die Gleichsetzung dieser vier Namen zur Bezeichnung des gesammten Germaniens (provinciæ nostræ) ist für uns nicht wenig auffällig. Zwar bemerkt F. weiter unten (p. 121), dass jeder dieser Namen, zu denen späterhin noch ein fünfter „Francia" kommt, bald die ganze „provincia" bedeute, bald auch nur einen Theil derselben; es wird diess am Schlusse des 8. Capitels (Gold. p. 74) mit folgenden Worten weiter ausgeführt: „... Francia quandoque tota dicitur Alemania, imo totam quasi Europam hodie Sarraceni nominant Franciam; aliquando vero nominat (!) solum unam portionem

trahit a sua origine, secundum a fecunditate[a] glebæ[b], tertium a cultu et conditione, quartum a moribus populi. Et hæc quattuor nomina bene intellecta et etymologizata plene illius regionis descriptionem continent. Prima duo terræ conditiones demonstrant, alia duo hominum incolarum terræ mores indicant; nam prima duo nomina in sua significatione immanitatem et magnitudinem ingentem importare videntur; nec frustra.[2]

---

a. fecunditate, S. — b. glebe, S.

Germaniæ, quam nos Franconiam dicimus vel Orientalem Franciam, quam alluit Moenus fluvius. Theutonia communiter sumitur pro tota regione, aliquando tamen solum pro parte continente Franconia et Bavaria. Germania etiam communiter totum significat; sed tamen sepe pro parte, quam incolunt Svevi, accipi invenimus. Alemania autem quando que solum Beccenia(!) silvam cum Brisgandia nominat(!), frequentius tamen totam regionem designat". Immerhin aber lässt sich doch erkennen, dass F. die fünf Namen vorzugsweise nur für die Bezeichnung des ganzen Landes anwendet. Der unterschiedslose Gebrauch der Namen ergibt sich übrigens aus keinem der genannten Geschichtsschreiber, es müsste denn der letzte, Bartholomæus, sein, der mir ganz unbekannt geblieben ist. Die Gleichsetzung des Namens „Alamannia" — „Germania" ist jedenfalls von dem Gebrauch des französischen Wortes „Allemagne" herzuleiten.

[2] In den Capiteln mit den Ueberschriften „de Alamannia", „de Germania", „de Teutonia", „de Cimbria" bringt F. eine Reihe der abenteuerlichsten Etymologien. Aus diesen sind hier einige angezogen, ohne dass jedoch F. sie an den Stellen, wo er alle die verschiedenen Erklärungen der Namen gibt, als die allein und ausschliesslich richtigen bezeichnen würde. Alamannia heisst das Land also „a sua origine"; denn „A. dicta est a Lemanno lacu", oder auch: „ab Alanis provincia dicatur Alamannia". Indessen scheint aber der Name auch „immanitatem et magnitudinem importare", Alemannia wird deshalb erklärt gleich „alimenta immania habens". Der Hinweis auf die „fecunditas glebæ" Germaniens hängt mit der Herleitung des Namens von „germinando" und „immania" oder von „germine" und „magno" zusammen. Auch „immanitas" und „magnitudo" sind aber in dem Namen enthalten, sobald man ihn aus „gero" und „magno" entstehen lässt, „quia gerit terra illa magnos et immanes nationes, magnitudine et multitudine ingentes". Den Namen Teutonia hat das Land „a cultu et conditione". Weiter unten heisst es nämlich: „Teutonia dicitur a ‚theos', quod dicitur ‚deus', et ‚tonos', ‚concordia et terra', quasi terra Deo concordans." Wenn schliesslich der Name Cimbria oder auch Cymbria auf Sitten und Charakter des Volkes hinweisen soll, so hat F. die folgende Erklärung im Auge: „‚cym' idem est, quod ‚cum', et ‚bria' ‚mensura', quasi (Cimbri) cum mensura debita omnia agant."

Est enim Alamannia vel Germania latissima regio complectens totum spatium, quod est inter Danubium et Rhenum fluvios a fontibus eorum usque ad maria, quæ ambo influunt; et ultra trans Danubium et trans Rhenum[a] sunt regiones et principatus Alamanniæ connumeratæ; et infra ostia Danubii protenditur per longum valde usque ad Ripæos montes[b], qui sunt ad litus Oceani, quia[c] tota Sarmatia[d] Europæ Germaniæ magnæ[e] pars est.[1] Sicque Germania habet ab oriente Danu-

---

a. Transdanubium et Transrhenum, G. — b. Riphæos, G., Riphei, S. — c. qui, G. — d. Scythia, G., Sithia, S. Vgl. die Anm. — e. magna, G.

[1] Die in dem Capitel entwickelten Auseinandersetzungen über die Lage und die Gränzen Germaniens lassen uns F.'s geographische Begriffe und Kenntnisse nicht gerade als sehr klare erkennen. Ganz willkürlich wird Germanien bis an den Ripäischen Bergen ausgedehnt. Die „Ripæi montes" sind ein fabelhaftes Gebirge in dem weiten, von den Alten jedoch in seiner Ausdehnung unterschätzten Gebiete zwischen der „palus Mæotis", dem Asowschen Meere, und dem „Oceanus Sarmaticus", der Ostsee. Nach Ptolemæus lagen sie an der Quelle des Tanais, Don. Spätere, wie Paulus Orosius, bezeichnen sie als die Gränze zwischen Asien und Europa. F. verlegt sie an das Ufer des Oceans, wohl durch die missverstandene Stelle bei Orosius historiarum lib. I, cap. 2 verleitet „*a montibus Riphæis* ac flumine Tanai Mæotidisque paludibus, quæ sunt ad orientem, *per litus septentrionalis Oceani* usque ad Galliam Belgicam et flumen Rhenum deinde usque ad Danubium (Europa) porrigitur". Die weiten Strecken nördlich und nordöstlich des Schwarzen und Asowschen Meeres waren den Alten unter dem Namen „Scythia" bekannt; noch Isidor bezeichnet den westlich des Tanais, zwischen dem Asowschen Meere, der Donau und dem Ocean gelegenen Theil Scythiens, „Scythia inferior", als die „prima Europæ regio". Isid., originum lib. XIV, cap. 4. Indessen findet sich doch schon bei Ptolemæus ein anderer Name für jene unermesslichen Länderstrecken, der Name „Sarmatia"; Ptol. unterscheidet dabei „Sarmatia Europæ" westlich und „Sarmatia Asiæ" östlich des Tanais; Scythien dagegen verlegt er ganz nach Asien hinein in die Gegenden östlich der Wolga und nordöstlich des Kaspischen Meeres. „Scythia inferior" nun, oder „Sarmatia Europæ" bildet nach F. einen Theil von „Germania magna", d. h. von dem rechtsrheinischen Germanien, das von den Römern zur Unterscheidung von den beiden linksrheinischen Germanischen Provinzen die Bezeichnung „magna" erhalten hatte. (Vgl. über den ganzen Abschnitt Kiepert, Lehrbuch der alten Geographie). Jedenfalls fand er diese weite Ausdehnung der Gränzen Germaniens weder in Ptolemæus, von dem in den Jahren 1482 und 1486 zwei Ausgaben in Ulm erschienen, deren eine F. gekannt hat (vgl. cap. 10 circumlocutio Sveviæ), noch in Orosius oder

bium, a meridie Rhenum, a septentrione et occasu Oceanum.[1]
G. p. 47. In hoc autem spatio[a] || medio continentur multa regna potentissima et principatus terribiles et provinciæ ac regiones amplissimæ, diversi populi, variæ linguæ, gentes multæ et nationes innumeræ. Quamvis enim capita et fontes illorum duorum fluminum, Danubii scilicet et Rheni, sint sibi propinqui in decursu, tamen terga sibi invicem vertunt et caudas longissimo spatio maribus diversis infigunt, ille contra occidentem in mare Britanuicum[b], iste contra orientem in pontum Euxinum. Addunt etiam aliqui omnes illas regiones Germaniæ, per quas flumina fluunt, quæ prædictis fluminibus junguntur[c], et ita multæ Galliarum regiones trans Rhenum, de quibus mittuntur flumina[d] in Rhenum, erunt de[e] nostra provincia; et multæ Transalpinæ regiones, ut est Istria[f], Dalmatia[g] et aliæ quam plures Cisalpinæ regiones, quæ mittunt in Danubium flumina grandia. Est autem Germania duplex, scilicet superior, quæ se extendit a Moguntia[h] usque ad Alpes; inferior vero est circa Rhenum. Sed posset sic dividi Germania, scilicet inferior, superior et exterior; et illa est latissima, quia protenditur ultra limites Rheni, Danubii et Alpium.[2] Ex quo autem Danubius et Rhenus sunt nostræ provinciæ et terræ limites et quasi sæpes[i], quibus includitur Alamannia, placet nunc ambos describere fluvios et originem eorum ac finem breviter ponere.

---

a. spacio G. u. S. — b. Brit., G. — c. iungunt, S. — d. mittunt fluvium, S. — e. de fehlt bei G. — f. Hystria G., Hyster, S. — g. Damalcia, S. — h. Moguncia, G. — i. sepes, G. u. S.

Isidor oder einem andern der eingangs genannten Schriftsteller. Eine weitere Folge der Ungenauigkeit, mit der F. seine Quellen benutzte, ist es, wenn er die beiden Namen „Scythia inferior“ und „Sarmatia Europæ“ durcheinander mengt und aus ihnen einen neuen „Scythia Europæ“ macht, oder Scythia und Sarmatia promiscue anwendet. In dem vorliegenden Texte ist im Anschluss an Ptol. Sarmatia gesetzt.

[1] Diese Angaben hat F. Isidor l. c. entnommen, trotzdem ein Blick auf die Karten des Ptolemæus ihn von der Unrichtigkeit derselben überzeugen musste.

[2] „Germania superior“ und „inferior“ die beiden römischen Provinzen, „G. exterior“, gleichbedeutend mit „G. magna“, das nicht römische, rechtsrheinische Germanien.

## Caput II.

### De Danubio Germaniæ fluvio.

## Caput III.

### De Rheno fluvio.

G. p. 60.

Rhenus, alius limes vel limbus Teutoniæ[a], fluvius celeberrimus nostræ provinciæ, non longe a Danubii et Rhodani fontibus et fere in medio eorum oritur ex Ræticis[b] Alpibus, a[c] quibus vero suum trahit Rhenus.[*] Quem tamen in Pantheo Gotfridus nominat Lemannum[d], dicens ab eo totam regionem denominari Alamanniam[e], particula XIV.[1] De Alpibus[c] non longe ab invicem maxima et celeberrima totius Europæ flumina prodeunt, Italiam, Galliam atque Germaniam alluentia[f], ut est Padus, Rhodanus, Plabus[g],[2] Siler[h],[3] Athesis, Saus, Rhenus, Licus, Inus[i] et Hilarus[k] et cætera. Rheni autem ortus est ex asperrimo et scopuloso monte, quem Michael, de memorabilibus mundi, nominat Adulam, a pluribus[l] fontibus in val-

---

a. Theutonie, G., Theut., S. — b. Retticis, G., Rhet., S. — c. S., G. hat statt dessen de quibus. — d. Lemanum, G. u. S. — e. Alemania, G. u. S. — f. abluentes, G. — g. fehlt bei S. — h. Syler, G. u. S. — i. Yuns. G. — k. Hylarus, G. u. S. — l. ortus est ex asperrimis et scopulosis montanis a plur...., G.

[*] Zu dem „suum" ist wohl ein aus dem vorhergehenden „fontibus" zu entnehmendes Wort „fontem" zu ergänzen. Am ehesten würde man bei dem Verbum „trahit" ein Wort wie „originem" erwarten; allein abgesehen davon, dass das fem. ist, wäre diese Ergänzung aus „oritur" formell nicht zulässig.

[1] Gotfr. gibt das gar nicht als seine eigene Ansicht aus. Die Stelle lautet (Gotfr. Viterb. Pantheon pars IX [nicht XIV]):

Rhenus ab antiquis describitur esse Lemannus,
Indeque nonnulli referunt dictos Alemannos;
*Sed vox æquivoca nomina falsa parat.*

[2] Der in den carnischen Alpen entspringende, durch Belluno und Treviso fliessende Piave.

[3] „Siler Venetorum est fluvius, de montibus exiens Tarvisinis et Tarvisium civitatem alluit", Boccaccio, de montium, silvarum, fontium, lacuum, fluminum, etc. nominibus liber. Plinius nennt ihn „Silis", jetzt heisst er „Sile".

lem decurrentibus, quæ et vallis Rheni nominatur. Altior tamen fons et primus est in vasta solitudine, ab hominum habitatione longius semotus, et e caverna profundæ petræ erumpit, aquas habens frigidissimas, clarissimas viridemque colorem præferentes et quadam, licet vix discerni possit, salsedine infectas.[14] Dicunt autem, qui locum viderunt, supra rupes, de

---

[14] Leider habe ich über den obenerwähnten Michael und dessen Werk „de memorabilibus mundi" nichts erfahren können. Ich bin daher ausser Stande zu sagen, ob die Beschreibung der Rheinquellen auf eine F. vorliegende Quelle oder auf blosses Hörensagen zurückzuführen ist. Autopsie ist auszuschliessen; denn sonst wäre die Beschreibung nicht so verworren. — Der Name Adula findet sich schon bei den Geographen des Alterthums vor. Nach Strabo bezeichnet er das Gebirge, an dem der Rhein und die Adda entspringen; das wäre also die ganze Gebirgskette vom Gotthart bis zum Ortler. Nach und nach beschränkte sich der Name auf ein engeres Gebiet. Nach Tschudi, Gallia comata II. 1. 11, bezeichnet er die Gebirgsgruppe zwischen Gotthart und Splügen: Crispalt, Lukmanier und Vogelberg, an deren jedem einer der drei Quellflüsse des Rheins entspringt. Am Adula würde dann allerdings nicht die Adda, wohl aber ein anderer Zufluss des Comersees, der durch das Thal S. Giacomo hinunterfliessende Liro entspringen. Auch Campell in seiner „Rhætiæ alpestris topographica descriptio" (Quellen zur Schweizer Gesch. VII, p. 4 n. 9) lässt sämmtliche Rheinquellen am Adula entspringen. Heute kommt der Name A. nur noch dem Quellgebirge des Hinterrheins zu. — Was F. über den Ursprung des Rheins erzählt, ist höchst unklar. Von den verschiedenen Quellen hebt er eine besonders hervor, die indessen, wie man wohl aus der Ueberleitung des betreffenden Satzes „altior *tamen* fons" schliessen muss, seiner Ansicht nach mit dem Adula in keinem Zusammenhang steht. Es ist diess die erste und höchste, der dem kleinen Tomasee entfliessende Vorderrhein; allein sofort treten Züge in das Bild, die nur auf den Hinterrhein passen, die tiefe Felsenhöhle, die (aus dem Reflex der gewaltigen Eismassen sich ergebende) grünliche Farbe des Wassers und ganz besonders die Ruinen, die sich bei der Quelle befinden. Vgl. Theobald, Naturbilder aus den rätischen Alpen, 2. Aufl. p. 296 ff. und p. 348 ff. Eigenthümlich ist, dass weder Stumpf noch Tschudi über diese Ruinen etwas berichten. Den Salzgehalt des Wassers betreffend, ist F., so viel ich sehen kann, der einzige Gewährsmann. Campell l. c. p. 10 unterscheidet sehr bemerkenswerther Weise vier oder besser zwei Mal zwei Quellen, die von West nach Ost also folgen: 1. der nicht genauer berührte Ausfluss des Tomasee; 2. der am Lukmanier entspringende Medelserrhein, der sich bei Dissentis mit dem ersten vereinigt; 3. die „ebende und aus dem Rheinwald" herkommende Quelle, die sich mit der 4. vom Mons Volncar (?)

quibus ebullit, esse quædam vetusta vestigia ædificiorum, quæ[a] multi opinantur castrum[b] fuisse, aliqui templum Nympharum ibi stetisse credunt. Ego autem utrumque credo: quia antiquitus gentiles solebant flumina diis dicare aquarum, et illi Nymphæ, cui flumen sacratum[c] extitit, templum et fanum in loco originis ædificabant Najades[d]. Sed cessante errore illo domini locorum de templis illis sibi domos[e] et castra fecerunt, quæ etiam jam in pluribus locis defecerunt.

Fons autem ille defluens continue ex concursu aliorum fontium augmentatur et statim navigabilis efficitur et Curiensem percurrens agrum descendit. Hic parvo adhuc effusus cursu dum fines Nantuatium, id est Constantiensium, attingit, duos facit lacus, Venetum scilicet et Acronium[11]: sic enim

---

a. quod, G. — b. fehlt bei G. — c. sanctum, G. — d. Neyades, G. — e. domus, G.

herabfliessenden beim Dorfe Hinterrhein vereinigt. Die beiden mittleren nun sollen, wie C. bemerkt, nur eine doppelte Steinwurfweite von einander entfernt liegen, „ubi, quod Ludovicus Lavaterus signari voluit ab altero Rheni fonte Felicem Fabricium, Tigurinum monachum, memoriæ prodidisse, equidem omnino de alterutro horum fontium accipiendum esse ducimus, sic scribentem: (folgt hierauf unsere Stelle p. 114, Z. 2—p. 115, Z. 8 in verkürzter Fassung). Hæc ille. Huic narrationi adstipulatur id, quod Casparus Campellus, autoris pater, referebat de quibusdam hominibus e remotissimis septentrionis partibus peregre ex superstitione venientibus, ut fontem Rheni visitarent, qui sibi quoque obviam dati essent." Ludwig Lavater, der Sohn Burgermeister Rudolf L.'s, der 1586 als Antistes in Zürich starb, hatte als angehender Theologe auf seinen Reisen auch Graubünden besucht. Ein Reisebericht oder anderweitige Aufzeichnungen, auf die man den Ausdruck „quod L. L. signari voluit" gern zurückführen möchte, sind mir nicht bekannt.

[11] Boccaccio, de montium, silvarum, fontium etc. nominibus liber.: „Hic (Rhenus) parvo adhuc effusus cursu duos facit lacus, Venetum scilicet et Acronum" (an früherer Stelle nennt er ihn „Acronius"). — Schon Cæsar nennt als Anwohner des Rheins die Nantuaten, bell. Gall. IV, 10. (Die Stelle bei Strabo c. 192, wo früher als der Name der das Quellgebiet des Rheins bewohnenden Völkerschaft Aetuaten oder Nantuaten statt des jetzt angenommenen Helvetier gelesen wurde, kannte F. nicht) vgl. Tschudi, Gallia comata l. c., Glzi, Quellenbuch zur Schweizergesch. p. 49 ff. Dass F. die Nantuaten nach Constanz verlegt, ist auf Boccaccio zurückzuführen. B. fährt nämlich an der betreffenden Stelle fort: „Mox (Rhenus) in unum ex eis (sc. lacubus) redactus alveum, per fines Nantuatium, Helvetiorum, Sequano-

antiquitus nominabantur illi duo lacus, inter quos Constantia civitas est sita, quos nos a situ nominamus, primum superiorem et secundum inferiorem, vel a civitatibus in litoribus eorum situatis, ut primum nominamus lacum Constantiensem a Constantia civitate, secundum dicimus Cellacensem ab oppido, G. p. 51. || quod dicitur Cella Rudolphi [11]; vel nominamus lacum a dominis, qui hodie juxta litus habitationes et castra habent et olim forte dominium totius lacus obtinebant, qui dicuntur nobiles de Bodma, quod castrum Bodma super lacum est, et inde dicitur „Bodmarsee“ [12], lacus Bodmæ[a] vel lacus Potamicus; sic enim lacum sæpe inveni nominari.[a] Alii putant lacum ideo[b] dici Bodmæ lacum propter nimiam profunditatem, quia videtur[c] carere fundo, quia „fundus“ Latine „boden“ dicitur Teutonice.[13] Quare autem illi duo lacus nominentur Venetus et Acronius, ab Johanne Boccaccio in tractatu de lacubus et fluminibus declaratur[d]; [14] vel quia duæ dictiones sunt Latinæ, opinari potest, hæc nomina his lacubus imposita a Latinis tempore, quo Romani reipublicæ orbis præerant. Tollebant enim sæpe a locis nomina barbarica et Latina imponebant ad

a. S. — b. idcirco, S. — c. quasi videatur, G. — d. l. tr. d. l. e. fl. dici potest, sicut patet supra; vel . . ., S.

rum etc. velox effertur“. Es ist übrigens zu bemerken, dass Boccaccio und mit ihm F. die Namen vertauscht hat; der obere See heisst lacus Acronius, der untere lacus Venetus. Vgl. Stumpf II. p. 49 u. 66, und Vadian, deutsche historische Schriften II. p. 431.

[11] So statt „Radolphi“.

[12] So statt „Bodmansee“.

[13] Nicht sowohl nach den Herren von Bodman, als vielmehr nach dem Schlosse und der ehmaligen Kaiserpfalz Bodman ist der See benannt, wie schon Stumpf l. c. und Vadian hervorhoben. J. Grimm wollte den Namen auf „Boden“ (vgl. „Bödeli“) zurückgeführt wissen; „Bodensee deutet sich füglich als der See, in welchen, aus welchem der Rhein sich ergiesst, gleichsam des Rheines Guss oder Boden.“ Abgesehen von der Gesuchtheit dieser Erklärung spricht schon die Analogie von „lacus Brigantinus“, sowie überhaupt der Umstand, dass fast alle Seen unserer Gegenden nach den wichtigsten Ansiedelungen an ihren Ufern benannt wurden, gegen die Grimm'sche Ableitung.

[14] F. irrt sich, Boccaccio bringt keine Erklärung der Namen.

placitum eorum, sicut etiam populum latinizare cogebant. Et possibile est, quod de Venetiana provincia positi fuerint ad lacus[a] gubernationem Veneti, a quibus et lacus nomen obtinuit, et quod Acronius fuerit nomen alicuius præfecti juxta lacum inferiorem, qui lacui nomen suum eidem communicaverit[b].[16]

Lacubus autem sic per Rheni affluentiam generatis mox iterum effluere incipit per profundum alveum et quieto cursu occidentem petit. Ubi autem[c] impedimenta sui cursus invenit, tam violenter in obvios scopulos suo impellitur impetu, ut vasto aquarum se frangentium rumore stuporem incutiat etiam longe existentibus et terrorem generet videntibus. Nam inter oppidum Schafhusen[d] et civitatem Basileam variis incitatus irritamentis montium, coartatur rupibus et adeo terribili fremitu fluctuat[e], ut homo astans nonnunquam putet sub pedibus suis terram moveri et tremere, præsertim infra Schafhusen, ubi Rhenus per præceps deorsum ruit tanto impetu, ut penitus nulla ibi valeant descendere navigia. Et infra oppidum Loufenburg[f][17] artatur petris, per quas adeo impatienter penetrans decurrit, ut præ furore et fremitu non aqua sed spuma albissima appareat. Et per hunc districtum naves vacuæ funibus submittuntur vel arte quorundam sine funibus deducuntur, qui artifices vitam pro pecunia exponunt periculo, unde eis denegatur eucharistiæ sacramenti communio[g], ut dicitur. || G. p. 88.
Utrumque modum submissionis navium sæpe vidi. Post hoc supra oppidum Rhinfelden[h] alveo facto latiore de fundo prominent capita rupium ubique et nonnunquam in altum protensa[i] stant sicut gigantea corpora, sicque totus alveus rupi-

---

a. loci, S. — b. eodem communicavit, S. — c. Ubi etiam, S. — d. Schaffhausen, S. — e. aestuat, S. — f. Loufenburg, G., Laufenburg. S. — g. eucharistiæ sacramentum, S. — h. Rinf, G., Reinf., S. — i. protensæ, S.

[16] F. selbst gibt im 10. Cap. noch andere Erklärungen; weitere bei Stumpf. Den Namen lacus Venetus soll der Untersee von seiner bläulichen Farbe (venetus = seefarbig, bläulich) erhalten haben.

[17] Eigenthümlich ist, dass des kleinen Laufen unterhalb Coblenz keine Erwähnung geschieht. Ebensowenig berichten übrigens auch Spätere, wie Stumpf, von ihm; St. kennt nur die drei „Wasserbrüche“ bei Laufen, Laufenburg und Rheinfelden.

bus et scopulis plenus aquis accurrentibus undique impedimenta præstat[a], et quanto plura sunt impedimenta, tanto majora sunt irritamenta; quæ aqua tanto conatu nititur evadere, ut mirum intuenti videatur, quod saxa perpetuos aquarum insultus sustinere valent. Cum tanto enim impetu impinguntur[a] aquæ[b] petris, ut longe sursum saliant et nonnunquam altas rupes transiliant. Per hanc autem rupium silvam via navium est curvissima et arte haud dubium audacissimorum virorum inventa primitus, per quam nemo nolens ducitur. Nam singulis diebus de superioribus regionibus naves magnæ onustæ hominibus et rebus aliis descendunt; sed antequam amnem ruposum intrent, litus petunt, et si cui placet, exire potest vel manere, et post finem rupium iterum ad litus naves deducunt et reassumunt eos[c], qui exierant. Dicitur autem locus ille [d]petrosus et periculosus[d] Uncus Inferni, vulgariter Teutonice „der Hellhagg", quia, sicut unco subito res rapitur[e], sic navis pertransiens continue et sæpe raperetur, nisi vigilantissima arte custodiretur naucleorum.

Sic ergo post illam aquæ offensam procedit adhuc atrox spumansque amplo gurgite ad Augustam Rauricam usque (dico Basileam) evolvitur eamque per medium secans, civitati et ponti plurimum non manifeste sed quasi in occulto insidiatur. Ipsa enim Basilea crebris terræmotibus concutitur et multum terrorem
1356. patitur. Unde anno Domini 1356, ut de antiquis taceam terræmotibus, ruit quasi tota civitas, ut manifeste videtur in choro prædicatorum, cujus testudo[f] mansit stare, de qua tamen multæ peciæ[g][13] ceciderunt et frusta, qua refectio superinducta cernitur. Me etiam ibi exsistente juvene tres terræmotus fuerunt et semper omni momento exspectantur. Rhenus enim[h], de quo sermo est, quia petrarum[i] illisionibus ab origine assuetus, cum jam petris careat, terram cavat, et ventis ac aquis

a. prestant, S. — b. impingitur aqua, S. — c. eos fehlt bei S. — d. S. — e. capitur, G. — f. testitudo, S. — g. petiæ, S. — h. etiam, S. — i. petra, S.

[13] pecia = fragmentum, frustum, pièce.

subintrantibus terræmotus causantur.[19] Credo autem hoc modo antiquam Rau || ricam Augustam defecisse, quæ supra Basileam G. p. 56. stetisse in loco villæ Augst ruinis maximis cernitur et thesauris quondam ibi quæsitis et inventis proditur, cuius antiquum nomen nunc Basilea a descriptoribus sortita est.[20] Eo etiam anno, quo primum terram sanctam intravi, inundatione facta Rhenus pontis partem abduxit et Basilienses terrore[a] et expensis plurimum damnificavit.[21]

Inde autem consequenter Rhenus violentia posita placidus ac navigabilis magis efficitur. Unde a Colonia navigiis ascendisse usque Basileam sanctam Ursulam cum suis sodalibus legitur. Verum tamen litora rodit et alveos sibi novos continue quærit et multa nocumenta infert. Unde oppidi Novi castri (Nuwenburg)[b] partem, quæ super litus situata fuerat, totaliter abduxit, domos muratas, mœnia, turres et muros. Sic ergo per planum decurrens, sæpe per[c] multos alveos divisus, ante Argentinam congregatur, ita ut pons, licet longissimus, de litore in litus sit ibi factus; estque ille ultimus Rheni pons pretiosissimus, non ratione materiæ, quia ligneus est, sed ratione quotidianæ innovationis, quia, ut dictum est, Rhenus mutat continue alveum et fugit a civitate, quem novis ædificiis oportet quotidie sequi[d].[22] Ulterius autem Rhenus descendens grandes urbes, Spiram, Wormatiam et Moguntiam[e] alluit[f]. In Moguntia Carolus mag-

---

a. timore, G. — b. Newenburg, S. — c. per fehlt bei S. — d. quam nov. ed. videtur esse quot. sequi, B. — e. Moguntiam, G. — f. abluit, G.

[19] So viel ich sehen kann, steht F. mit dieser wunderlichen Erklärung der Basler Erdbeben ganz allein. Ueber das Erdbeben vgl. unten Cap. 14.

[20] Die neuesten Untersuchungen haben die Ansicht F.'s, dass Aug. Raur durch Erdbeben zerstört worden sei, vollkommen bestätigt.

[21] Das Hochwasser vom 23./24. Juli 1480 riss drei Joche der Rheinbrücke weg. Wurstisen, Basler Chronik.

[22] Die alternirend dem rechten und dem linken Ufer des Rheins vorliegenden Sandbänke werden fortwährend flussabwärts geschoben, so dass bald die westlichen, bald die östlichen Joche einer festen Brücke von denselben umschlossen waren; wurden sie dann wieder frei, so bedurften sie wohl jeweilen einer Erneuerung.

nus pontem[a], opus egregium quingentorum cubitorum latitudinis per Rhenum exstruxit, cuius tamen nunc nullum apparet vestigium.[35] A Moguntia continenter Rhenus descendit, iterum montana Rincaviæ secat susceptisque Mogano et Mosella fluminibus Coloniam a Tuitio[b] dividit grandi spatio, per quod tamen ferunt pontem insignem fuisse, cuius adhuc vestigia videntur Rheno parvo et claro existente.[36] Postquam autem appropinquat Oceano, multis jam susceptis fluminibus in plures diffusus partes, multas facit insulas ingentes, quarum tres a Frisiis[c] reliquæ a Sicambris[d], id est Geldrensibus[e], et Holandinis, qui olim Batavi[f] dicebantur, ac aliis feris nationibus incoluntur. Hic fluvius sacratus est non Jasonis navigatione[37] sed sanctæ Ursulæ et undecim[g] milium martyrum peregrinatione in agone
G. p. 51. martyrii in eo passarum[h] || juxta Coloniam. Faciunt ergo ista duo prænominata flumina cum mari Britannico et Oceano septentrionali circulum ingentem pro provincia nostra, et est quasi major pars totius Europæ.

## Caput IV.

### De nominibus nostri territorii.[38]

Fabri gibt nun in dem Folgenden eine Beschreibung, oder vielmehr, wie er sagt, eine Umschreibung des Landes, das zwischen den beiden genannten Flüssen liegt, und zwar aus-

a. pontis, G. — b. Tuiro, G. — c. Frysiis, G. u. S. — d. Syc., S. — e. Gelr., S. — f. Batt., G., Bact., S. — g. triginta trium. S. — h. passorum, G.

[35] Noch heute ist man über die Lage der von Karl errichteten Brücke ganz im Unklaren, während von der Römerbrücke noch deutliche Spuren vorhanden sind.

[36] In der That verband eine von Constantin errichtete Brücke Cöln mit dem rechtsrheinischen Castell Divitia, Duitia oder Tuitium.

[37] Im vorhergehenden Capitel lässt nämlich F. den Jason auf seiner Rückkehr die Donau und die Save aufwärts fahren und dann durch den Piave das adriatische Meer erreichen.

[38] In den folgenden Abschnitten gerathen wir bezüglich der Quellen auf einen sehr schwankenden Boden. F. bemerkt selbst im Anfange des Capitels: „Optavi videre aliquam Germaniæ descriptionem, sicut aliarum pro-

gehend von der Erklärung der verschiedenen Namen, die es trägt: Alamannia, Germania, Teutonia, Cimbria und Franconia. „Hæc nomina", fügt er bei, „significant quandoque totam illam provinciam quandoque vero significant solum partem eius.

## Caput V.

### De Alamannia.[a]

Alamannia est primum nomen nostræ terræ, secundum quod et gentes eam inhabitantes Alamanni dicuntur. Dicitur autem Alamannia a lacu Genevensi[b] vel Lausanensi, qui Lemannus[c] nominatur, et populi juxta eum habitantes Lemanni dicebantur. Olim autem cum populus ille nimis cresceret, nec terra juxta Lemannum eos capere posset, collecto grandi exercitu, natali solo derelicto, emigraverunt quæsituri sedes. Venientes autem ultra Rhenum in regionibus Rheno et Danubio inclusis, consederunt et deserta illa colere cœperunt[d] et ita terræ illi nomen perenne attulerunt a suo loco, et Alamannia dicta est a Lemanno lacu. Alii dicunt, quod Lemannus etiam dicatur

---

a. Bei verschiedenen der im Folgenden beigebrachten Etymologien müssen wir der Schreibung mit e eingedenk sein. — b. Gebennensi, G. u. S. — c. Lemanus, G. u. S. — d. ceperunt, G.

vinciarum inveni, sed nullam reperire potui, nisi quedam brevia ex Isidoro, [a]Cornelio Tacito[a] et aliis, ex quibus et de experientiis propriis eam, quæ sequitur, non dico descriptionem sed circumscriptionem comportavi. [b]Latini enim historiographi moderni non intromittunt se de descriptione Germaniæ propter barbarorum locorum nomina, sicut patet ex Cornelio Tacito et ex Ptolemæo."[b] Von den nun folgenden Etymologien finden sich eine Reihe bei Isidor. Andere hat F. wohl auch im Gespräch da und dort aufgegriffen; dafür sprechen schon die im Cap. „de Alamannia" in wenigen Zeilen sich häufenden Ausdrücke wie: „alii dicunt" (zwei Mal), „quidam dicunt", „alii opinantur." Wir stehen ja mit unserer Schrift im Ende des 15. Jahrhunderts, wo mit dem auflebenden Humanismus und dem erwachenden Studium der klassischen Sprachen auf deutschem Boden die Lust an allen möglichen und unmöglichen Etymologien sich bis ins Ungemessene steigert.

a. und b. Zusätze aus S.

quidam fluvius terræ nostræ, a quo Alamannia sit denominata.[17] [a]Hic fluvius est ille, qui ex Turicensium lacu prodit, qui dicitur Lema vel Lemannus, quem ruditas vulgi nominat Limat, mutando e in i.[18] Quidam vero dicunt lacum Constantiensem Lemannum, a quo Alamanniæ nomen suum affirmant[a]. Alii
G. p. 34 opi || nantur, quod a copia alimentorum dicatur Alamannia, quasi alimenta habens immania, id est maxima, vel quod eam[b] inhabitantes indigeant magnis et multis alimentis. Et utrumque verum est. Nam terra fecunda[c] est et alimentorum ferax quasi undique, et quia frigida est regio, indigent inhabitantes eam[d] multo alimento; vel homines ibi geniti, quia immanes sunt, alimentis multis nutriuntur. Alii dicunt, quod ab Alania[e] provincia dicatur Alamannia.[19] Est autem Alania provincia prima Scythiæ[f] inferioris pertingensque usque ad paludes Mæotidis[g] tangitque Daciam, quæ est pars Alamanniæ.[20] A quo

---

a. S. G. hat statt dessen: sed ubi fluvius ille sit vel in qua parte, invenire non potui. — b. in ea S. — c. foecunda, G., frigidissima, S. — d. habitatores in ea, S. — e. Alania. — f. Sichiæ, S. — g. Meot. G. u. S.

[17] Isidor, orig. l. IX, c. 2 „. . . . sicut et populi habitantes juxta Lemannum fluvium Alemanni vocantur; de quibus Lucanus: deseruere cavo tentoria fixa Lemanno". Analog so mancher Sage und Version über die Wanderungen germanischer Völker, wie z. B. gerade der Sveven, lässt F. die Anwohner des lacus Lemannus auch in Folge Uebervölkerung die Heimat verlassen. Vielleicht liegt in der Angabe über die Richtung des Zuges in die Gegenden zwischen Rhein und Donau eine Anlehnung an die Stelle in Tac. Germ. c. 29 über die Besidlung der agri decumates.

[18] In Hemmerlins „dialogus de nobilitate et rusticitate" erklärt der „rusticus" den Namen Alamannen durch „Lemay fluvium prope Danubium" fol. 35 a der Basler Ausgabe von 1497. (Das Buch selbst zeigt weder Druckort noch Jahreszahl an.)

[19] Die Etymologie beruht wohl auf einem Missverständniss Isidors, lib. IX, wo es heisst: „Lanus fluvius fertur ultra Danubium, a quo Alani dicti sunt, *sicut et populi habitantes juxta Lemannum fluvium*" u. s. w., folgt die soeben mitgetheilte Stelle.

[20] Im Widerspruch mit dem Anm. 3 Gesagten wird hier „Scythia" gesetzt einfach deshalb, weil zu dem Adjectivum „inferioris" das Nomen „Sarmatiæ" nicht passen würde. Die Stelle ist Isid. lib. XIV, cap. 4 entnommen. Auch Ptol. nennt übrigens die im europäischen Sarmatien wohnenden Alanen „Alauni Schythe".

autem casu vel eventu regio ab illa nomen trahat, non inveni scriptum. [a] Vel verius Alamanuia et Alamanni composita a duobus dictionibus vulgaribus: „all“, quod totum vel omne, et „mann“, quod vir significat, quasi omnes habitatores sint viri. Sic etiam Germani et Germania componitur, quasi toti et omnes viri, a „ger“, quod est „gar“, totum et omne, et „mann“, ut supra [a].[31]“

## Caput VI.

### De ratione nominis Germaniæ

enthält nichts, das über die Ueberschrift hinausgienge.

## Caput VII.

### De Teutonia

bringt, anknüpfend an die Entstehung und die verschiedenen O. p. 63.
Ableitungen des Namens Teutonia, insbesondere an die letzte, nach welcher das Wort aus „theos“ = „deus“ und „thonos“ = „concordia et terra“, „quasi terra deo concordans“ zusammengesetzt ist, eine kurze Uebersicht der Kämpfe, die das Christenthum in Teutonien gegen das Heidenthum zu bestehen hatte, insbesondere zur Zeit Karls des Grossen im Sachsenlande, zur Zeit Friedrichs II. im Gebiet der Preussen und bis auf den heutigen Tag in Livland und Litthauen. Dann heisst es weiter: Sed et in terris nobis cognitis Christi fides quasi nova plantatio paululum ante nos florere cœpit.[b] Nam inter Helvetios vallis quædam || est populosa, quam nominant Subsilvanam[c] O. p. 64.
vulgariter „Underwalden“ supra Lucernam[d], ubi dicunt antiqui, quod patres eorum viderint homines illius generationis, qui primo Christi fidem receperunt. Unde dicunt fuisse acerrima

a. S., steht aber irrthümlicherweise vor dem Satz: Est autem Alania u. s. w. — b. cœpit, G. — c. Subsylv., S. — d. Lucernam, S.

[31] d. h. wie bei der Etymologie des Wortes Alamanni. Die Erklärung findet sich bei Gotfr. Viterb. pars IX.

prœlia inter Lucernenses et Subsilvanienses propter disparem cultum, quia Lucernenses dudum receperant[a] fidem ante Subsilvanienses.[13]

## In Caput VIII

### Francia vel Franconia dicitur Alamannia

tritt zu den vier uns schon bekannten Namen, die nach F. promiscue für Germanien gebraucht werden, noch ein fünfter.

## Caput IX.

### De Cimbria

enthält wiederum vorwiegend Etymologien. Das Capitel schliesst mit den Worten: „ex his nunc habemus aliqualem Germaniæ non descriptionem, sed circumlocutionem quandam, ex qua faciliter in Sveviæ circumscriptionem processus erit."

## Caput X.

G. p. 71.

### Circumlocutio Sveviæ.

Svevia, pars magna Germaniæ, sic nominata a Svevis populis, de Svevo monte in eam regionem, quæ nunc Svevia dicitur, progressis. Est autem Svevus ab ortu solis Germaniæ initium

a. receperant, S.

[13] Die charakteristische Einleitung „ubi dicunt antiqui, quod patres eorum viderint homines, qui" u. s. w. lässt erkennen, auf welch schwankendem Boden wir hier stehen. Das Heidenthum, von welchem die Unterwaldner noch so lange umfangen sein sollen, hängt vielleicht mit dem am rechtsseitigen Ausgang des Melchthales gelegenen Kirchlein S. Niklausen zusammen, dessen uralten sogenannten „Heidenthurm" so manche alte Sage umschwebt. Möglicherweise wirkt auch noch eine ganz dunkle Ueberliefe-

faciens, et cum permaximus sit, Cimbrorum[a] usque promunturium[b] protenditur, et ab hoc Svevi nuncupati sunt[c].[33] Hic mons non est moles singularis, sed condependet catenæ[d] mundi, de qua sæpe supra facta est mentio, sicut et nostræ Alpes, Carpathus[e] mons et Ripæi[f] montes et Hyperborei[g]. Aestimo[h] autem hunc montem partem esse Carpathi, qui respicit uno cornu Pannoniam, altero[i] vero pontum Euxinum, vel cohæret[k] monti Venedico[l], qui contra Sarmaticum Oceanum protenditur, cuius Oceani sinus e diverso montis protensus sinus Venedicus dicitur et populi Venedici juxta habitantes vicini Svevis. Vel forte erat || unus populus istius differentiæ, quod habitantes G. p. 76.
juxta Venedicum sinum dicebantur[m] Venedi et habitantes juxta Svevum montem dicebantur[m] Svevi. Nec existimet[n] quis montem Svevum propinquum esse Sveviæ, sed remotissimum ad

a. Cymbr., G. — b. promontor., G. u. S. — c. sunt nunc, S. — d. cathenæ, G. — e. Carpatus, G. u. S. — f. Riphei, G. u. S. — g. Yperborei, S. — h. estimo, S. — i. alio, G. — k. coheret, G. — l. Venetico, G. — m. S. — n. estimet, G.

rung aus den letzten Jahren Friedrich's II. mit, da die Unterwaldner gemeinsam mit ihren Nachbarn zwar nicht dem Christenthum, wohl aber dem im Streite mit dem Kaiserthum befindlichen Papstthum und dessen Anhängern so kräftigen Widerstand leisteten. Einen Gegensatz zwischen den Unterwaldnern und Luzern finden wir allerdings damals noch nicht, wohl aber im Beginn des 14. Jahrhunderts, da die Stadt auf Befehl ihrer Herren gegen die Waldstätte sich zu rüsten gezwungen sah.

[33] „Svevi pars Germanorum fuerunt in fine septentrionis, de quibus Lucanus (Phars. II, 51): Fundit ab extremo flavos aquilone Suevos (Albis). Quorum fuisse centum pagos et populos multi tradiderunt. Dicti autem Svevi putantur a monte Svevo, qui ab ortu initium Germaniæ facit, cuius loca incoluerunt". Isidor., orig. lib. IX, cap. 2. Die Ulmer Ausgaben des Ptolemæus, auf die F. in seinen Angaben mehrfach zurückgegangen ist, weisen nicht sowohl einen „mons. S." als vielmehr einen „fluvius Svevus" auf, der bald mit der Peene, bald mit der Swine, bald mit der Warne identificirt wird. Wohl erwähnt Ptol. ein Gebirge mit ähnlichem Namen, τὰ Σύηβα ὄρη in „Scythia intra Imaum montem", ganz im Osten des turanischen Tieflandes gelegen (in den damaligen Ausgaben „Siebii montes" genannt); dass jedoch F. bei der Anführung des „Mons Svevus" dieses Gebirge im Auge gehabt habe, ist nicht anzunehmen, eher dass sein Gewährsmann, Isidor, sich irgend welche Verwechslung zu Schulden kommen liess.

orientem retro Hungariam in Sarmatia[a] Europæ.[34] Vetustissimis autem temporibus, dum terra adhuc non esset repleta habitatoribus, in locis, ubi homines abundabant[b], conveniebant in unum, qui singulares sedes habere optabant et a suo natali solo emigrabant. Sic Svevi a monte Svevo recesserunt et hanc nostram regionem desertam reperientes, colere cœperunt eamque Sveviam nominaverunt a se.[35] Porro cum lacum Constantiensem repperissent, eum Venedicum nominaverunt a sinu Sarmatici maris, qui Venedicus dicitur, propinquus monti Svevo et solo[c] nativitatis eorum, et populum juxta lacum illum superiorem habitantem nominabant Venedos[d]. Lacum autem inferiorem Acronium[e] nominabant a fluvio, qui terram Venedam alluit et in sinum Venedicum decurrit, cui nomen est Chronon[f], de quo Acronius[g] venit. Hæc clare in tabula octava Europæ Ptolemæi[h] videntur. Sic ergo ex his habetur, quod est mons quidam in Sarmatia[i], Svevus dictus, cuius cornu descendit usque ad promunturia[k] Chersonesi[l] Daciæ[m], qui[n] in dextra

a. Scithia, G. — b. habund., G. — c. soli, G. u. S. — d. Venedos, S. Venetos, G. — e. Accanium (verschrieben für Acr.), S. — f. Chranan, S. — g. Acranius, S. — h. Ptolemei, S. — i. Scithia, G. — k. promontor., G. u. S. — l. Chersonensi, S. — m. Dacie, S. — n. quæ, S.

[34] Die Angaben über die Lage des „mons S.“ zeigen, wie unklar F.'s geographische Kenntnisse sind. Allerdings war es ihm nicht möglich, aus der, wie es scheint, einzigen Quelle über den „mons S.“, Isidor, eine bestimmte Vorstellung zu erhalten. Mit der Angabe Isidors stimmt es überein, wenn es weiter unten heisst „supra Venedos est mons Svevus“, während dann der Satz „quod est mons quidam in Sarmatia, Svevus dictus, cuius cornu descendit usque ad promunturia Chersonesi Daciæ, qui in dextra parte habet sinum Sarmatici maris, quem nominant Venedicum“ u. s. w. an Unbestimmtheit nichts zu wünschen übrig lässt. Unter einen Hut lassen sich diese Angaben nicht bringen; greifen wir aus ihnen aber wenigstens die übereinstimmenden heraus, so hätten wir den „mons Svevus“ in der Nähe der „Venedi“ und des „sinus Venedicus“ zu suchen, d. h. also an der Südküste der Ostsee.

[35] Mit der Sage von der Herkunft der Schwaben in Haupt's Zeitschrift 17, p. 57 ff. hat die Darstellung F.'s direct nichts zu thun. Immerhin beruht natürlich auch die Erzählung F.'s in ihrem Kern auf der Ueberlieferung des Volkes.

parte habet sinum Sarmatici maris, quem nominent Venedicum et populum in litoribus[a] habitantem Venedos, ibique decurrit fluvius dictus Chronon per Venedos in sinum Venedicum, ita quod supra Venedos est mons Svevus, a quo emigravit quondam populos seque inter Danubium et Rhenum recepit et terræ suum nomen dedit et aquis nomina suarum aquarum attulit, dicens lacum majorem Venedicum, quem tamen nominamus Venedum[b], et minorem Acronium a fluvio præfato.[26]

---

a. littoribus, G. — Venetum. G.

[26] Der Chronon ist der heutige Memel. Vgl. mit dieser Erklärung diejenige Stumpf's. Ueber die Vertauschung der beiden Namen Acr. und Ven. s. oben Anm. 11. In S. schliesst sich hier folgende Stelle an.

„Porro magister Gotfridus episcopus aliam canit Svevorum originem, dicens Svevos ex Macedonia ortos: Orbe Macedonico natura peperit Svevos. Dicit etiam, quod Itali jam Svevorum terræ errant habitatores, quos Svevi venientes ejecerant. In historia descriptionis civitatis Augustensis dicitur, quod Svevi orti sint ex Japhet filio Noë. Dum enim filii Japhet Europam possidendam intrarent, exiit ex eis radix generatio una singularis et bellicosa, quos Svevos nominabant, ex quibus Svevi postea sunt dicti. Multo etiam tempore dicebantur Svevi Brenni vel Brenner, propter eorum ducem bellicosissimum Brennium, qui mira gessit vetustis temporibus in multis partibus orbis, ut Gotfridus in metrico opere canit, particula XIV. Hic dux edificat Italiæ urbes Veronam, Papiam, Brixiam, Senam, et Romam destruxit. In Delpho[a] autem existens, cum deorum cultum derideret, Apollinis oraculo accepit se albis virginibus succubiturum et periturum. Cum reverteret in Sveviam, inter Alpes nivium coagulis de quodam monte decurrentibus ducem ipsum et eius totum exercitum extinxerunt(!). Quamvis autem Svevi ab antiquissimis temporibus formidabiles cunctis essent, tamen Amazones feminæ eos invadentes terram eorum et populum sibi subjecerunt, a quibus hodie gens Svevorum quædam arma bellica habet, ut acutas secures, quibus Amazones præliabantur, ut Virgilius, Horatius habent et in historia Augustæ Vindelicæ plene exprimitur. Amazonibus enim Ræciam et Sveviam ingressis timentes Svevi earum sævitiam ad montana Alpium transfugerunt, quo usque Amazones recederent; sicque post earum recessum revenerunt et munitas ædificare civitates cœperunt. Dicunt etiam quidam, quod illæ Amazones sacrum Dianæ et fanum Nympharum in loco, ubi Ulma hodie est, super ulmos ædificaverunt sicut et in Ephero(?) fuisse leguntur."

Die Erzählung von dem macedonischen Ursprung der Sveven und ihren Zügen und Thaten unter Führung des Brennus findet sich in der

a. Dilpho S.

Sveviæ autem situs hic est, et illi sunt veri[a] termini illius terræ. Ab ortu solis habet Danubium cum Bavaria, ab occasu habet Rhenum cum Alsatia, a meridie Jugera Alpium cum Italia, a septentrione habet Franconiam cum inferiori Germania. Est autem duplex Svevia, inferior scilicet, quæ protenditur contra Rhenum, et[b] superior, quæ contra Alpes porrigitur[c]. Utraque est terra bona, fructifera, vinifera, habetque centum pagos secun-
G. p. 75. dum Isidorum[17] || et civitates munitissimas, oppida, castella, castra, villas, campestria et montana, amnes et flumina, nemora multa, prata et pascua, silvas ingentes, ferarum et bestiarum utilium greges; de cuius montibus metalla fodiuntur et de cuius[d] aquis sales coquuntur. Estque terra ipsa populosa, fortis audax gens bellicosissima, procera corpore, flavo crine, venusta[e] facie et decora specie, disertæ eloquentiæ, synonymis utens et dictionibus ac verbis præ aliis Teutonicis[f] abundans, voce clara et tubatis[g] sonans cantibus, gaudiis cum parcitate[h] victus vacans, splendida veste et frequentibus balneis utens. Unde etiam provisum est, ut in terra eorum sint multi fontes, calidas medicinalesque aquas scaturientes. Sunt etiam Svevi rationabiliores Alsatis, nobiliores Bavaris, justiores Brabantinis[i], ditiores Franconibus, devotiores omnibus aliis Germanis.[18]

---

a. fehlt bei S. — b. fehlt bei G. — c. S. hat einfach: et sup. contr. Alp. — d. eius, G. — e. vetusta, S. — f. Teut. fehlt bei S. — g. tubalis, S. — h. partitate, S. — i. Brabantis, S.

Chronik des Gotfr. v. Viterbo pars IX. Die historia Augustæ Vindeliciæ, aus der die Geschichte mit den Amazonen herübergenommen ist, aus der auch die Namen von Vergil und Horaz als von Gewährsmännern stammen, ist die von einem unbekannten Verfasser geschriebene „Chronik von der Gründung der Stadt Augsburg", Chroniken der deutschen Städte, Augsburg I. Von der Abstammung der Schwaben von Japhet ist dort allerdings nicht die Rede.

[17] Vgl. die oben wiedergegebene Stelle aus Isidor. Die centum pagi, die bekanntermassen auf Cæsar, bell. Gall. IV, 1 zurückgehen, werden hier von F. ohne weiteres für die Zeit der vollzogenen Ansiedelung in Anspruch genommen.

[18] Gold. deutet durch den schrägen Druck diesen Satz als ein Citat an. Woraus es entnommen ist, weiss ich nicht.

Porro de antiquis Svevis dicit Ptolemæus,[39] quod laudem maximam putabant quam latissime a suis finibus vacare agros et vastalis circum se finibus solitudines habere, ita quod una ex parte ab eis circiter milia passuum sexcenta agri vacare dicebantur; hoc proprium[a] virtutis existimantes expulsos agris finitimos cedere neque quemquam[b] prope audere consistere. — Tantum autem multiplicabantur antiquitus, ut singulis annis in qualibet civitate, villa et domo media pars egredi necesse haberet, sicque egressi alias sibi sedes conquirerent. Sicque diversas regiones deleverunt easque sibi ad habitandum aptaverunt. Unde plurimum opinio est, quod Sviceri sive Svitenses, qui alias nominantur Svesii, a Svevis[c] sint exorti. Quantam autem fortunam in rebus bellicis gens ista habuerit ævo nostro, non est, qui ignoret, eorumque fortitudinem reges, principes, nobiles et communitates cum detrimento vitæ, terrarum et aliarum rerum persæpe[d] experti sunt[e]. Formidabiles enim facti sunt omnibus totius Europæ regibus, eorumque amicitiam procul valde existentes reges et principes habere precibus et muneribus satagunt[f], quamvis sint rustici et alendis pecoribus dediti semperque in servitute principum et ducum Austriæ ac nobilium adstricti[g], præter jam ad centum annos, quibus jugo servitutis abjecto proprium regimen pro se assumpserunt. Quæ autem causa || fuerit, quod rustici illi a suo natu- G. p. 77.
rali domino se subtraxerint[h], non aliam opinor fuisse, quam tyrannicum regimen dominorum et gravamina injusta nobilium et exactiones pecuniarum et tributorum aggravationes et huiusmodi.[40] Quibus moti conjurationem fecerunt et in dedicatione

a. obproprium, G., opprobrium, S. — b. nec quemque, G., neque quemque, S. — c. Svevis, G. — d. persæpe, G. — e. sunt exp., S. — f. satagerunt, S. — g. astricti, G. u. S. — h. subtraxerunt, S.

[39] Vielmehr Cæsar, bell. Gall. IV, 3. Publice maximam putant esse laudem, quam latissime a suis finibus vacare agros,.. Itaque una ex parte a Svebis circiter milia passuum sexcenta agri vacare dicuntur. — Ib. VI, 23. Civitatibus maxima laus est, quam latissime circum se vastatis finibus solitudines habere. Hoc proprium virtutis existimant, expulsos agris finitimos cedere neque quem quam prope audere consistere.

[40] Mit dieser Darstellung stimmen die weiter unten befindlichen Abschnitte über den gleichen Gegenstand gar nicht überein.

cuiusdam villæ, ad quam multi nobiles et dominorum officiales una cum rusticis congregabantur, conglobati rustici in nobiles præsentes et in officiales irruerunt eosque jugulaverunt in platea, ubi choreizabant[a].[41] Castra etiam occisorum ceperunt[b] et combusserunt aliasque villas et rusticosam plebem ad se attraxerunt et in dies augmentabantur in tantum, ut oppida et civitates oppugnarent. Contra quos duces Austriæ, exercitus
1386. ducentes, parum profecerunt. Unde anno Domini 1386 apud Sempach[c], prœlio[d] commisso inter exercitum ducis Austriæ Lupoldum[e] et Svitenses, interfectus fuit dux, post cuius interfectionem exacerbati duces Austriæ et nobiles contra Svitenses, illique magis animati et armati[f]. Multis annis terra, prœliis vexata, inquietabatur, et Svitenses convalescebant et crescebant in tantum, ut totam Helvetiam, hoc est terram inter Constantiam et Basileam a montanis et sedibus eorum usque ad Rhenum obtinerent. Videns autem archidux Austriæ Sigismundus, quod terram, quæ adhuc ei supererat, et Rheni civitates inter Constantiam et Basileam solus tueri[g] non posset, descendit in Spiram et principum Alamanniæ invocavit auxilium contra Svitenses. Sed dum non invenisset, impignoravit omnem terram suam, quam in Alsatia et Brisgaudia habebat, et Nigram Silvam et civitates Rheni duci Burgundiæ Carolo, qui tunc ad augmentandum ducatum suum vehementer aspirabat et res bellicas strenuissime gerebat in tantum, ut formidini regibus et principibus Galliæ et Germaniæ esset. Cum autem dux Carolus regionum illarum esset factus dominus, misit præfectum in patriam, Petrum de Hagenbach militem, virum utique nobilem et personatum, sed crudelem et inhumanum. Qui cum multos turbaret et nec nobilibus nec civitatensibus nec
G. p. 78. communitatibus nec Svitensibus || deferret, omnium animos in sui odium concitavit. Unde factum est, ut, quos nemo unquam concordare poterat, tyrannis[h] illius præfecti concordes

a. corizabant, S. — b. ceperant, S. — c. Sembach, S. — d. prelio, S. — e. Lüpoldum, S. — f. „fuerunt" oder so etwas ist zu ergänzen. — g. tueri solus non p., G. — h. tyrannus, G.

[41] Worauf sich diese wunderbare Erzählung beziehen soll, ist mir unerfindlich.

faceret. Eo enim communi omnium consilio condemnato et decapitato in Brisaco dux Austriæ Sigismundus Svitenses in suam recepit gratiam et concordatis partibus illis contra ducem Carolum Burgundiæ, qui in Alsatiam et Sveviam conatum faciebat, multa gesserunt prœlia. Tandem autem anno Domini[a] 1475 a Svitensibus superatus et fusus, obtruncatus est. Sic 1475.
ab eo tempore usque nunc archidux Austriæ et Svesii sive 1476/77.
Svitenses aut Sviceri in amicitia et pace manserunt[b]. Quamdiu autem pax maneat, Deus scit.[44]

Volui ergo hic de Svitensibus loqui, quia Svevorum filii sunt et ab eis originaliter descenderunt. Unde hodie inter Svevos computantur, et nomen eorum eos esse Svevos prodit, quia dicuntur Svesii. Vulgus autem communi locutione improvide exprimens, posuit [c]„i“ pro „e“[c], nominans eos Svisios vel Sviceros. Mos enim est in Svitensium locutione, ut, ubicunque Svevi utuntur „a“, ipsi dicunt „e“, et ubi Svevi habent „e“, Sviceri habent „i“, ut in plurimis[d]. Sicut autem Svesii sive Sviceri a Svevis sunt, sic creduntur[e] Svecii, qui ad mare Balteum[f] sunt in Svecia, esse a Svevis emissi[g], sic et Svedi in Svedia.[45]

In dem Folgenden geht F. wieder auf die Schwaben zurück.

---

a. Domini fehlt bei S. — b. lavaserunt, S. — c. fehlt bei S. — d. ut plurimum, S. — e. dicuntur, S. — f. Balth., G. u. S. — g. qui ad m. B. in S. a Svevis emissi sunt, S.

[44] Augenscheinlich ist die Beurtheilung der Eidgenossen hier viel günstiger als späterhin, wo F. theils durch das Studium Hemmerlins veranlasst, theils in Folge der durch den Gegenstand wachgerufenen eigenen Erinnerungen, durchaus gegen die Eidgenossen Partei ergreift. Auffallend sind die beiden folgenden Verstösse: 1. der Titel „rex“ Karls des Kühnen und 2. die Ansetzung der Niederlagen und des Endes des Herzogs in das Jahr 1475.

[45] Wir haben hier eine der letzten Kundgebungen vor dem Verschwinden des Gesammtbegriffes der Alamannen über den ethnographischen Zusammenhang von Schweizern und Schwaben. Schon ist allerdings die Verschiedenheit zwischen den beiden so gross geworden, dass F. nichts mehr von der eigentlichen Identität weiss; sie ist aber doch noch klein genug, dass F. des Zusammenhanges sich doch wenigstens so bewusst ist, dass er die ersteren von den letzteren abstammen lässt. Vgl. die schon oben erwähnte Abhandlung Baumann's, Forschungen Bd. 16.

Wiewohl das Land fruchtbar ist, so nimmt doch die Bevölkerung in solchem Masse zu, dass das Land nicht alle seine Bewohner ernähren kann. Die Folge davon ist eine nicht geringe Auswanderung; fast unter allen Stämmen Germaniens finden sich Schwaben. Kein Volk unter dem Himmel liefert so viele Priester, Schriftsteller, Musiker und Schulmeister wie die Schwaben. Der Breisgau und das Elsass weisen Schwaben in grosser Fülle auf; ohne sie wäre halb Elsass öde. Sie pflegen den Elsässischen Weinbau, und in allen Gebieten, auch ausserhalb Deutschlands, finden sich Schwäbische Weinbauern. Ebenso gibt es beinahe keinen Fürsten, in dessen Dienst nicht Schwaben stehen.

Nicht minder zieht auch das weibliche Geschlecht in fremde Lande, theils sich zu häuslichen Dienstverrichtungen verdingend, theils in Frauenhäuser eintretend. Die Mehrzahl der Frauen Schwabens weihen sich indessen keuschem Ehebett oder dem Dienste der Jungfrau Maria. In Folge dessen ist nicht nur nirgends die Zahl der Frauenklöster so gross wie in Schwaben, 10 Meilen im Umkreis von Esslingen, sondern schwäbische Jungfrauen treten auch in die Frauenklöster aller andern Länder ein, wie sich in den Frauenhäusern aller andern Länder Schwäbinnen finden.

Die Sveven sind von allen Germanen die tapfersten, kriegerischsten und mächtigsten. Mit den Römern führten sie viele Kriege. Zweimal zogen sie mit den Teutonen nach Italien. Caesar griff sie an, nachdem er auf der von ihm errichteten Brücke den Rhein überschritten hatte, musste sich aber unverrichteter Dinge zurückziehen. Zum zweiten Male zog er von den Alpen her gegen sie heran. Drei Schlachten lieferte er ihnen, beim Hasenbüchel bei Füssen, bei Augsburg und bei Mundolsheim (am Neckar), ohne einen Erfolg erringen zu können. Zuletzt gelang es seiner Ueberredungskunst, sie zu besiegen und an sich und Rom heranzuziehen. Wie er in Nieder-Germanien eine Brücke über den Rhein gebaut hatte, um mit den Galliern gegen die Sveven vorzugehen, so errichtete er in Ober-Germanien eine Brücke, um mit den Sveven gegen die aufständischen Gallier hinüber rücken zu können.

Juxta pontem illum oppidum ædificavit ibique aliquot G. p. m.
diebus et mensibus consedit et ideo oppidum hodie vocatur[a] Cathedra Cæsaris, vulgariter „Kaiserstul"[b]."[1]

Fortan blieben die Sveven den Römern mit grosser Treue ergeben; aus lauter Treue eiferten sie auch gegen das Christenthum und tödteten viele Märtyrer, sicut patet .... in legenda G. p. m.
sanctorum Felicis[c] et Regulæ et Exuperantii[d], apud Tullingnum[e], nunc Turegum civitatem passorum et multis suppliciis peremptorum sub eodem imperatore (sc. Diocletiano), et in legenda sanctæ Verenæ, quæ apud Zurzach incarcerata fuit potestate Romani imperii.

## Caput XI.

### Svevorum ad fidem conversio. G. p. m.

Allmählich drang das Christenthum aber doch ein. In Augsburg lehrte der h. Narcissus, der die h. Afra und andere bekehrte zur Zeit Diocletians und Maximians ums Jahr 288. m.

Similiter eodem tempore fecit sanctus[f] Felix in Turego[g] et sancta Verena .....

Insuper legimus, quod anno Domini 180 sanctus Lucius in m.
Alpibus Ræticis[h] prædicavit et Dafas[i] regionem convertit ad fidem Christi[k]. Ex quibus liquet fidem in Germania et in Svevia ultra mille annos viguisse et trecentos[l]. Consequenter anno Domini 444 vel paulo minus vel plus venit in Sveviam 444
sanctus Theonestus cum Urso et Albano et aliis discipulis, pulsi de Macedonia ab Arianis[m], et Sveviam, jamdudum ad fidem conversam, invenerunt hæresi Ariana depravatam, pro cuius

---

a. nominatur, S. — b. Kayserstul, G. — c. Fselicis, S. — d. Exuperanci, S. — e. Tüllingum, S. — f. „sanctus" fehlt bei S. — g. Thurego, G, u. S. — h. Rhet., G., Rhet., S. — i. Daffas, S. — k. Chr. fehlt bei G. — l. trecentis, G. u. S. — m. Arr., G. u. S.

[1] Nach Glarean „Solium Cæsaris", nach Rhenan „Tribunal Cæsaris". Letzterer lässt die Stadt von Tiberius erbaut werden, der im Kriege mit den Alamannen längere Zeit dort gelegen habe.

exstirpatione[a] laborabant. Unde etiam sanctus Ursus in Augusta Sveviæ occisus fuit ab hæreticis et sanctus Albanus in Moguntia,
455. anno Domini 455. — —

564. Deinde[b] anno Domini 564 venit in Sveviam sanctus Columbanus cum sancto Gallo, et Gallo in Svevia derelicto ipse Columbanus abbas Curiam intravit. Sanctus autem Gallus
G. p. 88. idola juxta lacum || Constantiensem destruxit et populum ad Christum convertit, ut habetur in eius legenda. — —

714. Im Jahre 714 kam Bonifacius nach Deutschland. Nach ihm unternahm es Karl der Grosse, den Götzendienst in allen Gauen Deutschlands gründlich auszurotten; zugleich errichtete er viele Klöster.

Multas etiam collegiatas ecclesias fundavit, sicut ecclesiam Turicensem[c] et alias.

Von Karl dem Grossen geht F. auf die Kaiser des Sächsischen und die des Fränkischen Hauses über. Bei der Geschichte Heinrich's IV. neigt er sich bei der Erwähnung der Kämpfe zwischen Kaiserthum und Papstthum auf die Seite des ersteren, indem er die ungünstige Beurtheilung desselben auf die Abneigung der Italiener gegen die Deutschen zurückführt, welche letztere sich aus lauter Unbeholfenheit gegen die aus Italien kommenden literarischen Angriffe nicht wehrten. Das Verdienst der Eroberung Jerusalems gebührt nach F. niemandem als dem Kaiser. Heinrich bewies seine Religiosität auch durch zahlreiche Klostergründungen, u. a. durch die von Zwiefalten. Das Kloster wurde ursprünglich auf dem Berg Achalm oberhalb der Stadt Reutlingen errichtet. Weil aber der Berg zur Anlage einer Veste geeigneter schien, versetzte jemand das Kloster an den Ort, auf dem es jetzt steht, und baute auf der ursprünglichen Stelle eine Burg. Wegen dieser Entheiligung wird nun der Berg mit der Veste alljährlich vom Blitzschlag heimgesucht.

G. p. 89. Sic etiam dicitur de monasterio sancti Benedicti, quod est super Rhenum juxta oppidum Stein, quod dicunt stetisse in

a. extirp. G. u. S. — b. dein, S. — c. G. hat durchgehends, S. in der Regel die Formen „Thuricum, Thuricensis", ebenso auch „Thurgum".

monte Wielo et inde translatum ad locum prædictum. Castrum autem, quod jam in loco monasterii stat, Hochwiel[a] dictum, maximas molestias patitur a tonitruis, fulguribus et fulminibus, nec potest aliquis habitare in turri[b] campanarum, quæ adhuc ibi stat cum parte ambitus et dormitorii. Hoc castrum hodie habent barones[c] dicti de Klingenberg . . . . .[**]

Den Schluss des Capitels bildet die Geschichte Heinrich's V., Lothars und Konrads des Staufers.

## Caput XII.

### De Friderico I imperatore

enthält die Geschichte der Staufer von Friedrich I. bis zu Konradin. Von Belang für uns ist nur eine Stelle, die eines Grafen von Kiburg und des Schlosses selbst Erwähnung thut.

Friedrich II. ist auf seinem ersten Zuge nach Deutschland (1212) bis nach Constanz gekommen. Schon steht aber bei Ueberlingen sein Gegner Otto IV. mit einem Heere, im Begriff gegen Constanz zu rücken und dem jungen Friedrich den Weg Rhein abwärts zu verlegen.

Audiens autem comes de Kiburg[d] electum imperatorem angustatum per Ottonem, congregavit exercitum fortium virorum ex toto suo comitatu et de confinibus et venit Constantiam armata potentia ad deducendum dominum electum. Est enim Kiburg castrum vetustissimum et fortissimum in monte alto situm, muris spissimis, turribus et propugnaculis munitum, non longe a Turego et Wintertur, utpote in medio earum situm, in quo quondam habitaverunt[e] nobilissimi comites de Kiburg et terras obtinuerunt latissimas a fluvio Tura usque G. p. 112

a. Hohenweil, S. — b. turre, S. — c. Eine spätere Hand hat bei S. „barones" in „ingenui" corrigirt. — d. G u. S. haben stets die Form „Kyburg". — e. habitaverant, S.

[**] Stumpf berichtet, dass Heinrich IV. auf Bitten der Mönche, denen ihr Wohnsitz auf dem Berge beschwerlich war, das Kloster vom Twiel nach Stein verlegt habe. Darüber, dass der Berg in der Folge von Ungewittern heimgesucht worden sei, weiss er nichts.

ad ducatum Sabaudiæ, et quasi omnis regio Svicerorum erat comitum de Kiburg et Habspurg. Sed in fortunæ[a] rotæ revo-
G. p. 111. lutione alii labores eorum intraverunt, || jamque Turicenses et ceteri Sviceri hæc dominia possident. In eodem castro fuerunt aliquando reposita insignia imperialia, et hodie est ibi capsa bene ferrata et capellula, in qua reservabantur. Ego ipse in eodem castro aliquibus annis post mortem patris mei fui puer cum patruo meo bonæ memoriæ, Oswaldo[b] Schmid, qui erat undeviginti[c] annis præfectus castri et advocatus totius
1444. comitatus, anno Domini 1444. Comes ergo de Kiburg cum
(1443.) suis per Rheni lineam duxit electum usque Basileam.....[44]

---

a. sed infernali, G. — b. Oschwaldo, G. — c. viginti, G.

[44] Ueber die Hilfe, die Ulrich von Kiburg Friedrich II. leistete, vgl. Chron. Ursperg., Conr. de Fabaria (Mittheil. z. vaterl. Gesch. herausg. v. hist. Ver. St. Gallen), p. 178, Anm. 123, Pupikofer, Geschichte der Burgfeste Kiburg (Mittheil. der antiquar. Gesellsch. in Zürich XVI). Der Kleinodien, der Kapsel und der Kapelle geschieht weiter unten in Cap. 13 nochmals Erwähnung. — Oswald Schmid war Oesterreichischer Landvogt auf Kiburg 1443—1452, Zürcherischer Landvogt von 1452—1461, und starb im 19. Jahr seiner Verwaltung. Ueber die Zeit, da F. auf dem Schlosse lebte, siehe das Nachwort. Eine Schwierigkeit ergibt sich wegen des verwandtschaftlichen Verhältnisses zwischen Oswald Schmid und unserm Felix. Fabri nennt Schmid seinen Oheim (patruus), muss sich aber hierin irren; denn aus dem handschriftlichen Material, das die Stadtbibliothek in Zürich über die Genealogie der Familie Schmid aufweist, geht hervor, dass Schmid nicht sowohl Fabris Oheim, als vielmehr Grossoheim war. Die Verwandtschaft ist folgende:

X

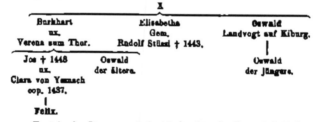

| | | | |
|---|---|---|---|
| Burkhart<br>ux.<br>Verena zum Thor. | | Elisabetha<br>Gem.<br>Rudolf Stüssi † 1443. | Oswald<br>Landvogt auf Kiburg. |
| Jos † 1448<br>ux.<br>Clara von Ymnach<br>cop. 1437. | Oswald<br>der ältere. | | Oswald<br>der Jüngere. |
| Felix. | | | |

Vorstehendes Stemma verdanke ich der Güte des Herrn C. C. Keller-Escher.

## Caput XIII.

### Origo comitum[a] de Habspurg[b], qui nunc sunt Austriæ duces. G. p. 133.

Post omnimodam ducum Sveviæ exstinctionem remansit nobilis Svevia absque duce viginti uno annis, usque ad tempora domini Rudolfi[c] comitis de Habspurg, per quem resuscitatus est ducatus per clarioris dignitatis adeptionem.[41] De hac ergo ingenuissima progenie, comitum scilicet de Habspurg, sunt pulchræ historiæ Latinæ[d] et Teutonicæ, de quibus tamen nulla ad meas devenit manus, cum tamen multum sollicitus fuerim ad habendum. Ea ergo, quæ subjungam, sparsim in libris repperi et nonnulla auditu didici.[42] Comites de Habspurg ex nobilium vetustissimorum Romanorum radice orti sunt, ex nobilissimo et alto Julii sanguine emanantes, et eorum nobilitas omnem superat sermonem, ut dicit Aeneas Silvius in epistula ad Dionysium archiepiscopum Strigoniensem[e] et cardinalem. Quo autem tempore e Roma in nostras regiones

---

a. comitis, S. — b. Habchspurg, G. — c. S. hat stets Rudolphus. — d. Italicæ, S. — e. Strigoniensem, S.

[41] Wie F. zu dieser Zahl kommt, ist nicht recht ersichtlich. Konrad IV. starb erst 1254. Es wäre möglich, dass F. von demjenigen Jahre ausgieng, in dem Konrad den Deutschen Boden bleibend verliess, 1252, aber doch nicht wahrscheinlich, da er mit der Chronologie auf zu gespanntem Fusse lebte, als dass er bei der Fixirung seiner Daten sich von derartigen Erwägungen hätte leiten lassen.

[42] F. spricht weiter unten im 15. Cap. nochmals ein gleiches Bedauern aus, das wir indessen doch kaum als ganz berechtigt anerkennen werden. Die Quellen für die folgenden Capitel sind allerdings nicht gerade sehr zahlreich, immerhin aber benutzt F. einige, die seiner Darstellung grösstentheils zur Grundlage dienen; es sind zudem Werke, die ganz oder theilweise in habsburgischem Sinne geschrieben sind, habsburgischen Interessen dienen; es sind diess die Zürcher Chroniken, Heinrich Truchsess von Diessenhofen, Gregor Hagen und Felix Hemmerlin. Den Worten „nonnulla auditu didici" werden wir, und zwar für die folgenden Capitel noch mehr als für das vorliegende, ziemlich weiten Umfang beizumessen haben.

emerserint, plura dicuntur, quæ prætereo.[49] Vulgaris autem fama habet, quod antiquiori[a] tempore erat Romæ familia nobilissima, ditissima et abundans personis[b]. De hac duo uterini fratres collecta omni substantia in Germaniam processerunt et Argentinæ consederunt. Senior autem a populo in sublime actus, regionis suscepit gubernaculum.[50] Quidam dicunt[51] eum in episcopum Argentinensem assumptum. Junior autem evagabatur inter nobiles regionis, nunc ibi, nunc alibi consistens. Tandem in Argoviam[c] devenit. Socialiter et liberaliter inter nobiles, quorum magna ibi erat multitudo, se habuit et cunctos in suum traxit favorem et amorem. Placuit autem nobili ibi manere et accepta copiosissima a fratre pecunia

a. antiquorum, G. — b. in pers., G. — c. Argowia, S.

[49] Aeneas Silvius epist. 13. De Ladislao rege; Dionysio archiepiscopo Strigoniensi (Gran); Opp. Bas. 1571, p. 509/510. Vgl. epist. 78 an eben denselben, ib. p. 560 F: quoniam in Austria hic est, de quo locutus sum et quem vos accersitis, Ladislaus Alberti filius; in quo si nobilitatem quæritis, nemo est eo in orbe toto nobilior, cujus paternum genus ab ipsa Julii Cæsaris stirpe derivatur.

[50] Es liegt durchaus auf der Hand, dass, veranlasst durch das Oesterreichische Bündniss des Jahres 1442, auch auf Zürcherischem Boden der Volksmund, die „vulgaris fama", sich eingehend mit dem Ursprung und dem Emporkommen der Habsburger beschäftigte. Das hier von F. Mitgetheilte lehnt sich weder an Matthias von Neuenburg und Heinrich von Gundelfingen (über letzteren siehe Rieger, Heinrich von Klingenberg und die Geschichte des Hauses Habsburg, Arch. f. Oesterr. Gesch., Bd. 48) noch an die Zürcher Jahrbücher an.

[51] „Quidam dicunt", im Gegensatz zur „fama vulgaris", geht auf die Zürcher Jahrbücher, die dem Folgenden im Wesentlichen zu Grunde gelegt sind; F. benutzte dieselben in einer Redaction, die zu den späteren und ausführlicheren, wie die sogen. Hüplische Chronik und die sogen. Klingenberger Chronik, gehörte. (Vgl. die letztere, Ausgabe von Henne, p. 18.) Eberhart Müller, Mittheil. d. ant. Ges. in Zürich Band IV Heft 3, hat die Erzählung nicht. Es fehlt allerdings in der Darstellung F.'s nicht an Abweichungen von Kling.-Hüpli; indessen sind sie doch keineswegs derart, dass sie nicht aus der Absicht die Erzählung auszuschmücken, oder als Zuthaten des Volksmundes erklärt werden könnten; und gegenüber Uebereinstimmungen, wie z. B. bei der Benennung des Geschlechts von der neuen Burg „nam antea quoddam Italicum Romanum habebant vocabulum" p. 141 und „wan er hat vorher einen wälschen namen", Kling. p. 19, treten die Discrepanzen durchaus in den Hintergrund.

dixit se ibi sedem et castrum et[a] arcem pro sua tuta habitatione constituere. Sed omnem illam pecuniam in exercitiis nobilium expendit, quia, ut natura nobilium est, liberalissimus fuit in tantum, ut a fratre prodigalitatis[b] argueretur. Misit tamen sibi iterum aurum multum supplicans et mandans, ut, quia alibi esse nollet, sibi habitationem et possessionem vel emeret aut erigeret et alicuius nobilis filiam acciperet in suscitationem || domus. Accepto autem auro omnem curam adhibuit, ut tam nobiles quam plebejos amicos haberet, quos donis sibi con- O. p. 134
quirere studebat, quia, ut dicitur proverb. 19., divitiæ addunt amicos plurimos et amici multi sunt dona tribuentis.[1] Prudenter enim[c] præposuit amicos pecuniis.

Quadam autem die, cum venationi insisteret, emissus accipiter rapere feram, neglecta præda cuiusdam alta montis petiit ibique super rupem volans resedit. Unde nobilis, quia accipitrem carum[d] habebat, de equo prosiluit[e] et, e vestigio secutus accipitrem, eum in celsa rupe alti montis reaccepit. In monte autem solus consistens, conjectis oculis per gyrum vidit omnem illam regionem quasi paradisum arvis, silvis et fluminibus ornatam, et montem illum pro loco suæ habitationis elegit et dispositis rebus in monte hoc arcem erigere cœpit. Sciscitantibus autem artificibus de nomine castri, ipse nobilis ab eventu castro nomen dedit, quod et sibi suisque successoribus remansit. Quia enim in montem[f] propter accipitrem ascendit ibique eum repperit et tunc ibi ædificare deliberavit, accipitris nomen domui tribuit eamque Habspurg nominavit, quod tantum sonat quasi „burgus accipitris". Cumque ad eius jussum burgus exilis erigeretur et minus munita arx, et plures eum super hoc arguerent, respondebat, non fore necessarium arcem armare inter amicos. Aedificata autem domo omnes Argoviæ proceres et nobiles convocavit et præfectos regionis, dicens eis, quod fratrem suum de Argentina vocare vellet ad dedi-

a. aut, S. — b. prodigalitate, S. — c. autem, S. — d. charum, S. — e. prosilit, G. u. S. — f. „in" fehlt bei G.

[1] Prov. 19, 4. Opes multos parant amicos. F. scheint indessen eine andere Stelle im Sinne zu haben.

candam[a] domum et ordinandum dominium, et quod hoc sui desiderii esset, ut fratri venienti nemo occurreret, sed sine honorem eum in castrum ascendere sinerent; sed eo in castro jam exsistente cuncti nobiles et præfecti cum omni bellico apparatu per gyrum arcis tanquam burgum expugnaturi convenirent; sed et nobilium uxores et filiæ in curribus et equis cum ornamentis adducerentur[b], pro quibus tentoria et coquinæ erigerentur, et omnis patria concurreret petivit. Et sicut voluit, ita factum est. Cum enim frater eius cum famulis venisset, G. p. 125. ascendit in domum Habspurg et, videns immunitam || et parvam, iram dissimulavit mirabaturque de tantarum pecuniarum distractione et non sine vecordia et verecundia ibi fuit. Eadem nocte nobiles terræ cum exercitibus suis arcem vallaverunt, et tanta multitudo hominum ad locum confluxit, quanta non est visa simul in illa regione. Cumque frater domini castellani de obsidione miraretur, quia mysterium ignorabat, cœpit hæsitare de fratris sui fidelitate, timens se tradi[c] in populorum manus per fratrem, quia videbat fratrem non pavere nec burgum munitum esse[d] contra tam fortissimos exercitus. Considerans autem dominus castellanus fratris angustias, duxit eum ad mœnia contra populum respicientia dicens: Ecce domine frater, si ædificassem castrum grande cum munitissima arce, putatisne, an contra hanc multitudinem eam diutius valerem tenere? Sed nunc exilem burgum erexi et cum pecunia mihi data omnem hanc multitudinem et hæc fortissima agmina in nostram amicitiam, favorem et servitia emi. Sunt enim hæc agmina huc collecta pro nostro honore et huius domus dedicatione; quam si multis pecuniis fortiorem, speciosiorem fecissem, splendidos istos exercitus nequaquam in nostra obsequia haberem. Nunc ergo, domine frater, descendamus, et videbitis[e] me munitissimum ædificasse castrum, optimis et robustissimis viris vallatum, indissolubili amicitia munitum. Eductus ergo frater cum tanta gloria, gaudio et triumpho susceptus est[f] et tanto honore, quantum in vita sua non vidit. Manse-

---

a. dedicandum, G. u. S. — b. adducerent, S. — c. traditum, S. — d. esse om., S. — e. videbitur, S. — f. eductum ergo fratrem — — suscepit, S.

runt ergo exercitus ibi per dies aliquot[a] et adducebantur undique victualia, et cum ingenti sollemnitate domus Habspurg fuit dedicata et inter nobilia castra et comitatus connumerata. Sed et ipsum nomen ingenuæ generationi illi attributum est. Nam antea quoddam Italicum, Romanum habebat[b] vocabulum; estque domus Habspurgensium ab universo exercitu declarata et relata in nobilissimorum numerum comitum totius Germaniæ. Profecit autem in dies comitatus Habspurg, et per connubia comitum vicina dominia ei adjuncta sunt[c], inter quæ etiam vetustissimus et nobilissimus comitatus Kiburgensis eis comitibus cessit. Unde co || mites de Kiburg derelicto comi- G. p. [illegible]
tatu sui nominis transmigraverunt in comitatum Tunensem ibique habitaverunt usque ad nostra tempora, Kiburg comitibus de Habspurg relinquentes.[15] Habebant etiam comites de Habspurg in suo comitatu vallem Artam, habitationem Svitensium sive Svicerorum, peregrini populi, ad quorum repressionem dicti comites plurimum laborabant, ne finitimorum loca turbarent. Faciles enim erant loca et agros vicinorum invadere, utpote a sanguine et conditionibus ac moribus[d] vicinorum alieni et extranei, quos Carolus magnus in illam intrusit regionem hoc modo.

---

a. per dies al., S. — b. habebant, S. — c. ei sunt juncta, S. — d. ac cond. et mor., S.

[15] Es spricht für F.'s im Ganzen doch engen Gesichtskreis und für seine ziemlich beschränkten Kenntnisse, wenn er, von dem Namen sich verleiten lassend, das (Habsburgische) Haus Kiburg jüngere Linie von den alten Kiburgern abstammen lässt. Der Ausdruck „ibique habitaverunt usque ad nostra tempora" von F. gebraucht, muss uns auffallen; beinahe wäre man versucht, ihn einer von F. benutzten Vorlage zuzuschreiben; allein das ist durchaus unwahrscheinlich, weil F. sonst von den Schicksalen des Hauses genauer unterrichtet sein müsste, als es der Fall ist. Er erzählt nämlich in Cap. 15 den Brudermord, den Uebergang von Burgdorf und Thun an Bern und das Ende des Hauses im Zusammenhang der Ereignisse des Jahres 1415 — Beweis, wie sehr ihm die richtige chronologische Vorstellung hierüber abgeht. Wenn aber F. dergestalt die bewussten Ereignisse in das 15. Jahrhundert herüberzieht, so dürfen wir „ad nostra temp." zwar nicht im Sinne strenger Zeitgenossenschaft, wohl aber als Bezeichnung einer der seinigen ziemlich nahe liegenden Zeit auffassen.

806. Anno Domini 806, cum magnificus Carolus Saxones vi belli ad Christi fidem induxisset, illi Saxones Transalbini[a], qui in Chersoneso[b] Cimbrica residebant, rejecta fide post abscessum Caroli in pristinos relapsi sunt errores, quos dum piissimus imperator semel, bis, ter, quater reduxisset, et semper recidivarent, omnem gentem illam cum uxoribus et parvulis per diversas Germaniæ et Galliæ partes in exsilium[c] misit. De quibus grandem accepit numerum eosque trans Rhenum ad montana duxit et inter Alpes in vallem, quæ Arta dicitur a villa Arta in faucibus vallis sita, collocavit, ut eam vallem, quæ adhuc deserta erat, colerent et meabilem facerent, quatenus[d] visitare Romam volentes aut Italiam vel Lombardiam, per vallem illam transire possent. Exigente autem imperatore ab eis juramentum de fidelitate et constantia in fide et in imperii servitute, responderunt: Servi tui sumus, o imperator, et majestati tuæ serviemus et in hac valle mundanda laborabimus usque ad sudorem sanguineum. Hoc sic præstito juramento dixit imperator: Ecce tria juramentum vestrum implicat vel includit; primum, quod imperio servabitis stabilem servitutem; secundum, quod in valle hac mundanda in labore sudabitis; tertium, quod sanguine[e] sudabitis. Ut ergo memores illius juramenti in perpetuum sitis, do vobis tria in præsentiarum singularia præ cunctis generibus. Pro primo articulo juramenti vestri do vobis, ut nuncupemini Confœderati, scilicet imperio, ut in ipso vestro nomine sponsionis vestræ memores
G. p. 197. sitis. Ideo etiam || in Teutonico nominantur Eidgnoßen[f]. Pro secundo articulo aliud impertior[g] vobis nomen. Quia enim promisistis in labore desudationem, hinc nomen vestrum erit et dicemini Switzers[h], id est sudantes, quos Latini nominant Svitenses, Italici Sviceros, Teutonici Switzer. Unde statim villam in valle[i] ædificantes, ipsam Switz nominaverunt. Pro tertio articulo, quia pro intenso labore jurastis vos sudare sanguine, do vobis vexillum sanguineum nullo alio signo aut

a. Transalpini, G. u. S. — b. Cheroneso, G. — c. exil., G. u. S. — d. quatinus, G. — e. sanguineum, G. — f. Eydg., G., Aidg., S. — g. impartior, S. — h. Suitzer, G. (in den folg. Zeilen jedoch Sw.), Schweitzer, S. — i. in valle villam, S.

colore ornatum. Et hæc tria usque hodie apud eos manent. Sic ergo Sviceri[a], finibus nostris intrusi, ab omnibus finitimis differunt moribus et lingua, quamvis ob temporis longævitatem sint Svevis Alsatisque facti satis conformes.[**]

Cum ergo Sviceris, ut dixi, comites de Habspurg multos habuere labores ad reprimendum eorum insolentias. Primus comes, quem de ista ingenua familia nominatim expressum repperi, fuit dominus Albertus, pater Rudolfi Romanorum regis. Hic Albertus erat homo imperterritus et bellicosus. Unde communitas Argentinensis, dum a Gallis vexaretur, accepit dictum Albertum in capitaneum et vexilliferum, et multa gloriosa gessit bella.[**] Hic filium habuit Rudolfum, quasi alte-

---

a. Bei G. lautet die latinisirte Form des Namens Switzeri oder Swiceri. S. hat stets Suiceri.

[**] Zum ersten Mal tritt uns in der vorliegenden Erzählung von dem Ursprung und Herkommen der Schwizer die Benutzung eines Werkes entgegen, das nicht nur für die Auswahl des Stoffes, sondern überhaupt für F.'s ganze Anschauungsweise ausserordentlich massgebend gewesen ist: der „dialogus de nobilitate et rusticitate" des Zürcher Chorherrn Felix Hemmerlin, jenes erbitterten Gegners und Widersachers der Schwizer und literarischen Vorkämpfers Zürichs in der Zeit des alten Zürichkrieges. Die berührte Erzählung (Hemm. fol. 130 a./b.) darf natürlich nicht anders als eine Ausgeburt beissendsten Spottes und schärfster Verhöhnung aufgefasst werden; F. nimmt indess durchaus keinen Anstoss, sie als wahr und richtig in seine Darstellung aufzunehmen. Er scheint sich allerdings hier und in der früher erwähnten Stelle, wo er sich über die Ausdehnung Schwabens bis zu den Alpen verbreitet, zu widersprechen. Der scheinbare Widerspruch löst sich aber, wenn wir den verschiedenen Gebrauch des Namens „Sviceri" beobachten. F. betrachtet die Bewohner der Eidgenossenschaft durchaus als Schwaben. Nur die Leute des Thales Arth sind Sachsen, die, ursprünglich in Sprache und Sitten von ihren Nachbarn, d. h. also auch von den andern Eidgenossen ganz verschieden, sich im Verlauf der Zeit denselben assimilirten und ihnen dann ihren Namen gaben. Allerdings spricht F. ja auch von der Ableitung des Namens Sviceri oder Svitenses von Svevi, allein er bezeichnet dieselbe ausdrücklich nur als eine „opinio" (p. 129).

[**] Den Namen Albrecht als den des ersten ihm bekannten Habsburgers hat F. wohl aus den Zürcher Chroniken, Kling. p. 25. „. . . . ruodolff . . graff albrechts sun von habspurg, der ain lantgraff was zuo ober elsass". Vgl. Eberh. Müller, p. 58. Aus dem Landgrafen im Ober-Elsass wird dann mit

rum Carolum magnum, cuius strenuitate[a] tota illa Habspurgensium domus in altum valde sublimata est usque in præsens. Erat enim vir totus virtuosus, cui nihil videbatur deesse ad excellentiam laudis. Robustissimo quippe et pulchro corpore fuit. Sed et consilii magnique animi ac egregia liberalitate exstitit decoratus. Unde de eo recitatur, quod, dum quodam tempore grassaretur ingens in Argovia pestis et in toto comitatu Habspurgensium, plebanus cuiusdam villæ, evocatus ad aliam suæ parrochiæ[b] villam cum sacramento, æditulo præcedente cum nola et lucerna transivit. Necesse autem erat cum sacramento transire quandam ripam, quæ solito magis inundabat.[c] Cumque sacerdos cum sacramento nunc huc, nunc illuc transiret ad quærendum locum aptum transvadationis, casu venit solus in equo dominus comes Rudolfus. Qui, videns
G. p. 1[illegible]. sacramentum, prosiluit de equo et adoravit. Depost interrogaret sacerdotem, quare non equitaret propter longitudinem viæ et propter flumen. Cui cum se miserum beneficium habere dixisset, mox statim sacerdoti equum dedit, promittens ei, quod in tantum adderet beneficio suo, quo deinceps ipse et æditulus haberent equitaturam ad infirmos. Promisit autem et promissum servavit.[16]

---

a. strennitate, G. — b. paroch., S. — c. mundabat, G.

Verschmelzung des Auftretens seines Sohnes Rudolf im Elsass der „capitaneus et vexilliferus“ entstanden sein, dessen Strassburg bedurfte, „dum a Gallis vexaretur.“

[16] Die Erzählung basirt auf irgend einer der vielen Redactionen der Zürcher Chroniken, die unter sich selbst nicht unerhebliche Abweichungen aufweisen. Einzelne von F. mitgetheilte Züge werden auch wohl mündlicher Tradition entstammen. Als Abweichungen von Müller, Kling. und Häpli sind zu registriren 1. die im Argau grassirende Pest; 2. der „æditnus“; 3. der angeschwollene Bach, längs dessen der Priester auf und nieder geht, um eine zum Durchwaten geeignete Stelle zu suchen, während nach den drei genannten Chroniken der Priester einfach den kürzesten Weg eingeschlagen hat und, da derselbe eben nicht über eine Brücke führt, sich kurzer Hand zum Durchwaten anschickt; 4. die ausdrückliche Nennung Rudolfs, der allein reitet, während dort nur von einem jungen Grafen von Habsburg und seinen Dienern die Rede ist; 5. Rudolf gibt dem Priester das Pferd (d. h. wohl nur

Anno Domini 1273, cum imperium a tempore Friderici secundi regem non habuisset, convenerunt principes electores Friburgæ et de eligendo rege Romanorum tractaverunt. Erat autem tunc proverbium vulgi et publice in quodam carmine cantabatur: „Aquila imperii quiescet in nido leonis". Hoc proverbium multi interpretabantur de ducibus Bavariæ, qui leones ferunt in armis, quod esset aliquis eorum imperator futurus.[41] Alii de comitibus de Habspurg intelligebant, qui leonem igneum in aureo ferebant campo, quia tunc dictus Rudolfus singularis famæ erat. Cum ergo electores rem ad manus acciperent, præ omnibus nobilibus comes de Habspurg nominabatur, et vulgus omnis pro eo clamabat. Singulariter tamen principalis elector, dominus Moguntinus, totus pro eo fuit et omnibus modis in eius electionem aspirabat, quia familiarissimi sibi invicem erant. Quæ familiaritas ita contracta fuit. In conventu minorum Lucernæ[a] erat guardianus[b] frater, quem dominus Rudolfus certis temporibus ad se in Habspurg vocabat, eique confessionem suam facere solebat; sic et uxor et tota familia. Post hoc dominus Rudolfus, viro confidens, ipsum, scilicet guar- 1273.

---

a. Lucerie, G., Lucernie, S. — b. guard., G.

zum temporären Gebrauch, vom Schenken wird nichts erwähnt) und verspricht ihm Aufbesserung seiner Pfründe, während dort der Graf das Pferd nicht mehr zurücknehmen will. Eine andere Fassung der Erzählung geben zwei Codd. der St. Galler Stiftsbibliothek, Nr. 631 u. 657. Rudolf, der also dort genannt ist, und ein anderer Herr treffen den Priester auf freiem Feld; Rudolf gibt dem Priester sein Pferd, der Begleiter das seinige dem Sigrist u. s. w., vgl. Kling, p. 24. Die gleiche Version findet sich in zwei Handschriften der Zürcher Stadtbibliothek. Weitere Redactionen dieser Erzählung scheinen in den verschiedenen Handschriften der Zürcher Chroniken nicht vorzukommen. Gregor Hagen, der die Erzählung ebenfalls bringt (Pez, script. rer. Austr. I, p. 1081) und dem F. sie ja auch hätte entnehmen können, geht nicht über die Zürcher Chroniken hinaus. Was in F.'s Erzählung mit den beiden Versionen nicht übereinstimmt, können wir unbedenklich auf Rechnung der mündlichen Ueberlieferung setzen, die ja gerade in der Zeit, da F. seine Oesterreichische Gesinnung in sich aufnahm, lebhafter als je gewesen sein muss.

[41] Nach Gregor Hagen (Pez, script. rer. Austr. I, p. 1083) wurde die Prophezeiung auch auf Böhmen bezogen.

dianum, præfecit curiæ suæ, quam habebat in civitate Basiliensi, quæ hodie est prope veterem portam ante conventum prædicatorum. Contigit autem, ut moreretur episcopus Basiliensis, et electores canonici in electione discordarent. Post longam autem disceptationem, cum omnino in regulari electione concordare non possent, concorditer illam viam elegerunt, ut mitterentur tres canonici ad conventum Fratrum Minorum, qui primum fratrem clericum, eis occurrentem, raperent et adducerent, et illum pro ipso vero episcopo habere vellent.
G. p. 129. Missi ergo tres ad || Minores importune ad portam pulsabant. Casu autem dictus guardianus Lucernensis[a] in ambitu deambulabat et, audiens importunam portæ percussionem, ocius occurrit et ostio reserato[b] in manus canonicorum venit, qui statim virum rapientes, ipsum in capitulum[c] canonicorum traxerunt, et factus est episcopus Basiliensis causasque domini comitis Rudolfi fideliter fovit, qui cum Basiliensibus tunc in contrarietate stetit magna. Creditam autem diœcesim[d] ita bene rexit, ut mortuo archiepiscopo Moguntinensi concorditer ab omnibus eligeretur sicque archiepiscopus Moguntinus factus, ex continenti[e] elector imperii fuit. Et ideo in illa electione ipsum comitem de Habspurg, quem ex intimis cognoscebat virum probum et imperio dignum, promovit.[48] Aderat etiam eligentibus venerabilis vir dominus Albertus Magnus, episcopus Ratisbonensis[f], ordinis Prædicatorum, qui ea tempestate in humanis erat; et propter eius excellentiam in omni re scibili et propter vitæ sanctitatem multa grandia a regibus et principibus suo committebantur judicio. Hic clarissimus magister inspectis condicionibus et corporalibus comitis dispositionibus omnibus modis judicabat eum esse eligendum et efficacissime id fieri principibus suadebat.[49] Denique omnes quasi Alaman-

a. Lucerinensis, G. u. S. — b. reservato, S. — c. capitolium, S. — d. diocesim, G. — e. ex consequenti, S. — f. Ratisponensi, G.

[48] Grundlage der Erzählung ist Hemm. fol. 42 a/43 b.

[49] Ich finde nicht, dass Albertus Magnus, der übrigens damals schon nicht mehr Bischof von Regensburg war, bei der Wahl zugegen gewesen sei. Weder die Annales Colmar. noch das Chron. Colm., beides Aufzeichnungen von Dominicanern, berichten hierüber etwas. In Anbetracht der

niæ episcopi non vocati ad locum electionis venerunt, ut pro Rudolfo de Habspurg clamorem extollerent ad electores. Sed inter omnes prælati monasteria in dominio Habspurgensium habentes et possessiones importunius acclamabant eligendum Rudolfum ecclesiarum tutorem, cleri protectorem, monasteriorum provisorem et totius populi Christiani dignissimum imperatorem. Nam eius tempore Sviceri rustici plurimum monasteria molestare cœperunt, et grandia sacrilegia commissa sunt per eos, quorum insolentias comes insignis pœnis condignis repressit et humiliavit.[40] Cumque unanimi ille voce omnium ad imperium peteretur, domini electores ipsum, licet absentem, non tamen longe distantem, elegerunt. Eo enim tempore cum civitate Basiliensi guerras habuit et de facto cum exercitu nobilium et Svicerorum Basileam obse || dit et G. p. 151
valde artavit.[b] Sed dum nuntii solemnes ab electoribus ad eum missi essent, et suæ electionis nova audivisset, furorem remisit et compositionem pacis[c] cum Basiliensibus acceptavit et obsidionem solvit.[41] Quantum autem gaudium fuerit in tota Germania, quis exprimere queat! Sed et in aliis regnis fama magnifici Rudolfi divulgata erat, propter quam et reges procul existentes eum imperatorem fieri optabant, demptis regibus Angliæ et Bohemiæ, qui miris machinationibus conabantur eius impedire electionem. Electus autem in regem, tradita

---

a. in, G. — b. arctavit, S. — c. pac. comp., S.

so höchst bedeutsamen Stellung, die A. im Prediger Orden einnahm, darf man sich übrigens nicht verwundern, wenn sich die Tradition auch in dieser Richtung seiner bemächtigte.

[40] F. spielt hier wohl auf den von Hemm. fol. 131 a erzählten Ueberfall des Klosters Einsideln durch die Schwizer an. H. setzt denselben zwar ganz richtig in das Jahr 1314; allein bei der Art, wie F. arbeitet, ist deshalb die Annahme doch keineswegs auszuschliessen, dass hier jenes Ereigniss ins Auge gefasst sei.

[41] Kling. p. 25. Dass im Heere Rudolf's sich auch Schwizer befanden, scheint F. eher von sich hinzugefügt, als in einer Vorlage gefunden zu haben; immerhin ist ihre Anwesenheit vor Basel nicht unmöglich, da gerade 1273 die jüngere habsburgische Linie ihre Besitzungen und Rechte in Schwiz und den Waldstätten an die ältere abtrat. Vielleicht aber haben wir nur eine Verwechslung mit dem Zug der Schwizer nach Burgund (1289) anzunehmen.

sunt ei insignia imperialia cum imperii reliquiis, quæ omnia transtulit in castrum suum Kiburg, ubi hodie capsa bene ferrata est, in qua aliquamdiu conclusa manserunt.[41] Unde incolæ illius comitatus eandem capsam visitant et capita imponunt ægra dicuntque sanata[a] Dei virtute fieri. Factus autem rex Romanorum, impleta fuit vulgi prophetia, quæ dicebatur et cantabatur communi carmine, quod „Aquila imperii requiescet in nido leonis". Unde post electionem eius quidam de anno electionis eius hæc composuit metra versu:

Bis sexcentos septuaginta tres noto[b] Christi
Annos, electus dum rex Rudolfe fuisti.

Et de armis suis dixit idem metrista:

Tu comes in clipeo taleras insigne leonis,
Quem velut ad prædam distento corpore ponis;
Sed rex fers aquilam, quæ transvolat omnia, claris
Signans indiciis, quod tu cunctis dominaris.[42]

Reppeři autem duplicia arma comitum de Habspurg. Prima clipeus, cuius superficies est divisa duobus coloribus, albo scilicet et rubeo; pars dextra tota est alba, sinistra rubra. Et in isto sic colorato campo stat unus igneus iracundus leo. Sic hodie reperiuntur arma illa in Argovia in ecclesiis et vitreis fenestris, quas ædificaverunt, et in sculptis lapidibus ubique in illis locis.[43] Alia arma sunt clipeus auro campo sive superficie ornatus et in eo leo igneus per[c] transversum erectus,

---

a. sana, S. — b. nato, S. — c. per fehlt bei S.

[41] Wir haben keinen Grund, die Nachricht, die sich an die Kiburger Localtradition anknüpft, in Zweifel zu ziehen.

[42] Die Verse stammen ursprünglich aus einem Lobgedicht des Zürcher Cantors Konrad von Mure auf Rudolf, vgl. Fridol. Kopp, Vindiciæ actorum Murensium p. 312/313, und gelangten durch die Zürcher Chroniken, Kling. p. 25 und 32, zur Kenntniss Fabris. Die beiden ersteren finden sich auch bei Hemmerlin fol. 43 a.

[43] Wo F. dieses Wappen aufgegriffen hat, vermag ich nicht zu sagen. So viel ist sicher, dass die Habsburger ein solches Wappen nie geführt haben. Ebensowenig kommt es, soviel ich finden kann, einem andern oberländischen Geschlechte zu.

tamquam prædam attrectu || rus. Porro post Rudolfi electionem aquila illa fortis et grandis leonem de cubili suo eduxit eique ducatus, principatus, marchionatus, comitatus, baronatus, regna et regiones in prædam condivisit, quia per Rudolfi imperium domus Habspurgensium magna conquisivit dominia, ut sequentia declarabunt. Quo factum est, ut et nomen et arma sua primævæ originis in melius sint transmutata. Facti enim sunt post Rudolfi regis electionem ex comitibus de Habspurg archiduces, duces et principes et nobilissimorum comitatuum comites et marchiones et demum diversorum regnorum potentissimi reges et Romanorum reges et imperatores et regum omnium totius Christianitatis etiam in extremis terris consanguinei et affines; nec inter illustrissimos computantur, nisi aliqua attinentia huic Habspurgensium generoso trunco inserti fuerint. Et hæc omnia demonstrat dies hæc. Idcirco mutata sunt illorum comitum arma et nomina, et dicuntur nunc archiduces[a] Austriæ, cuius ducatus antiqua et vetera ferunt arma, quia in eo primo ducalis dignitatis ascenderunt vestigia. G. p. 128.

Wappen der Herzöge von Oesterreich und Entstehung desselben. König Rudolf und Papst Gregor IX., Rudolf und Ottokar von Böhmen. Fabelhafte Geschichte des Landes Oesterreich. Ottokars Ende. Rudolfs Vernachlässigung der Kirche. Wirksamkeit im Reiche. R.'s Tod im Jahr 1292(?).

Adolf von Nassau.

Wahl Albrechts. Anstände und Aussöhnung mit Bonifaz VIII. Dieser weist ihm Frankreich, Savoyen und Böhmen zu.

Misit autem (Albertus) fratrem suum Hartmannum cum armato exercitu in Sabaudiam, qui bellis eam cepit. Inde autem victor lætus rediens cum militibus ad Rhenum venit prope Rinouv[b] sub Schafhusen, volens navicula flumen transire. Ut autem in medium venit, rapitur vi fluminis[c] navicula et petris illisa protinus mergitur, et dux, frater regis, cum suis[d] pereunt, et planctus magnus super eum fit. Est enim Rhenus juxta illa loca rapidissimus et petris ac scopulis plenus.[43] G. p. 129.

---

a. dic. autem arch., S. — b. Rinaw, S. — c. in flumen, G. — d. cum sociis, S.

[43] Eigenthümlich ist die Erwähnung des Todes Hartmanns in diesem Zusammenhange. Die Züricher Chroniken, Müller p. 60, Kling. p. 33, setzen

Missglückter Zug des Königs gegen Böhmen.

Post hoc paravit Albertus rex secundam profectionem in Boemiam, et dum jam educere exercitum vellet de Svevia, occisus fuit a filio fratris sui modo, qui sequitur.

Dum enim frater regis Rudolfus[a] moreretur, suscepit rex filium eius Johannem in tutelam et hereditatem eius paternam possedit, quo usque puer adoleret; nam ad eum Ergovia[b] hereditario jure pertinebat, quam rex cum suis bonis regebat. Cum ergo rex in Bohemiam[c] proficisci vellet, instigabant nobiles armigeri juvenem Johannem ducem, vix duodecim annos habentem,

---

a. R. nomine, S. — b. Ergowia, G. u. S. — c. Boemia, G.

das Ereigniss in das Jahr 1276; das ist indessen unrichtig, wahrscheinlich haben wir das Jahr 1281 als Todesjahr anzunehmen; vgl. Kopp, Gesch. der eidg. Bünde I, p. 383, Anm. 7 und Kling. l. c., Anm. Wie so kommt aber F. dazu, den Tod H.'s in die Regierungszeit seines Bruders Albrecht anzusetzen? und woher hat er die Notiz? Jedenfalls nicht ausschliesslich aus den Zürcher Chroniken und ebenso wenig aus Gregor Hagen, der p. 1084 gar keine Jahreszahl gibt. Unter den von F. sehr ausführlich benutzten Quellen befindet sich (wie wir im folgenden Cap. sehen werden) das Werk des Heinrich Truchsess (Heinricus Dapifer) von Diessenhofen, das eine Fortsetzung der „Libri XXIV ecclesiasticæ historiæ novæ“ des Dominicaner Mönches Ptolemæus de Fiadonibus aus Lucca zu bilden bestimmt war. Vgl. Böhmer, Fontes IV, p. XIII u. XVII. Durch Heinrich von Diessenhofen wurde F. wohl auf Ptolemæus selbst hingewiesen; denn wahrscheinlich ist letzterem die fragliche Notiz entnommen. Ptol. berichtet, allerdings mit bestimmter Ansetzung des Vorfalles in das Jahr 1276 (Muratori rer. Ital. script. XI, p. 1174): „Hartmanus, tertiogenitus filius Rudolphi regis Alamanniæ, Rhenum fluvium transiens, casuali submergitur infortunio. Rediens enim de bello victorioso contra comitem Sabaudiæ, cum suis militibus quodam incedebat tripudio. Cumque sic solatiaretur[a] in barca, mersa est hæc in fluvio contra quamdam voraginem alvei“ u. s. w. In einigen Handschriften des Ptol. folgt nun unmittelbar auf die angezogene Stelle die Erzählung vom Tode Albrechts und der Gründung des Klosters Königsfelden. Es ist sehr wohl denkbar, dass F., dem, wie wir aus anderm Zusammenhange wissen (Gold. p. 120/122), italienische Geschichtschreiber nicht unbekannt waren, durch die bewusste Aufeinanderfolge sich hat verleiten lassen, mit Ausserachtlassung der von Ptol. beigefügten Jahreszahl 1276 das Ereigniss in die Zeit vor Albrechts Ermordung zu versetzen. Der Name der Unglücksstätte konnte dann leicht aus anderer Quelle, z. B. aus den Zürcher Chroniken, ergänzt werden.

a. Solatiari = animum relaxare, se divertir (Du Cange).

ut a patruo rege portionem suæ hereditatis exigeret et sibi dominium in paternis bonis habere sineret. Quod cum Juvenis, ut edoctus fuerat, importunius a rege peteret, miratus rex importunitatem pueri, eum derisit, nolens illa vice condescendere. Juvenis autem educto pugione in patruum trusit sicque regem interfecit non longe a Brugga, oppido prope Ararim et Rusam fluvios. Illico autem perpetrato || latrocinio et consilio G. p. 140.
diaboli consummato illi, qui Juvenem hoc facere jusserunt, fugerunt et ducem juvenem solum reliquerunt. Qui, videns se ab omnibus derelictum, assumens adstantem sibi paris formæ juvenculum, velociter abiit et extra terras in locis alienis exsulavit[66] usque ad decrepitam ætatem ad sexaginta annos. Porro relicta uxor occisi regis domina Elisabeth[a], filia comitis de Tiroli[b], in loco interfectionis viri sui incepit construere monasterium monialium et altare summum in eo loco posuit, in quo rex exspiravit. Interea rex Hungariæ[c] etiam obiit, cuius uxor domina Agnes, prædicti regis Alberti filia, in patriam propriam reversa, in constructione monasterii prædicti coadjutrix fuit, sicque in viduitate sancta ambæ manserunt et moniales sanctæ Claræ in constructum monasterium posuerunt et pro se ipsis habitacula annexa ædificaverunt. Sed et pro duodecim fratribus minoribus locum ædificaverunt juxta monasterium et tam pro sororibus, quam pro fratribus provisionem copiosam in temporalibus fecerunt. Fundatio monasterii illius facta fuit anno Domini 1308, in loco interfectionis regis in campo, qui 1308.
dicitur Campus Regis, vulgariter „Königsfeld“[d], sub castro Habspurg, ubi hodie serviunt Deo.[67] Insuper prædicta domina Agnes,

---

a. Elisabeth, G. — b. Tyrols, G., Tyrolo, S., die Schreibart mit y ist durchgehends. — c. Ung. S. — d. Kingsf. G.

[66] Die Erzählung findet sich, theilweise wörtlich, bei Hemm. fol. 95 b, aus dem F. auch die irrige Angabe über das Alter Johanns schöpft.

[67] F. berichtet hier verschiedentliche Ungenauigkeiten. Wohl betrieb Elisabeth seit dem Jahr 1308 unablässig die Errichtung des Klosters, die Gründung fand indessen erst 1311 statt. Elisabeth starb 1313, bevor sie ihren Vorsatz, selbst in das Kloster einzutreten, hatte durchführen können. Die Zahl der Minderbrüder betrug ursprünglich nur 6, erst später wurde sie in Folge von verschiedenen Stiftungen auf 12 vermehrt. Vgl. Denkmäler des Hauses Habsburg in der Schweiz: III. Das Kloster Königsfelden.

regina Hungariæ, sub castro Kiburg prope oppidum Wintertur[a] ædificavit aliud grande monasterium monialium ordinis Prædicatorum super ripam Tœss, a quo etiam monasterium nomen habet et Tœss dicitur; et ipsum monasterium multis divitiis ditavit, in quo usque hodie ancillæ Christi manent.[1] In ipso etiam castro Kiburg capellam pulchram ædificavit in honore depositionis Dominici corporis de cruce, ad quam nonnunquam de longinquis partibus peregrinantur homines pro veneratione crucis, sicut sæpe vidi, me moram in castro trahente. In lapide superiori ostii, qui est supra caput capellam ingredientis, est sculptus clipeus cum insigniis regni Hungariæ. Hanc capellam construxit propter imperiales reliquias, quæ hodie Nurembergæ conservantur, quæ tunc in Kiburg servabantur tanquam in loco tutissimo. Est enim castrum valde firmum et pulchrum et ab ‖ anteriori parte, vallo intermedio, habet oppidum, quod G. p. 141 tamen jam est destructum et est villula. Fossata tamen oppidi et murorum ruinæ adhuc cernuntur, immo[b] in collibus adjacentibus gentilitatis vestigia in nominibus relucent. Quidam collis sub castro dicitur Marsegg, id est Cornu Martis, quia aliquando Mars, deus belli, ibi cultus fuisset. Aliud cornu dicitur Sternegg, Cornu Stellarum, eadem ratione. Dicunt etiam mulieres, quod sæpe audivi, quod ab eo tempore, quo veri domini castri a castro recesserunt, nulla femina in eo genuit, nisi cum aliquo singulari periculo, et quod pueri in eo nati statim ante annos pubertatis moriuntur. Dicunt adhuc aliud, quod etiam ego ipse vidi[c]: quod tempore futurorum bellorum in comitatu apparent signa evidentia supra castrum per ignem. 1461. (1460.) Nam eo tempore, anno scilicet Domini 1461, quando Confœderati[d] sive Sviceri oppidum Wintertur obsessuri erant, antequam venirent, viderunt omnes, qui in castro erant et extra in villula, culmina turrium et fortaliciorum sine humana in-

a. Wistlertur, G., Winterthur, S. — b. imo, G. u. S. — c. Dis. adh. etiam al., quod ego l. v., S. — d. confoderati, G. wie immer.

[1] Agnes ist keineswegs Erbauerin des Dominicanerinnenklosters Töss, das 1233 gegründet und von den Kiburgern sehr gehegt wurde; wohl aber beschenkte sie es reich.

censione ardere et flammare sine consumptione culminum. Et hodie plures viventes nosco, qui hoc viderunt.[49]

Digressus sum paululum a proposito, sed nunc redeo. Igitur cum Albertus rex sic esset a nepote suo Johanne interfectus, abiit Johannes vagus et profugus, timens filios patrui sui et regni principes. Multos enim filios et filias dereliquit Albertus. Sed quo Johannes pervenerit, nemo experiri potuit, et tamen exacta diligentia quæsitus fuit multo tempore. Porro depost ad septuaginta vel citra[a] spatium annorum venit quidam de longinquo, ut aspectus docebat, homo venerabilis et prope juxta Campum[b] Regis ædificato sibi tugurio mansit, in eo ducens honestam vitam solitariam. Hunc sæpe moniales vocantes ad se propter honestam suam conversationem, et inter alia interrogabant eum de casu prædicto, et scivit omnia, sicut prædictum est, et nomina eorum, qui juvenem

---

a. sept. annos vel circiter, S. — b. caput, S.

[49] Der Aufbewahrung der Reichskleinodien auf Kiburg ist schon oben p. 148 gedacht worden. Ueber die völlige Glaubwürdigkeit dieser Nachricht siehe Denkmäler des Hauses Habsburg in der Schweiz: II. Geschichte und Beschreibung der Burg Kiburg p. 42 u. 44. Marsegg heisst ein Punkt auf dem von der nordwestlichen Ecke des Kiburger Plateau's gegen das Tössthal sich hinabziehenden Grat, auf dem noch heute Ruinen sichtbar sein sollen. Der andere Name Sternegg scheint nicht mehr erhalten zu sein. Was über jenes Erscheinen von Anzeichen bevorstehender Kriegszeit gesagt wird, ist ungenau. Worauf beziehen sich jene Worte „quod etiam ego ipse vidi"? Auf das S. Elmsfeuer in der Zeit vor der Belagerung von Winterthur im Jahr 1460 (nicht 1461 wie F. angibt)? Dem widerspricht der Umstand, dass F. nicht direct aussagt, Augenzeuge gewesen zu sein, sondern nur versichert, Augenzeugen zu kennen. Zudem befand er sich schon Mitte der Fünfzigerjahre im Dominicanerkloster zu Basel. Einen zufälligen, vorübergehenden Aufenthalt auf Kiburg im Jahre 1460, der ja nicht ungedenkbar wäre, hätte er wohl ausdrücklich erwähnt. Oder sah er ein solches Vorzeichen während des alten Zürichkrieges? Allein bis zum Friedensschluss hielt er sich ja in Diessenhofen auf. Am liebsten möchte ich deshalb, da die Autopsie zweifelhaft ist, „vidi" durch „audivi" ersetzen, das sich ja auch in Z. 22 findet, das „etiam", das S. folgerichtig versetzt hat, da es bei „vidi" keinen Sinn hat, erhält bei der Wiederaufnahme des Begriffes „audire" erst seine rechte Bedeutung.

seduxerant, et acta veteranorum. Unde suspicio multis erat, quod ipse esset dux Johannes, cum et ipse Johannes vocaretur et staturæ legalitas virum eum nobilem esse demonstraret et morum affabilitas. Sed quo || ties interrogatus fuit, an ipse
G. p. 142. idem esset, curialiter dissimulavit. Tandem cum omnino decrepitus esset, receperunt eum intra monasterium, curam eius agentes. Cum autem transiturum in proximo se sentiret, facta confessione et sacramentis receptis palam verbis et signis cum multo gemitu et lacrimis[a] ostendit Johannem ducem se esse, nec post hoc verbum locutus est, sed obiit in Kōnigsfeld sepultus.

Statim autem occiso Alberto et in Spira sepulto condicio ducum Austriæ vel comitum de Habspurg peiorata est in eisdem regionibus et multiplicata sunt mala in terra illa de die in diem. Nam illud[b] primum inter quattuor, per quæ secundum Salomonem proverb. 3. movetur et turbatur terra, post mortem Alberti mox incepit: quia Svicери, servi dominorum de Habspurg, tunc regnare cœperunt et passim nobiles exstirpare et sibi dominium vindicare et confœderationes firmare. Huius autem contradictionis initium et ortum contra principes sic dicunt fuisse. Nam comes de Habspurg, naturalis dominus Svicerorum, in valle Arta et in quodam castro Lowerz[c] nomine suo loco posuit castellanum et vallis dictæ gubernatorem, quem duo Sviceri interemerunt pro eo, quod suspectum eum habebant, quod eorum sororem violasset. Quos cum comes punire vellet, quia sine evidentia facti[d] castellanum interfecissent, punientibus resistere deliberabant. Quibus sic in contumacia stantibus alii duo Svitenses eis adjuncti sunt, [e] contra dominum suum parati stare, hinc illis alii decem; conjurationem fecerunt velle potius mori quam puniri primos duos. Sicque crescente tumultu omnes istius vallis habitatores[e] contra dominum suum inobœdientiam professi sunt et ligam et conjurationem fecerunt et conglobati castrum prædictum radicitus confregerunt. Hoc videntes montani eis vicini, dicti Subsilvani,

a. lachrimis, G., lachrymis, S. — b. id, S. — c. Lowertz, G. u. S. — d. facti fehlt bei G. — e. fehlt bei S.

vulgariter Underwaldenses, sub dominio dominorum de Landenberg[a], cum Sviceris practicabant. In nocte ergo nativitatis sanctæ[b] Domini, dum dominus de Landenberg matutinis interesset, servi sui castrum intraverunt eumque(!) spoliantes devastaverunt et dominum turpiter a se fugaverunt seque cum Svice- || ris confœderaverunt. Hinc Lucernenses oppidanos, quondam sub dominio abbatis Murbacensis[c], dum eos corrigere et regere non posset, comiti de Habspurg tanquam potentiori subjecit. Qui p. 140. comes invicem eidem abbati oppidum Gewiler cum castro Hugstein dedit et baronem quendam de Gruenenberg[d] ad castrum Rotenburg eisdem Lucernensibus præfecit. Hic baro quadam die suum coquum[e] de castro ad oppidum misit ad emendum carnes. Cui carnifex dixit, ut demonstraret sibi locum occisi bovis, de quo sibi placeret carnes habere, et cum coquus manum extenderet, macellator cultello suo coquo manum amputavit. Hanc crudelitatem cum baro prædictus nomine domini sui vindicare et punire vellet, oppidani circumdata domo baronis in medio oppido locata[f] et destructo castro Rotenburg Sviceris se conjunxerunt, terga vertentes domino suo.[18] His demum vallis Uraniæ, quondam ad abbatiam Turicensem spectans, fœdere juncta, audaciam eorum plurimum augmentavit, et oppidum Zug ducum Austriæ et vallis Clarona, quæ abbatiæ ad Seconiam[g] pertinebat, et villa Bernensis et oppidum Solodurense eis se junxerunt cum vicinis populis; sicque in dies creverunt, quibus multi sponte juraverunt, multi coacti idem fecerunt.

---

a. Landsberg, G. — b. sacræ nat., G. — c. Marbacensis, G., Morb., S. — d. Grinenberg, G. u. S. — e. cocum. G. — f. locatam, G. u. S. — g. Secoviam, G.

[18] Grösstentheils wörtlich aus Hemm. fol. 130 b/131 a. Immerhin heisst es dort nicht „in valle Arta", sondern „in valle arta supradicta" mit Bezug auf die auf der gleichen Seite erwähnte Versetzung der Sachsen-Schwizer „ad vallem artam, in cuius introitu hodie est villagium, quod dicitur Arta." (Vgl. Vischer, Sage v. d. Befreiung d. Waldstätte p. 30). F. hat aber hier, wie oben p. 142, wirklich den Namen „Arth" im Auge. Zuthat F.'s ist ferner das Prakticieren der Unterwäldner mit den Schwizern, Z. 5; ebenso die Gegenleistung Rudolfs an Murbach: Gebweiler und Hugstein. Kopp II. 1, p. 168 weiss nichts von der letzteren.

Insuper concilium Constantiense, quia[a] ducem Austriæ suspectum habuit, quod contra decreta concilii ageret, licentiam dedit Sviceris invadendi et in suam confœderationem redigendi totam Ergoviam cum oppidis, castris et villis, quod et fecerunt. Et ita comitatus Habspurgensis, origo ducum Austriæ, in rem judicatam transivit et alienatus fuit a suis dominis et fundatoribus. Post hoc Basilienses, Turicenses se eis ad tempus confœderaverunt et quædam aliæ civitates. Alia etiam vicina ceperunt, ejicientes nobiles inde. Tempore etiam Pii
1464. papæ, anno Domini 1464, multa ceperunt[b] de terris ducum
(1460.) Austriæ jussu ipsius papæ, qui domui Austriæ plurimum adversabatur. In his omnibus adstiterunt Svitensibus protervissimi rustici, Abbacellenses dicti, qui se a jurisdictione abbatis S. Galli subtraxerunt et Sviceri facti sunt. Non autem sine sanguinis
G. p. 144. effusione || copiosa aucti sunt Sviceri illi, sed unus princeps, dux Austriæ, et multi barones, comites, milites et proceres ac nobiles interempti fuerunt et de communi vulgo infiniti orphani derelicti, patribus et amicis ac necessariis privati et orbati.[71]

Et hoc scribens vix contineo planctum manifestum, lacrimas prohibere minime possum[c], recolens me ipsum proprio et dulcissimo patre in his malis orbatum et multis consanguineis, quos mucro furiosus, crudelis, sævus, cruentus mihi abstulit et ex continenti hereditate paterna spoliavit et insuper natali solo ab eo tempore usque in hanc horam (sunt anni

a. quasi. G. — b. cep. G. u. S. — c. poss. min. G.

[71] Auch hier bewegen wir uns durchaus auf Hemmerlin'schem Boden. Vgl. Hemm. fol. 130 b und 186 a/b. So willkürlich übrigens Hemm. die Reihenfolge der den Schwizern sich anschliessenden Orte feststellt, indem er das eine Mal auf Lucern, Bern, Zug, Uri, Zürich, Glarus, das andere Mal Zug, Uri, Zürich, Bern, Solothurn, Glarus folgen lässt, so willkürlich geht auch F. vor, wenn er, in sonst allerdings richtigerer Reihenfolge, Zürich und Basel nach dem Constanzer Concil beitreten lässt und dabei noch ausdrücklich bemerkt, dass die Verbindung nur „ad tempus" geschlossen worden sei. Der Grund dieser Willkürlichkeit ist leicht einzusehen. Auch die „protervissimi Abbacellenses" sind aus Hemm. fol. 136 b herübergenommen. Für die Ansetzung der Eroberung des Thurgaus in das Jahr 1464 trägt F. allerdings alleinige Verantwortlichkeit.

nunc quadraginta quattuor) me privavit exulemque constituit. Ideo de hoc funestissimo bello, mihi tam præjudiciali et molestissimo, aliqua subjungam cum omni discretione nec inhumanitates et crudelitates, quæ in eo contigerunt, referam, parcens parti adversæ, in qua hodie non paucos habeo consanguineos. Nimis longum esset dicere, quomodo cives nobilis et imperialis oppidi Turicensis, primo Sviceris confœderati et demum legitimo jure soluto fœdere imperialibus, ut decuit, mandatis parere decreverunt. Hoc autem Sviceris videbatur intolerabile, ut oppidum fortissimum Turicense, per quod est introitus et exitus in terras hostium eorum et per quod nobiles inimici eorum eis obstaculum præstare possent, ne ad placitum in terras extra montana se diffundere valerent.[11] Idcirco inceperunt gravissimis injuriis civitatem Turicensem vexare et undique molestare non paucis annis. Cum autem Sviceri viderent cives Turicenses tribulationibus eorum non frangi, congregati omnes armata manu contra civitatem Turicensem properaverunt et eam per duos menses et tredecim dies obsederunt, anno Domini 1443. In die autem sanctæ Mariæ Magdalenæ decreverunt simul committere bellum juxta capellam 1443. (1444.) sancti Jacobi, ubi leprosorium est in campo ultra Limam fluvium. Sviceri autem injustissima fraude usi, ultra quadringentos de suis signaverunt signo nobilium et Turicensium, rubeis videlicet[a] crucibus, abscondentes albas cruces proprias. Dum ergo nobiles et Turicenses audacter de civitate ‖ erumperent contra inimicorum cuneos, adjunxerunt se eis Sviceri G p. 145. illi fallacibus signis ornati, et dum congrediendum esset, simulabant mendaciter signati fugam aliosque fugere secum cogebant. Quos Sviceri secuti cædebant eos et in capella[b] sancti Jacobi plures occiderunt; et sic decepti, cæsi et prostrati sunt multi nobiles et maxime cives Turicenses, inter quos et pater meus, diu cum aliis stans juxta fluvium seque defendens, occubuit, sanguine mercatus æterna præmia. De quo minus dubito, quam si in lecto mortuus fuisset, quia dicit Leo papa et habe-

---

a. videntes, G. — b. castella, G.

[11] Der Schluss des unvollständigen Satzes lässt sich leicht ergänzen.

tur 23. q. 8: „Si quis pro veritate fidei et defensione patriæ mortuus fuerit, a Deo cœleste præmium consequetur“. Hoc etiam probat lex civilis ff. de injur., et Tullius inquit: „Nullum est[a] periculum, quod sapiens pro salute patriæ arbitretur vitandum“. Et Aristoteles III. ethicor.: „Principaliter, inquit, dicetur fortis, qui contra bonam mortem erit impavidus pro defensione patriæ“. Hac virtute fortitudinis genitor meus ornatus stetit imperterritus, nec fugam cum aliis formidolosis iniit, sed cum fortibus manens usque ad mortem certavit contra hostes, eligens potius gloriose mori, quam ignominiose fugere exemplo Eleazari[b] I. Maccab. 6. et Codri regis Atheniensium et Mucii Romani et suorum trecentorum sociorum. De huius modi patriæ dilectione et virorum plurimum illustrissimorum pro patria corporum[c] et rerum exhibitione vide Valerium Maximum lib. V. cap. 4. et sanctum Thomam de regimine principum ad regem Cypri lib. III. cap. 4. Quam justum autem et legitimum bellum Turicenses habuerint cum Sviceris, prolixo sermone exprimere possem. Et quam injuste Svlceri eos afflixerint et ultimo mendacibus signis hostium deceperint et prostraverint, non breviter narrare possem. Quamvis autem hostis hostem decipere possit in bellicis negotiis consilia occultando, bellica ingenia non manifestando, industria circumveniendo, tamen falsum dicendo, fidem non servando, jura belli infringendo nunquam hostem decipere et fallere[d] licitum est, et faciens mortaliter peccat. Sic autem Sviceri Turicenses fallaciter deceperunt falsum dicendo et faciendo et juribus belli contraveniendo, in eo || præcipue, quod signa hostium, cruces[e]
G. p. 144. rubeas, sibi assumpserint[f], quod nunquam aliquo jure fieri potest, quia directe contra rationem, naturam et probitatem. Et in eo facto crimen falsi commiserunt, et est pœna ignis, tene[79] consuetudinem, alias tamen secundum leges deportatio et publicatio bonorum, secundum alios pœna est ultimum supplicium, ut ff. de pœn. l. I. §. ult., item lex Cornelia

a. esse, G. — b. Eliaz. A. — c. fehlt bei G. — d. et fall. fehlt bei G. — e. cruces, G. — f. assumpserunt, G.

[79] Ist wohl Imp. von tenere im Sinne von: Halte dich an das Gewohnheitsrecht gemäss dem G.

Sub eisdem autem signis occidentes latrocinium commiserunt, ut Judas cum osculo perpetravit. In Germania est pœna membrorum omnium per rotam confractio et eorum in rotam inflectio et rotæ in modum crucis exaltatio. Et hanc Germaniæ consuetudinem approbat Azo in summa de pœnis. Item furca, et habet vim legis de consuetudine, c. cum dilectus et c. fi: c. quæ sit long. tem.[16] Sub tali etiam signo ignem ponentes sunt incendiarii, et juxta consuetudinem et jura prædicta est pœna ignis. Sunt etiam inimicorum signa[a] recipientes raptores, quorum est pœna capitis secundum leges et jura. Talibus autem et similibus inhumanis atrocitatibus sæpe dicti Sviceri multa acquisiverunt, et multis prudentibus visum est, quod sint flagellum principum et nobilium. Sed et ipsimet Sviceri[b] mirantur de suo profectu et fortuna et plagam mundi se esse fatentur. Unde quidam de prudentibus eorum mecum Turegi confabulationem habens, dixit mihi, quod jam actu[17] essent ambassiatores[c] regis Franciæ et regis Hungariæ apud eos et diversorum principum nuntii et communitatum, qui omnes eorum confœderati fieri peterent et eorum auxilia[d] requirerent. Et intulit: „Certissima plaga mundi est et confusio ordinis, quod reges, principes et Christianæ religionis prælati potentiores, nobiliores et ditiores quærunt auxilia rusticellorum ignobilium, rudium, pauperum, indoctorum. O, dixit, quantum hoc esset mentibus[e] hominum inculcandum, quantis[f] clamoribus prædicandum in terrorem omnium ratione utentium, quod[g] nemo confideret nec in fortitudine nec in potentia nec in nobilitate"! etc. Et multa talia catholica et varia[h] loquebatur ille Svitensis; nam prudentes eorum bene incongruitatem illam intelligunt et tamen rem, sicut eam invenerunt[i], conservant.[18]

---

a. signis, S. — b. Ipsi Sviceri met, G. — c. ambasiatores, G. — d. auxilium, S. — e. [illegible] hom. ment., S. — f. quantum, S. — g. quod fehlt bei G. — h. vera, G. — i. invenerunt, G.

[16] Die beiden Citate lauten vollständig „constitutio cum dilectus" (Greg. decret. l. IV.) und „constitutio finalis codicis, quæ sit longum tempus"; „long. tem." — „longi temporis consuetudo" = „longa cons."

[17] Actu, hier = in der That, thatsächlich.

[18] F. lässt sich hier von der Erregung und vom Affect verleiten, den chronologischen Zusammenhang verlassend, von den Bemerkungen über die

## Caput XIV.

G. p. 167.

### Heinricus septimus.[a][71]

Wahl Heinrich's VII. Römerzug. Tod. Derselbe wird einem Predigermönch zugeschoben. Der ganze Predigerorden

---

a. fehlt bei S.

Ausbreitung der Eidgenossenschaft sofort zum alten Zürichkrieg überzugehen. Es ist in der That sehr eigenthümlich, 40 Jahre nach dem Kriege bei einem Zürcher noch eine solche Auffassung des Krieges zu vernehmen. Es ist bekannt, wie schnell nach dem Abschlusse des Krieges die Spannung zwischen Zürich und seinen Eidgenossen sich hob und die Oesterreichische Gesinnung der Stadt verschwunden war. Das Schicksal Hemmerlin's zeigt uns dies sehr deutlich. F. ist sich dieses Umschwunges der Gesinnung wohl bewusst; er will deshalb mit möglichster Schonung der Gegenpartei schreiben, da er in derselben zur Zeit, da er schreibt, nicht wenige Verwandte besitzt. Wenn er sich trotzdem noch hier und weiter unten so furchtbar bitter äussert, so hängt das mit seinen persönlichen Schicksalen zusammen, auf die im Nachwort näher eingetreten wird. Ueber die Schlacht bei S. Jakob a. d. S. vgl. Hemm. fol. 114 b und 133 b. Unrichtig ist die Ansetzung der Belagerung von Zürich in das Jahr 1443 statt 1444, unrichtig ebenso die Angabe der Dauer derselben; die Belagerung wurde am 24. Juni begonnen und am 29. August aufgehoben, dauerte also 2 Monate und 5 Tage. Die angeführten Citate finden sich mit Ausnahme des ersten (einen an dasselbe anstreifenden Satz siehe Hemm. fol. 132 a) des zweiten und des letzten bei Hemm. fol. 111 b, 112 a und 114 b, welche Stellen überhaupt mit den Auslassungen F.'s zu vergleichen sind. Ueber den alten Zürichkrieg, auf den F. weiter unten nochmals zurückkommt, vgl. Hemm. fol. 133 b bis 136 b, der, wenn wir von F.'s persönlichen Erinnerungen absehen, die einzige Quelle für die Abschnitte über den alten Zürichkrieg ist. — Botschaften des Königs von Frankreich gehören seit dem Jahre 1463 zu den fast alljährlich wiederkehrenden Erscheinungen. Ungarische Gesandtschaften finden wir in den Jahren 1476—1488. Ueber die Beziehungen zu Ungarn vgl. Segesser, Kleine Schriften II, p. 169 ff. Wir erfahren aus dieser Stelle, dass F. in seinem späteren Leben die Stätte seiner Geburt und seiner Heimat wieder aufgesucht hat, wohl gelegentlich einer seiner Reisen über die Alpen; als Zeitpunkt dieses Besuches ergibt sich uns die Zeit zwischen 1476 und 1488, zwischen der ersten Ungarischen Gesandtschaft und der Abfassung unseres Werkes.

[71] Fast alle hier herausgehobenen Partien des Abschnittes „Heinricus septimus“ sind aus Heinrich von Diessenhofen entlehnt und zwar grössten-

wird angefeindet. F. vertheidigt ihn. Doppelwahl Friedrich's von Oesterreich und Ludwig's von Baiern. Friedrich's Gefangenschaft. Ludwig zieht nach Italien, wird excommunicirt. Der aus der Gefangenschaft entlassene Friedrich erhebt hierauf wieder die Waffen gegen Ludwig. Theilung im Reiche.

Interea episcopus Constantiensis nihilominus per quos- G. p. 149.
dam fuit captivus ductus in castrum dictum Hewen et diu ibi detentus. Et eo in captivitate exsistente venerunt innumerabiles locustæ et omne viride corroserunt, sicut in plaga Aegypti[a], et præcipue juxta oppidum Wintertur, ubi cum crucibus et reliquiis processiones fecerunt contra hanc pestem.[78]

Anno Domini 1338 mandavit Ludovicus, qui se pro impe- 1338.
ratore gessit, omnibus clericis et religiosis, ut divina officia, quæ papa interdixerat, reassumerent nec processus apostolicos acciperent. Unde aliquæ ecclesiæ reassumpserunt contra ecclesiam, ex quibus una fuit Constantiensis, quæ cessaverat multis annis, scilicet duodecim; sed compulsi per cives profanaverunt. Aliqui autem recesserunt, ut servarent interdictum, quibus favit nihilominus episcopus Constantiensis, sine cuius consensu reassumpta fuerunt officia.[79]

Die Prediger in Ulm. Oesterreich schliesst Frieden mit G. p. 150
Ludwig.

Anno Domini 1339 Constantienses, Turicenses, Ulmenses 1339.
et quasi omnes alii cives imperii coegerunt clerum profanare et, qui nolebant, expulerunt.[80]

---

a. Aegyptii, G.

theils wörtlich. Gewöhnlich verkürzt F. die Darstellung Heinrich's, indem er die wichtigen Züge derselben theilweise wörtlich herübernimmt und die unwesentlichen weglässt. Selten nur finden wir Zusätze. Bemerkenswerth ist die Art und Weise, wie in seiner Darstellung der Ereignisse in der Eidgenossenschaft Licht und Schatten vertheilt werden. Die Sympathien für Oesterreich, die Abneigung gegen die Eidgenossen und das Bedauern darüber, dass Zürich von denselben sich in's Schlepptau nehmen liess, durchdringt auch hier die ganze Erzählung.

[78] Heinr. von Diessenh. De captione Nicolai episcopi Constantiensis. Böhmer, Fontes rer. Germ. IV, p. 28.

[79] ib. p. 30. Abschnitt: Quomodo Ludewicus u. s. w.

[80] ib. p. 32. De combustione oppidi u. s. w.

Brand von Rotweil.

Eodem tempore multi nobiles et[a] comites contra Sviceros processerunt pro eo, quod imperatori non obœdiebant, quos juxta castrum Loupen[b] penes omnes prostraverunt et ingentem stragem fecerunt.[*1]

Orta est etiam magna seditio in civitate Constantiensi; primo inter cives, qui cum tumultu concurrentes alios consiliarios et civitatis rectores et officiales posuerunt. Sed et mechanici, in seditionem versi, priorem statum mutaverunt. Deinde canonicos et omnes profanare nolentes expulerunt, sicque septemdecim mensibus extra manserunt. Religiosi vero aliqui, cum eis manentes, violaverunt interdictum.

1343. Eadem tempestate anno Domini 1343 fuit tanta aquarum[c] inundatio, ut Constantiæ aqua[d] juxta Portam Piscium circa Prædicatores murum civitatis ascenderet[d], et Rhenus adeo inundavit, quod omnes pontes pene abducti fuerunt, et secuta est grandis caristia.[*2]

G. p. 151. Streitigkeiten zwischen Oesterreich und Wirtemberg und dem Grafen von Schelklingen wegen der Stadt Ehingen.

1346. Anno Domini 1346 reducti fuerunt in Constantiam fratres Prædicatores per episcopum, qui propter interdictum sex annis exulaverant et in Diessenhofen[e] degerant[f] (aliqui autem in conventu profanantes manserant), et cum conventum intrassent, in sequestrato loco habitabant, quia profanare nolebant. Sicque una pars fratrum tenuit interdictum, alia pars violavit, quæ tamen minor pars erat. Minores ubique profanabant, demptis conventibus in Schafhusen et in Brisaco.[*3]

Die Prediger in Landshut und Regensburg.

---

a. fehlt bei S. — b. Laupen, G. — c. aquarum fehlt bei S. — d. aqua — ascenderet, G. e. Dyessenhofen, G., Dies., S. — f. deguerant, G.

[*1] Hier ist F. von seiner Vorlage ziemlich abgewichen. Charakteristisch ist, dass die cives „Bernenses et illi de Swiz" des Heinr. v. Diess. p. 82 hier schlechtweg durch „Sviceri" wiedergegeben sind.

[*2] Heinr. v. Diess. p. 38 u. 39.

[*3] ib. p. 50. Böhmer hat „exceptis duobus conventibus in Nuwenburg et in Skafusa".

Anno Domini 1348 facta est magna Judæorum persecutio, quasi ubique, adeo, ut gens Hebræorum crederet finem venisse, et undique comburebantur sine differentia senes et juvenes. Dicebatur enim de eis, quod venena in aquas sparsissent, quod et fatebantur in tormentis. Porro dux Austriæ, comes de Habspurg et Kiburg, rogatus a Judæis, qui erant in illis comitatibus, ut eos protegeret, reservavit in Kiburg trecentos triginta. Sed civitates duci Alberto scripserunt, quod eos per suos judices cremaret, vel ipsæ eos per justitiam comburere vellent, et illi etiam omnes exusti sunt. In illa autem Judæorum persecutione multi baptizati[a] fuerunt et in vita conservati.[14] 1348.

Vorfälle in Constanz und Esslingen. Flagellanten. G. p. 161.

Anno Domini 1350 facta est grandis seditio in civitate Turicensi. Fuerunt enim Sviceris confœderati. Et quibus confœderatio non placuit, expulsi fuerant et ab officiis remoti. Unde occulte et subtili ingenio armata manu in civitatem revenerant cum non parvo exercitu. Inter quos etiam erat dux Johannes, comes de Habspurg, et multi nobiles, qui supra currus in vasis et saccis, sportis et cistis introducti fuerant, tanquam merces et suppellectilia, ut nocte cum tumultu civitatem caperent cum sibi in civitate adhærentibus, quorum erat magna multitudo, quia confœderatio Svicerorum semper nobili civitati Turicensi molesta fuit. Verum antequam tumultum concitarent, detectum[b] fuit consilium eorum magistratui civitatis, et circumdata domo plures de illis occiderunt. Ducem autem Johannem de Habspurg captivaverunt et confœderatorum auxilium invocaverunt et oppidum Raperswil[c], quod comitum de Habspurg fuerat, destruxerunt et alia, quæ ad domum Austriæ pertinebant, turbabant.[15] Hæc audiens Albertus, dux 1350. G. p. 162.

---

a. baptis., G. — b. delectum, G. — c. Raperschwil, S.

[14] Heinr. v. Diess. p. 68 u. 70.

[15] Für die Art und Weise, wie F. arbeitete, ist ein Vergleich mit H. v. D. sehr lehrreich. Derselbe liegt auch hier unserm Geschichtschreiber vor. Er berichtet nämlich p. 75/76: item VII. kal. marcii in nocte *expulsi* olim de Thurego fecerunt rumorem in civitate, volentes dominium, quod habebant, resumere. Propter quod fuerunt *occisi plures* et capti et rotis inserti,

Austriæ, Stiriæ, Carinthiæ etc., qui in quattuordecim annis ex Austria non fuerat egressus, paravit se ad succurrendum locis et dominiis, quæ in Svevia habebat. Molestum autem[a] ei erat exire Austriam, quia pedibus et manibus invalidus erat et moveri non poterat, nisi gestatoria sella portatus. Hoc tamen[b] non obstante collecto exercitu de Austria cum eo in equorum feretro ascendit et in Ehingen[c] oppidum suum venit. Ibi compulit Eberhardum de Smallegg[d] restituere viginti quinque centenaria florenorum, quos abstulerat quibusdam. Deinde Nigram Silvam et Rhenum transgrediens, in Bruggam[e] oppidum super Ararim venit in Argoviam[f], ad quem venit dominus Albertus comes de Hohenberg[g], a sede apostolica electus et provisus ecclesiæ Frisingensis, nondum consecratus. Sed ad
O. p. 161. petitionem domini ducis Austriæ suam || consecrationem recepit in monasterio Campi Regis prope Bruggam, in quo erat soror ducis, domina Agnes, regina Hungariæ, vidua. Et fuit

a. enim, S. — b. fehlt bei S. — c. Ech., G. — d. Schm., S. — e. Burgam, S. — f. Argowia, S., Ergowia, G. — g. Hoch, G., Hanenberg, S.

qui cum *Johanne comite de Habspurg* intraverant, quem in civitate *ceperunt*. Et suos *occiderunt* et eum incarceraverunt. Et ad *oppidum Rapresville* cum exercitu properarunt, *invocantes auxilium sibi Confederatorum*. Oppidani autem tradiderunt se, tam oppidum quam castrum, Thuricensibus, qui id funditus una cum antiquo castro Rapresvilla *destruxerunt*. (Die mit Cursivschrift gedruckten Stellen finden sich auch bei F.). Der Beweis, dass H. v. D. hier vorgelegen hat, ist allerdings nicht derart, dass er, wenn wir nur bei dieser Stelle die Vorlage annehmen würden, als zwingend erachtet werden könnte. Im Zusammenhang mit dem Vorhergehenden und dem nachfolgenden wird aber die Benutzung wohl nicht geleugnet werden. Immerhin hat F. den Stoff hier am meisten im ganzen Cap. selbständig gestaltet, theils durch das Einfügen weiterer Züge, die ihm wohl durch die Tradition bekannt waren, wie das heimliche Eindringen der Verschwornen und die Entdeckung des Anschlages, theils durch seine eigenthümliche Auffassung der Gegensätze. Nicht nur die Mordnacht, sondern schon die Brunische Umwälzung war nämlich eine Folge des Anschlusses Zürichs an die Eidgenossen. Die Vertriebenen waren diejenigen gewesen, die demselben nicht zugestimmt hatten. In der Stadt selbst aber steht nach F.'s Auffassung ein grosser Theil der Bürger auf Seiten der Verschwornen, „quia confoederatio Sviciorum semper nobili civitati Thuricensi molesta fuit“.

ordinatus a tribus episcopis, quorum unus fuit ordinis Minorum, alii duo ordinis Prædicatorum et omnes tres habebant titulos transmarinos[44]

Deinde[a] dominus dux, causæ, propter quam ascenderat, intendens, diffidavit sollemniter Turicenses, eo quod cum inimicis suis Sviceris, Lucernensibus, Vallensibus[b] confœderationem fecerant[c] et quod castrum in Raperswil ruperant, quod erat comitum de Habspurg, et quod comitem amicum suum de Habspurg, Johannem ceperant. Anno ergo Domini 1351 1351.
ascendit Albertus, dux Austriæ, cum grandi exercitu de Brugga contra civitatem Turicensem, secum habens episcopum Constantiensem Ulricum et episcopos Frisingensem, Argentinensem, Basiliensem, comitem Ulricum de Wirtenberg, comites de Montfort, comites de Kiburg, de Arberg[d], de Froburg et Friburgo[e] et civitates Argentinensem, Basiliensem, Friburgensem in Brisgaudia[f], Bernensem et Friburgensem in Euchtlaudia[g] et Solodorensem et nobiles alios de Svevia, de Austria, de Alsatia, ultra duo milia galeatorum et triginta milia peditum. Turicenses ergo, vallati et obsessi, pacem postulaverunt et certas[h] promissiones fecerunt duci pro se et sibi confœderatis[i] Vallensibus et Lucernensibus, exhibentes sedecim[k] fidei jussores obsides de suis melioribus civibus. Et hoc facto solvit dux obsidionem et recessit a civitate.

Decursis autem diebus statutis misit dux ad Turicenses ad reddendum[l] sibi promissa, ut et ipse remitteret obsides. Turicenses autem servare promissa non poterant, quia Lucernenses penitus contradicebant, nec placuit eis concordia cum duce. Hoc ut dux percepit, obsides conjecit in vincula et incepta fuit gravis guerra, homicidia, incendia, devastationes. In illo disturbio rustici de valle Clarona[m], vulgariter Glaris[n], qui ducis fuerant servi, alienaverunt se a duce, confœderantes se[o]

---

a. dein, S. — b. Wall., S. — c. fecerant, S. — d. Arburg, O. u. S. — e. de Friburg et de Froburg, S. — f. Brisgowa, S. — g. Uechtlandia, S. — h. cunctas, O. — i. federatis, S. — k. tredecim, S. — l. reddenda, S. — m. Clarana, S. — n. Clarisa, O. — o. fehlt bei O.

44 H. v. D. p. 80/81.

Turicensibus contra ducem. Et sic lis continue[a] augmenta-
G. p. 154. ba || tur.[*1]

Interea uxor domini ducis Austriæ Alberti, domina Johanna comitissa Phirtarum[b], obiit, et ideo dux illum comitatum recepit et ad[c] exsequias peragendas in Austriam descendit et rem inchoatam cum Turicensibus infectam[d] reliquit.[*2]

Eo autem in Austria exsistente Turicenses cum suis fautoribus[e] descenderunt in locum Thermarum et hospitia omnia[f] ac domus juxta balnea igne conflagrarunt et conchas ac receptacula calidarum aquarum lapidea, in quibus homines balneabantur, destruxerunt et oppidum ac castrum capere nitebantur. Sed homines ducis Alberti undique confluxerunt de Ergovia, de Rheno et de comitatu Kiburg, et Turicenses cum Sviceris reppulerunt, interfectis trecentis. Sicque usque ad muros civitatis Turicenses[g] fugati sunt in die sancti Stephani martyris, anno Domini 1352. Statim post rursum congregati Lucernenses et Vallenses[h] (id est Underwalden) et Sviceri[i] contra oppidum Sursee[k] processerunt[l], habentes in exercitu quattuor milia peditum, et suburbium incenderunt, villas interjacentes vastaverunt et[m] aliis locis circumjacentibus ducis Austriæ

a. stu. cont. lis, S. — b. Phyrt., O. u. S. — c. fehlt bei S. — d. cum Tur. inter eos inf., S. — e. Sviceribus, S. — f. fehlt bei S. — g. Turicenses, O. — h. Waldenses, S. — i. Schwitzeri, S. — k. Sursee, S. — l. procederunt, S. — m. loc. et et villas interj. aliis locis . . ., S.

[*1] H. v. D. p. 81/82. F. benutzt ihn wörtlich bis Z. 18, dann gestattet er sich in der Darstellung einige bemerkenswerthe und zwar durchaus tendenziöse Abweichungen. Nach H. v. D. ergaben sich die Zürcher dem Herzog, nach F. baten sie um Frieden und versprachen dabei alles Gute. F. schwächt also zu Gunsten der Zürcher ab. Noch stärker ist der Gegensatz zwischen den folgenden Sätzen „Ipsis (sc. Turic. Vall. et Lucern.) hoc (compromissum) non prestantibus nec adimplere volentibus, maxime Lucernensibus plus ceteris rebellantibus . . . . dux . . . obsides . . . inclusit“ (H. v. D.) und „Thuricenses autem servare promissa non poterant, quia Lucernenses penitus contradicebant, nec placuit eis (d. h. Lucernensibus) concordia cum duce. Hoc ut dux percepit, obsides conjecit in vincula“ (F.). Die Absicht ist klar. Es sind Zürich's Bundesgenossen, die die Stadt absichtlich in der Feindschaft mit Oesterreich zurückhalten; um ihretwillen muss Zürich seine Geiseln in Fesseln werfen lassen. Glarus lässt F. sich ausschliesslich mit Zürich verbünden.

[*2] H. v. D. p. 83.

minus graves fecerunt, se ea in brevi incensuros, nisi se ad[a] Confœderatos convertant et dominum suum abnegent.[64] Insuper cum exercitu oppidum Zug, ducis Austriæ, obsiderunt, et angustiati oppidum Svicenses tradiderunt. Villas vero et castra, quæ se eis tradere[b] distulerunt, incenderunt, et magna ruina facta est domus Austriæ in illis terris. Quod audiens Albertus, dux Austriæ, Stiriæ, Carinthiæ etc., collecto ex Austria grandi exercitu, ascendit in Sveviam, ducens secum filium suum Fridericum puerum, et advocatis in adjutorium marchione Brandenburgensi, episcopo Bambergensi[c] et Curiensi, Constantiensi, comite de Wirtemberg Eberhardo et comitibus de Kiburg, Oettingen[d], Montfort, Helfenstein et civitatensibus de Argovia Turegum ascendit et civitatem obsedit, excisis || vitibus aliqui- G. p. 164
bus. Intervenerunt autem quidam de pace tractantes; sed mysterium pacis pauci intellexerunt. Prudentes tamen dixerunt, quod non esset honorificum duci rem sic dimittere. Seductus ergo dux obsidionem solvit et in Austriam descendit.[65]

---

a. ad se, G. — b. se trad. eis, G. — c. Babenb., S. — d. Oetingen.

[64] H. v. D. p. 84. Auch hier bewegt sich F. gegenüber seiner Vorlage ziemlich frei; aus den „ex circum vicinis oppidis et pagis et villis Ergouwe" zur Abwehr des Angriffes herbei eilenden Unterthanen des Herzogs werden bei ihm Leute aus dem Argau, vom Rheine und aus der Grafschaft Kiburg. Die von H. v. D. mitgetheilte Zahl der gefallenen Zürcher und Eidgenossen, 800, nimmt er auf, nicht so aber den Umstand, dass die übrigen in schimpflicher Flucht die Waffen weggeworfen hätten. Die Jahreszahl 1352 (statt 1351) erklärt sich durch den in unsern Landen bis in die neuere Zeit fast ausschliesslich gebräuchlichen Jahresanfang auf den 25. December.

[65] In starker Verkürzung aus H. v. D. p. 85/86. Die Grafen von Montfort und Helfenstein werden indessen von H. v. D. nicht als Theilnehmer des Zuges aufgeführt. Offenbar sind sie ergänzt aus der Stelle weiter oben p. 165 und H. v. D. p. 93. Ueber die Friedensverhandlungen und den Abzug des Herzogs berichtet H. v. D. „recessit exercitus .... placitis aliquibus interpositis ac concordia tractata, que tamen non erant manifesta nec multitudini honorifica. Sed aliud non poterat (dux), quia debilis corpore per dominos deceptus". Bemerkenswerth ist, wie F. den Vorwurf der Blindheit, die auf österreichischer Seite herrschte, den schon H. v. D. enthält (per dominos deceptus) noch verschärft „sed mysterium pacis pauci intellexerunt". Als beste Lösung des Conflictes wäre ihm wohl die gewaltsame Zurückführung der Waldstätte unter die Herrschaft ihres rechtmässigen Herrn erschienen.

1353. Anno Domini 1353 Carolus IV., quartus huius nominis imperator Romanorum, rex Bohemiæ, audiens Sveviam superiorem inquietari bellis, venit cum multis principibus Constantiam et inde in Turegum processit. Turicenses autem eum cum faculis et frondibus et mirifico honore[a] susceperunt, III. non. octobris. Venerunt etiam[b] ad eum Vallenses, qui alias Subsilvani dicuntur, ostendentes ei privilegia antiqua, contra quæ, ut dicebant, Albertus Austriæ dux[c] eos cogere conabatur, et spes magna erat, quod imperator concordiam inter Turicenses et ducem faceret. Sed post moram Turegi contractam in Spiram abiit, nihilque est factum de pace.[d] [91]

1354. Deinde anno Domini 1354 turbatis negotiis in superiori Svevia ascendit Carolus imperator[e] secundo Turegum, volens Turicenses et sibi cohærentes cum duce Austriæ Alberto[f] concordare, sed nihil poterat efficere. Descendit ergo in Alsatiam ad Montem Cæsaris, vulgariter Kaisersberg, et omnes civitates imperiales convocavit et pacem ubique esse voluit suumque fratrem Johannem ducem Lutzelburgensem constituit, et ita ducatus ille institutionem habuit. His sic[g] compositis in Ratisbonam[h] venit imperator, ad quem de Austria ascendit Albertus, dux Austriæ, Stiriæ, Carinthiæ etc., et eius auxilium imploravit contra Turicenses, Vallenses et Lucernenses. Dux vero ille[i] secum habuit septem milia equitum, quos secum de Austria contra Turicenses adduxit. Conclusum est ergo[k] per principes, quod omnes simul debellare Turicenses cum Sviceris suis vellent[l]. [92] Est enim Turegum oppidum munitissimum et vetustissimum, bipartitum per intermedium flumen, et non nisi maximis laboribus[m] expugnari potest; suntque in eo ab
1354. antiquo homines audaces et bellicosi. Igitur[93] anno 1354 in

---

a. hon. mir. S. — b. enim, S. — c. dux Austr., S. — d. descendit in Sp., nih. fact. est de pace, S. — e. imp. Car., S. — f. fehlt bei S. — g. ita, S. — h. Ratisp., G. — i. fehlt bei S. — k. enim, S. — l. deb. vellent Tur. cum Svicerensibus. S. — m. max. lab. fehlt bei S.

[91] H. v. D. p. 89.

[92] ib. p. 91.

[93] Für das folgende vgl. H. v. D. p. 92/94, der theils wörtlich, theils freier benutzt ist. Dazwischen hinein bringt F. eigene selbständige Zusätze,

mense augusto, dux Austriæ Al || bertus, trahens secum ingentem exercitum de Austria et Svevia, venit in Raperswil oppidum, quod Turicenses paulo ante combusserant et desolaverant, idque[a] oppidum reparavit et ibi suum exercitum collocavit. Est autem oppidum hoc supra[b] Turegum in litore laci(!) Turicensis situatum, multis et crebris tribulationibus quassatum in bellis Svicerorum. Sed et Carolus imperator in adjutorium ducis Austriæ venit, mandans civitatibus imperii, ut eum sequerentur ab Herbipoli inclusive usque ad Augustam Rætiæ, et ultimo augusti cum duce fuit[c] cum suis agminibus in Raperswila, et cum utroque erat magna nobilium comitum, baronum et militum multitudo cum suis exercitibus et civitatenses a Francofordia usque Augustam. Mense autem septembri descenderunt imperator et dux cum universis bellatoribus contra Turegum, et Kussnach villam desolaverunt. Inventa autem sunt[d] in exercitu ducis Austriæ viginti quattuor centenaria galeatorum, inter quos potentior erat Johannes episcopus Constantiensis, qui ante episcopatum cancellarius fuerat ducis Alberti et strenuissimus erat. Verum tamen in ista expeditione offensus fuit et ita ex indignatione cum suo agmine ad propria remeavit. Causa autem suæ offensionis hæc fuit, quia dux Austriæ alteri domino vexillum Svevorum, quod nominant sancti Georgii,[**] commiserat, sub quo Svevi pugnare solent et primam aciem belli tenere ab antiquissima consuetudine, et hoc non solum in partibus Sveviæ, sed in universa Christianitate: sive bellum sit contra fideles sive contra infideles, præcedunt[e] Svevi cunctos bellatores et primam tenent aciem cum sancti Georgii vexillo et primi sunt in aggrediendo et[f] ultimi in recedendo. Procedens ergo dux cum agminibus G. p. 187.

---

a. eumque, S. — b. super, S. — c. essent, G. — d. Inv. sunt enim, S. — e. procedunt, H. — f. fehlt bei G.

wie z. B. über die Lage von Zürich und Rapperswil, oder, anschliessend an die Notiz, dass in Zürich eidg. Zuzüger gelegen hätten, die Bemerkung „ideo nobiles valde libenter id (oppidum) cepissent, ut Svliceros vexassent et torsissent" (p. 170).

[**] „quod nom. s. G." Zusatz F.'s.

contra Turegum omnia devastaverunt et torcularia incenderunt, domus et villas et vites ac arbores succiderunt, ab oppido Raperswila usque ultra Turegum ad viam, qua descenditur in Baden. Dum autem sic terra devastaretur[a], ecce Turicenses eruperunt armati de civitate et impetum in exercitum ducis fecerunt. Sed multitudo statim repressit conatum eorum, et
G. p. 158. refugerunt in suam || civitatem. Imperator autem et dux optabant cum eis congressionem facere, sed exire amplius nolebant. Erat autem oppidum plenum Sviceris; ideo nobiles valde libenter id[b] cepissent, ut Sviceros vexassent et tormissent. Imperator autem videns, quod non sic posset[c] capi civitas, citavit Turicenses super rebellione sua et remissis exercitibus solvit obsidionem et cum duce in Baden descendit ad consiliandum de causis. Miserunt tamen juxta civitatem Turicensem in præsidiis custodes, qui prohiberent omnem intrare vel exire[d] volentem, et ne victualia inferrentur[e]. Imperator autem in Sveviam transivit, et dux in Baden mansit, molestans Turicenses. Dispositis[f] vero stipendiariis et prædariis, qui Turicenses molestarent, ipse dux cum filio suo Rudolfo montana intravit in Pontinam, vulgariter Insprugg[g], ad ducem Bavariæ, qui comitatum Tirolis possidebat ex uxore, quæ erat duci Alberto in secundo gradu[93], qui ei comitatum illum regendum[h] commisit, obligando[i] sibi eum[k] pro nongentis milibus marcarum argenti. Et inde dux[l] in Austriam descendit et capitaneum præfectum in superiori Svevia dereliquit. Hic capitaneus, vir[m] prudens et pacificus, concordiam fecit inter ducem Albertum et Turicenses, et scriptis ac sigillis firmata[n]
64. est concordia anno Domini 1355 kal. septembris.[o] Duraverat autem discordia inter Vallenses et ducem quadraginta annis, sed inter Turicenses et ducem quattuor [p]annis tantum[p].[94]

---

a. dum aut. terra sic devastatur, S. — b. eum, G. u. S. — c. posset, S. — d. abire, S. — e. inferrantur, S. — f. cipos., S. — g. Insprug, S. — h. possidendum, S. — i. obl. autem, S. — k. fehlt bei S. — l. fehlt bei S. — m. erat vir, S. — n. scriptisque literis firm., S. — o. in k. s., G. — p. fehlt bei S.

[93] H. v. D. p. 96. Hier fehlt, wie in F.'s Vorlage, das Wort „cognata".

[94] H. v. D. p. 100. Der von H. v. D. nicht erwähnte „Capitaneus" ist Albert von Buchheim.

Fehde des Bischofs von Constanz mit Konrad von Hon- G. p. 159.
burg. Feuersbrunst in Constanz. Tod des Bischofs.

Anno Domini 1356, in die sancti Lucæ evangelistæ, post 1356.
prandium factus est terræ motus per totam Alamanniam, et non uno tantum motu[a], sed pluribus vicibus terra mota est per tres menses ita, ut[b] paucissimi homines in oppidis manerent.[1] Nam die præfata[c] ante vesperas[d] fuerunt tres motus, quartus vero maior præcedentibus in pulsu vesperarum. In nocte vero sequenti a primo somno usque ad medium noctis mota est terra sex vicibus. Sed primus fuit valde magnus, ad quem multa corruerunt ædificia. Sequenti die duo fuerunt motus et consequenter alii. Per illas autem motiones civitas illa sollempnis Basilea subversa est, et primo per primum terræ motum pars civitatis et ecclesia cathedralis cecidit super scholas, et aliqua ruebat deorsum in Rhenum. || Unde dicunt cam- G. p. 160.
panile cum campanis lapsum fuisse in Rhenum, qui sub illo loco profundissimus est. Unde multi homines sunt obruti, alii in campos transfugerunt. Post vesperas dicto die ignis erupit de monasterio sancti Albani, quod in die corruerat, et terrorem magnum videntibus incussit. Dicunt autem, quod ignis ille per totam urbem quasi insaniens discurrebat et per sancti Johannis Portam exibat et sic disparuit, incensa civitate in pluribus locis. Porro illi, qui extra civitatem fugerant, compassi aliis[e] in ruinis exsistentibus, intraverunt, laborantes in

---

a. mota tantum, S. — b. itaque, S. — c. praef. die, S. — d. vesperarum, S. — e. illis, S.

[1] Die nachfolgende Schilderung des Basler Erdbebens ist aus H. v. D. p. 104/105 herübergenommen und mit eigenen Zusätzen vermischt. Als solche sind zu verzeichnen: p. 171, Z. 15—17 „et aliqua ruebat — profundissimus est"; Z. 20—23 „dicunt autem, quod ignis — in pluribus locis"; p. 172, Z. 7—11 „et chori nostri testudo — sonum dederit". Mehrfach sich wiederholende Ausdrücke, wie „dicunt" (zweimal) „dicunt fratres", beweisen, dass F. hiebei auf Tradition fusst, bei der aber doch Entstellung mit untergelaufen ist; so das Feuer, das von St. Alban ausgeht und durch das St. Johannsthor, also am entgegengesetzten Ende, die Stadt verlässt; so einer der Münsterthürme, der in den Rhein fällt. Vgl. W. Wackernagel, Nachrichten über das Erdbeben, in „Basel im 14. Jahrh." p. 218. H. v. D. war Wackernagel noch nicht bekannt.

exportandis rebus et in quærendis hominibus et amicis sub ruinis. Et dum omnes non oppressi laborarent usque ad tenebras, venit iterum pergrandis terræ motus, et plures homines oppressi sunt[a], quam a primo[c], et domus ac turres remanentes dejecit, et omnes ecclesiæ ceciderunt et testudines lapsæ sunt[b], dempta ecclesia sancti Johannis et ecclesia Prædicatorum, quæ tamen scissuras plures[e] accepit; et chori nostri testudo[d] mansit quidem[e] stare super compagines arcuum, sed reliquum corruit. Dicunt autem fratres, quod tantus motus fuerit, ut campana nostra trina vice una nocte, per motum terræ mota, sonum dederit. Unde in ista miseria corruerunt solum in diœcesi Basiliensi quadraginta sex castra[f] in montanis per gyrum civitatis, quarum maior pars adhuc in ruinis est. Et ita terræ motu et igne mirabiliter fuit Basilea afflicta[g].

In illo autem tempore dux Austriæ Albertus, cuius adhuc erat Basilea minor, stetit[h] in magna differentia cum civibus Basiliensibus ratione municipalium utriusque civitatis.[**] Et

a. fehlt bei S. — b. fuerunt, G. — c. fehlt bei S. — d. testitudo, G. — e. fehlt bei G. — f. quadr. quinque ecclesiæ, S. — g. Bas. fuit affl.. S. — h. Alb. adhuc erat in Basilea minori, stetit .... S.

[**] Die anmuthige Erzählung von der Hilfe Herzog Albrechts erwähnt mit Ausnahme F.'s keiner der von W. mitgetheilten Berichte über das Erdbeben. Die Frage über ihre Glaubwürdigkeit ist nicht leicht zu entscheiden. Unwahr ist jedenfalls, dass Klein-Basel damals Oesterreichisch war; auffallend ferner ist, dass Basel noch 1355 im Bündniss mit dem Herzog begriffen war (Wackernagel a. a. O.). Auf Tradition scheint sie mir keineswegs zu beruhen; F. hätte sonst nach seiner ganz festen Gewohnheit ein „dicunt" oder einen ähnlichen Ausdruck beigefügt. Vielmehr halte ich es für wahrscheinlich, dass sie einer der ihm vorliegenden, häufig benutzten, aber nie oder nur selten genannten Quellen entnommen ist und zwar dem Hemmerlin'schen „Dialogus". Der Inhalt und die ganze Haltung und Ausführung der Erzählung, die ja nichts anderes ist als eine Verherrlichung der Oesterreichischen Herzöge, sowie die beigefügten Citate sprechen in gleicher Weise dafür. Beweisen kann ich es allerdings nicht, da in den von mir durchsuchten Partien H.'s weder der erwähnte Zug, noch die beigefügten Citate sich fanden. Wer aber den gänzlichen Mangel einer festen, sicheren Anordnung und den furchtbar lockeren Zusammenhang des „Dialogus" kennt und schon erfahren hat, wie schwer es hält sich durch ihn durchzuarbeiten oder in ihm etwas zu suchen, der weiss, wie leicht sich solche Dinge dem Blick

etiam verbum fuit, quod confœderassent se Sviceris inimicis suis, et ideo minabatur obsidionem. Cum autem civitas, [a]ut dictum est[a], corruisset, descenderunt ad Albertum nobiles præfecti patriæ in Austriam, quasi bonum nuntium allaturi, dicentes ei: „Ecce, domine princeps, tradidit Deus civitatem Basiliensem in manus vestras; si vultis [b]eam capere[b], non erit resistentia, quia turres, muri et moenia corruerunt et perterriti homines [c]dissolutis manibus[c] non resistent“. Ad quos ille: „Si Deus pugnavit[d] cum Basiliensibus [e]et contrivit[e] terræ motu et igne, nequaquam nos pugnabimus || cum eis. Absit a nobis G. p. 181.
tanta crudelitas, ut dejectos, vulneratos ac humiliatos[f] occidamus. Aedificent, erigant dejectam urbem et ad placitum[g] muniant, ad quod et manus nostras eis porrigemus, et dum æqualis fortunæ nobis fuerint, si libuerit, pugnabimus cum eis. Sic[h] vero, ut nunc sunt, non solum non impugnabimus[i], sed adjutorium præstabimus“. Et misit dux humanissimus de Silva Baccenis, vulgariter Swarzwald[k], quadringentos [l]fortes et[l] laboriosos rusticos in Basileam, ut expurgarent suo nomine integrum[m] vicum a ponte Rheni usque ad forum granarum, qui vicus dicitur Vicus Ferri, Isengasse[n]. Et manserunt viri illi Basileæ in labore illo [o]expurgationis et deportationis ruinarum in Rhenum[o] ad multos dies in expensis ducis Austriæ. Ecce quam spectabile signum in illo principe veræ nobilitatis[p]! Innata est enim principibus veris[q] clementia. Ut[r] Seneca: „Nullum clementia magis ex omnibus, quam regem et principem decet, quia pestifera vis est valere ad nocendum. Principum enim crudelitas bellum est; clementia, in quamcunque venerint civitatem, eam felicem et tranquillam faciunt. Apes iracundissimæ et aculeos in vulnere relinquunt, sed rex ipsa-

---

a. fehlt bei S. — b. fehlt bei S. — c. fehlt bei S. — d. bellavit, S. — e. fehlt bei S. — f. crud., et perterritus, ut vuln. et hum., S. — g. per circuitum, S. — h. sl. S. — i. pugnabimus, S. — k. Swatzwald, G., vulg. Sw. fehlt bei S. — l. fehlt bei S. — m. fehlt bei S. — n. vic. ferri fehlt bei S., Issengassen, S. — o. fehlt bei S — p. principe humanitatis. — q. fehlt bei S. — r. unde, G.

den Suchenden entziehen. Wenn wir aber wirklich Hemmerlin als Quelle anzunehmen haben, so ist dies gerade kein günstiges Zeugniss für die Glaubwürdigkeit der Erzählung.

rum sine aculeo est. Voluit enim natura nec telum sævum esse nec ultionem petere, telumque detraxit et eius iram inermem reliquit in exemplum principum". Scivit, non dubito, princeps ille clemens, quod clementia, ut Seneca dicit, et misericordia vicina est miseriæ, et quia Basilienses miseria[a] laborabant, ad eos misericordiam dirigebat, sicut Job, dum esset rex, fecisse[b] legitur, qui dicebat cap. 30: „Flebam super eo, qui afflictus erat". In hoc facto princeps ille clare noscitur fuisse de ingenuissimo antiquorum Romanorum sanguine, cujus nobilitas et dignitas nata est de fonte pietatis, ut dicit Constantinus magnus a Silvestro baptizatus. Et Valerius Maximus lib. V cap. 1. narrat de clementia Marcelli Romani, cum cepisset Syracusam civitatem affluentissimam, intuens afflictæ civitatis lugubrem casum, fletum cohibere non potuit. Et de clementia Pompeji Romani principis dicit Valerius lib. V. cap. 1.[c] quod, cum regem Armeniæ, qui tamen contra Romanos multa gesserat et infestissimos urbi protexerat[d], in conspectu suo supplicem diu jacere non passus est, sed benigne verbis recrea-
G. p. [illegible] tum || diadema, quod abjecerat, capiti imponi jussit et per omnia pristinæ fortunæ restituit, æque pulchrum esse judicans vincere et facere reges. Et Paullus[e] consul Romanus, cum vidisset quendam regem captum adduci ad se, occurrit ei conatumque ad genua procumbere dextera[f] manu allevavit et grato sermone ad spem exhortatus est, lateri suo proximum consilio[g] sedere fecit nec honore mensæ indignum judicavit. Nam si egregium est hostem dejicere, non minus tamen laudabile infelicibus scire misereri, quod optime princeps, de quo sermo est[h], noscitur ex præcedentibus didicisse.

1358. Anno Domini 1358 obiit dominus Albertus, dux Austriæ, Stiriæ et Carinthiæ, relinquens post se quattuor filios, Rudolfum, Fridericum, Lupoldum et Albertum, et duas filias.** Eo autem mortuo dedit imperator Rudolfo, filio Alberti prædicti,

a. fehlt bei S. — b. fehlt bei S. — c. fehlt bei S. — d. protexit, S. — e. Paulus, G. u. S. — f. dextra, G. — g. in cons., S. — h. fehlt bei G.

** H. v. D. p. 113.

qui gener suus erat, advocatiam in Alsatia.[100] Erat autem Rudolfus ille juvenis elegantissimus inter omnes principes prudens et virtuosus, duodevicesimum annum gerens, et uxor eius, filia Caroli imperatoris, quindecim habens annos, speciosissima optimis moribus adornata. Hic ergo dux Rudolfus cum uxore et familia de Austria in superiorem Sveviam ascendit et in suo oppido Diesenhofen[a] resedit ad tempus[b] cum sua curia.[101] Est enim oppidum hoc sanum super Rheni litus situm, profundis fossis et muris circumdatum, a Rheno[c] usque per gyrum ad Rhenum in modum mediæ lunæ, et habet castrum ab occidente habitaculum principis, quod tempore meo possidebant Dapiferi nobiles. Ecclesia parrochialis annexa est castro, cuius sanctus Dionysius est patronus, a quo et ipsum oppidum nomen accepit, quod dicitur „Diesenhofen"[d] vulgariter, Latine [e]Dionysii Aula et[e] Dionysii Curia. Sub oppido ad Rheni litus est monasterium grande monialium ordinis Prædicatorum ad sanctam Katharinam dictum, quod licet non sit de observantia hodie, tamen semper in eo sunt moniales sanctæ et maturæ. Quod, ut opinor, fundavere duces Austriæ aut Dapiferi de Diesenhofen. [f]In hoc oppido transportatus fui puer a Turego una cum matre mea, quæ cuidam civi honesto Udalrico Büller ibi nupserat post genitoris mei mortem, de cuius obitu dictum est; et mansi ibi novem annis cum eo tempore, quo fui cum patruo meo in castro Kiburg, præside per Turicenses posito. Ideo latius de illo oppido scribendi ansam capio[f]. Porro in illo oppido, licet parvum sit, tamen semper duces Austriæ libenter ibi manserunt, quia est prope Constantiam, prope Turegum, prope Hegoviam[g], et pisces et carnes habentur ibi in bono et levi foro. Residente autem ibi duce Rudolfo ipse dux diebus cum nobilibus || tractabat, ducissa vero in G. p. 102.
monasterio cum monialibus Deum timentibus colloquium sanctum habebat. Unde multæ nobiles inter moniales vota sua

a. Dyenhofen, G. — b. ad tempora, S. — c. arcno, S. — d. Dys., G., Dyss., S. — e. fehlt bei G. — f. S. — g. Hegowiam, S.

[100] Ib. p. 110.
[101] Ib. p. 111.

sancta ducissæ aperientes, optabant esse in aliquo monasterio, ubi observantiam regularem observare possent et nullum hominem videre. Quibus domina promisit, quod eis providere vellet de monasterio novo, in quo juxta vota sua vivere possent. Nam illis temporibus nullum adhuc monasterium ordinis Prædicatorum reformatum fuit in provincia. Promisit ergo et servavit licet post plures annos.[101] Dux etiam magnificentiam suam ostendit Johanni militi Dapifero de Diessenhofen, qui septem filias habuit, quarum duas posuit in suam curiam ad servitium[a] dominæ ducissæ et aliis etiam providit. Deinde a Diessenhofen recessit et in Ensisheim venit et post hoc in Rhinfeldiam reascendit et in Brugga juxta Habspurg dies sollemnes nativitatis Domini cum suis curialibus peregit.[102]

G. p. 154. Tirol kommt an Oesterreich.

1360. Anno Domini 1360 venit unus ingens et crudelis peregrinus exercitus in Burgundiam et diffudit se per Lothringiam et Alsatiam usque ad Rhenum. Eruperat[b] autem exercitus ille ex ultimis occidentis regionibus ex Britannia et Anglia et

---

a. ad serviendum, S. — b. erupit, S.

[101] Das Kloster S. Katharinenthal ist weder eine Gründung der Habsburger, noch der Truchsesse von Diessenhofen. Es wurde 1242 auf Kiburgischem Boden errichtet, erfuhr aber allerdings in der Folge von jenen vielfache Förderung. Auffallender Weise erwähnt H. v. D. von dem Versprechen der Herzogin Katharina (den Namen hätte F. bei ihm finden können) nichts, und doch hätte es ihm ja in erster Linie bekannt sein müssen. Jedenfalls hängt die Erzählung in einem gewissen Zusammenhang mit der unten berichteten Gründung des Klosters Schönensteinbach. Ob die Herzogin ein solches Versprechen gemacht habe oder nicht, ist schwer zu entscheiden; soviel jedenfalls ist sicher, dass ein solches nicht die Ursache der Neugründung des Klosters Schönensteinbach gewesen ist. Am wahrscheinlichsten scheint mir, dass die Herzogin Katharina in der That mit den Nonnen von S. Katharinenthal Verkehr gepflogen habe, dass aber das angebliche Versprechen eine spätere Zuthat sei, hervorgegangen aus der Namensgleichheit der Gemahlin Rudolf's und der Neugründerin Schönensteinbachs, die ebenfalls Katharina hiess, möglicherweise auch daraus hervorgegangen, dass der Name „Katharina" in dem Namen „S. Katharinenthal" enthalten ist.

[102] H. v. D. p. 112. Vgl. übrigens darüber die weiter unten mitgetheilte Erzählung von der Gründung des Klosters Schönensteinbach.

anno sequenti vastavit Alsatiam igne et rapinis, et per decennium dominati sunt regionibus; civitates tamen magnas non ceperunt. His tandem adjuncti sunt Picardi[a], Scoti et ceteri occidentales. Et dum ascenderent[b] contra Bernam, occurrerunt eis Bernenses cum suis copiis, et juxta monasterium Fontis Mariæ penitus sunt interfecti.[164]

Anno supradicto convenerunt in oppidum Zovingen, quod est in Ergovia, duo duces Austriæ, scilicet dominus Rudolfus et dominus Fridericus, frater eius, et præceperunt omnibus vasallis, nobilibus et plebejis, ut in carnisprivio ibi essent et ab eisdem ducibus sua feuda reciperent; quod et fecerunt, et fuit factus conventus magnus nobilium ibi. Nam unus dux Bavariæ[c] advenit et Eberhardus de Wirtemberg, qui omnes duces et nobiles præsentes invitavit ad nuptias filiæ suæ, quam tradidit duci Lotharingiæ[d]; et celebritatem nuptiarum habuit in Stutgardia[e].[165]

Streitigkeiten der Grafen von Wirtemberg mit Kaiser G. p. 185.
und Reich. Herzog Rudolf fällt ins Patriarchat von Aquileja p. 187.
ein. Zwietracht zwischen den Grafen von Wirtemberg. Ursprung und Wachsthum des Hauses Wirtemberg.[166]

---

a. Piccardi, G., Biccardi, S. — b. ascenderunt, S. — c. Bavarum, S. — d. Lothr., S. — e. Stugardia.

[164] F. ist hier ungenau. Cervola erschien erst 1365 am Rhein, machte aber seit 1356 Burgund und das untere Rhonethal unsicher. H. v. D. p. 121 erwähnt eines Zuges dorthin unterm Jahr 1361; das Datum 1360 bei F. wird wohl damit zusammenhängen.

[165] H. v. D. p. 121.

[166] Wenn F. hier in einem Excurs über den deutschen Adel denselben von den Römern abstammen lässt, so geschicht dies im Anschluss an Hemmerlin, fol. 42b und 43a.

## Caput XV.

G. p. 18[illegible]

### De ducibus Austriæ.

Conclusionem de Svevia faciendo de sequentibus ducibus Austriæ et vere ac proprius ducibus Sveviæ, comitibus de Habspurg, restat dicendum. In præcedentibus enim habitum est de magnifico Rudolfo, rege Romanorum, qui genealogiam Habspurgensium, dignam ab antiquo, spectabiliorem reddidit eamque memorabilem cunctis generationibus fecit. Tres autem filios hic habuit: Albertum, Hartmannum et Rudolfum, et multas filias, quas omnes nobilissime locavit: unam dedit regi Hungariæ, unam duci Lotharingiæ, unam duci Calabriæ, unam comiti de Oettingen[a], unam comiti Palatino, unam duci Saxoniæ, unam germano marchionis[b] de Brandenburg, unam Carolo Martello, qui postea fuit rex Hungariæ, et unam regi Bohemiæ.[101] Albertus primogenitus Rudolfi, qui postea fuit Romanorum rex, uxorem habuit comitis de Tirol filiam, cum qua sex habuit filios: Rudolfum, qui fuit rex Bohemiæ; Fridericum, qui fuit electus in regem Romanorum cum Ludvico[c] Bavaro; Lupoldum[d] Austriæ ducem, qui amicus fuit papæ Johannis XXII; [e]Albertum, Ottonem et Heinricum[e].[102] Albertus jam nominatus habuit quattuor filios: scilicet Fridericum, Albertum, Ru-

---

a. Oettingen, G. — b. marchioni, S. — c. Ludw., G. u. S. — d. Lüp., S. — e. fehlt bei G.

[101] Im Widerspruch mit allen übrigen Zeugnissen gibt F. König Rudolf statt 6 Töchter sogar deren 9 und demgemäss auch 9 Schwiegersöhne. Drei von diesen haben wir zu streichen, nämlich den Herzog von Lothringen, den Herzog von Calabrien und den Grafen von Oettingen. Zwei von ihnen, der Herzog von Lothringen und der Graf von Oettingen werden als Schwiegersöhne Albrechts genannt. Von den übrig bleibenden ist der erste, der nachmalige König von Ungarn, Heinrich von Baiern, an die vierte Stelle zu setzen.

[102] Fälschlicherweise setzt F. Otto vor Heinrich. Ptol. von Lucca, Murat. XI, p. 1201, hat in einer von Heinr. v. Diess. eingeschobenen Stelle ganz die gleiche Reihenfolge wie F. Letzterer hat sie unzweifelhaft aus ihm entnommen.

dolfum, Lupoldum, qui omnes magnalia gesserunt in vita sua.[109]

Der erste der Brüder, Friedrich, ist „comes Tirolis, advocatus Aquilegiensis, Brixiensis et Tridentinus, et marchio Tervisinus."

Credo tamen, quod historia vel chronica[a] composita de illis ducibus hæc et alia contineat, quæ me latent, quia chronicam illam, multis in locis quæsitam, invenire non potui. Libenter enim gloriæ illorum nobilissimorum ducum adderem, si gesta eorum magnifica haberem. Habeo enim, ut more vulgi loquar, infixam in me caudam pavonis, quam nemo, dum vixero[b], deplumare poterit.[110] G. p. 169

Rudolf gründet die S. Stephanskirche in Wien, Albert die Universität.

Lupoldus dux Austriæ, frater trium dictorum, Sveviam superiorem rexit et comitatus Kiburg et Habspurg defensavit a Svicoris, qui suo tempore dominium ducum Austriæ plurimum turbabant.

Blüthe der Wiener Universität. Hervorragende Männer, die auf derselben gebildet wurden. G. p. 170

Quartus autem dux, frater trium, Lupoldus, militiæ operam dabat et zelans hereditatem paternam conservare studebat, pro ea vitam ponere paratus. || Huic de consensu regis Hungariæ et Venetorum sese dederunt Forvilienses[c][111], et postea Tarvisium possedit et cepit et Feltrum et civitates, oppida, quæ tamen G. p. 171

a. cronica, S. — b. advixero, S. — c. Forivilienses, S.

[109] Auch hier hält F. sich nicht an die richtige Reihenfolge, wie Heinr. v. Diess. und Greg. Hagen sie ihm hätten bieten können.

[110] Vgl. hiezu die Aeusserung auf p. 137. Die Klage bezieht sich auf eine ganz bestimmte Chronik, die namentlich von den Söhnen Albrechts des Lahmen zu handeln hätte; was für eine dabei gemeint ist, vermag ich nicht zu sagen; wohl kaum ist es das Buch „von dem Ursprung der durchlauchtigen Fürsten von Oesterreich", welches aus dem Kloster Königsfelden stammte. Der Auszug wenigstens, den Clewi Fryger von Waldshut gemacht hat, hat mit F. sehr wenig gemein. Fryger's Arbeit befindet sich in Gerbert „de translatis Habsburgo-Austriacorum principum cadaveribus". Vgl. Arch. f. österr. Gesch. Bd. 60.

[111] Greg. Hag. Pez. I p. 1153/1154.

postmodum Francisco Paduano impignoravit. Deinde[a] in natale solium rediit et pro comitatu Habspurg et Ergoviæ defensione et ceterarum suarum terrarum certamina multa habuit cum Sviceris, qui sui erant omnes cum solo. Sed obstinati contra naturalem dominum suum eius præcepta et jussiones penitus spernebant in tantum, ut generosus princeps cogeretur arma, quæ in suos inimicos acuerat, in servos proprios convertere et contra eos alios principes concitare et convocare[b]. Porro eo tempore Wenceslaus, filius Caroli IV., regni Romani gubernacula tenebat, et inter alia, quæ gessit, hoc recitatur, quod, cum civitates imperii conquererentur de diversis gravaminibus et incommodis, colligavit eas omnes in unam ligam per Alamanniam, in qua erat colligatus etiam archiepiscopus Salzburgensis et quidam alii domini, licet pauci. Ex hac liga civitates confortatæ[c] contra insultus nobilium viriliter stare cœperunt et non modicum favebant Sviceris, rebellibus dominis suis. Videbantur enim Sviceri et civitatenses habere eandem causam[d] colligandi et confœderandi se, scilicet gravamina nobilium, quamvis multum dissimilis esset colligatio, quia colligatio Svicerorum fuit conspiratio sine auctoritate principis contra proprium dominum, colligatio autem civitatensium imperialium fuit confœderatio ex ordinatione sui superioris contra injuste molestantes. Ex hac autem similitudine utriusque colligationis orta est amicitia quædam et favor inter civitatenses et Svitenses; non tamen secura fuit confœderatio inter eos, quia imperator forte non admisisset propter alterius partis injustitiam. Hæc ergo amicitia nobilibus fuit formidabilis et molesta, quia si civitatenses confœderati fuissent Svitensibus, exstirpassent nobiles de Alamannia. Et ideo patiebantur nobiles, et præsertim dux Austriæ a suis subditis molestabatur in tantum, ut[e] ab invocato auxilio nobilium, qui || met premebantur
G. p. 172. a civitatensibus[f], contra Sviceros bellare se pararet.[113]

a. dein, S. — b. conc. et communicare, G., princ. et communitates concitare et convocare, S. — c. conf. civit., S. — d. eand. caus. hab., S. — e. fehlt bei G. u. S. — f. civitatibus, S.

[113] Die Gegenüberstellung des Schwäbischen Städtebundes und der Schweizerischen Eidgenossenschaft ist für die Betrachtungsweise F.'s sehr

Sed quemadmodum ab antiquo fieri solitum fuit, ut casus magnorum principum aliquo prodigio prænuntiabatur, sic ante hoc ducis prœlium præcurrerunt præsagia tristia futurorum. Recitat Valerius Maximus lib. I. cap. 4 Memorabilium, quod rex Acho Lacedæmoniorum, bellaturus cum Græcis, congregatis suis gentibus refectione grandi parata, cunctis suis armigeris discumbentibus in mensa regis, cunctis cernentibus non solum semel, sed iterum et tertio vinum conversum est in sanguinem, stupentibus universis; occasione ea[a] regem periclitaturum vates prænuntiari dicebant, prout in eodem bello diræ[b] mortis jaculo succubuit.[113] Similiter prout dicitur in chronicis, fluvius Tolosæ civitatis visibiliter mutatus est in sanguinem, et consequenter eadem civitas passa fuit miserabilem desolationem.[114] Sic etiam[c] ante destructionem civitatis Jerusalem tempore Maccabæorum[d] fuerunt prius visa mirabilia in aëre, [e]ut patet[e] 2. Macc. 5., et tempore Christianorum ante desolationem eiusdem civitatis per Titum et Vespasianum, ut habetur in historia eiusdem eversionis. Eodem modo multa præcurrerunt signa funestum prœlium, de quo intendo. Nam juxta castrum Mellingen[f] illo tempore, quo dux Lupoldus regionem gubernavit, in flumine Rusa videbant incolæ erumpentem violenter cruoris rivulum[g], segregatim in altum scaturientem.[115] Sed quid significaret prodigium,

---

a. eca. cuius, G. — b. duræ, S. — c. sic et, S. — d. Machab, G. — e. fehlt bei S. — f. Melligen, G. — g. rivulam, G.

charakteristisch. Auf der einen Seite der gegen den Uebermuth des Adels gerichtete Städtebund, den F. auf Veranlassung des Kaisers entstehen lässt, also eine vollkommen legitime Verbindung, auf der andern Seite der Bund der Eidgenossen, der nicht nur der Protection des Kaisers entbehrt, sondern sogar gegen den eigenen Herrn gerichtet ist und desshalb eigentlich den Namen einer Verschwörung verdient — ein deutlicher Hinweis auf die Sympathien und Antipathien F.'s, der uns auch hier als durchaus in den Hemmerlin'schen Anschauungen befangen entgegentritt.

[113] Hemmerlin fol. 90a. Die betr. Erzählung steht Val. Max. I. 6 ext. 1 und beginnt „eodem (Xerxe) montem Athon vix transgresso“ etc., woraus dann bei H. ein „Athos rex“, bei F. ein „rex Acho“ entstanden ist.

[114] ib.

[115] ib.

eventus rei ostendit, quem non solum terrestria sed et cœlestia
1372. corpora ostendebant. Nam anno Domini 1372 visus est in Alamannia circulus rubeus circa solis orbem, et de prope comparuerunt duæ cruces notanter eminentes. Et eodem anno per cunctas Sveviæ civitates imperiales homicidia, conflagrationes et multa mala acciderunt.[116] Et sicut[a] antiqui ex dispositione et conjunctione siderum imaginabantur quædam animalia, ut scorpionem[b], cancrum, pisces, taurum, capricornum etc., quæ signa cœlestia sunt, quia tali tempore fit conjunctio side-
1386. rum in modum cancri vel scorpionis etc., sic anno 1386[c] quidam doctus theologus, astrologizans, vidit conjunctionem
O. p. 179. siderum, || sic se habentem, ac si vir nudus cum armato horribili congrederetur bello armatusque succumberet nudo.[117] Et hanc stellarum compositionem publice prædicavit idem in imperiali civitate Turicensi. Quid autem significaret, prædicere non potuit. Sed statim nona die mensis iulii[d] effectus manifeste[e] declaravit. Anno enim præfato et mense congregavit dominus Lupoldus, dux Austriæ, grandem nobilium exercitum et[f] ad reducendum Sviceros ad obœdientiam debitam processit. Sviceri autem, uti domino suo inobœdientes, venienti occurrerunt armati et juxta castrum Sempach congressum habuerunt, et horribili impetu pugnantes, victoria Sviceris cessit, qui, passim comites, barones, milites et nobiles prosternentes, inter eos ipsum belli ducem et terræ illius dominum, Lupoldum, crudeliter interfecerunt, ut manifeste patesceret inferiora configurari superioribus, ut, sicut in sideribus nudus suppressit armatum, sic in hominibus pauper et inermis populus prosterneret armatum et splendidum exercitum. Videtur, quod dux ille non adeo fideles servos habuerit, sicut rex David, cui[g], cum vellet in periculosum prœlium exire cum populo, dixit populus: „Non exibis nobiscum, quia tu unus pro decem milibus

a. sic, H. — b. scorpionum, S. — c. sic eodem anno, scilicet 1372, G., scilicet fehlt bei S. Mit Rücksicht auf Z. 17 ist im Text 1372 durch 1386 ersetzt. Vgl. Anm. 117. — d. iulii, G. u. S. — e. S., manifestus, G. — f. fehlt bei S. — g. qui, G. u. S.

116 H. fol. 94b.

117 Ib. H. setzt dazu die Jahreszahl 1386 und knüpft dann eine kurze Schilderung der Schlacht von Sempach an.

computaris; melius est enim nobis, ut sis nobis in urbe præsidium." 2. reg. 18. Et iterum 2. reg. 21.[118] juraverunt septem principes David, volenti exire[a] cum eis ad bellum, dicentes: „Jam non egredieris nobiscum in bellum, ne exstinguas lucernam in Israel." Et ibidem dicitur, quod, dum[b] David cum suis esset in prælio, ingens gigas Jesbi de Nob[c] de Geth cum gravissima hasta nitebatur percutere David. Sed Abisai[d] princeps regem protexit et gigantem prostravit. Hic vero in funesto bello nobilis princeps nec fuit domi retentus nec in campo a suis defensus, sed a propriis vernaculis in proprio solo pro suo patrimonio truculenter occisus et de loco occisionis deportatus et in Campo Regis sepultus.[119] Quis non turbetur de tam miserabili occubitu tanti principis? Dicitur enim, quod, dum percussus cecidisset in terram nec adstatim[e] surgere posset, pondere armorum gravatus, accurrit quidam vilissimus Svitensis[f], cadens super eum, et evaginato pugione quæsivit || crebris punctionibus perfodere principem nec locum invenit, quo nudum G. p. 174.
corpus tangere posset propter armaturam. Videns autem princeps vitæ periculum sibi imminere, aperuit, quis esset, sperans vitam redimere. Sed ut diabolicus homo ille audivit hunc, quem tenebat, principem esse, ut fera crudelissima desævit in dominum suum et pugione aliquas compagines armorum solvit et deprecantem ducem interemit. Quis non indignetur isti scelestissimo homicidæ et crudelissimæ genti? Profecto inhumanus Turcus, ferus Sarracenus, bestialis Tartarus, atrox Arabs, vilis Aegyptius, invidus Græcus, fellitus Judæus pepercisset, securasset, suis præfectis captivum præsentasset principem et gloriam ac præmium reportasset et pacem celerem

---

a. volentis transire, G. — b. dic: quod, G. — c. Jesbidenob, G., Jesbibenob, S. — d. Abisag, G. — e. statim, S. — f. Svicensis, G.

[118] Nach unserer Bezeichnung 2. Buch Samuel. Die Septuaginta fasst die 2 Bücher Samuel und die 2 Bücher der Könige zusammen unter dem Titel „libri regum quattuor". Die Citate sind dem Dialogus fol. 95[a] entnommen.

[119] Dass Leop. in Königsfelden begraben wurde, berichtet auch Greg. Hagen p. 1126.

terræ, hoc faciens, procurasset. Sed quia inhumaniter egit, atrocissima secuta sunt bella plurima et multa milia hominum perempta. Sed et ipse nequissimus homicida, immo principicida, stipendium juxta suum meritum statim accepit. Dum enim nesciretur, quis principem occiderit, et de hoc miratio et murmur inter Sviceros esset, prosiluit ille maledictus principicida, homuncio strumosus et vilissimus, in medium, prædicans[a] se publice sic et sic ducem interfecisse. Quem rapientes traditum tortoribus, crudeli morte dilaceratum, peremerunt in oppido Bernensi. Sed improportionata vindicta est ista, nec opinandum est rem sic inultam transire; quia potius in totam illam peregrinam Svicerorum gentem desævitura est ira, sed non nisi[b] completæ fuerint iniquitates eorum, sicut et de Amorrhæis dicitur.[139]

Porro in loco, ubi fusus est principis sanguis, anno revoluto flos quidam crevit in calamo alto in modum lilii; non tamen erat lilium, sed flos magnus miræ pulchritudinis et peregrinæ dispositionis, cuius similitudo prius non est visa, eiusque figura habetur depicta in capella, quæ in loco est.[140] Simile refert Ovidius de Oebalide, qui et Hyacinthus[c] dicitur. Hic dum esset cuiusdam regis nobilissimi filius, in quodam interemptus prato, de cuius sanguine flos nascebatur mirabilis et delectabilis, et in singulis foliis syllaba prima sui nominis
G. p. 176. fuit inscripta, scilicet ia, ia.[141] Nec mirum, si tantæ || nobilitatis sanguis terram fecundet[d] et florem speciosum[e] prodire faciat, quia ex natura ingenuitatis in vita et in morte insolita

a. prædicens, G. u. S. — b. nonne, S. — c. Ebalide, G. u. S., Jacinthus, G. — d. fecundam, S. — e. speciosam, S.

[139] Ich zweifle nicht, dass diese Erzählung gleichwie alle hier beigebrachten Citate, auch wenn ich ihren Hemmerlin'schen Ursprung nicht direct nachweisen kann, doch aus dem Dialogus herübergenommen ist.

[140] Hemmerlin fol. 94b. Ueber die Aehnlichkeit der Blume mit einer Lilie wird bei H. nichts gesagt; es heisst nur „flos monstruosæ pulchritudinis et largissimæ magnitudinis et peregrinæ dispositionis."

[141] ib. Oebalides, so wird Hyac. von seinem Vater Oebalus genannt. Die Buchstaben auf der Blume heissen übrigens nicht „ia", sondern „ai", vgl. Ov. Met. X, 215 u. XIII, 397.

efficiunt et aliis hominibus rusticosis[a] impossibilia. Legimus enim in chronicis comitum de Habspurg, quod tantum donum gratis datum habeant, ut quicunque strumosus aut gulture globosus de manu alicuius comitis de Habspurg potum acceperit, mox sanum, aptum et gracile guttur reportabit[b]; quod sæpe visum est in valle Albrechtsthal[c] in Alsatia superiori, in qua sunt homines strumosi naturaliter, qui passim prædicto modo sanabantur, dum vallis adhuc esset illorum comitum vel Austriæ ducum. Insuper notorium est et sæpe probatum, quod, dum quis balbutiens est vel impeditioris linguæ[d], si ab uno principe de præmissis sine alio quocunque suffragio osculum acceperit, officium loquendi disertissime, ætati suæ congruum, mox patenter optinebit.[183]

Atque[e], si cui placet videre, quomodo etiam gentilibus nobilibus ante Christi incarnationem datum sit insolita operari, legat[f] Valerium Maximum in I. libro cap. 3. et 4. etc.[184] Audivi etiam a juventute, et hodie vulgus dicit et fama publica est, quamvis scriptum non invenerim, quod præfati comites de Habspurg ab utero matris suæ crucem auream in dorso habeant, hoc est pilos candidos ut aurum, in modum crucis protractos. Nec hoc mihi difficile est credere, cum Marcus Venetus in Itinerario suo simile se invenisse recitet.[g] [185] Perambulans[h] enim quadraginta quinque annis regiones Asiaticas, in Corzanorum regnum devenit, cuius reges, licet sint sub rege Tartarorum, se tamen nobiliores præ aliis terræ regibus esse jactant ex eo, quia, cum nascuntur, signum aquilæ nigræ super humeros suos de utero matris suæ producunt; et per dies vitæ hoc imperiali signo sunt insigniti[i] et cunctis populis honorabiles et metuendi habentur.

---

a. rust. hom., S. — b. reportabat, S. — c. Albrechtstaal, O., Albrechtsthal, S — d. balbus vel imp. est ling., S. — e. et, S. — f. legat, S. — g. recitat, S — h. perambulavit, S. — i. signati, S.

183 Quelle dieser Erzählung, die F. den „chronicis comitum de Habspurg“ entnommen haben will, ist wiederum Hemmerlin fol. 91ᵇ–95ᵃ.

184 Ib. fol. 95ᵃ. Die betr. Capp. handeln zwar nur „de superstitionibus“ und „de auspiciis“.

185 Ib. fol. 91ᵇ.

Nobiles ergo, aliquo singulari dono a Deo insigniti præter G. p. 174. potentiæ et divitiarum || præeminentiam, sunt merito magis a plebibus honorandi, metuendi, supportandi, juvandi et tuendi. Injuste ergo opponunt se Sviceri contra tam insignes nobiles de Habspurg, duces, immo archiduces Austriæ. Nec patietur Deus, cuius beneficiis præ aliis ditantur et gaudent, injustas impugnationes eorum multas. Porro prædictus dux occisus fuit[a] non tam per inimicos interfectus[b], quam per amicos suos neglectus. Non enim debuissent eum personaliter ad istum periculosum conflictum in tam arto districto inter montes admisisse, nec exercitum induxisse[c] ubi non est nisi vel victoria vel mors et nullus effugii locus. Debuissent etiam eum more fidelium militum circumvallasse et nullo modo solum reliquisse; et tunc etiamsi[d] cunctos interfecissent, eum servassent et perpetuam pacem cum eo comparassent vel divitias. Insuper principe interfecto debuissent omnes sui bellum continuasse et novis exercitibus in principicidas irruisse et filium eius Ernestum, patrem serenissimi Friderici III., imperatoris hodie mundi, et avum gloriosissimi regis Maximiliani, noviter coronati, secum in bellum duxisse, etiam in cunis jacentem. Accendisset enim pueri præsentia virtutem militum, commiserantium puero injuste patria et patre orbato. Similiter[e] enim legimus fecisse Macedones cum Illyricensibus pugnantes qui in primo conflictu succubuerunt rege eorum perempto. Sequenti autem die Macedones collecto alio exercitu certamen instaurant et infantem, ob cuius regnum jam certabant, ad bellum, jacentem in cunis, in campum tulerunt. Quo viso tantus ardor invasit milites, quod quasi leones facti fuerunt et hostes mirabili strage percusserunt, victoriam non sibi sed puero asscribentes.[115] Habuit autem præfatus dominus Lupoldus

a. fehlt bei S. — b. fehlt bei S. — c. introduxisse, S. — d. et etiam tunc, si, S. — e. Simile, O.

[115] Aeneas Silv. epist. 13. Dionysio archiep. Strigon. Opp. Bas. 1571, p. 509 B. Aeneas wendet übrigens die Moral nicht auf Sempach, sondern auf die Ungarn an, die vor und während der Geburt des Ladislaus posthumus, diesem, dem Erben König Albrechts, die Krone zu entziehen trachteten.

uxorem filiam ducis Mediolani et quattuor filios cum ea, scilicet Wilhelmum, Lupoldum, Ernestum et Fridericum.

Wilhelm, der älteste der Brüder, unternimmt eine Palästinafahrt. G. p. 177.

Secundus filius Lupoldus erat dux, homo longus[a] et magnus, degens in superiori Svevia, et uxorem habuit filiam ducis Burgundiæ[187], et ambo erant ordini Prædicatorum bene inclinati et devoti. Quare ducissa cum monialibus in Diesenhofen frequens fuit, ad quam accesserunt devotariæ monasterii, rogantes eam, ut promissionem dudum eis factam per uxorem ducis Rudolfi compleret[b]. Domina ergo promisit et complevit. Cum enim esset in oppido Ensisheim[c], Basiliensis diœcesis, et quadam die cum puellis et servis suis in silva prope Ensisheim[d] pro solatio evagaretur, venit ad unum desolatum monasterium cum combusta ecclesia, quam Anglici quondam, dum Alsatiam vastarent, combusserunt[e]. Videns autem locum vacuum et tamen religioni satis[f] congruum, scrutinio habito, quod domini canonici regulares, qui loci possessores fuerant, reædificare non intenderent, locum ad suas suscepit manus[g] ducissa illa devota et collapsam reædificavit[h] ecclesiam et[i], monasterii ruinas removens, officinas claustri instauravit cum consilio reverendi patris Conradi de Prussia, primi reformatoris ordinis Prædicatorum in provincia Teutoniæ. Loco ergo aliqualiter aptato ascendit domina ducissa in Diesenhofen et inde tulit sorores, affectum et desiderium ad regularem observationem habentes, et duxit eas in locum præfatum, qui dicitur Schœnensteinbach, et monasterio inclusit.[188]

---

a. dux, longus, S., dux. Lupoldus homo longus, G. — b. S. fügt bei: De qua promissione supra. — c. Ensiten, S. — d. Ensisheim, S. — e. comb., de quibus supra dictum est, S. — f. satis vel, G. — g. manus suas, S. — h. fehlt bei G. — i. ut, S.

[187] Katharina, Tochter Philipps des Kühnen.

[188] Vgl. zur Erzählung von der Gründung des Klosters Schönensteinbach die oben p. 176 berichtete von dem von der Herzogin Katharina (I.), Gemahlin Herzog Rudolfs, den Nonnen von S. Katharinenthal gemachten Versprechen. Vgl. ebendaselbst die Anmerkung wegen der Verwechslung der beiden Herzoginnen Katharina. Dass Nonnen aus dem Kloster S. Katharinenthal die ersten Bewohnerinnen des wiederaufgerichteten Sch waren,

Es folgt hierauf eine anekdotenhaft ausgeschmückte Geschichte der Einweihung des Klosters.

G p. 179. Tertius filius ducis Lupoldi fuit dux Fridericus, dominus in Pontina super comitatum Tirolim, et duas habuit uxores. Prima fuit Palatina Rheni, secunda fuit filia ducis de Brunswig[a] [129], de qua habuit filium ducem Sigismundum, qui hodie in humanis est et eandem terram pacifice regit et possidet[b].

Der vierte der Brüder, Ernst, ist der Vater Kaiser Friedrich's III. und Herzog Albrecht's (VI.).

Kaiser Sigismund vermählt seine Tochter mit Herzog Albrecht (V.), dem Sohne Albrecht's (IV.).

G p. 180. 1414. Porro anno Domini 1414 convocatum fuit[c] magnum concilium ad Constantiam propter maximum scisma in ecclesia, quia erant tres papæ, et omnes tres citati fuerunt ad concilium. Noluit autem papa ille, qui residebat Romæ, Johannes XXIII dictus [130], venire, nisi dux Austriæ Fridericus, filius Lupoldi, dominus Athesi[d], eum assecuraret et secure eum Constantiam ducere et educere promitteret. Cum autem ductu Friderici ducis Constantiam venisset, submisit se concilio et humiliter juravit stare. Sed diabolo incitante eum secrete requisivit suum ductorem dominum Fridericum, ducem Austriæ, ut se educeret clandestine, quia rigorem concilii sustinere non posset nec vellet. Grave autem fuit domino Friderico facere

---

a. Braunschwig, S. — b. ut patet supra, S. — c. 1413 convocatum fuit, S. — d. Athisi G. u. S.

ist desshalb nicht glaublich, weil weder die Stiftungsurkunde Herzog Leopolds für Sch. noch die Bestätigungsurkunde Papst Bonifaz IX. des Zusammenhanges mit S. Katharinenthal gedenken. Damit fallen die Beziehungen der Herzogin Katharina (II.) zu Katharinenthal dahin. Schönensteinbach war ein Augustinerinnenkloster gewesen, hatte sich aber zur Dominicanerregel bekannt. Die zerstreut in den Klöstern rings umher lebenden Nonnen wurden nun wieder zurück geführt, durch neueintretende vermehrt und der Sorge der Dominicaner in Colmar unterstellt. Die Stiftungsurkunde Leopolds IV. ist vom 1. December 1396, die Bestätigungsurkunde des Papstes (in einer Urkunde des Abtes Wilhelm von Murbach enthalten) vom 9. April 1397 datirt; Schöpflin, Alsatia diplomatica II, p. 297 und 301.

129 Elisabeth, Tochter König Ruprechts, und Anna von Braunschweig.

130 Gewöhnlich der XXII. benannt.

et educere eum contra concilium, grave etiam sibi videbatur non tenere juramentum, quod præstiterat Johanni de secura ductione. In his autem usus consilio domini Moguntini archiepiscopi, accepit sinistrum consilium, quia prædictus Moguntinus tunc cum imperatore discors erat et ideo malum consilium dedit, ut potius fidem Johanni servaret et suo[a] in hoc honori consuleret, quam obœdientiam concilio et fidelitatem ecclesiæ. Quadam ergo nocte ductu Friderici ascendit papa Johannes naviculam cum paucis et in civitatem Schafhusen per Rhenum festine trajectus, a Friderico duce Austriæ ibi servatus est. De cuius recessu magnus planctus et miserabile lamentum in concilio fuit propter ecclesiæ periculum; non tamen ideo fuit dissolutum. In ista turbatione commotus imperator Sigismundus et omnes ibi congregati contra dominum Fridericum, ducem Austriæ, Svitenses advocaverunt et eis auctoritate concilii in pœnam Friderici totam regionem Argoviæ cum omnibus oppidis, castris et villis dederunt, imperantes eis vi armorum omnia illa capere. Audiens autem hoc dux Fridericus in pœna, intellexit se malo deceptum consilio, et Johannem papam, in Burgundiam aufugere conantem et jam actu fugientem, insecutus est et eum cepit sacroque concilio præsentavit, quem imperator et concilium recluserunt in castro episcopi Gottlieben, et pœni || tentem Fridericum ducem ad G p. 161.
gratiam suscepit imperator et donationem factam Sviceris revocavit eique Argoviam restituit. Sed Sviceri non impigri, uti alienorum bonorum cupidi, jam regionem invaserant et suas sedes in ea collocaverant, quas propter revocationem illam dimittere nolebant. Et ita domus Austriæ ab illo tempore usque in hanc diem caret terra suæ nativitatis[b], quo jure pendat vir prudens. Nam antequam terram caperent Sviceri, pervenit ad eos revocatio; qua non obstante nihilominus castra, castella et oppida oppugnabant, capiebant et ea, quæ fortia erant, destruebant, ut castrum Baden supra oppidum in monte, quod penitus destruxerunt; et vetustissimas literas de regionibus illis, quæ erant ducum Austriæ, acceperunt in arce illa

---

a. sui, G. — b. nat. suæ, S.

repertas. Et inter hæc locus originis spectabilium Austriæ ducum, Habspurg, in manus et potestatem devenit miserabilium rusticorum Svicerorum.[181] Sed et Kiburg castrum impignoratum fuit per duos comites fratres de Kiburg, consanguineos comitum de Habspurg, et ipsi in Tunis castro et oppido degentes, non ut fratres sed ut inimici simul vivebant, quasi depauperati. Unde crescentibus calamitatibus unus germanum suum interfecit. Quod Bernenses cernentes, fratricidam ejecerunt et comitatum Tunensem possederunt usque hodie; sicque genealogia comitum de Kiburg evanuit.[182] Insuper oppidum Schafhusen fortissimum per ducem Austriæ cuidam nobili fuit pro summa pecuniæ impignoratum. Cives autem oppidi impignorationem ægre ferentes collectis pecuniis oppidum suum redemerunt seque cum Sviceris fœderaverunt.

Tod Sigismunds. Königswahl, Regierung und Tod Albrechts. Ladislaus (posthumus).

---

[181] Die Darstellung ist in den Hauptzügen durchaus richtig und schliesst gerade deshalb die Gewissheit in sich, dass F. nach einer Vorlage schrieb; nach welcher, vermag ich aber nicht zu sagen. F. kann indessen doch nicht umhin, den Eidgenossen einen Hieb zu versetzen. Er berichtet von dem Befehl des Kaisers an die Eidgenossen, die Feindseligkeiten einzustellen: „imperator donationem factam Sviceris revocavit... Sed Sviceri... jam regionem invaserant et suas sedes in ea collocaverant", fährt dann aber zwei Zeilen hernach fort: „antequam terram caperent Sviceri, pervenit ad eos revocatio".

[182] So viele Zeilen, beinahe so viele Fehler. Nicht durch das Haus Kiburg-Burgdorf wurde die Kiburg verpfändet, sondern durch Herzog Leopold III. und zwar an die Toggenburger und hernach an das Haus Montfort. 1415 wurde die Grafschaft für eine Reichspfandschaft erklärt und 1424 von den Zürchern eingelöst. Der Brudermord fällt fast hundert Jahre vor das Ende des letzten Kiburg-Burgdorfers, in das Jahr 1322; 1384 kamen Thun und Burgdorf an Bern, und 1415 starb der letzte des Hauses, Egon.

## Caput XVI.

### De divo Friderico, duce Austriæ, imperatore, et eius bello cum Sviceris.[a] G. p. 183

Fridericus, III. huius nominis imperator, Austriæ dux, Ernesti filius, anno 1440 omnium suffragiis Cæsar creatus, im- 1440
peravit usque in præsens annis quinquaginta quattuor[b].

Romfahrt Friedrich's.

Fuit autem imperator ille et hodie est vir pacificus, quie- G. p. 184
tus et patientiæ singularis et prudentissimus, cum silentio et quiete multa ultra modum disponens per orbem. Est etiam devotissimus in divinis officiis, quotidianus ecclesiasticis personis, affectus religiosis, bonis totus inclinatus, moribus compositus et in cibis et potu et somno valde sobrius. Et quicquid de viris bonis dici consuevit, illi imperatori sine fictione attribui potest. De duobus tantum vulgus eum defectibus inculpat, dicens eum esse tardum et tenacem. Prudentes autem judicant tarditate sua pacem fovisse et civitatum divitias crevisse; tenacitate vero sua futuris temporibus malis[c] provisum esse et thesauros eius pro republica servari[d] putant. Suo tempore, dum esset rex, fuit scisma magnum in ecclesia inter Eugenium et Felicem, quod sedecim annis duravit. Ad cuius scismatis dissipationem plurimum laboravit et usque in finem cum Eugenio stetit; et quamvis personaliter Basileæ in concilio non fuerit, sententiæ tamen suæ ibi efficaciter operabantur ad ecclesiæ pacem. Unde omnibus temporibus sui regiminis nunquam ab ecclesia recessit et cum octo papis, sub quibus fuit, pacem habuit. Defuncto papa Calixto III. Aeneam, virum eloquentissimum, qui suus fuerat cancellarius, in papatum promovit. Paulum II. papam, virum valde magnificum Romam petens adiit, cum quo longum et secretissimum colloquium habuit. Et nisi Deus Paulum papam de medio citius

---

a. S. hat nur den Titel: De duce Friderico, duce Austriæ. — b. usque in præsens annum 45, S. — c. malum, G. d. servare, S.

tulisset, opinantur multi Italiam in aliud regimen redactam[a] et rempublicam ecclesiæ emendatam. Dietas et principum convocationes Norimbergæ et Ratisbonæ[b] habuit pro bono et pace ecclesiæ, et contra Turcorum et hæreticorum incursus sollicitus exstitit.

Insuper tractatus multos habuit cum suis et multo plures[c] cogitatus suæ mentis, qua via hereditatem suam paternam, quam Sviceri usurpaverant, redimeret[d] et sanguinem avi sui
1444. Lupoldi in eis vindicaret.[133] Egit, quod anno Domini 1444 venit[e] in terram nostram illustrissimus Delphinus, regis Franciæ primogenitus, cum innumerabili multitudine Armiacorum[f]
G. p. 185. et || omnium occidentalium regnorum populis. Erant autem Sviceri in obsidione civitatis Turicensis et castri Varnspurg[g] prope Basileam. Audientes autem Sviceri populum alienum contra se ascendere, electissimorum rusticorum collegerunt

---

a. redactam, G. — b. Nuremb. et Ratisp., G. — c. multiplices, S. — d. redimiret, G. — e. venit igitur, G. — f. Irmiac., S. — g. Vasperg. G., Varsperg, S.

[133] Nirgends wohl treten F.'s Sympathien und Antipathien so unverhohlen und nachdrücklich zu Tage wie in diesem Capitel in der Darstellung einer Zeit, die für unsern Geschichtschreiber allerdings mit den schmerzlichsten Erinnerungen verbunden war. Auf der einen Seite stehen die Schwizer und ihre Bundesgenossen, gegen die er sich mit grosser persönlicher Bitterkeit wendet, einer Bitterkeit, die durch das genaue Studium Hemmerlins und die enge Anlehnung an dessen von spott- und hohnvollen Ausfällen gegen die Eidgenossen erfülltes Werk noch gesteigert wird, auf der andern Zürich und das Haus Oesterreich, dessen Herrscher uns als eine wahre Lichtgestalt entgegentritt. Die psychologisch so ausserordentlich merkwürdige Persönlichkeit Friedrichs III. mit der wunderbaren Mischung von Kraftlosigkeit und Zähigkeit, von weitaus blickender Berechnung und widerstandslosem, fatalistischem Nachgeben gegenüber äussern Einflüssen wird durch F. geradezu verherrlicht. Während F. dem Auftreten König Rudolf's keineswegs ausschliessliches Lob spendet, lässt er an Friedrich III. auch nicht den leisesten Tadel herantreten. Wie hoch F. den letzteren stellt, zeigt sich am meisten darin, dass er ihm geradezu in der späteren Redaction (vgl. das Nachwort) in der Capitelüberschrift das Attribut „divus" gibt. — Dass F. das Schisma sechzehn Jahre dauern lässt, beruht auf einer Verwechslung der Regierungszeit Eugen's IV. mit dem Schisma, das nur acht Jahre anhielt. In der Zahl der acht Päpste ist der Gegenpapst Felix V. nicht inbegriffen.

novum exercitum, et tamquam devoraturi Delphinum cum suis ascendentibus juxta Basileam urbem occurrunt in loco leprosorum ad sanctum Jacobum. Ibi ergo congressione facta, hospites illi terræ nostræ, impetu facto in Sviceros, primum cornu eorum conterunt et eo confracto cædero[a] sequentem populum incipiunt continue a mane usque ad vesperam et quattuor milia Svicerorum prostraverunt. Multi autem de Sviceris, fugæ præsidium quærentes, in habitacula leprosorum se receperunt, quod scientes Armiaci, igne supposito capellam plenam Sviceris et habitacula incenderunt et crudeliter cremaverunt sicque eos de igne temporali ad ignem gehennalem transmigrare compulerunt, sicut Sodomitis accidit. Et ita justo Dei judicio factum est, ut filii eorum orphani fierent et uxores viduæ, qui orphanos et viduas multas constituerant. Porro post mensem a cæde prædicta, dum locus certaminis pro leprosorum reductione mundaretur, apertum fuit cellarium quoddam sub cineribus, in quo centum minus uno stabant exanimata Svicerorum integra corpora compressa, quorum animas extorserat timor amarissimæ mortis et fumus suffocans; sicque tabefacta stabant corpora ut idola, in stuporem omnium videntium et admirantium[b]. Dicitur etiam, quod in ipso conflictu Sviceri, videntes se passim interfici, ignem grandem fecerunt et corpora suorum infectorum(!) interjecerunt comburentes, ut numerus cæsorum maneret incertus. Porro finito prœlio cum jam omnes recessissent, religiosi viri, de monasteriis de Basilea exeuntes, dispersa corpora per campum collegerunt et ea in cœmeterio[a] sancti Jacobi sepelierunt, ut per omnia pœna correspondoret culpæ.[184] Pro quo pulchro considerandum, quod

a. cedere, S. — b. admirationem, S. — a. cemiterio, G. u. S.

184 Die vorstehende Schilderung der Schlacht bei S. Jakob a. d. Birs ist im Wesentlichen, und zwar theilweise wörtlich, Hemmerlin fol. 131 a entnommen. Die Zahl der 4000 Eidgenossen findet sich schon in dem von Tschudi beigebrachten Bericht Thüring von Hallwil's an Markgraf Wilhelm von Hochberg über die Schlacht. Dass H. und nach ihm F. diese grössere Zahl und nicht die kleinere, 1200, der Eidg. Berichte bringt, darf uns nicht wundern. Wo F. die allerdings sehr kurze Darstellung H.'s ergänzt, ge-

Carolus magnus sanctum Jacobum apostolum præ omnibus sanctis coluit, ut habetur in eius legenda, et eius tempore ipso G. p. 188 procurante peregrinatio sancti Jacobi instituta fuit. || Hic Carolus diversas hinc inde construxit sancti Jacobi ecclesias extra oppida, ut illi, qui non possent visitare sancti Jacobi limina in Compostella, saltem exeuntes in illas ecclesias invocarent sancti Jacobi patrocinia. Idem imperator Sviceros transtulit de ultimis Saxonum regionibus in hæc montana, quæ incolunt. Cum ergo Sviceri per Carolum, ministrum sancti Jacobi, sint de regione provisi, et in contemptum sancti Jacobi et Caroli oppidum Turegum impugnarent et cives Turicenses in capella sancti 1444. Jacobi, per Carolum fundata, funderent et occiderent anno 1443[a], suscitavit Deus Delphinum de stirpe Caroli, qui gentem refugam et Carolinis legibus contrariam et Carolo perjuram in loco sancti Jacobi perimeret[b] anno sequenti, quod[c] ipsi ad Turegum idem fecerant ad sanctum Jacobum. Ambas illas ecclesias extra portas Turegi et Basileæ Caroli devotio in honorem[d] sancti Jacobi instituit et Turicensem civitatem sibi ipsi quodammodo dedicavit, ædificans ecclesiam collegiatam in loco Felicis et Regulæ martyrum, eamque optima provisione cleri dotavit.

Qui Carolus, videns per Sviceros rusticos enormiter angustiari et gravari suos cives Turicenses, apud regem regum, in cuius palatio æternaliter[e] militat, sui castri nobilis impetravit liberationem per suum successorem, nobilem Delphinum, per quem Deus, ultionum Dominus, libere egit.[133] Nimis enim

---

a. 1443. ut supra dictum est, S. — b. perimerent, S. — c. quo, S. — d. honore, G. — e. eventualiter, S.

schicht es nicht glücklich. Anstatt dass die Eidgenossen sich successive auf die einzelnen französischen Heerhaufen werfen, lässt er die Armagnaken die Eidgenossen angreifen und nacheinander aufreiben. Zuthaten F.'s sind weiterhin, dass die Eidgenossen die Leichname der übrigen selbst in die Flammen warfen, sowie dass die Basler Religiosen die auf dem Felde liegenden Leichname in die Gruft des Siechenhauses brachten, „damit die Strafe der Schuld entspreche".

[133] H. fol. 134 b. Die weitere Ausführung des Gedankens, dass Karl der Grosse im Unwillen über den Schimpf, den die Schwizer 1443 dem von

et ultra metas humanæ bonitatis in Turicenses excesserant, accipiendo signa inimicorum, quod nunquam licet, "sicut nec licet"[a], quod notarius utatur alterius notarii signo, aut aliquis alterius sigillo illo nesciente vel nolente, cum hoc sit crimen falsi, ut ff. qui testa. fac. poss., l. ad test., § si quis ex testib.,[186] et l. pen. et d. cap. significavit de app. et spec. de inst. 4. dl. § postremo ver.[187] Et est simile crimen Judæ criminis[b], qui Christum signis amicitiæ quattuor in mortem dedit, scilicet amplexando, osculando, salutando, rabbi[c] nominando, Matth. 27.[188] Sic et Joab fecit 2. Reg. 20, effundens sanguinem belli signo pacis, propter quod occisus est 3. Reg. 2. Et Achot, portans munera signum amicitiæ regi Eglon, ipsum[d] interfecit Jud. 3.[189]

Cum his ergo fallacibus signis assum || ptis deceperunt G. p. 187. cives Turicenses et interfecerunt. Et præter[e] hanc crudelitatem aliam, cuius similem nusquam[f] legi vel audivi, exercuerunt. Nam inter concives cecidit etiam insignis vir Rudolfus Stuss[g], bellator strenuissimus actu, magister civium Turicensium. Quem dum Svicori adhuc palpitantem et semivivum reperissent, gladio ventrem eius aperuerunt et de penetralibus corporis cor eius integrum evulserunt et in nobilis humanæ conditionis contemptum cum corde illo calciamenta et ocreas

---

a. fehlt bei S. — b. crimen, S. — c. et rabbi, S. — d. fehlt bei G. — e. propter, S. — f. nunquam, S. — g. Stussi, S.

ihm gestifteten Heiligthume des Jacobus an der Sihl zugefügt, den Dauphin herbeigeführt und durch ihn beim Heiligthum des Jacobus an der Birs die Schwizer bestraft habe, findet sich bekanntlich in dem „processus Judiciarus", jener Darstellung einer himmlischen Gerichtsscene, in der H. noch mehr als im Dialogus die Schale beissendsten Spottes und grimmigsten Hohnes über seine Gegner ausgiesst.

[186] Lex 23 § 4 dig.: Si qui testamenta facere 28. 1.

[187] Lex 30 (penultima) et diversis capitibus, 49. 1. de appellatione et specialiter de institutionibus 4 dicta § postremo versu.

[188] Matth. 26, nicht 27.

[189] Nach heutiger Zählung 2. Sam. 20 und 1. Könige 2. Vgl. oben p. 183. Die Citate sind Hemmerlin fol. 113 b und 114 b entnommen. Ueber Judas siehe Hemmerlin fol. 113 a.

perunxerunt more suorum, et tamquam bestiales et agrestes gentes intestina jam morientis contrectaverunt propter mordacissimam invidiam ad virum, quem sciebant domui Austriæ fidelem et nobilibus omnibus acceptabilem.[140]

Et hæc scribuntur atque recitantur ad perpetuam eorum infamiam. Et ipsi dicunt: „Inimici nostri hæc[a] dicunt; ideo nullum est eorum testimonium". Ad hoc respondetur, quod in hoc casu hostis contra hostem testis esse potest, qui alias regulariter refutaretur in casu, quo negaretur, ut de testib. quotiens, et quod hostis possit esse testis, probatur per ea, quæ leguntur et notantur in cap. veniens 2. de testib. in fine et alibi sæpe.[141]

Grandis infamia incurritur, dum quis illegitime prœliatur et jura prœliantium transgreditur, ut Sviceri fecerunt ante Turegum cum fallacibus signis, quod Turci, bellantes contra Christianos, non facerent, quia est injustissimum; ideo puniti sunt etiam in se ipsis. Nam dum Turicenses prostravissent et se ad propria redire disponerent, secuti sunt illi Sviceri, qui in cauda exercitus fuerant locati, quibus nihil de assumptione falsorum signorum constabat. Hi ergo, videntes socios rubeis crucibus signatos, æstimabant inimicos et vibratis lanceis et gladiis cædere[b] cœperunt suos et plures occiderunt. Propter quod ortum fuit inter partes eorum magnum discidium[c], quod vix poterat sedari.[142] Puniti sunt etiam[d] a Dei-

---

a. hoc, S. — b. cedere, S. — c. dissidium, S. — d. p. etiam sunt, S.

[140] H. fol. 133 b. Wie F. die List der Eidgenossen bei S. Jakob a. d. Sihl in seiner Darstellung hier und weiter oben sehr ausgibig verwerthet, so lässt er sich auch das, was H. über die entsetzliche Rohheit bringt, mit der der Leichnam Stüssi's behandelt worden sein soll, nicht entgehen. H. ist übrigens für diesen letztern Zug einziger Gewährsmann; es spricht dies nicht gerade für die Glaubwürdigkeit desselben. Unmöglich ist er zwar nicht; dass aber H. ihn erzählt, ist anderseits noch kein Beweis für die Wahrheit desselben.

[141] Caput 10 de testibus 2. 20. Vgl. Hemm. fol. 114 b oben.

[142] Ich finde nicht, dass Hemmerlin Gewährsmann auch dieser Erzählung sei. Sie ist wohl eher ein Product späterer Ausschmückung. Bemerkenswerth ist übrigens, dass Edlibach weder diesen Zug, noch die List der Eidgenossen überhaupt erwähnt.

phino, ut dictum est, quem adduxerat in eorum correctionem illustrissimus dux Austriæ Fridericus, nunc Romanorum imperator, cui cives Turicenses conquesti fuerant, quod propter domum Austriæ per Sviceros angustiarentur eo, quod ei fœderati essent, si quidem Turicenses ligam perpetuam fecerant cum || illustrissima domo Austriæ ducum cum expressa conditione, ut ligæ, quam prius habebant cum Sviceris, non deberet præjudicare. O. p. [illegible] Nam expresse cavebatur in literis Svicerorum super liga illa confectis, ut Turicenses possent se libere cum aliis quibuscunque confœderare, prout maxime Bernenses fecerant, qui salvis salvandis cum Basiliensibus ligam fecerant. Timentes autem Sviceri prædictam ligam, cum domo Austriæ factam, in futurum posse eis nocere, conabantur per vim, cum de jure non possent, ligam dissolvere; unde ortæ sunt inter Turicenses et Sviceros mortales discordiæ, cum tamen Turicenses nihil egerint contrarium ligæ, quam cum eis ante centum fecerant annos.[141] Sic enim liga antiqua Turicensium cum Sviceris erat firmata, ut pro tunc, quando facta fuit, non posset videri modus dissolutionis eius, eratque membrana grandis et est hodie, cum inscriptis conditionibus ligæ, quæ sigillata est sigillis omnium partium confœderatorum[a], et semper de decennio in decennium coram congregatis partibus legitur publice et juramentis novis ratificatur. In eisdem autem chirographis patenter est cautum, quod quælibet universitas dictæ ligæ seorsum, salva priori confœderatione, cum quibuscunque principibus aut communitatibus similiter se confœderare possit. Sic ergo communitas populi Turicensis nuper se cum illustrissima domo ducum Austriæ confœderavit et perpetuo colligavit et juramentis confirmavit, prout ex priori conventione facere potuit et juri rationique congruit. Nam et[b] Judas Maccabæus[c] et communitas Judæorum in Jerusalem confœderationem fecerunt cum Romanis sine præjudicio conventionum[d] cum vicinis principibus, ut habetur 1. Maccab. 6[142], et hoc idem

---

a. confoederatorum, O. — b. fehlt bei O. — c. Machab. O., Machab., S. — d. conventionis, S.

[141] H., fol. 181 b unten.

[142] Vielmehr 1. Makk. 8.

ibidem cap. 14. et 12. et 2. Maccab. 11. Et hodie licet, ut legitur et notatur II. q. 1. si qui clericorum[145], et clarius[a] ibidem per archidiacon., sed clarissime per eundem de ver. sig. constitutio. lib. 6. in glos.[146] His omnibus non obstantibus Sviceri contra Turicenses displicentiam gesserunt, et ut Turicenses
G. p. 189. illam novam confœderationem rumperent aut coram ipsis juri parerent, ut dicere possent Turicenses illud: „Inimici || nostri sunt judices", Deuteronom. 32, aut contra eos tamquam contra inimicos et violatores fœderis arma sumere parati essent. Turicenses autem voluntarie se obtulerunt de stando juri coram consulatu Solodorensi et Bernensi et aliarum civitatum imperialium. Sed de hoc Sviceri minime contenti, gravissimas et hostiles invasiones Turicensibus intulerunt contra condiciones et pacta, dudum fideliter jurata et in literis contenta, et ipsorum oppidum obsederunt[b] et suburbia, villas, possessiones et domus extra incenderunt et in Turicensium terra monasteria et religiosorum loca, ecclesias collegiatas et parrochiales ac capellas, numero viginti quattuor, ignis voragine consumpserunt et miserabiliter ecclesiasticas personas tractaverunt, vinculantes, compellentes[c] et cruciantes.[147] Sicque Sviceri, juris ordinem et justitiæ rigorem non ferre potentes, bellum, in quo spem pinxerunt[d], violenter contra quoscunque præmiserum occasione constanter elegerunt, quod per annos novem et ultra duravit intervenientibus interdum treugis.

Et illo[e] Turicensi bello ultra octo milia rusticorum successivis actibus perdiderunt; de parte vero adversa ducatus Austriæ et Turicensum[f] ultra octingenta virorum nunquam succubuerunt; qui tamen, ut est spes nostra et superius declaratum[g], feliciter decesserunt, quia justissime pugnaverunt[h];

---

a. clericus, S. — b. obs., ut est dictum, S. — c. compellentes, S. — d. fixerunt, wie G. hat, würde passender erscheinen, wenn nicht Hämmerlin, aus dem die Stelle entnommen ist, p. hätte. — e. et in illo, S. — f. Turicensium, G. u. S. — g. decl. est, S. — h. pugilaverunt, S.

[145] Causa II, questio 1 decr.: quidam episcopus.

[146] Cod. 6. 38 de verborum significatione.

[147] H. fol. 137 b—138 a, vgl. ib. fol. 131 b unten. Ueber das rechtliche Verhältniss des ganzen Streites vgl. H. fol. 138 b.

Sviceri autem quia judicium et Justitiam refugerunt, apparet eos de Justitia diffisos esse, ut[a] 11. q. 1. Christianis[158], ad hoc 3. q. 9.[159] decernimus; et fugiens ob timorem accusatus pro condemnato habetur, ut dicit lex ff. de bo. lib. si in libert.[160] et in authent. de exhib reis. §, si vero quidem, collat. 5.[161] legitur et notatur, quod fuga accusat fugientem. Nam ipsi Sviceri tam contumaciter Justitiæ nec non juris ordinem fugerunt, quod se reos coram Deo et hominibus reddiderunt patenter.[162] Dum ergo utraque pars læderet et quotidie læsionem acciperet et terra multis annis in vertigine bellorum volveretur, tandem non poterant nec isti nec illi sustinere, et collatione habita per mediatores inter Turicenses et Svicoros visum est prudentibus, ut declaratio fieret et finalis conclusio, an Turi- O. p. 188. censes absolute deberent cum duce Austriæ esse[b], vel an Svice || ris deberent adhærere absolute et ligam cum domo Austriæ resignare.

Non enim fuit possibile hic et ibi amicum esse, quia nemo potest duobus dominis sibi contrariantibus servire. Tanto enim odio erant Sviceri nobilibus, ut dedignarentur partem cum eis in aliqua re habere, et vice versa Sviceri adeo amaricati erant contra nobiles et præsertim contra domum Austriæ, quod non poterant nec nomen[c] audire. Unde si quis in illo tempore in aliquo loco Svicerorum bona locutus fuisset de ducibus et nobilibus, vel aliquo verbo aut signo ostendisset se de parte vel favore eorum, fuisset sine judicio occisus.[d] Et tantum erat odium, quod in tota terra Svicerorum nullum sustinebant pavo-

a. ut (aus Hemm. ergänzt) fehlt bei O. u. S — b. et ligam cum Sviceris omnino dimittere, S. — c. nomina, O. — d. sine jud. occ. f., S.

[158] Cap. 12. decretum 2. can. 11. quæstio 1.

[159] Cap. 10. decr. 2. can. 3. quæstio 9.

[160] Lex 23. dig. de bonis libertorum 38. 2,

[161] Authenticum collatio 5. titulus 3. novella 53. caput 4. si vero semel (si vero etiam quidam). Die Auflösung dieser Citate verdanke ich der Güte des Hrn. Prof. Dr. A. Schneider.

[162] H. fol. 132. Die ganz wunderbaren Daten über die beidseitigen Verluste, 8000 auf Seite der Eidgenossen, 800 auf der der Zürcher, stammen allerdings nicht aus H.

nem, pro eo, quod duces Austriæ in galea habent pavonis caudam. Et si quis in pileo gestasset pavonis pennam, sine interrogatione fuisset interfectus a proximo Svicero sibi obviante. Audivi sæpe, quod quidam Svicerus, sedens inter socios ad mensam, ante se habuit[a] vitrum vino plenum; sol autem, splendens ad vitrum, resplendentiam facit ab alia parte in modum pennæ pavonis, præsertim si vitrum est pustulis respersam. Quidam de assidentibus, cernens resplendentiam, dixit sine præmeditatione: „Ecce bene formata et pulchra penna pavonis“. Quod cernens Svicerus exemit gladium et vitrum cum blasphemiis, maledictionibus cædens, in multas comminuit particulas. Sed et arma ducum Austriæ depicta, in parietibus, abraserunt in ecclesiis et hospitiis.[139]

Ita, quod illæ duæ partes erant extremæ contrarietatis, et quia civitas Turicensis quasi in medio utriusque partis sita erat, angustiabatur ab utraque nec poterat esse neutralis. Constitutum ergo est per mediatores, ut Turicenses duos de suis civibus eligerent et Sviceri etiam duos et dominus dux Austriæ unum virum neutralem, qui nec esset Svicerus nec Turicensis nec Australis, sed arbiter rationabilis, et ille auditis causis utriusque partis deberet sententiam ferre et Turicenses illi vel isti parti absolute adjudicare. Electis ergo viris, ut dictum est, dedit dux Austriæ civem unum de Augusta, dictum de
G. p. 191. Arga[b], nulli parti suspectum nec ipsi principi notum singu- || lariter, et in ipsum virum princeps, Turicenses et Sviceri compromiserunt. Vir autem ille auditis partibus et omnibus pensatis judicavit pro bono pacis esse necessarium, quod Turicenses absolute in confœderatione Svicerorum essent, concludens Turicenses confœderatis jungi novis juramentis sub quibusdam novis conditionibus. Ut autem hæc conclusio Turegi audita est, quantus ortus sit planctus et ululatus in plebe,

---

a. d. habens, S. — b. N. de Arga, G., S. hat am Rande mit anderer Schrift: Petrus.

[139] Die angeführten Züge, von denen namentlich einer so ausserordentlich charakteristisch ist, ich meine den von den Regenbogenfarben, die im Glase sich zeigen, sind auf Erzählungen zurückzuführen, die F. in der Jugendzeit gehört hat.

murmur et tristitia, non facile dixerim. Nam et ego, puerulus forte octo vel novem exsistens annorum, flevi, cum tamen extra Turegum essem in Diessenhofen, audiens Turicenses Sviceros fore factos, quia omnibus stupor fuit[a] tam subita mutatio de extremo in extremum, ut Turicenses dicerentur Sviceri. Omnes enim communitates junctæ Sviceris cum eis nomen communicant et Sviceri a villa Swiz nominantur; sicut totum regnum Bohemiæ et marchionatus Moraviæ ab una sola persona, Johanne Huss, Hussitæ dicuntur per universum mundum, ita adhærentes Svitensibus dicuntur Sviceri.[184]

Post conclusionem ergo datam venerunt Svicerorum communitates Turegum et juramenta a Turicensibus acceperunt, sicque mansit Turicensis civitas in fœdere Svicerorum usque in hodiernum diem. Multa autem opprobria et improperia[b] sustinuerunt Turicenses a communi vulgo per totam Alamanniam propter illam transmutationem et ubique perjuri diffamabantur et fractores fœderis. In quo tamen, ut præcedentia demonstrant, eis injuria fit. Sed et nobiles conabantur Turicenses cum Svitensibus discordare et eos contra se invicem concitare. Unde post confœderationem Turicensium cum Sviceris in quadam nobilium convocatione erant præsentes Turicenses cum quibusdam Svitensibus, postulantes a duce Austriæ quosdam centenarios florenorum[c], quos sibi concesserunt. Surrexit autem coram omnibus Thuringus, senior de Halwil, dixit Sviceris assistentibus Turicensibus: „Ecce vos Sviceris assistitis nunc Turicensibus ad postulandam pecuniam, quam Turicenses ipsi concesserunt domino nostro duci ad perdendum vos in personis et rebus“, his verbis volens reddere Turicenses Sviceris odiosos, et ut desisterent a postulatione || pecu- G. p. [illegible]
niæ. His et aliis injuriis indurati fuerunt Turicenses et amaricati contra nobiles, sicut alii[d] Sviceri simul cum ipsis exorbitare cœperunt in multis.[185]

a. o. f. st., S. — b. et imp. fehlt bei S. — c. flor, G. — d. olim, G.

[184] H. fol. 136 a.

[185] Unzweifelhaft persönliche Erinnerung. Jedenfalls war es diejenige Forderung, die durch einen Vergleich vom 8. Februar 1452 erledigt wurde. Lichnowsky, Gesch. des Hauses Habsburg VI, CLI Reg. Nr. 1624.

Multa autem mala orta fuerunt in terra propter ducis Alberti, fratris imperatoris, prodigalitatem, et passim occupabant Svitenses oppida et loca ducum Austriæ, quia dux Albertus stipendiarios milites non poterat invenire[a], ut eis resistentiam faceret, nec fortunatus in bellis fuit et ita multa perdidit. Considerans autem imperator Fridericus fratrem suum Albertum ducem deficere et sub eo rem non prosperari, revocavit eum in Austriam et duci Sigismundo, domino Athesis, terras superioris Sveviæ, Alsatiæ et Brisgaudiæ commendavit.[116]

Erat autem dux ille Sigismundus homo magnificus et valde pius, conferens nobilibus et sibi familiaribus quæcunque ab eo petebant, et nonnunquam ob id se ipsum et curiam suam spoliabat. Sed et mulieribus ultra modum inclinatus, nullam a se dimisit nisi magnifice remuneratam, propter quod juvenculæ ultro se inferebant consentientes ei passim, scientes, quod cum nudæ ac pauperes ad principem ingrederentur, non nisi plenæ et dominæ emittebantur. Imitabatur in his[b] acti-

a. stipendiarii mil. non poterat, S. — b. fehlt bei S.

[116] Was F. hier mittheilt, bedarf wesentlicher Berichtigung. Die Vorwürfe, die gegen Herzog Albrecht (VI.), den Bruder Kaiser Friedrich's, erhoben werden, beziehen sich auf die Zeit, da derselbe als Reichsfeldhauptmann mit der Führung des Reichskrieges gegen die Eidgenossen 1445 bis 1450 beauftragt war. Nach dem Tode Herzog Friedrich's IV. (Fr.'s mit der leeren Tasche), des Besitzers Tirols und der Vorlande, 1439, hatte nämlich Friedrich V. (als Kaiser Friedrich III.) die vormundschaftliche Regierung für den unmündigen Sigismund übernommen, und, analog dem Verhalten Albrecht's I., dieselbe noch in die Zeit der Volljährigkeit seines Mündels hinein geführt. Veranlasst durch die im Osten Oesterreichs sich erhebenden Schwierigkeiten hatte er dann seinen Bruder 1445 zugleich mit der Führung des Reichskrieges auch mit der Verwaltung Tirols betraut und ihm die Vorderen Lande zugewiesen. 1450 kam es zu einer Theilung der letzteren zwischen Albrecht und Sigismund, der inzwischen die Regierung in Tirol übernommen hatte. Albrecht behielt den Breisgau, Sundgau, Schwarzwald und die Besitzungen im obern Donaugebiete, Sigismund fiel Freiburg i. B., der Hegau und der Thurgau zu, letzterer bei dem steten Expansionstrieb der Eidgenossen ein sehr zweifelhafter Besitz. Erst mit dem 1463 erfolgten Tode Albrechts VI. erhielt Sigismund den Genuss seines vollen väterlichen Erbes. Vgl. Krones, Handbuch d. Gesch. Oest. II.

bus Salomonem quodammodo et Assuerum reges. Verum unam habuit uxorem, dominam Helienoram, filiam regis Scotiæ, sibi matrimonio junctam, quæ erat mulier devotissima et sancta, quæ nunquam credere voluit sibi[a] dicentibus principem adulterum[b], et sine prole defuncta est. Post hoc[c], cum esset jam decrepitus[d], suasus a nobilibus, juvenculam[e] duxit, filiam ducis Saxoniæ Alberti, cum qua hodie vivit. Cum ergo dux ille Austriæ Sigismundus terram illam regendam suscepisset, causam bellandi nemini dedit, quia rebus bellicis minus aptus erat, pacem cum voluptate diligens. Alii tamen, res suas perturbantes, eum ad se defendendum excitaverunt et præcipue Sviceri, qui multa oppida et pagos eius dominio subtraxerunt, præsertim tempore Pii papæ, qui dedit eis auctoritate apostolica potestatem undique invadendi terras suas, pro eo, quia dominum Johannem de Cusa, cardinalem, captivaverat. Propter quod multa sustinuit dux ille, quia || ipse cum tota terra sua interdictus fuerat et omnes eius territorium pertranseuntes pœnis eius includebantur[f]. Cum autem dux Sigismundus videret, quod terram protegere non posset ab incursibus Svicerorum, invocavit principes, sed non invento auxilio impignoravit terram Carolo, duci Burgundiæ, et consequenter res gerebantur, sicut patet supra. Et sic res ducis Austriæ et Svicerorum pacificata fuit in tantum, ut dux de Pontina Turegum veniret et beatam Virginem in loco Heremitarum[g] visitaret.[187] Fuit autem

G. p. 183.

a. fehlt bei G. — b. adulterari, S. — c. hec, S. — d. decripitus, G. — e. aliam juv., S. f. involvebantur, S. — g. Hermit, S.

[187] In der oft gedruckten kleinen „Beschreibung des Klosters und der Wallfahrt Maria Einsiedeln“ im Cap. „Wallfahrt“ wird beim Jahr 1474 S. als Pilger aufgeführt. Ob indessen dieser Notiz eine historische Angabe zu Grunde liegt, und welche, lässt sich nicht angeben. Dass S. mit dem Kloster in Beziehung gestanden hat, ergibt sich aus einer Schenkung, die er ihm im Jahre 1468, Datum Innsbruck, 14. Februar, gegen eine Jahrzeit gemacht hat, Mohr, Regesten der Arch. in der schweiz. Eidgenossenschaft, Bd. I. Die Regesten der Abtei Einsideln, von P. Gall Morell, Nr. 942. Im Handexemplar des Bearbeiters ist noch das Regest eines Briefes von Abt und Convent an den Herzog, mit dem Versprechen die Jahrzeit zu halten, nachgetragen. Nach gütiger Mittheilung des Herrn Stiftsbibliothekars P. Gabr. Meier.

ille Sigismundus adeo largus et credulus, quod totam Athesim[a] et terram superioris Sveviæ perdidisset, si industria Friderici imperatoris non fuisset præventum, ut sequentia docebunt.

## Caput XVII.

De Friderico III. imperatore et eius factis singularibus;

und

## Caput XVIII.

De duce Austriæ domino Maximiliano jam rege,

sind für uns nicht mehr von Belang; noch weniger

## Caput XIX.

De ducibus Svevorum de Zæringen, de Teck et aliis;

## Caput XX.

Reprehensio cuiusdam vulgaris historiæ de nobilibus Sveviæ confectæ;

und

## Caput XXI.

Historia translata de Teutonico in Latinum, quam credit esse confictam.

---

a. Athisim, O., Athlasim, S.

# Nachwort.[1]

Felix Schmid, der Verfasser der uns vorliegenden „Descriptio Svevorum“, entstammte einem alten, angesehenen Zürcher Geschlechte, das in der Geschichte Zürichs keine geringe Rolle gespielt hat und erst vor wenigen Jahren ausgestorben ist. Seine Geburt fällt, wie wir seinen eigenen Werken entnehmen, ins Jahr 1441 oder 1442. An der Stelle nämlich, an der er über den Abschluss des alten Zürichkrieges und den Schiedspruch des Augsburger Bürgermeisters Peter von Argen schreibt, bemerkt er: „Nam et ego, puerulus forte octo vel novem exsistens annorum, flevi, cum tamen extra Turegum essem in Diesenhofen, audiens Turicenses Sviceros fore factos.“[2] Frühe schon trat die Unbill des Lebens an den Knaben heran. 1443 verlor er seinen Vater, Jos Schmid, in der Schlacht bei St. Jakob an der Sihl, mit ihm auch sein väterliches Erbe.[3]

Wenige Jahre nach dem Tode ihres ersten Mannes, wahrscheinlich im Jahre 1445, verheirathete sich die Wittwe, Clara, aus dem Geschlechte der von Isenach, zum zweiten Male mit einem Bürger von Diessenhofen, Ulrich Büller. Sie zog mit ihrem Söhnlein nun nach Diessenhofen, woselbst Felix neun Jahre lang bei ihr blieb, allerdings nicht ohne Unterbruch; denn zwischen-

---

[1] Vgl. zu demselben Häberlin, dissertatio historica, sistens vitam, itinera et scripta Fr. Felicis Fabri etc. Göttingen 1742.

[2] p. 201.

[3] p. 156/157, 158.

[4] Vgl. p. 136, Anm. 146.

hinein fällt ein längerer mehrjähriger Aufenthalt auf dem Schlosse Kiburg, wo er bei seinem Grossoheim, Oswald Schmid, seit 1443 österreichischem Vogt auf Kiburg, seit 1452 zürcherischem Vogt ebendaselbst, liebevolle Aufnahme fand.[1]

Welche Umstände es waren, die den Heranwachsenden zum Eintritt in den geistlichen Stand bestimmten, wissen wir nicht genau; jedenfalls mag der Verlust des väterlichen Vermögens auch bestimmend eingewirkt haben. Genug, Mitte der fünfziger Jahre, wahrscheinlich 1454, trat er in das Predigerkloster zu Basel ein. Daselbst blieb Frater Felix Fabri[2], wie er sich von nun an nennt, längere Zeit hindurch, den Aufenthalt im Kloster von Zeit zu Zeit durch Reisen unterbrechend. So treffen wir ihn 1457 in Pforzheim; zehn Jahre später besuchte er Achen; auch die Gegend um Strassburg ist ihm nachweisbar bekannt.[3] 1476 überschreitet er die Alpen, um Italien, vorzugsweise Rom, einen Besuch abzustatten. 1477 oder 1478 sidelt er nach Ulm über in das dortige Dominicanerkloster, dem er bis zu seinem Tode angehörte. Von hier aus unternahm nun Fabri diejenigen Reisen, hier schuf er diejenigen Werke, die seinen Namen der Nachwelt überliefert haben.

In den Beginn der achtziger Jahre, 1480 und 1483/84, fallen zunächst seine beiden Reisen in das heilige Land. Neben ihnen her und darüber hinaus bis zum Jahre 1489 geht dann die fruchtbarste Periode seiner schriftstellerischen Thätigkeit. Von den sieben Büchern, die aus seiner Feder stammen, fallen nicht weniger als sechs in diese Zeit, unter ihnen drei, die im Drucke herausgekommen sind. Mit Ausnahme eines einzigen, und zwar desjenigen,

---

[1] p. 175 und 136.

[2] Nach dem Vorgange Häberlins und Veesenmeyers in dessen im Folgenden häufig citirten gründlichen Abhandlung „Des Frater Felix Fabri tractatus de civitate Ulmensi, Prologomena zu einer neuen Ausgabe desselben“ (Verhandlungen des Vereins für Kunst und Alterthum in Ulm und Oberschwaben. Neue Reihe, 2. Heft, p. 29 ff.) acceptire ich die Schreibung „Fabri“ (nicht „Faber“).

[3] Häberlin, § 2—4. Dass der Oberrhein unserm Chronisten bekannt war, geht mit voller Klarheit aus dem hervor, was p. 119 über die stets nothwendige Erneuerung der Rheinbrücke bei Strassburg gesagt wird. Nur Autopsie kann ihn so bestimmt sprechen lassen. Vgl. übrigens Gold. p. 147/148.

mit dem wir uns näher beschäftigen, sind sie sämmtlich Früchte der beiden Reisen; indess auch die soeben ausgenommene Schrift steht in einem wenigstens äusserlichen Zusammenhange mit ihnen.[1] Daneben aber nahm ihn auch sein eigentlicher Wirkungskreis, innerhalb dessen er eine keineswegs unbedeutende Stellung inne hatte, in Anspruch. In seinem Kloster bekleidete er das Amt eines Lesemeisters oder Predigers; dass er sich aber auch in der ganzen Provinz eines gewissen Ansehens erfreute, lässt sich daraus erkennen, dass er von derselben zweimal, 1486 und 1487, nach Venedig zu dort abgehaltenen Synoden des Dominicanerordens deputirt wurde.

Das folgende Decennium scheint ruhiger an ihm vorbeigegangen zu sein. Er starb zu Ulm am 14. Mai 1502, im Alter von ungefähr 60 Jahren.[2]

Kehren wir noch einmal zurück zu denjenigen von Fabris Werken, die ihn hauptsächlich bekannt gemacht haben. Das erste derselben ist eine im Jahr 1484 in deutscher Sprache verfasste Beschreibung der ersten Palästina-Reise. In schneller Aufeinanderfolge — die Vorrede trägt das Datum desselben Jahres 1484 — reiht sich sodann an sie das „Evagatorium in Terræ Sanctæ, Arabiæ et Aegypti peregrinationem“ an, die interessante, ausführliche Schilderung seiner zweiten Reise, Fabris Hauptwerk, das ihn, nach dem Ausspruch Titus Toblers, als den hervorragendsten und belehrendsten pilgernden Schriftsteller des 15. Jahrhunderts erweist. Das „Evagatorium“ besteht aus elf Tractaten. Nach der ursprünglichen Absicht Fabris hätte sich denselben noch ein „tractatus duodecimus“ anschliessen sollen, der, anknüpfend an den Bericht von der Rückreise von Aegypten durch den griechischen Archipel bis Venedig, „descriptionem Teutoniæ et Sveviæ et civitatis Ulmensis, et multa de regibus et principibus Alamanniæ et populis eorum

[1] Vgl. über seine Schriften Häberlin § 11—17. Die „vita Henrici Susonis“ ist nicht mit inbegriffen. Die „Historia Svevorum“ und der „Tractatus de civitate Ulmensi“ sind, als der Zeit nach zusammenfallend und aus einem Plan hervorgehend, zusammengerechnet.

[2] Häberlin § 8 u. 9.

et de politia civitatis Ulmensis et de civibus eius", oder, wie es an anderer Stelle heisst, „Alamanniæ et civitatis Ulmensis latissimam descriptionem" zu enthalten bestimmt war.[10]

Allein von vornherein liess sich von diesem zwölften Tractat eine unverhältnissmässig grössere Ausdehnung erwarten; zudem erkannte Fabri die Nothwendigkeit, vor der Abfassung desselben genauere Quellenstudien vorzunehmen und sich in den ihm erreichbaren Chroniken und Annalen genauer umzusehen[11]; das Evagatorium wurde also abgeschlossen und die versprochene „descriptio Teutoniæ et Sveviæ et civitatis Ulmensis" zu einem besonderen Buche gestaltet. Es ist das Buch, das Goldast im Wesentlichen in den „rerum Svevicarum scriptores aliquot veteres" 4. Francofurti 1605 (neue Auflage Ulmæ 1727 fol.) unter dem Titel „Felicis Fabri, monachi Ulmensis, historiæ Svevorum libri II" herausgegeben hat.

Auf den ersten Blick ist indessen ersichtlich, dass der Zusammenhang zwischen diesen „zwei Büchern schwäbischer Geschichte" nur ein rein äusserlicher ist. Schon aus der Art und Weise, wie Frater Felix den Inhalt des 12. Tractats umschreibt, „descriptio Teutoniæ et Sveviæ et civitatis Ulmensis", „Alamanniæ et civitatis Ulmensis latissima descriptio", oder auch „Alamanniæ, Sveviæ et civitatis Ulmensis descriptio", geht diess deutlich hervor. Der erste Theil enthält die „descriptio Sveviæ" u. s. w., der zweite Theil bietet speciell die „descriptio civitatis Ulmensis". Dazu kommt, dass eine Reihe von Handschriften, älteren und neueren, nur den zweiten Theil der Goldast'schen Ausgabe und zwar unter dem besonderen Titel „tractatus de civitate Ulmensi, de eius origine, ordine, regimine, civibus et statu" führen. Der Goldast'sche Titel „historiæ Svevorum libri duo" findet sich dagegen in keiner der älteren Handschriften. Damit fällt für uns jeder Grund hinweg, länger an dem Titel genannter Ausgabe festzuhalten; es ist doch wohl besser, dem ersten Buch der sogenannten „historia Svevorum"

---

[10] Vaesonmeyer, p. 29.
[11] Ib. l. c.

einen Titel zu geben, der den Andeutungen Fabris entspricht, und dasselbe kurzweg „descriptio Sveviæ" zu nennen.[11]

Aus dieser „descriptio Sveviæ" sind nun für die vorliegende Publication eine Anzahl von Abschnitten herausgegriffen worden, so weit sie für die Schweizergeschichte Interesse bieten. Dass es nur eine Auswahl ist, wird Jeder, der das ganze Werk kennt, billigen; es sind in demselben doch manche Partien enthalten, die für uns ganz ohne Belang sind, während andere, auch wenn sie das Werk nicht zum Range einer primären Quelle erheben, doch wohl noch unsere Beachtung verdienen.

Seiner ursprünglichen Anlage nach soll unser Werk ein geographisches sein, eine Beschreibung Teutoniens oder, was ja, wie wir wissen, gleichbedeutend ist, Alamanniens, und sodann eine Beschreibung Schwabens. Die ersten Capitel sind denn auch fast ausschliesslich geographischer Natur; Cap. 1—5. Das Bestreben, die verschiedenen Namen Germaniens zu erklären, führt F. dann allerdings dazu, historische Züge, mit ihnen zugleich aber auch die abenteuerlichsten Erzählungen über die Abstammung und die Herkunft der Bewohner des Landes in die Darstellung zu verflechten; Cap. 7—9. Mit dem Anfange von Cap. 10 kehren wir zu rein geographischer und ethnographischer Schilderung zurück, um dann aber mit Cap. 11 und 12 ganz wieder in die geschichtliche Erzählung herein zu kommen. Immerhin ist doch die geographishe Einheit, im weiteren Sinne der Begriff Germanien, im engeren der Begriff Schwaben gewahrt.

Einen ganz andern Charakter nimmt nun aber das Buch mit dem 13. Capitel an. Der geographische Rahmen, der ja der ganzen Anlage gemäss das Werk zu umgränzen bestimmt war, erwies sich doch nicht stark genug, um ein Abweichen von der vorgezeichneten Bahn zu verhindern; denn Fabri beherrscht seinen Stoff weniger, als dass er sich von ihm beherrschen lässt. Statt der geographischen Einheit haben wir vom 13. Capitel an eine historische, speciell eine dynastische. Von nun an steht das Haus Habsburg

[11] Ib. p. 30.

durchaus im Mittelpunkt der Darstellung, die „descriptio Sveviæ" beschränkt sich nun auf eine Geschichte der Habsburger und ihres Gegensatzes zu den Eidgenossen. Je weiter das Werk vorwärts schreitet, desto mehr sieht man das Interesse des Darstellers an den Geschicken dieses Hauses wachsen, desto panegyrischer wird die Schilderung, bis sie schliesslich im 17. und 18. Capitel „de divo Friderico III. imperatore et eius factis singularibus" und „de duce Austriæ domino Maximiliano jam rege" ihren Höhepunkt erreicht. Und jetzt erst, nachdem Fabri mit der Erzählung der Erlebnisse Maximilian's in seine eigene Zeit heruntergestiegen ist, erinnert er sich daran, dass Schwaben noch andere Dynastien hervorgebracht hat; so kommt er denn im 19. Capitel allerdings ohne jeden vermittelnden Uebergang auf die Zähringer und die Wirtemberger zurück. Noch mehr fallen die beiden letzten Capitel aus dem Zusammenhang heraus, sie sind gleichsam nur als Anhang dem Werke beigefügt.

Es ist schon bemerkt worden, dass F. sich mehr von seinem Stoff beherrschen lässt, als dass er ihn beherrscht. Wer die ersten Capitel unseres Werkes durchgeht, wird dem wohl nicht widersprechen. Es ist dies die einfache Folge des Umstandes, dass unserm Geschichtsschreiber ein Hauptcrforderniss der Historiographie doch abgeht: die Kritik. Nur selten macht er einen Versuch, das, was ihm in seinen Quellen vorliegt, auf seine Glaubwürdigkeit und seinen innern Werth hin zu prüfen. Er weiss sein Material nicht zu sichten, sondern nimmt in Treu und Glauben mehr oder minder alles auf, was seine Vorlagen ihm bieten; und selbst wenn diese einander widersprechen, so entscheidet er sich nicht etwa für oder gegen diese oder jene, sondern stellt ihre Behauptungen ganz ruhig neben einander. Dieses naive Verfahren spricht sich z. B. gleich im 1. Capitel aus, wo er in der Angabe der Gränzen Europa's Orosius und Isidor folgt, ohne zu beachten, dass die Ptolemäischen Karten mit ihnen gar nicht übereinstimmen; es tritt uns ferner in der Gleichsetzung der fünf Namen „Alamannia", „Germania", „Teutonia", „Cimbria" und „Francia" entgegen, oder in der grossen Anzahl so wunderlicher und abstruser Erklärungen dieser und anderer Namen, oder in jenen fabelhaften

Erzählungen von der Abstammung der Teutonen und Alamannen.[13] Wie widerspruchsvoll ist z. B. das, was ihm 10. Cap. über die Lage des „mons Svevus“ gesagt ist[14]; wie wunderlich jene Erzählung von den Zügen der Sveven unter der Führung des Brennus oder von ihren Kämpfen gegen die Römer. Voller Fabeln sind auch die Capitel 11 und 12, die die Kaiserzeit behandeln. Weit eher dagegen befindet Fabri sich in seinem Elemente da, wo er in geographischer und ethnographischer Schilderung die Darstellung auf eigene Beobachtungen und Anschauungen aufbauen kann, so im 9. Capitel, wo er den Lauf des Rheins beschreibt, so im 10. Capitel, wo er über den Charakter der Schwaben spricht; es ist dies bei ihm, dessen Hauptverdienste ja in seinen geographischen Leistungen beruhen, eine leicht begreifliche Erscheinung.

Zu den von ihm geschilderten Ereignissen nimmt F. eine sehr ausgeprägte persönliche Stellung ein. Das zeigt uns schon ein kurzer Blick auf die Capitel 11 und 12. In der Darstellung des Kampfes der weltlichen Macht mit der geistlichen, oder vielmehr, wie Frater Felix es auffasst, des Deutschthums mit Italien, steht er durchaus auf Seiten der Kaiser. Diese nationale Parteinahme tritt uns schon bei der Geschichte Heinrich's IV. entgegen, der sich nur mit Mühe italienischer Schlechtigkeit, Bosheit und Hinterlist erwehrt, noch mehr aber bei den Schwäbischen Kaisern, für die sich Fabri besonders warm einlässt. Der Untergang der Staufer

---

[13] Um ein Beispiel herauszugreifen, sei erwähnt, dass F. die Teutonen von Teukros, dem Sohne Telamon's, abstammen lässt. Als derselbe nämlich aus dem trojanischen Kriege ohne seinen Bruder Ajax zurückkehrte, wurde er von seinem Vater aus der Heimat vertrieben, zog mit seiner Familie in das Land zwischen Donau, Rhein und dem Ocean und benannte es nach seinem eigenen Namen Teutonien. Zu gleicher Zeit siedelte sich Francio, ein Enkel des Priamus, mit flüchtigen Trojanern in Germanien an. So sassen nun im gleichen Lande hier Sieger, dort Besiegte. Stete Zwietracht und Feindschaft zwischen den Beiden war unvermeidlich; sie setzte sich von Geschlecht zu Geschlecht fort und wurde so die Ursache, dass zwischen den Fürsten und Edlen Deutschlands niemals Friede, sondern fortwährend Streit, Zwietracht und Krieg herrscht. Goldast p. 56. Vgl. die oben p. 110 mitgetheilten Etymologien.

[14] p. 125—127.

ist ihm lediglich die Folge der Treulosigkeit, der Verworfenheit und der gifterfüllten Verleumdungen der Italiener. Nichts ist so wahr, so ehrenvoll, so gut, ruft er aus, das durch eine spitze und gehässige Zunge nicht in Unwahrheit, Verworfenheit und Schlechtigkeit verwandelt werden könnte. Was für ein Buch liesse sich schreiben über die so schwerwiegenden Scandale, über die Empörungen, den Ungehorsam, die Anfeindungen der Kirche, den Trotz, die trügerischen Listen, die Treulosigkeit und andere nichtswürdige und abscheuliche Laster der Italiener! — aber, fügt er schmerzlich bei, Deutschland entbehrt noch immer der Beredtsamkeit, die den Charakter der Deutschen und der Italiener ins richtige Licht stellen würde.[11]

Noch viel stärker tritt uns der erwähnte Umstand aber in der zweiten Hälfte unserer „descriptio Sveviae" entgegen, die natürlicherweise unsere Aufmerksamkeit weit mehr auf sich zieht als die erste Hälfte. Die Art und Weise, wie F. sich als einen ergebenen Anhänger Oesterreichs manifestirt, wie er den Oesterreichisch-Schweizerischen Gegensätzen gegenüber steht, sich von ihnen leiten lässt, ist nicht wenig bemerkenswerth.

Vergegenwärtigen wir uns kurz noch einmal die Jugendzeit Fabris. Seine Geburt, 1441 oder 1442, fällt schon in die Zeit jenes verheerenden Bürgerkrieges zwischen Zürich und dessen Eidgenossen. In seiner frühesten Kindheit wird ihm sein Ernährer und Beschützer in einem Kampfe entrissen, in dem die Eidgenossen den Sieg nur durch eine List, durch den Gebrauch der Oesterreichischen Feldzeichen erlangt hatten. Sein Vater fiel geradezu als Opfer jener List, oder wie man in Zürcherischen Kreisen es benannte, jener Hinterlist. In dem gleichen Treffen verlor Felix auch seinen Oheim, das Haupt der Zürcherischen Politik, Bürgermeister Stüssi, an dessen Leichnam, wie man sich erzählte, die rohen Sieger so entsetzliche Gräuel verübten. Mit der Zeit erfuhr der heranwachsende Knabe, dass er mit seinem Vater auch sein väterliches Erbe verloren habe. Felix kam nun nach Diessenhofen und von da nach Kiburg zu seinem Grossoheim, Oswald Schmid, dem Landvogte daselbst.

---

[11] Goldast p. 121 u. 122.

Die Grafschaft Kiburg hatte bekanntlich in dem 1442 zwischen Friedrich III. und Zürich geschlossenen Bündnisse dem Hause Oesterreich wieder zurückgegeben werden müssen. Der Vertrag hatte bestimmt, dass die Regierung der Grafschaft einem vom Könige aus einem mehrfachen Vorschlag, den Zürich aus seinen Angehörigen und dem umliegenden Adel zu machen hatte, zu wählenden Vogte übergeben werden solle. Als zweiter Oesterreichischer Vogt zog im Jahr 1443 Oswald Schmid, Bürger von Zürich, in Kiburg ein; er konnte so recht als die Verkörperung des Oesterreichisch-Zürcherischen Bündnisses gelten. In dieser Umgebung nun weilte der Knabe längere Zeit. Wie lebhaft mochten die Eindrücke sein, die die Erzählungen seines Grossoheims von dem Tode seines Vaters und jener gottlosen Hinterlist, von der furchtbaren Verheerung und Verwüstung des ganzen Zürcherischen Gebietes durch die Schwizer, von der Belagerung Zürichs und dem Strafgericht bei S. Jakob an der Birs in ihm hervorriefen. Wie war es anders möglich, als dass Felix schon frühe leidenschaftlichen Hass gegen die Schwizer hegte, die die bundesverwandte Stadt so furchtbar bedrängten; wie war es anders möglich, als dass er im Gegensatze dazu die grösste Sympathie und Zuneigung für diejenigen empfand, die der verlassenen Stadt hilfreichen Beistand geleistet hatten, für Oesterreich und den vorländischen Adel? Dazu kam, dass er sich in Kiburg auf einem Boden befand, der sich mit den Traditionen des Hauses Habsburg enge berührte — Traditionen, die sich dem kleinen Felix lebendig einprägten. Wir brauchen nur auf die zweimalige Erwähnung der in Kiburg aufbewahrten Reichskleinodien hinzuweisen, auf die Erwähnung der eisernen Kapsel, von der sie umschlossen waren, der Kapelle, die sie enthielt u. s. w.[14] Und ebenso existirten ja auch in Diessenhofen Traditionen, die seine Oesterreichischen Sympathien hervorzurufen durchaus geeignet waren.

Diese Oesterreichische Gesinnung begleitet ihn sein ganzes Leben hindurch, ganz im Gegensatze zu seinen Mitbürgern, die ja schon zehn Jahre nach dem Frieden von 1450 gegen Oesterreich zu Felde

[14] p. 136 u. 152.

ziehen. Es ist bekannt, wie rasch man in Zürich nach dem Friedensschluss über die jüngste Vergangenheit hinwegkam und zu einer auch innerlichen Aussöhnung mit denjenigen gelangte, denen man noch kurz vorher in so furchtbarer Erbitterung gegenübergestanden hatte. Dass dies bei F. nicht auch stattfand, ist sehr erklärlich. Felix hatte ja das Knabenalter kaum verlassen, als er in Basel ins Kloster eintrat. Endgiltig blieb er nun dem heimatlichen Boden fern; um so weniger verstand er den Stimmungswechsel, der in Zürich sich geltend machte, konnte ihn auch nicht verstehen. Auch dass er in späteren Jahren auf seinen Reisen über die Alpen ein oder mehrere Male Zürich wieder betrat[17], that seinen Anschauungen und Empfindungen keinen Eintrag; unmöglich hätte ein vorübergehender Besuch eine so tiefgreifende Aenderung in seinen Ansichten bewirken können. So blieben denn seine Jugendeindrücke durchaus massgebend. Zufällige Erlebnisse kamen dazu, seine Oesterreichischen Sympathien noch zu verstärken. Wir ersehen aus unserm Werke, welchen Eindruck es auf den jungen Felix machte, als er 1457 in Pforzheim die Boten König Ladislaus des Nachgebornen, die ihrem Herrn die Braut vom Französischen Hofe zuführen sollten, durch die Stadt reiten sah und als dann wenige Tage später die Nachricht von dem Tode des erst 17jährigen Königs eintraf.[18] Und zu welcher Befriedigung gereicht es ihm, an anderer Stelle erzählen zu können, dass er die Söhne Ernst's des Eisernen von Steiermark, Friedrich, den nachmaligen Kaiser, und Albrecht VI., oft gesehen habe.[19]

Nichts geht ihm über das Haus Habsburg. Er sagt wohl: „Ich habe, um mit dem Volke zu sprechen, einen Pfauenschwanz mir angeheftet, den, so lange ich lebe, niemand seiner Federn wird berauben können.“[20]

Solche ausgesprochenen Sympathien haben, wie gar nicht anders möglich, bei einem Schriftsteller wie Fabri zur nothwendigen

---

[17] Vgl. p. 153 u. Anm. 69, p. 159 u. Anm. 76.
[18] Gold p. 182.
[19] Ib. p. 179.
[20] S. oben p. 179.

Folge, dass die Darstellung eine einseitige wird. Das ist denn auch hier eingetreten.

Von allen Gliedern des Hauses Habsburg erfährt König Rudolf die am wenigsten panegyrische Beurtheilung. Fabri hält neben all dem Lob, das er ihm spendet, doch auch mit dem Tadel nicht zurück. Er wirft ihm vor, dass er den Angelegenheiten der Kirche zu wenig Aufmerksamkeit geschenkt, sie vielmehr über Gebühr vernachlässigt habe.[11] In aufsteigender Linie geht es sodann weiter; immer grösser wird das Lob der Habsburger, bis es schliesslich bei Kaiser Friedrich III. und Maximilian auf seinem Höhepunkt angelangt ist. Wie charakteristisch ist es, dass ersterer geradezu das Attribut „divus“ erhält.[12]

In scharfem Contraste steht der Beurtheilung des Hauses Habsburg diejenige der Eidgenossen gegenüber. Uebrigens haben wir neben den oben dargelegten Lebensumständen, die uns diese Haltung erklärlich machen, noch ein anderes Moment anzuführen. Frater Felix schliesst sich in den Partien, in denen er von den Eidgenossen handelt, enge an einen Schriftsteller an, der, gleich wie er selbst oder noch viel mehr wie er, in dem Oesterreichisch-Eidgenössischen Gegensatz mitten inne stand: es ist dies Felix Hemmerlin, Chorherr am Grossmünster in Zürich. Hemmerlin's „dialogus de nobilitate et rusticitate“ ist bekannt. Mitten aus der leidenschaftlichen, so furchtbar erregten Zeit des alten Zürichkrieges stammend und durch denselben veranlasst, ist er als äusserst heftige Streitschrift ebenso interessant wie als historische Quelle höchst vorsichtig zu benutzen. Mit fast ungezügelter Leidenschaftlichkeit tritt Hemmerlin in dem „dialogus“ für Zürich und den dasselbe vertheidigenden Adel gegen die rohen, bäurischen, grimmigen, klotzigen, ungeschlachten und hinterlistigen Schwizer und deren Bundesgenossen auf. Die ganze Lauge seines Spottes giesst er über diese aus; nichts gutes wird an ihnen gelassen; kein Mittel bleibt unversucht, das geeignet erscheint, sie gleichsam als einen Auswurf des menschlichen Geschlechtes hinzustellen. Ebensowenig lässt Hemmerlin es sich nehmen, durch willkürliche Er-

---

[11] Gold. p. 136/147.

[12] p. 191.

dichtungen und Erfindungen über ihre Geschichte und weitgehende Entstellung derselben den Schwizern einen Makel anzuhängen, wo er kann. Fabri bewegt sich durchaus im Kreise Hemmerlin'scher Anschauungen; er hat ihn eingehend studirt, aus dem ungeheuren Citatenschatz, den Hemmerlin aus der Bibel wie aus den Klassikern, aus Kirchenvätern wie mittelalterlichen Chronisten, aus dem Corpus Juris und den Pandekten wie aus dem kanonischen Recht in seinem Dialogus zusammengetragen hat und mit dem er den Leser förmlich überschwemmt, manches Dutzend in sein Werk herübergenommen. Frater Felix hat sich die Hemmerlin'sche Abneigung gegen die Schwizer völlig angeeignet, zugleich mit ihr aber auch alle jene Fabeln und Mährchen über deren Geschichte gläubig acceptirt.

So bewegt sich denn das Urtheil über die Schwizer im Gegensatz zu dem über die Habsburger in absteigender Linie. Noch in Capitel 10 äussert sich F. über die Entstehung der Eidgenossenschaft folgendermassen: „Quæ autem causa fuerit, quod rustici illi a suo naturali domino se subtraxerint, non aliam opinor fuisse, quam tyrannicum regimen dominorum et gravamina injusta nobilium et exactiones pecuniarum et tributorum aggravationes et huiusmodi. Quibus moti conjurationem fecerunt“ u. s. w.[33] Wie ganz anders tönt es in den folgenden Capiteln, denen Hemmerlin zu Gevatter gestanden hat. Von den früher genannten Gründen der Entstehung wird keiner mehr angegeben, sondern die Gründung des Bundes auf rohe Gewaltthat zurückgeführt. Und diese ist nicht nur für die Gründungszeit, sondern für die ganze spätere Geschichte das treibende Moment. Interessant ist in dieser Hinsicht die Parallele, die F. zwischen den Kampf der Schwäbischen Städte gegen den Adel und denjenigen der Eidgenossen gegen Oesterreich zieht.[34]

Dass Zürich seit der Mitte des 14. Jahrhunderts ein integrierender Bestandtheil der Eidgenossenschaft ist, kann F. nur schwer verwinden. Er geht aber auch mit möglichstem Stillschweigen darüber hinweg und sucht die Thatsache wenigstens abzuschwächen.

---

[33] p. 129.

[34] p. 130.

Dies Bestreben geht so weit, dass es an einem Ort geradezu heisst: „post hoc (d. h. nach dem Constanzer Concil und der Eroberung des Argaus) Basilienses, Turicenses se eis (sc. Sviceris) *ad tempus* confœderaverunt."[55] Anderwärts kann Fabri allerdings nicht umhin, des Bundes in einigermassen richtigerem Zusammenhang zu erwähnen, aber auch da nicht ohne Willkürlichkeit. Wir sind gewohnt, den Eintritt Zürichs in den Bund als eine Folge der Mordnacht zu betrachten; umgekehrt Fabri. Der Abschluss des Bundes geht ihr voran. Diejenigen, die mit ihm nicht einverstanden gewesen waren, wurden vertrieben, und erst darauf hin inscenirten diese die Mordnacht. Die Veranstalter derselben rechneten dabei auf Unterstützung seitens ihrer Anhänger in der Stadt, deren eine grosse Zahl war, „quia confœderatio Sviceroram semper nobili civitati Turicensi molesta fuit".[56] So fliessen denn auch die Thränen, die Felix beim Empfang der Nachricht von dem Schiedsspruche des Augsburger Bürgermeister und der endlichen Beilegung des alten Zürichkrieges vergiesst, nicht etwa der Erinnerung aller der Gräuel des Krieges, der persönlichen Verluste, die Fabri durch denselben erlitten hat, sondern der Trauer darüber, dass die Zürcher nun Schwizer geworden seien, — „quia omnibus stupor fuit tam subita mutatio de extremo in extremum, ut Turicenses dicerentur Sviceri".[57]

In der Darstellung folgen die Ereignisse meist chronologisch auf einander. Das hindert indessen nicht, dass an einzelnen Stellen bei der Berührung von Punkten oder Materien, die in F. eine besondere Erregung hervorrufen, der chronologische Zusammenhang unterbrochen wird. So z. B. im 10. Capitel, wo bei Anlass der Abstammung der Schweizer von den Schwaben gleich schon der Gegensatz zwischen den Schweizern und dem Haus Oesterreich, die Schlacht bei Sempach und die Burgunderkriege bis zum Tode Herzog Karls im Jahre 1475 (!) berichtet werden. Im 13. Capitel kann sich Fabri da, wo er von der Entstehung der Eidge-

[55] p. 158.
[56] p. 163.
[57] p. 201.

nossenschaft und dem Beitritt Lucerns spricht, nicht enthalten, an den Ueberblick über die weitere Entwicklung des Bundes sofort einige Betrachtungen über den alten Zürichkrieg anzuknüpfen.

Wenn man sich Fabris Geschichtswerk mit Rücksicht auf die in demselben benutzten Quellen ansicht, so ist man auf den ersten Blick nicht wenig über die Reichhaltigkeit derselben erstaunt. Gleich beim 1. Capitel finden wir als Gewährsmänner, auf die sich dasselbe stützt, Cäsar, Tacitus, Plutarch, Hieronymus, Orosius, Beda, Vincentius von Beauvais, Bartholomäus angeführt, und dabei werden dann erst noch „alii de terris loquentes" erwähnt. Eine ebenso grosse Belesenheit scheinen die übrigen Capitel aufzuweisen, die einen nicht geringen Citatenschatz enthalten, einen Citatenschatz, der häufig selbst auf das kanonische Recht und auf die Pandekten zurückgeht. Indessen stellt sich bei näherem Zusehen die Sache doch anders. Von den Schriftstellern, die citirt werden, hat F. den geringeren Theil selbst benützt, der grössere Theil ist ihm nur indirect bekannt; und diejenigen, die ihm direct vorlagen, hat er auch nicht gleichmässig verwendet. Gewöhnlich legt er, wenigstens in den spätern Capiteln, jedem grössern Zeitabschnitt eine Hauptquelle zu Grunde, an die er sich, oft ziemlich wörtlich, anschliesst. Bemerkenswerther Weise werden mehrere dieser hauptsächlich benutzten Quellen nicht einmal genannt.*)

Im Ganzen ist die Auswahl nicht gerade gross, und wie aus früher Gesagtem hervorgeht, mitunter auch nicht gerade gut. Von den Klassikern kennt F. genauer nur Cäsar. Besser ist er bei den Kirchenvätern zu Hause, von denen Hieronymus, Orosius und Isidor mehrfach von ihm benutzt wurden. Von früheren mittelalterlichen Chronisten tritt uns in hervorragenderem Masse und mit Namen benannt eigentlich nur Gottfried von Viterbo, der Verfasser des Pantheon entgegen; daneben wird auch ein Bartholomæus, der ein Buch „de proprietate rerum" geschrieben hat, erwähnt; an sie schliessen sich dann noch einige Schriftsteller des

---

*) Die Zürcher Chroniken z. B. und Heinrich von Diessenhofen werden gar nie erwähnt, Hemmerlin nur ein einziges Mal, Gold. p. 167.

15. Jahrhunderts an, Antonius Beccadelli, genannt Panormitanus, (1393—1471) und Antonius archiepiscopus Florentinus († 1459), der Verfasser eines „Chronicon sive summa historialis ab orbe condito". Andere vereinzelt genannte oder ganz allgemein angeführte Quellen, wie „Italorum chronici" u. s. w., übergehen wir hier; ohnehin interessiren uns die Quellen der ersten Capitel viel weniger als die der späteren. Für die geographischen Verhältnisse kommen noch die Karten des Ptolemæus in Betracht.

Die Erscheinung, dass trotz der häufigen Quellencitate die Zahl der Quellen, die F. vor sich hat, doch gar nicht gross ist, tritt uns auch in der zweiten Hälfte seines Werkes entgegen. Er nimmt mehrfach Anlass, sein Bedauern darüber auszusprechen, dass er über diesen oder jenen, ihm doch sehr naheliegenden Gegenstand keine Nachrichten habe finden können. Im Anfange des 13. Capitels bemerkt er ausdrücklich: „De hac ergo ingenuissima progenie, comitum scilicet de Habspurg, sunt pulchræ Historiæ Latinæ et Teutonicæ, de quibus tamen nulla ad meas devenit manus, cum tamen multum sollicitus fuerim ad habendum. Ea ergo, quæ subjungam, sparsim in libris repperi et nonnulla auditu didici".[19] Aehnlich äussert er sich an andern Orte, wo er von den Söhnen Herzog Albrechts II., des Lahmen, spricht: „Credo tamen, quod historia vel chronica composita de illis ducibus hæc et alia contineat, quæ me latent, quia chronicam illam, multis locis quæsitam, invenire non potui. Libenter enim gloriæ illorum nobilissimorum ducum adderem, si gesta eorum magnifica haberem. Habeo enim, ut more vulgi loquar, infixam in me caudam pavonis, quam nemo, dum vixero, deplumare poterit".[20]

Diese Klagen lauten sehr bestimmt; allein wenn wir näher zusehen, so sind sie doch nur zum Theil berechtigt. Nachweisbar hat F. vier Werke vor sich, die, theilweise oder ausschliesslich, Habsburgischen Interessen dienen, in Habsburgischem Sinne geschrieben sind. F. hat sie gar nicht etwa, wie man vermuthen sollte, nur gelegentlich benützt, dann und wann eine Notiz ihnen ent-

---

[19] p. 137.
[20] p. 179.

nommen (ea, quæ subjungam, sparsim in libris repperi), im Gegentheil, sie grösstentheils zur Grundlage der Darstellung in den Capiteln 13—16 gemacht. Es sind dies die Zürcher Chroniken: Heinrich von Diessenhofen, Gregor Hagen und Felix Hemmerlin.

Aus den Zürcher Chroniken hat Frater Felix die Geschichte vom Ursprung des Hauses Habsburg herübergenommen. Ebendaher stammt auch die Erzählung von Rudolf und dem Priester, wiewohl sie einige abweichende Züge trägt. Ausser diesen genannten Partien sind die Zürcher Chroniken weiter nicht benutzt; dass Fabri sie nur da zu Rathe gezogen hat, wo sie ihrerseits auf eine Oesterreichisch gesinnte Quelle zurückgehen, wahrscheinlich auf das Werk Heinrichs von Klingenberg, ist ein neuer Beweis dafür, wie stark die Oesterreichischen Sympathien unsers Autors sind. Von Henricus Dapifer von Diessenhofen ist im 14. Capitel sehr ausgibiger Gebrauch gemacht; das Capitel ist dafür aber das historisch zuverlässigste. Auf die Chronik Dapifers brauche ich nicht näher einzugehen. Dass er aus Diessenhofen stammte und in Oesterreichischem Interesse schrieb, bringt ihn unserm Frater Felix doppelt nahe. Uebrigens kennt Fabri ausser dem eigentlichen Werke Heinrichs auch dasjenige Buch, als dessen Fortsetzung Dapifer seine Arbeit anlegte, die „libri XXIV ecclesiasticæ historiæ novæ“ des Ptolemæus de Fiadonibus aus Lucca, oder zum mindesten die Zusätze, die Heinrich zu demselben machte. So zuverlässig im Ganzen Heinrich von Diessenhofen ist, so unzuverlässig ist dagegen die dritte der oben angeführten Quellen, Gregor Hagen. Die wunderliche Compilation mit den abstrusen gelehrten Fabeleien, die namentlich die früheren Partien des Werkes erfüllen, haben dem Verfasser von Seiten des Aeneas Silvius den Titel eines „asellus bipes“ eingetragen. Indessen fühlt sich Fabri von dieser Eigenthümlichkeit Gregor Hagen's doch keineswegs zurückgestossen. Es liegt vielmehr in ihr etwas, das auch in Fabri's Art und Weise nachklingt, die Freude an gelehrten Erklärungen, an der bunten Combination der aus dem Alterthum herübergekommenen Kenntnisse mit denen neuerer Zeiten. So nimmt Fabri z. B. ganz ohne jegliches Bedenken die fabelhafte Vorgeschichte Oesterreichs in sein Werk auf.[31] Auch an anderen Orten hat er Hagen gelegentlich zu

[31] Gold., p. 134 ff.

Rathe gezogen; umfangreich ist indessen seine Benutzung keineswegs. Es könnte sich allerdings fragen, ob das, was wir auf die Rechnung Hagen's zu setzen geneigt sind, nicht vielleicht Heinrich von Gundelfingen zuzuschreiben ist, der in seiner Oesterreichischen Geschichte in den früheren Partien ausgibigsten Gebrauch von Gregor Hagen gemacht hat. Dass Gundelfingen aus den obern Landen stammte und in ihnen lebte (er nennt sich einen Constanzer und war Capellan zu Freiburg i. U.), könnte als Bestätigung dafür aufgeführt werden. Beziehungen zwischen den beiden anzunehmen und Gundelfingen für eine Quelle Fabris zu halten, läge um so näher, als ja auch die übrigen der genannten Vorlagen aus dem Umkreis der Eidgenossenschaft stammen. Dem gegenüber darf man aber nicht ausser Acht lassen, dass Gundelfingen sein Werk 1476, also ungefähr zwölf Jahre vor dem Abschluss von Fabris Buch, beendete und dass es fraglich scheint, ob Fabri, der räumlich so weit von Gundelfingen getrennt war, ihn so schnell kennen gelernt hätte. Die Burgunderkriege, über die Fabri mehrfach ganz unrichtige Daten bringt, wären wohl etwas einlässlicher oder wenigstens genauer behandelt worden. Zudem wäre von den von F. verwendeten Daten und Zügen nichts Gundelfingen zuzuweisen, was nicht aus Hagen geschöpft sein könnte; und da, wo uns auch Hagen und mit ihm die andern genannten Quellen im Stiche lassen, ist fast nie von den Verhältnissen der obern Lande die Rede, während diese ja dem Freiburger Capellan besonders nahe liegen mussten. Dafür, dass Hagen in Dominicanerkreisen Verbreitung erlangt hat, spricht übrigens der Umstand, dass unter den seinem Herausgeber bekannten Handschriften sich auch eine im Besitz der Dominicaner in Wien befindet.[1]

Von Felix Hemmerlin war schon oben die Rede. Aus ihm hat Fabri entnommen, was er über die Entstehung der Eidgenossenschaft, über die Schlacht bei Sempach, den alten Zürichkrieg u. s. w. berichtet.

Wann Fabri mit den Vorstudien für seine „descriptio“ angefangen hat, lässt sich nicht nachweisen. So viel ist sicher, dass

[1] Pez. I, p. 1045.

er die Materialien zu sammeln anfieng, bevor er seine zweite Palästinareise unternahm und, von ihr zurückkehrend, den fertigen Plan zu dem Werke mit sich brachte, dessen organischen Bestandtheil die „descriptio Sveviæ“ bilden sollte. Die Notiz von dem Tode der Gemahlin Maximilians, der Maria von Burgund, „anno præterito .... lapsa de equo corruit et exepiravit“[33] muss im Jahr 1483 aufgezeichnet sein, denn Maria starb 1482. Im Verlaufe der Arbeiten stellte sich dann, wie wir wissen, die Nothwendigkeit eines ausgedehnteren Quellenstudiums heraus. Das Evagatorium lag 1484 abgeschlossen vor, die Niederschrift der „descriptio“ erfolgte dagegen erst drei bis vier Jahre später in den Jahren 1487 und 1488 oder Anfang 1489. Auf das Jahr 1487 verweist uns die Notiz, dass seit der Schlacht bei S. Jakob a. d. Sihl 44 Jahre verflossen sind.[34] Die Zahl 1488 tritt uns in den spätern Capiteln des Werkes mehrfach entgegen. Im Anfange des 16. Capitels wird die bis dahin verflossene Regierungszeit Friedrichs III. in einem Theile der Handschriften auf 48 Jahre angegeben. Im 17. und 18. Capitel wird der Gang der Ereignisse bis zum Jahr 1488 verfolgt und dabei diese Jahrzahl mehrfach erwähnt, eine spätere aber nicht mehr, wenigstens nicht in der Mehrzahl der Handschriften. Wir hätten also den Abschluss der Redaction gegen Ende des Jahres 1488 oder in den Anfang 1489 anzusetzen.

Dem scheint nun allerdings der Umstand zu widersprechen, dass die Goldast'sche Ausgabe uns über diese Zeitgrenze hinausführt, indem sie einmal noch das Jahr 1490 erwähnt[35] und im Anfang des 16. Capitels als Dauer der Regierungszeit Friedrichs III. 54 Jahre angibt[36], uns also damit schon in das Jahr 1493 versetzt. Das ist indessen nur eine von den vielen Discrepanzen

[33] Gold. p. 208.

[34] S. oben p. 157.

[35] Es ist dabei zu bemerken, dass das Ereigniss, dem die betreffende Jahreszahl beigefügt ist, sich überall in gleichlautender Fassung erwähnt findet; es ist die Einnahme Wiens durch Matthias Corvinus im Jahre 1485. Die Goldast'sche Ausgabe und diejenigen von den Handschriften, die, mit ihr übereinstimmend, die Zahl 1490 darzusetzen, begehen also obendrein noch einen Fehler.

[36] Vgl. oben p. 191.

zwischen der Goldast'schen Ausgabe und einem Theile der Handschriften, die einer näheren Untersuchung sich darbieten.

Die Ausgabe Goldast's stimmt nämlich nur mit einem Theile der Handschriften überein[1]; ein anderer Theil weist nicht unerhebliche Abweichungen auf.

Uebereinstimmend unter sich, enthalten eine Reihe von Handschriften, die entweder das ganze Werk oder nur den „tractatus de civitate Ulmensi" umfassen, mehr oder minder erhebliche Zusätze. Dieselben sind beim ersten Theil, bei der „descriptio Sveviæ" weniger bedeutend, von grosser Wichtigkeit aber dann beim „tractatus". Es fragt sich natürlich sofort, in welchem Verhältnisse die beiden Handschriftenklassen einander gegenüber stehen. Das nächstliegende wäre wohl, die Zusätze und Ergänzungen auf die Rechnung einer späteren, von Fabri selbst vorgenommenen Redaction des Werkes zu setzen und eine Handschrift der früheren, kürzeren Redaction der Goldast'schen Ausgabe zu Grunde zu legen. In einer der kürzern Klasse angehörenden Handschrift stehen nun aber am Schlusse nach einer Hinweisung auf die ursprünglich geplante einheitliche Zusammenfassung der „descriptio Teutoniæ et Sveviæ et civitatis Ulmensis" mit dem Evagatorium die Worte: „Quia hic tractatus longus est, proprium facit librum, quem evagatorio non adjunxi", und daran anschliessend „ex isto ergo ultimo libro (d. h. aus der descr. Teut. et Svev. et civit. Ulm.) perscriptus est præsens liber, licet aliquomodo deminutus ac excerptus propter eius prolixitatem". Wir sind berechtigt, diese letzteren Worte als Fabri's eigene zu betrachten. Frater Felix hätte demnach die zweite Redaction nicht sowohl durch eine Reihe von Zusätzen und Ergänzungen bereichert, sondern im Gegentheil manches in ihr weggelassen, nicht in sie aufgenommen, was sich in der ersten Niederschrift befunden hatte, ohne dass wir jedoch den Grund der Streichungen stets einzusehen vermöchten. Jedenfalls werden wir einzelne dieser ausgelassenen Stellen, deren es übrigens für die „descriptio Sveviæ" nur wenige sind, keineswegs als weitschweifig bezeichnen; die Notiz z. B. über Fabri's Aufenthalt

[1] Vgl. über das Folgende Veesenmeyer p. 30—32.

in Diessenhofen (p. 175) ist für die Kenntnisse der Lebensschicksale Fabri's sehr schätzenswerth.

Die zweite Redaction wäre also gewissermassen nur ein Auszug der ersten. Damit ist nun aber auch jene oben berührte Discrepanz in der Fortführung der Ereignisse erklärt und wir erhalten zugleich auch näheren Aufschluss über die Zeit, in der die Redaction vorgenommen wurde. Die gedruckten Ausgaben und die ihnen zu Grunde liegenden, die kürzere Fassung aufweisenden Handschriften setzen die Regierungszeit Friedrich's III. auf 54 Jahre an; und die Ueberschrift jenes Capitels lautet in ihnen „de divo Friderico“ u. s. w.[30] Wir sind wohl berechtigt, im Adjectiv „divus“ eine Hinweisung auf den schon erfolgten Tod des Kaisers zu sehen und hätten damit das Entstehen der kürzeren Fassung in die Zeit unmittelbar nach dem Tode des Kaisers (vgl. die Worte „usque in præsens“) anzusetzen.

Werfen wir noch einen kurzen Blick auf die Bedeutung unseres Werkes. Zur Bereicherung des historischen Wissens über die von ihm behandelten Zeitabschnitte hat Fabri wohl nicht gerade viel beigetragen. Die Gründe hievon sind schon erörtert worden. Wenn aber die „descriptio Sveviæ“ trotzdem noch ein nicht geringes Interesse für uns besitzt, so liegt das nicht in der Menge und in dem Werth der mitgetheilten Thatsachen und Ereignisse, auch nicht in dem Alter der Quellen, aus denen Frater Felix geschöpft hat, sondern vielmehr in den engen Bezügen des Verfassers zu seinem Werke, die sich uns auf Schritt und Tritt entgegendrängen. Die von ihm entworfenen Bilder sind oft schief und verzogen; dennoch aber betrachten wir sie gerne, weil sie uns scharfe Zeitgemälde geben, willkommene Illustrationen zu dem Charakter und den Gegensätzen jener Zeit. Und dieses subjective Moment rechtfertigt auch heute noch eine nähere Bekanntschaft mit unserm Autor.

Dass die directe Benutzung Fabris durch die Geschichtschreiber des 16. Jahrhunderts eine grosse gewesen sei, lässt sich

[30] Vgl. oben p. 191. O. Lorenz, Geschichtsquellen, 2. Aufl. I, p. 91, Anm. 1.

wohl kaum behaupten. Pirkheimer weist im Anfange seines Werkes über den Schwabenkrieg da, wo er über die Entstehung der Eidgenossenschaft spricht, Ansichten, die Fabri auch zu den seinigen gemacht hat, zurück. Nauclerus benützt nicht sowohl unsern Frater Felix, als vielmehr Hemmerlin. Wohl aber zieht Martin Crusius in seinen „Annales Sveviсæ" bei Gelegenheit des alten Zürichkrieges (pars III, lib. V, 4) Fabri bei. Johannes Boemus Aubanus hat in seinem 1520 erschienenen Werke „Omnium gentium mores, leges et ritus" dem Abschnitte über die Schwaben theilweise auch Fabri zu Grunde gelegt.[39]

Allein trotzdem scheint das Werk doch bald eine ziemlich grosse Beliebtheit und Verbreitung erlangt zu haben. Als Beweis dafür kann gelten, dass von den in Ulm und München noch vorhandenen Handschriften vier in das 16. Jahrhundert zurückgehen und zwar zwei davon, — eine zweiter Redaction und eine, die genau das enthält, was die erste Redaction der zweiten gegenüber als Mehrbesitz aufweist —, in den Anfang, die beiden andern, — erster Redaction —, in die zweite Hälfte des Jahrhunderts. Die beiden ersteren befanden sich im Besitz eines Nürnbergers, des gelehrten Dr. Hartmann Schedel; die erste war sogar von ihm angelegt worden.[40] Dieses dem Anschein nach doch ziemlich rasche Bekanntwerden des Buches führt uns aber zu einer nicht uninteressanten Wahrnehmung.

Beachten wir, dass Fabri sein Werk in einer Stadt niedergeschrieben hat, die wir neben Augsburg wohl das geistige Centrum des Schwabenlandes und, soweit es das reichsstädtische Element betrifft, auch das politische nennen dürfen. Beachten wir ferner, wie Fabri sich über das Verhältniss von Schwaben und Schweizern ausspricht. Allerdings zählt er anfangs, wie Baumann[41] betont, die Schweizer zu den Schwaben. Aber wie er dann mit Hemmerlin bekannt wird, nimmt er auch die sächsische Abstammung der Schwizer auf, und wenngleich er beifügt, dass diese mit

---

[39] Vgl. Gold. rer. Svev. scr. p. 21 ff.

[40] Veesenmeyer p. 32.

[41] In der schon erwähnten Abhandlung, Forschungen XVI, p. 258. Vgl. die Stelle oben p. 129.

der Zeit den Schwaben und Elsässern gleichförmig geworden seien, so will das doch gar nichts bedeuten angesichts des politischen Gegensatzes, der von Cap. 13 an fast systematisch gepflanzt wird, angesichts der scharfen Beurtheilung, die nicht die Schwizer allein, sondern alle Eidgenossen erfahren, angesichts der scharfen Gegenüberstellung der Eidgenossen und der Schwäbischen Städte bei Anlass des Sempacher Krieges und des grossen Städtebundes[41]

Wenn dann von andern an Hand der von Frater Felix selbst gegebenen Winke der politische Gegensatz in den ethnographischen übersetzt wurde, wenn die ethnographische Sonderstellung der Schwizer auf alle Eidgenossen ausgedehnt wurde, dürfen wir uns darüber so sehr wundern?

Dem Beispiele Hemmerlin's folgend, stellt auch Fabri die Schwizer als bäurische, rohe und klotzige, als ungebildete und ungeschlachte Menschen dar. Begreiflich, dass in den Augen der ausserhalb der Eidgenossenschaft Wohnenden mit dem Namen bald auch die Eigenschaften für das ganze Land Geltung erhielten. Und musste nicht das Urtheil, das von einem Angehörigen jenes Landes gefällt wurde, gerade weil es von einem solchen kam, bei den Bewohnern seiner neuen Heimat um so mehr Bedeutung erlangen?

So ist denn die „descriptio Sveviæ" auf die Herausbildung jenes schroffen Gegensatzes zwischen Schwaben und Schweizern, wie er sich in so leidenschaftlicher Erbitterung besonders im Schwabenkriege, aber auch über denselben hinaus äusserte, wohl nicht ohne Einfluss geblieben.

Was die Textgestaltung der vorliegenden Ausgabe betrifft, so geschah dieselbe unter Zugrundelegung theils der Handschriften, theils der Frankfurter Ausgabe Goldast's vom Jahr 1605. Leider sind die Originale, an die sich eine neue Ausgabe in erster Linie hätte anschliessen sollen, sowohl der ersten als auch der zweiten Redaction, nicht mehr vorhanden.[42] Wohl aber sind uns eine ziemlich grosse Anzahl von Abschriften erhalten, die theils die erste,

---

[41] p. 180.
[42] Vessenmeyer p. 84.

theils die zweite Fassung aufweisen, theils auch nur das enthalten, was die erste mehr hat als die zweite. Als Vertreter der ersten Redaction wurde zur Herstellung des Textes der Codex Schadianus, Besitzthum der Stadtbibliothek Ulm, beigezogen. Nach Veesenmeyer nimmt er unter allen in Ulm aufbewahrten Handschriften — und für die erste Redaction kommen nur diese allein in Betracht — die erste Stelle ein. Er ist zwar nicht ganz der älteste, „enthält aber, wie kein anderer, den vollständigsten Text, welcher überhaupt existirt". Er mag ungefähr hundert Jahre nach dem Original angelegt worden sein.[1]

Als Vertreter für die zweite Redaction konnte trotz manchen ihr innewohnenden Flüchtigkeiten die Goldast'sche Ausgabe von 1605 benutzt werden. Es war das um so eher zulässig, als die älteste Handschrift zweiter Redaction, aus dem Anfange des 15. Jahrhunderts stammend, nach Veesenmeyer's Zeugniss „gerade dasjenige enthält, was Goldast hat". Es konnte also ohne Bedenken von derselben abgesehen werden.

Wie schon oben bemerkt, sind die Differenzen zwischen den beiden Redactionen in der „descriptio Sveviae" bei weitem nicht so erheblich, wie im „tractatus". Da zudem ein Zurückgehen auf die Originale nicht möglich war, so wird es wohl kaum einer Rechtfertigung dafür bedürfen, dass die vorliegende Ausgabe sich nicht ausschliesslich an eine der beiden Redactionen anschloss, sondern gleichmässig beide zu berücksichtigen suchte. Was die frühere mehr hat als die spätere, wurde in seinem ganzen Umfange in den Text aufgenommen, immerhin natürlich unter steter Bezeichnung der Herkunft. Wo sich eigentliche Varianten ergaben — fast durchgehends sind sie formaler Natur — wurde im Interesse einer einheitlicheren Textgestaltung diejenige Redaction und diejenige Form acceptirt, die den richtigeren Sinn und die grössere sprachliche Correctheit bot, und die andere unter den Text verwiesen.

Noch weiter gieng das Verfahren in der Bereinigung der Orthographie. Sich an die Orthographie einer der Vorlagen strenge und

[1] Veesenmeyer p. 33.

consequent zu halten, hätte ja desshalb keinen Sinn gehabt, weil damit die Rechtschreibung des oder der Originale doch nicht erreicht worden wäre; anderseits aber wäre eine nicht originale Orthographie in diesem Falle absolut werthlos gewesen. Musste aber die Orthographie bereinigt werden, so konnte dies nicht anders geschehen, als dass sie mit den Postulaten der modernen Forschung in Einklang gebracht wurde; andernfalls hätte es nur etwas Halbes gegeben. Weitaus in den meisten Fällen wurde die abweichende Schreibart, wo sie zum ersten Male vorkam, unter dem Texte angemerkt und dann späterhin stillschweigend übergangen; in andern Fällen, solchen insbesondere, denen ähnliche vorangegangen waren, wurde gar nichts bemerkt. Die Aenderungen beziehen sich namentlich auf folgende Gruppen:

1. Wechsel von e, æ und œ in hereditas (hæreditas), ceteri (cæteri), æger (eger), sæpe (sepe), æstimo (estimo), cædens (cedens), cœpit (cepit), inobœdientia (inobed.), confœderatio (confed.), prœlium (prælium) u. s. w.
2. Wechsel von i und y in gigantea (gygantea), lilium (lylium), silva (sylva) u. s. w.
3. Wechsel von t und c in prophetia (prophecia), spatium (spacium), transvadatio (transvadacio) u. s. w.; condicio (conditio), ocius (otius), suspicio (suspitio) u. s. w.
4. Zusammensetzungen von ex und einem mit s beginnenden Worte, z. B. exsilium (exilium), exsistere (exist.), exsulare (exul.) u. s. w.
5. Unterdrückung der Gemination in intolerabile (intollerab.), milia (millia), segregatim (seggreg.), atrocitas (attroc.), quotidianus (quott.) u. s. w. Anwendung der Gemination in sollemniter (solemn.), immo (imo), repperi (reperi), opprobrium (obprobrium) u. s. w.
6. Unterdrückung des h nach t in catena (cathena), torum (thorum) u. s. w.
7. Conjugationsformen wie prosiluit (prosiliit), acquisiverunt (acquisierunt).
8. Formen wie lacrima (lachrima), abundans (habundans), profanare (proph.), hi (hii) u. s. w.

Kaum bemerkt zu werden braucht wohl, dass anderseits aber überall der Wortlaut gelassen wurde, wo es sich nicht sowohl um orthographische, als vielmehr um grammatische Fragen handelte, wenn z. B. übereinstimmend in G. wie in S. „lacus“ als Nomen der 2. Decl. oder „vulgus“ als Masc. behandelt war.

Viel weniger streng war das Vorgehen bei den Eigennamen. Bei solchen, die der alten Geschichte oder Geographie angehören, wurde allerdings die jetzt gebräuchliche Schreibung durchgeführt, bei Namen des Mittelalters nur gewisse Modificationen angewendet. y wurde in i verwandelt, alle übrigen Vocale, sowie die Diphthongen wurden dagegen beibehalten. So blieb Ergovia neben Argovia; so blieb Rhinfelden, Schafhusen, Loufenberg, selbst wo Goldast ei und au anwandte. Statt w wurde v gesetzt, statt th t. Wo sich einfache Consonanten fanden, während wir heute geminiren, wurde nichts geändert, z. B. Schafhusen, Raperswil, Diesenhofen. Formen dagegen, wie Habchspurg, wurden vereinfacht in Habspurg.

Zum Schlusse spreche ich an dieser Stelle Herrn Prof. Dr. Veesenmeyer, Stadtbibliothekar in Ulm, den verbindlichsten Dank für die freundliche Uebersendung des Cod. Schad. aus.

Ein

# Reisebericht des Chronisten

# Johannes Stumpf

## aus dem Jahr 1544.

Herausgegeben

von

Dr. Hermann Escher.

# Anno 1544.

p. 192.

Freytag. Die veneris, 22. mensis augusti, circa horam 3. postmeridianam egressi sumus urbem.

Uf dem Albiß habend wir ein trunk thon und verzert 3 ß. Zürich münz.

Zu Cappel warend wir uber nacht; verzartend 6 ß. monetæ Thuricensis.

Sambstag. Die 23. augusti, morgens umb die 6, kamend wir gon Zug, assend zu morgen zum Schmutz; verzartend 11 ß. monetæ Lucernensis.

Item 2 toppelvierer von Zug uber see gon Bächenaß.

Item 5 ß. 4 hlr. Lucerner münz zu Ebickon.

Der Rodt See, under der statt Lucern by eyner halben stund fußwegs, erstreckt sich nach der lenge uf ein halbe stund biß gegen dem dorf Ebickon ad orientem vel potius Zug.

Lucernam venimus ante tertiam horam postmeridianam. Da sind wir zum probst gangen, habend der fundation nachgefragt. Zeugt er uns ein herlich gemalet buch, darin die fundation in massen, wie wir sy habend, von wort zu wort ingelybet stunt und nit anderst. Aber das original mocht uns nit werden; (be)zeugt her probst, das der cüster, so die schlüssel het, nit anheymisch were; wolte aber, so er keme, suchen und uns durch her Hansen von Ottenbach, was er funde, zukomen lassen.

Item 5 Costentzer batzen und 5 idem(!) Lucernenses zur Chronen ein trunk und nachtmal.

Item 2 batzen Lucerner pro calcimentis resarciendis.

p. 180. Die solis 24. mensis augusti Transylvaniam venimus, ubi in Stans pransi sumus in ædibus Caspari Offners; ubi pro prandio exposuimus 4 batzen.

Item von Winckel gon Stansstadt uf dem sew schifflon 2 ß. monetæ Lucernensis.

Item 2 ß., 2 hlr. monetæ Lucernensis zu Wolfenschiessen umb ein Trunk.

Item 2 ß, 8 hlr. monetæ Lucernensis umb ein seckelschnur zu Stanns.

Vespere circiter horam quartam, ubi ventum est ad monasterium Montis Angelorum, post potum in taberna sumptum monasterium ingressi, ab abbate * * *[1] et domino * * * eiusdem cœnobii euconomo humanissime suscepti ac tractati sumus.

## Antiquitates monasterii S. Mariæ Montis Angelorum.

(Has antiquitates transscripsimus die lunæ 25. mensis augusti mane in monasterio, supra mensam conventus.)[2]

### p. 181. Catalogus prælatorum huius monasterii.[3]

1120. Anno 1120 sub Calixto papa V. calend. april., feria quinta, Conradus de Seldenbüren miles fundavit monasterium sanctæ Mariæ Montis Angelorum.

Adelhelmus primus abbas ibidem sub Heinrico IV. Fun

[1] Im Mscr. sind hier zwei Lücken für die Namen gelassen.

[2] Am Rande mit gleicher Dinte beigefügt.

[3] Das Folgende ist zum grössten Theile wörtlicher Auszug aus den sogenannten kleinen Engelberger Annalen. Von einem unbekannten Conventualen im Jahre 1481 niedergeschrieben, sind sie „theils den grösseren Annalen entnommen, theils aus den Documenten des Klosterarchivs ergänzt". (S. Geschichtsfreund VIII, p. 101 ff., wo die grösseren theilweise, die kleineren in extenso abgedruckt sind. In vollständiger Wiedergabe finden sich die ersteren in den Mon. Germ. SS. XVII, p. 275 ff.). Die Abweichungen zwischen den beiden Annalenwerken sind an mehreren Stellen nicht unerheblich. Mit Bezug auf Engelbergensia sind die kleineren Annalen reichhaltiger. Ueber die früheste Geschichte von Engelberg vgl. Versuch

datio confirmata est ab Heinrico IV.[4] Cûnradus fundator ibidem subcepit habitum religiosum sub abbate præfato. Anno Domini 1126 obiit Cûnradus fundator, a quodam scelerato occi- 1126.
sus. Anno 1131 obiit primus abbas Adilhelmus. 1131.

Succeserunt(!) tres abbates Deo odibiles: Lütfridus, Welffo, Hesso. Ad breve tempus male enim rexerunt, subyectis non profuerunt et bona monasterii dilapidaverunt; ideoque depositi fuerunt.

Frowinus, abbas secundus, alias quintus, vir bonus et doctus, muros monasterii construxit; obiit anno Domini 1178. 1178.

Bertoldus, abbas sextus, vir bonus, virgo putatus[5], quotidie celebrans missam, vixit tempore Friderici I.; obiit 1197. 1197.

Heinricus Berchtoldo successit, sub quo monasterium flamma absumptum est; tamen mox ab eodem Heinrico restauratum; turrim a fundo struxit, vineas in Byhel Burgundiæ monasterio adjecit[6]; obiit anno 1223. 1223.

Sub hoc Heinrico, Bertoldi successore, Heinricus, sacerdos de Buchs, ecclesiam sororum et monialium in Monte Angelorum construxit in honore s. Andreæ eamque dotavit, sepulturam ibidem elegit; fuit enim predives, ac demum moriens abbatem adoptavit in heredem omnium bonorum suorum mobilium et immobilium; suscepit habitum religionis et tradidit multa bona huic cœnobio.[7]

Heinricus, huius nominis secundus, successit; et is obiit anno 1241. 1241.

Wernherus, ex ordine nonus; obiit anno 1250. 1250.

---

einer urkundlichen Darstellung des reichsfreien Stiftes Engelberg; betreffend die Gründung, siehe Schweizer. Urk.-Reg. 1617, 1621 u. 1626. Stumpf hat sein in Engelberg gesammeltes Material in Buch VII, Cap. 3 seiner Chronik verwerthet.

[4] Natürlich ist Heinrich V. zu verstehen. Wegen der Ordinalzahl IV. vgl. Schw. Urk.-Reg. l. c.

[5] Geschichtsfreund: „virgo prudens".

[6] Biel. Die kleinern Annalen bestimmen sie näher als vinea „in Crisiaco" und „in Tuanno prope Biehel".

[7] Im Manuscript befinden sich Zeile 16 bis Zeile 22 unten am Fuss der angefügt. Heinrich v. B. war es, der auch jene Weinberge schenkte.

Waltherus, decimus præsul, Wernhero succedit, sub quo
monasterium monialium ibidem consecratum est ab Eberardo,
1254. episcopo Constantiensi, anno Domini 1254, ubi idem episcopus
statim consecratione facta velavit sive ordinavit 42 virgines
vestales.

p. 195 1267. Anno 1267 abbas Waltherus propter nimiam negligentiam
deponitur.

Waltherus II. successit. Is cum consensu Eberhardi, Constantiensis
episcopi, ecclesiam in Stans monasterii (!) adjunxit;
1276. obiit anno 1276.

1294. Arnoldus successit; et is diem clausit extremum anno 1294.

1298. Ulricus, abbas ex ordine decimus tertius; qui obiit anno 1298.

Rodulphus succedit, sub quo monasterium secundario igne
1306. combustum est anno Domini 1306 conversionis Pauli, a quodam
monacho subdiacono per negligentiam incensum; mox
tamen per Rudolphum abbatem restauratum. Is enim monasterium
ita ampliavit, ut etiam quasi secundus fundator putaretur.
1317. Is Rodulphus obiit anno Domini 1317.

Waltherus, huius nominis tertius, ex ordine decimus quin-
1325. tus, præficitur. Sub hoc anno Domini 1325, die 1. septembris,
velatæ sunt in monasterio nostro 140 virgines, (si diis placet),
et monasterium rursus consecratum est cum quinque altaribus,
præsente ibidem domina Agnete, reginae (!) Ungariæ, Alberti
imperatoris filiæ, sub expensis eiusdem reginæ compluribus
beneficiis collatis præsente turba copiosa etc. Waltherus autem
1331. resignavit abbaciam anno 1331. Cui eodem die successit.

1340. Wilhelmus abbas. Sub hoc anno 1340, die Petri et Pauli,
combusta est domus monasterii Lucernæ funditus cum pluribus
1345. aliis. Anno Domini 1345, dominica prima adventus, velatæ
sunt 90 virgines ab archiepiscopo H., Avercensis* ecclesiæ.
1347. Anno 1347 sponte Wilhelmus resignavit abbaciam.

Heinricus, huius nominis tertius. Sub hoc anno Domini
1349. 1349, inter nativitatem beatæ Mariæ virginis et festum epi-

---

* In den Mon. Germ. SS. XVII, p. 291 steht unten die Note: „Acerranus episcopus Heinricus tunc vixit."

phaniæ, obierunt sorores 116, primo Cathrina, magistra, item Beatrix, comitissa de Arberg, quondam magistra, item Mechtildis de Wolfenschiessen, magistra; item in aletro cenobio duo sacerdotes et quinque scolares. De sororibus una die fuerunt septem funera, item quadam die funera 16 de subditis. Et in hac valle manserunt ultra 20 domus vacuæ sine habitatoribus. Heinricus abbas vero prelaturam resignavit anno 1359. 1359.

Nicolaus, ordine decimus octavus, succedit. Eodem anno Wilhelmus, quondam abbas, obiit die Ceciliæ. Obiit is anno Domini 1360, die 25. augusti. 1360.

Rudolphus II. Sub hoc anno Domini 1362 Rudolphus, 1362.
dux Austriæ, ecclesiam in Küssnach monialibus donavit. Item domus monasterii in Turego comparatur et melioratur pro 160 lb. Anno Domini 1364 Heinricus, episcopus Constantiensis, 1364.
velavit 30 virgines vestales in Monte Angelorum. Item curia, dicta Engi, || comparatur pro 425 lb. Anno Domini 1366 Hein- p. 148. 1366.
ricus, episcopus Constantiensis, quinque vestales ordinat. Rudolphus abbas præscriptus, cognomento Stäelinger, ecclesiam in Kerns huic monasterio acquisivit, sed ecclesiam in Küssnacht monialibus nostris procuravit. Obiit vero anno 1398. 1398.

Waltherus IV., dictus Myrer, successit, ex ordine vicesimus abbas; qui obiit anno 1420 feria quarta post Martini. 1420.

Joannes Kupfferschmydt de sancto Blasio succedit; obiit vero anno 1421, kal. apr., infectus veneno, per lotionem pedum 1421.
in itinere de Constantia in abbatem confirmatus.

Joannes Kummer succedit. Huc usque monasterium bene se habuit, sed sub abbate in dies cœpit decrescere. Is enim Joannes vendidit vinetas in Bibel, pecuniam, undecunque potuit, sufflavit ac bona monasterii vendidit.[1] Fuit is ab initio Joannitarum ordinis, fuit et in Basiliensi concilio, ubi multa bona insumpsit. Præfatus Joannes Kumbar (habens nomen sibi per omnia respondens, juxta illud: conveniunt fatis nomina

[1] Im Geschichtsfreund steht statt dessen „item pecunias, undequaque potuit, *collegit* vendendo bona monasterii."

sepe suis) cum per aliquot annos male regnasset, dolose circumvenit Johannem de Wida, præpositum Lucernensem, ac illum pro se huic loco præfecit.

Joannes de Wida fuit bonus et simplex pator. Qui cum duobus annis vel citra regnasset, præfati Joannis Kumber dolosa machinatione cum confœderatis habita, datis ducentis aureis, abbacia privatur, et sic Joannes Kumbar cum multo monasterii incommodo abbaciam recuperavit, paucis annis male regnans; demum abbatiæ Rhenaugiensi preficitur, quam sic dispensavit, ut gratum duceret, quod sana pelle evaserat; indeque exsul et miser Constantiæ obiit.

Rudolphus, huius nominis tertius, natus de Baden, Joanni
1437. succedit circiter annum Domini 1437. Hic circa 8 annos cum præfuisset, ob insolentiam quorundam, quia pusillanimis erat, resignavit. Cui successit

Joannes, dictus Stryne. Hic fuit scortator[10] et rerum monasterii consumptor, plus in Lucerna et alibi cum meretricibus, quam in monasterio commoratus est. Sub illo anno Domini
1449. 1449 combustum est monasterium sororum per totum. Sed per eleemosynas et mendicitatem tandem sex annis restauratur. Joannes abbas tandem deponitur et ad plebanatum in Küssnach ordinatur.

Rudolphus de Baden, qui supra resignaverat, restituitur; qui cum 10 hebdomadis præfuisset, ob quorundam malitiam episcopo abbaciam resignavit.

p. 197. Joannes, dictus Am Bühele, abbas; fuit etiam hic extirpator
1451. monasterii. Circa annum Domini 1451 cepit regnare et quasi
1457. 7 annis præfuit; demum resignavit anno Domini 1457.

Heinricus, dictus Porter, successit in locum Joannis. Hic supra omnes male rexit, quia toto monasterii corpore absumpto vix caudam reliquit. Ein unnützer rosstuschler; hielt uberuß ubel huß. Habuit et scortum cum filiis, quibus providit ex substantia monasterii et cum illius magno detrimento[11]; quare

---

[10] Fehlt im Geschichtsfreund.

[11] Dieser Satz steht nicht im Geschichtsfreund.

tandem a confederatis, tamquam monasterii advocatis, circa annum 1465 plures advocati monasterio constituuntur, qui vendiderunt ciphos argenteos, item calices et cetera. Qui, potius sua, quam monasterii utilitatem quærentes, parum profuerunt, imo multum obfuerunt. Demum Heinricus deponitur et ad plebanatum in Brientz ponitur. 1466.

Ulricus de Berna abbas præficitur anno Domini 1478. Hic abbatiam suscipere noluit, nisi confœderati advocati hanc omnino liberam juxta tenorem privilegiorum suorum redderent, quod et factum est. Sed quia segnis et omnis curæ expers erat, ideo advocati monasterium plus quam antea suppeditarunt.[12] 1478.

Heinricus Portner abbas præficitur post Ulricum (secundario).[13]

Barnabas Steyger.[14]

Die lunæ, 25. augusti, sumpto prandio in cœnobio, dedimus familiæ 4 btz., uxori vero hospitis 1 batzen. Deinde transcendimus montem vulgo „Uf Joch“ vel „Uber Joch“, rustico quodam nos a monasterio comitante, cui dedimus 2 batzen; pastori vero vel cascatori, nobis viam per sylvam monstranti, dedimus 1 ß. monetæ Lucernensis. p. 196.

(Croquis des Jochpasses, der Engstlenalp, des Gadmen- und Haslithales.[15])

Pernoctavimus in villa quadam, dicta „Uf Wylen“, im Haßle Tal[16], apud rusticum quendam, qui nos satis humaniter tractavit, vinum bonum dedit; cui dedimus 4 batzen.

---

[12] Hier brechen die kleineren Annalen ab.

[13] „Secundario“ ist mit rother Dinte beigefügt. Dass Heinrich Portner nochmals an die Spitze des Klosters getreten sei, wird in den grösseren Annalen nicht erwähnt.

[14] Als Geschlechtsnamen des Abtes Barnabas nennen dieselben nicht Steyger, sondern Bürcky.

[15] S. darüber das Nachwort.

[16] Wiler, am Ausgange des Nessenthals, bei der Vereinigung der beiden Wege vom Jochpass und vom Sustenpass.

Die martis, 26. mensis augusti, habend wir zu morgen gessen zu Güttenthann; da was die urten 2 batzen; und kamend uf den abend zum Spittal an die Grymßlen; da verzartend wir 6 batzen zu abend und nachtmal, dan (wir) mochtend denselben abend nit uber den berg kommen.

Summa miliarium a Tiguro usque ad montem Grimßlen:
Von Zurch gon Zug 2 myl.
Von Zug gon Lucern 2 myl.
Von Lucern gon Stans 1 myl.
Von Stans gon Engelberg 2 myl.
Von Engelberg in Grund an der Aar 2 myl.
Von Grund gon Güttenthann 1 myl.
Von Güttenthann zum Spittal 1 großmyl.
Vom Spittal uber Grimßlen gon Gestelen 1 myl.[17]

Die mercurii, 27. augusti, synd wir vom Spittal uber die Grimßlen gangen, habend zu Gestelen zu morgen gessen und verzert 2½ batzen. Item 1 batzen eym söwmer, den sack ubern berg zefüren.[18]

Oberwald, ein derfli.

Rodanus oritur in Furca monte etc., vide tuam chronicam.[19] Ab ortu usque ad vicum Gestilen 1 miliare, duarum horarum pedestris itineris. Ob Gestilen empfacht der Roddan uf der lingken syten herin ein wasser uß den alpen von Elmi dem vorsitz heruß durch das Gerental.[20]

[17] Am Rande mit rother Dinte „12, vel potius 13“.

[18] Am Rande mit rother Dinte: „Goms, der erst zenten, vide libellum episcopi (ein mir unbekanntes Buch). Christallen in Goms vide Monsterum fol. 361.“ In Seb. Münster's Cosmographie lib. V, cap. 43 „von den bergwercken und metallen“ steht: „In dem zenden Goms seyndt an vielen orten viel schöner crystallen . . .“

[19] Stumpf, Chron. XI. 4.

[20] Wie die Alpen, denen er entströmt, heisst auch der Fluss selbst Elmi. Vorsitz, wohl gleich Vorsässen, Voralpen, vgl. Stumpf, Chron. l. c. . . . . . „aus den voralpen oder vorsässen, Elmi genennt“.

Von Gestelen gon Münster ist ein kleyne myl, uf zwo stund fußwegs oder etwas minder. Darzwüschen ligt Ulrichen. Da ist ein schlacht geschehen by den crüzen; da sicht man noch vil gepein.[21]

Von Gestilen biß gon Ulrichen ½ stund.

Von Ulrichen gon Münster 1 stund; pfar.

Von Münstergon Reckingen nit gar ein ½ stund. Reckingen ligt uf beider syten des wassers; hat ein prugken.

Undor Reckingen Glurinen, ½ stund von Münster.

Under Glurinen Ritzigken, gar nach.

Under Ritzigkon Biel, hat ein prugken.

Under Biel Wald[22], fast uf halbem weg zwüschen Münster und Ärnen; daselbst wir(d) das land etwas enger. Ob dysem dörfli Wald gat man uber die prugken uf die linken hand gegen Ärinen.

Zlowinen, ein alter thurn, genant Zum Steinhuß, ligt zwüschend Wald und Müllibach, ad sinistram Roddani.

Müllibach ob Ärinen, cardinalis patria[23], ein dorfli. Aernen ligt ad sinistram uf ein myl gut under Münster, ongefarlich uf 2½ stund.

Von Ärni gon Lax, ein dorfli, uber die prugken ½ stund.

Greniols, ein dorfli uf der hoche ob der Steyne-Prugk, ad sinistram.

Möril, ein pfar und dorf, ad dextram; hat ein prugk, ligt 2 stund under Ärnen. Illic pernoctavimus, hospiti exponentes 3 batzen. Der stierkopf im wappen soll dero von Mangopan zeichen syn.[24]

---

[21] Nach St. Chron. l. c. wurden die Kreuze, zwei an der Zahl, 1419 nach dem Treffen zwischen den Wallisern und den Bernern errichtet. Vgl. weiter unten die Aufzeichnungen von Brieg.

[22] Niederwald.

[23] Nämlich des Cardinals Mattheus Schinner.

[24] Mangepan, einer der Sitze der Grafen von Mörel, liegt auf steilem Fels westlich von Mörel (Furrer, Geschichte, Statistik u. Urk.-Sammlung über Wallis II, p. 59). Zum vollständigen Wappen gehören noch zwei Kornähren im Maul des Ochsenkopfes.

Das Bünnertal, uf zwo myl lang. Syn fluss, die Binn, entspringt am berg Albrun; die straß uber Albrun gat in Antigoriam vallem.[25]

Gobgisberg, Betten sind alpen und dörfer; der berg darhinder heyßt Anthonien.

p. [illegible] Die jovis, 28. augusti, giengend wir gon Naters; von Moril gon Naters $1\frac{1}{2}$ stund.

Moril ist ein eigen gericht. Glych under Moril stat das hochgericht.

Ob dem alten schloss Wingarten flüß(t) die Massa herfür, uß Aletsch, einer alpen; hat ein schöne steynen prugken; hat vom ursprung in Rotten by 2 gut myl.

Naters hat ein kleynen bach. Darumb ist in der tafel gefelt; lug eygentlich uf.[26]

Von Naters gon Bryg ubers wasser ein steyne brugken mit zwey schwybogen, ist nit gar ein halbe stund; da kompt herfür die Saltana[27], ein fluss, von Simpillen herfür, zwo myl lang. Simpillen ist ein dorf und pfar.

Zu Brig assend wir zu morgen; kostet die urten 4 batzen.

Von Brig gon Glyß ubers wasser hat es schöne steyne prugken von dry wyter(!) schwybogen uber die Saltana, und ist gon Glyß ein vierteil einer stund ongefarlich.

## Briganorum historiæ aliquot, ex libro quodam pervetusto.

1100. Anno Domini 1100, in mense aprili, increbuit lurida epidymiæ pestis ade(o) inclementer in terra Vallesianorum, cui par prius nunquam vel visa vel audita fuit.[28]

---

[25] Das Binnenthal mündet bei Grengiols in das Hauptthal; Valle d'Antigorio ist der Name für den untern Theil des Eschenthals.

[26] Es ist der von der Bellalp und Blatten durch das Tiefethal herabfliessende Bach.

[27] Jetzt Saltine genannt.

[28] Vgl. Mémoires et doc. de la Suisse Romande XXIX, p. 74.

Berna anno 1191 struitur a Berchtoldo I.(!), die Sebastiani.[29] 1191
Anno 1211 Berchtoldus, dux de Zäringen, Conradi filius, 1211.
cum magno exercitu Vallesiam ingressus, prope villam Gestinun cruenta cede per Vallesiensis cesus illicque cum eius exercitu 16 millium occubuit, nullo milite superstito ex(c)eptis paucissimis aliis, voluntarie remissis, et qui fugæ vitæ consuluerant.[30]

---

[29] Das Datum der Gründung „die Sebastiani" (20. Januar) ist mir nicht erklärlich. Gewöhnlich wird es in den Mai angesetzt.

[30] Vgl. Stumpf Chr. XI, 4. Ueber den Zug Berchtolds V. gegen das Wallis war bis jetzt nur wenig bekannt. Er findet sich zum ersten Mal in Justinger erwähnt, der ihn aber in die Zeit vor der Gründung Berns ansetzt (Justinger, Ausgabe von Studer p. 6/7); ihm folgt Tschudi. Stumpf dagegen, auf unsere Notiz sich stützend, ferner Simler, dessen „descriptio Vallesiæ" sich enge an Stumpf anschliesst, und Guillimann verlegen das Treffen in das Jahr 1211. Diese letztere Zahl in diesen Brieger Aufzeichnungen zu finden, ist eine willkommene Bestätigung der Ansetzung des Zuges in das Jahr 1211. Allerdings enthält unser Bericht sowohl Unrichtiges (die Bezeichnung Berchtolds als „Conradi filius") als auch Unwahrscheinliches (dass das Heer 16,000 Mann gezählt habe, von denen nur wenige davon gekommen seien). Immerhin aber werden wir ihm, dessen Abfassung wir doch wohl noch in's 14. Jahrhundert verlegen dürfen (vgl. Anm. 32) den Vorrang vor Justinger zuerkennen. Dass als Ort der Schlacht hier (Ober-)Gestelen, in Stumpf Ulrichen angegeben wird, ist irrelevant, da beide Orte nur $1\frac{1}{2}$ Kilometer von einander entfernt sind. Furrer III, p. 52, erwähnt eine Holzinschrift bei Ulrichen, welche diesen Sieg der Walliser im Jahr 1211 erwähnt. Sollte sie etwa in Zusammenhang stehen mit einem der oben erwähnten Kreuze? — Ueber die Ursache des Krieges erfahren wir leider nichts, können uns also weder für noch gegen die von Stumpf vorgebrachte — Streit über die Kastvogtei des Bisthums Sitten — aussprechen. Es liegt aber sehr nahe, diesen Waffengang mit dem grossen Zähringisch-Savoyischen Gegensatz in enge Beziehung zu bringen. Der für Berchtold ungünstige Friede von Hauterêt im Jahr 1212 würde durch die Niederlage von Gestelen eine ganz eigenthümliche Beleuchtung erfahren. Stumpf l. c. meldet: „Die Walliser Chronicken meldend einsteils, dass auch h. Berchtold von Zäringen selbs an diser Schlacht seye umbkommen." Woher hat er diese Notiz? In unserm Reisebericht ist sie nirgends zu finden. Haben ihm noch andere Aufzeichnungen als die, welche er in dem Berichte erwähnt, zu Gebote gestanden? Ueber ein zweites Treffen zwischen den Wallisern und dem Zähringer vgl. Furrer I, 85/86. Jene dort erwähnte Vispachronik sowie das Volkslied kennen zu lernen, wäre höchst interessant. Vergl.

1306. Anno 1306 sese fœdere junxerunt die Waldstett etc.[11]
1321. Anno 1321 facta est strages vel conflictus apud Hospital in Ursera. Hæc chronica Briganorum.[12]

---

Wurstemberger, Gesch. d. alten Landschaft Bern II, p. 303/4 u. p. 310—314; Am Herd, Denkwürdigkeiten von Ulrichen.

[11] Die Ansetzung des Bundes in das Jahr 1306 ist höchst bemerkenswerth. Unsere Brieger Aufzeichnungen stimmen darin mit den Zürcher Chroniken überein, Müller p. 62, Klingenberg p. 41. Aus der Zahl 1306 machte dann bekanntlich Tschudi, dem die Nachricht unmöglich zu seiner Erzählung von der Entstehung der Eidgenossenschaft im Jahr 1307 passen konnte, ein 1206, vgl. Kling. l. c. Anm. Stumpf, der die Entstehung der Bünde ins Jahr 1314 setzt, hat keinen Gebrauch von dieser Notiz gemacht. Ob die Uebereinstimmung zwischen unserer Quelle und den Zürcher Chroniken mehr als zufälliges Zusammentreffen ist, wird schwer zu entscheiden sein.

[12] Stumpf, Chr. IX, 3: „Anno do. 1321 ist ein Schlacht und bluotvergießen geschähen in Urseren zuo Hospital etc., das meldet ein alte Latinische Wallißer Chronick; wirt aber nit außgetruckt, wär die sygend gewesen, so die Schlacht gethon, oder welche den sig behalten habind.“ Nach Tschudi I, p. 293 b, der das Ereigniss ebenfalls ins Jahr 1321 setzt, wäre es ein Zusammenstoss der Urner mit den Thalleuten von Urseren und den Gotteshausleuten von Dissentis gewesen. Kopp, Eidg. Bünde IV, 2, p. 313, Note 4, bemerkt dazu: „Dem, was Tsch. . . . erzählt, mag etwas Wahres zu Grunde liegen; aber es gehört wohl vor das Jahr 1319 oder fällt erst später.“ Die letztere Alternative ist richtig, sofern wir mit Tsch. als Grund des Streites einen Gegensatz zwischen Urseren und Dissentis und Uri annehmen; denn ein solcher fände in der That in den Jahren 1319—1323 keinen Platz. Vgl. Kopp IV, 2, p. 212, 225 ff., 309 ff. Eine Verlegung vorzunehmen wäre aber erstens angesichts unserer doch alten Aufzeichnung nicht ganz rathsam und überhaupt erst dann zulässig, wenn wir das Factum nicht anders erklären können. Kopp, ib. p. 492 bringt eine Urkunde, in welcher Wideli, der Meiger, unterm 10. August 1322 Schultheiss, Rath und Gemeinde von Lucern verkündet, dass der Stoss und Krieg, den sie und die von Urseren *gehabt haben und noch haben*, an ihn gesetzt worden sei. Was hindert, dass wir unsere Notiz auf einen Zusammenstoss zwischen den Lucernern und denen von Urseren beziehen? denn dass der Streit auf dem Boden der letzteren stattgefunden, beweisen die Namen von Ausstellern und Besieglern des Briefes, die sämmtlich dem Thal Urseren angehören: Es sind Wideli, der Meiger, Heinrich von Ospenthal und Walther von Mosse.

Mit der besprochenen Notiz hört die Benutzung des „liber pervetustus“ auf. Entweder bricht er selbst hier ab, oder die Handschrift, welche diese

Anno 1327 püntniß Bern mit den dry Waldstetten ad octo annos.[14] 1327.

Anno 1352 facta est strages ante civitatem Seduuensem 1352.

---

ältesten Einträge gemacht hat, macht einer jüngeren Schrift Platz. Es liegt sehr nahe zu fragen, ob neben diesen Einträgen noch weitere vorhanden waren, oder ob Stumpf alles Vorhandene sich notirt hat. Wenn ich die Benützung anderer Quellen durch Stumpf vergleiche, z. B. diejenige der schon besprochenen kleinen Engelberger Annalen, oder der älteren Aufzeichnungen von S. Maurice und Lausanne, so glaube ich annehmen zu dürfen, dass das Wesentliche unserer Brieger Quelle von Stumpf herausgeschrieben worden sei. Dass er immerhin einzelnes minder Wichtiges, wenigstens in den nun folgenden annalistischen Aufzeichnungen ausgelassen hat, scheint aus einer Vergleichung der Notiz zum Jahre 1384 und Furrer III, p. 159 hervorzugehen. — Ueber das Alter unserer Aufzeichnungen lässt sich, so lange es nicht gelingt St.'s Vorlage aufzutreiben, nichts bestimmtes sagen. Immerhin sind die Einträge doch wohl noch in's 14. Jahrhundert anzusetzen und zwar aus folgenden Gründen. Zu den besprochenen Aufzeichnungen stehen die folgenden in naher Beziehung; auch sie sind in Brieg entstanden. Dafür spricht der Umstand, dass St. sie hier unter Brieg einreiht, sowie der andere, dass er in der Chronik XI, 7 bei der Erwähnung des unten mitgetheilten Eintrages vom Jahr 1365 ausdrücklich bemerkt: „Söliche bezeugend die alten Latinischen Brieger Chronicken". Wenn nun diese jüngeren Aufzeichnungen, offenbar im Anschluss an die älteren, mit dem Jahre 1327 einsetzen und in derselben annalistischen Form die bedeutsamsten Ereignisse behandeln, so liegt wohl kein Grund vor, die Abfassung des älteren Theiles weit in die vom jüngeren behandelte Zeit hinunter zu schieben; sonst hätten die ersten Einträge des späteren Theiles ebenso gut von der älteren Hand gemacht werden können. Zudem schliesst wohl auch die Notiz von 1391 eine Redaction, die vom Zeitpunkt jenes Ereignisses um eine grössere Zahl von Decennien getrennt wäre, aus. Jenes Blutvergiessen in Ursern steht ja mit der Geschichte des Wallis in keinem Zusammenhang, wäre deshalb wohl bald der Vergessenheit anheimgefallen, wenn die schriftliche Fixirung nicht ziemlich bald erfolgt wäre. Ich bin deshalb geneigt, die letztere jedenfalls noch ins 14. Jahrhundert und zwar in die Mitte desselben anzusetzen. Mehr als eine etwelche Wahrscheinlichkeit lässt sich allerdings vorderhand dabei nicht erreichen.

[14] Die Dauer des Bündnisses, in dem sich auch Zürich und eine Reihe weiterer Städte befanden, ist irriger Weise auf 8 Jahre angegeben; es erstreckte sich beim ersten Abschluss auf zwei Jahre und wurde dann hernach auf drei weitere erneuert. Eidg. Absch. I, p. 14 u. 15. Kopp V. 1. p. 101 u. 421.

inter comitem Sabaudiæ et patriotas Vallesianos, quo tempore dominus Guischardus, episcopus Sedunensis, regnavit.[34]

1365. Anno 1365, 3. non. novembr., necata fuit nobilis comi-
p. 301. tissa de Vespia una cum Anthonio, eius filio, prope pontem Roddani apud Naters.[35]

1358. Anno 1358, die Johannis Evangelistæ, cecidit densissima nix, quæ cooperuit apud Oergens[36] prope Gothardum montem ac interemit 30 personas hominum.

1375. Anno Domini 1375 reverendus dominus Guischardus Tavelli, episcopus Sedunensis, die 10. mensis augusti, quæ erat mercurii, per Anthonium de Turri extra castrum Sedunense, in quo sedes episcopalis erat[37], adjutum a suis servitoribus, ejectus fuit, ipso bono præsule horas canonicas cum capellano suo dicente, qui plus quam 30 annis patriæ Vallesii pontifitio præfuit, parricidium murtritorie committendo.[38]

Eodem anno, quo supra, die 18. augusti, patrato igitur murtro per Anthonium de Turre, dominum Castellionensem[39], jamque octo diebus interea effluxis, magnifici domini patriotæ septem decenorum terræ Vallesii, postquam eis innotuit murtrum prænarratum, sumpserunt arma contra eundem Anthonium, ulcisci volentes necem eorum præsulis, innocenter trucidati. Instructa jam milicia idem Anthonius eisdem obviam venit prope pontem S. Leonardi, adjutus a comite de Blandra atque

[34] Das Treffen endete mit dem Siege des Savoyers, Amadeus VI; unmittelbar an dasselbe schloss sich die Belagerung und Erstürmung Sittens an. Furrer I, p. 131/132.

[35] Stumpf, Chron. XI, 6 u. 7. Vgl. die von Furrer I, p. 137 mitgetheilte Stelle aus der Chronik von Brantschen. Worauf die Vermuthung J. v. Müllers, Anm. Nr. 282 zu Buch II, Cap. 5 der Schweiz. Gesch., sämmtl. Werke Tüb. 1811 ff. XXV, p. 373, basirt, ist mir nicht klar.

[36] Oergens, das auch unter den Namen Orieul, Oeriels, Oeriols u. s. w. bekannte Airolo.

[37] Schloss Seta bei Sitten.

[38] Am Rande mit rother Dinte: „Türing von Brandis in Walliß erschlagen; vide chron. fol. 261.“ Auf das in der Stadtbibl. Zürich befindliche Manuscript der Chronik Stumpfs bezieht sich dieses Citat nicht.

[39] (Ober-) Gestelen.

domino Hartmanno (de Kyburg nimirum), qui sibi suppetias ministrabant cum suis exercitibus etc., commissumque est inibi cruentum praelium. Tandem devictis et fugatis hostibus ac interemptis videlicet dicto comite de Blandra atque Hartmanno (non tamen absque nostrorum dispendio) Vallesienses, potiti cruenta victoria, castrum Castellionem obsidione cinxerunt et tandem funditus diruerunt.[39]

Anno 1384 Bernenses dolose incenderunt civitatem Sedunensem.[40] 1384.

---

[39] Vgl. St. Chron. XI, 15. Furrer I, p. 139 ff. Guiscard Tavelli von Granges bestieg übrigens den bischöflichen Stuhl nicht erst 1362, wie am ersteren Orte angegeben ist, sondern schon 1342. Das Datum der Unthat ist streitig. Nach der Angabe unseres Textes fand sie am 10. August statt, nach anderer Angabe, Gallia Christiana XII, p. 746, VI. id. aug. Auch bezüglich der Jahrzahl herrscht Schwanken. Wir fanden oben die Zahl 1375. Gall. Christ. l. c. hat auch 1375, bemerkt aber am Rande „al. 1374" und fährt, zum folgenden Bischof übergehend, fort „Eduardus, . . . Guiscardo suffectus Sedunensis, camerae apostolicae promisit 12. octobris 1374, ex regestis Vaticani." Furrer l. c. u. III, p. 150 spricht sich ganz entschieden für 1374 aus; er stützt sich dabei auch auf eine Urkunde vom 8. August 1375, in der Anton und Johannes von Thurn-Gestelenburg dem Grafen Amadeus von Savoyen Gestelen, das Lötschenthal und Schloss Conthey verkaufen. Es ist einleuchtend, dass ein solcher Verkauf die bedrängte Lage der Herren von Thurn, das Bestreben, ihren Besitz im Lande zu veräussern, zur Voraussetzung hat, dass somit die Ursache dieser bedrängten Lage, d. h. der Mord des Bischofs, und der Verkauf nicht am gleichen Tage können stattgefunden haben. Die Urkunde würde also die Ansetzung des Mordes in das Jahr 1374 involviren. Als Fundstelle derselben nennt Furrer III im „Index documentorum", p. XII die Gallia Christ. Indess habe ich daselbst nichts gefunden, kann mich also der aus der Urkunde sich ergebenden Folgerung nicht unterziehen. In den „Mém. et doc. de la Suisse Romande" XVIII, p. 437 ist als Todesjahr G.'s 1375 fixirt. Uebrigens ist zu bemerken, dass die Angabe „10. mens. aug., quae erat Merc." einen Widerspruch enthält. Nicht der 10., sondern der 8. August 1375 war ein Mittwoch. Das würde also für das letztere Datum sprechen.

[40] Die Notiz ist nicht recht verständlich. Erstens kann von einer hinterlistigen Inbrandsteckung nicht wohl die Rede sein; Sitten wurde im Sturme genommen und hernach geplündert und in Brand gesteckt; zweitens geschah diess nicht durch die Berner, sondern durch die Savoyer. Guichenon, histoire généalogique de la maison de Savoie I, p. 433. Nach Guichenon befanden

1386. Anno 1386, die Cirilli, 9. julii, schlacht zu Sempach.
1388. p. XIII. Anno Domini 1388, die 20. mensis decembris, facta est illa cruenta strages in Vespia inter comitem Sabaudiæ et patriotas Vallesiæ superioris. Nam Leucenses et alii inferiores, a comite coangustati, arma cum eodem contra superiores decenos sumere coacti fuerunt. Tandem cum Vespiam venissent, fit congressus et strages magna, ubi cecidit flos procerum et nobilium totius Sabaudiæ. Interempti enim sunt de exercitu comitis ultra 4000 hominum. Ceteri turpi fuga abacti, natalo solum repetierunt.[41]
1417. Anno 1417, mense octobri, combusta fuerunt castra Sethe, Montis Ordei et Turbilion.[42]

---

sich allerdings auch Berner im Heere; nach Justinger (Ausg. von Studer), p. 159 aber fanden die Berner, als sie, von Amadeus VII. um Zusug gemahnt, über die Gandeck vom Gasterenthal ins Lötschenthal ziehen wollten, den Pass von den Walliser gesperrt, so dass der beabsichtigte Einfall unterbleiben musste. Immerhin zwangen sie die Walliser zur Vertheilung der Streitkräfte und erleichterten dadurch den Savoyern das Vorrücken gegen Sitten. Der Grund, warum Studer den Zug auf die Gandeck ins Jahr 1388 verlegen will, ist mir nicht klar. Ueber den Widerspruch zwischen Justinger und der Brieger Chronik vgl. Stumpf Chron. XI, 15. Wahrscheinlich haben wir eine Verwechslung des Krieges von 1384 mit dem von 1388 anzunehmen; im letzteren leisteten nämlich die Berner dem Grafen weit erheblicheren Zuzug. Justinger p. 168 (mit irriger Ansetzung in das Jahr 1387). Ueber weitere Angaben unserer Brieger Quelle vgl. Furrer III, p. 158 u. 159, und index docum. p. XIII.)

[41] Das Savoyische Heer stand unter der Führung des Grafen Rudolf von Greyerz. Mém. et doc. X, p. 351. Vgl. Arch. f. Schweiz. Gesch. X, Gaullier, les chroniques de Savoie u. s. w. J. v. Müller XX, p. 395 (an den übrigens Furrer hie und da in sehr weitgehendem Masse sich anlehnt). Stumpf Chron. kommt in Folge des erwähnten Irrthumes bei Justinger auf drei Züge in den Jahren 1384—1388, nämlich 1384, 1387 und 1388. Justinger berichtet übrigens nichts von einer Niederlage des Savoyischen Heeres. Guichenon I., p. 435, verwahrt sich gegen den Sieg der Walliser. Bei dem Mangel gleichzeitiger Quellen dürfte die Richtigstellung der abweichenden Berichte nicht leicht fallen. Die Stelle unserer Chronik über die Visper-Schlacht findet sich abgedruckt im (neuen) Schweiz. Museum I, p. 634.

[42] Wir gelangen mit dieser Notiz in die Zeit des Streites zwischen den Walliser und der Familie Raron, der beinahe die ganze Eidgenossenschaft in Mitleidenschaft zog. Mont d'Orge und Turbillon wurden schon 1416 genommen und zerstört, Seta oder Seon 1417. Just. p. 257 u. 259. Vgl. Stumpf Chron. XI, p. 16, Furrer I, p. 171 u. 178. Nach der Angabe in Gall.

Anno 1418 Berenenses incenderunt Sedunum.[43] 1418.

Anno Domini 1418, 7. mensis septembris, receptus et laudatus est in præsulem Sedunensem reverendus dominus Andreas, archiepiscopus Collocensis, vir in cunctis providus, et regnavit 19 annis.[44] 1418.

Anno 1419 Bernenses incenderunt montana loca, Sirri (am Rande: Syders) et civitatem Sedunensem.[45] 1419.

Anno 1419, ut supra, Bernenses penultima septembris, profesto(!) sancti Michaelis, cum instructa milicia ad numerum 16000 Vallesiam per montem Grimßlen ingressi, incenderunt Oberwald et Underwaßeren atque Castellionum (!) superiorem. Deinde instructa acie ad villam Uolrichen tendebant illicque a 350 viris et patriotis excepti et maxime ab illis de Constes (Goms puto) et quibusdam de Morgia (nimirum Mörilen) cruenta cæde terga vertere compulsi fuerunt, 700 ex Bernatibus cæsis. Ex Vallesiensibus vero 37 occubuerunt, e 1419.

---

Christ. XII, p. 717 wären M. und T. schon 1415 zerstört worden. (Ueber die Lage der beiden Schlösser Mont d'Orge oder Gerstenberg und Seta (Sewen) vgl. Furrer II, p. 127.)

[43] Der Zug geschah nicht auf förmliche Veranstaltung Berns hin, es waren vielmehr oberländische Freiwillige, die den Ueberfall ausführten und die Stadt den Flammen preisgaben. Just p. 261, anonyme Stadtchronik (als Anhang zu Just.), p. 463, an letzterem Orte unter dem Jahr 1417. Nach Furrer I, p. 182 stand Guiscard von Raron an der Spitze des Unternehmens.

[44] Andreas de Gualdo, Erzbischof von Kalocsa (in Ungarn, am linken Ufer der Donau), wurde vom Constanzer Concil am 6. Juni 1418 zum Administrator des Bisthums Sitten ernannt und von Martin V. am 11. August bestätigt. Gall. Christ. XII, p. 748.

[45] Dass Siders und Sitten, letzteres in der Zeit von nicht 10 Jahren zum dritten Mal, niedergebrannt worden seien, finde ich nirgends bestätigt; auf ihrem ersten Zuge im August 1419 kehrten die Berner auf der Passhöhe wieder um; Just. p. 266. Wohl aber übergaben die Leute von Sanen und aus dem Simmenthal auf zwei Einfällen über den Rawil und den Sanetsch sechs Dörfer, zwei am Lenzerberg beim Niederstieg vom Rawil und vier um Grimisnat-Chandolin nördlich Sitten, den Flammen, Sept. und Oct. 1419; Just. p. 269 u. 271. Vgl. die anonyme Stadtchronik, p. 463. Furrer I, p. 187 ff. Bemerkenswerth ist eine Notiz der Sanenchronik Müschigs, dass die Oberländer im October 1419 Sitten eingenommen hätten. J. v. Müller Anm. 363 zu Buch III, Cap. 1. Werke XXVI, p. 42.

quorum numero fuit Thomas in der Bünden [46], qui non inglorius excessit; hostibus enim eam vim intulit, ut perpetuo id idem ab eisdem prædicetur, quanto incommodo eos affecerit. Tandem Bernenses cesserunt retro, se quoque in Castellione ea nocte jam imminente continuerunt, ligatisque canibus ad sepes et ululantibus tota nocte per montem Grimßlen regressi fuerunt, timentes, ne die illucescente a Vallesianis reintegrata pugna rursus adorirentur. [47]

1451. Anno Domini 1451 obiit reverendus dominus Wilhelmus de Raronia, episcopus Sedunensis, Palanciæ in Lombardia, qui 13 regnarat; delatus Sedunum illicque humatus. [48]

1457. Anno Domini 1457, 16. mensis decembris, obiit reverendus dominus Heinricus Asperlin de Raronia, episcopus Sedunensis, qui patriæ septennio præfuit. [49]

p. 303. 1465. Anno 1465 pestilentissima mortalitas grassatur in deceno Brigensi; demortuæ sunt enim illic plus quam mille personæ, e quorum numero 300 erant ex vico Brigæ indigenæ. [50]

1469. Anno 1469, die 7. augusti, fluvius Roddanus in tantum crevit et adeo inclementer tumultuavit, ut ferme omnes Roddani pontes tolleret ac incolis vici Brigensis pulcherrimas possessiones funditus devastaret. [51]

1475. Anno 1475, die sancti Briccii, Joannes Ludevicus de Sabaudia cum baronibus et nobilibus ducatus Sabaudiæ ad numerum 18000 Vallesianorum dicionem ingressus, ea die ante urbem Sedunensem ab exiguo numero patriotarum Vallesii aggressus, in fugam abactus fuit. Cæsis tandem hostibus et profligatis inventi sunt inter cadavera interemptorum 13 bandereti cum banderiis. Valesii deinde hostes insecuti sunt usque ad pontem Dunoy. [52]

[46] Ueber den Namen vgl. J. v. M. ibidem.

[47] Vgl. mit dieser Darstellung diejenige Justingers p. 270 und der anonymen Stadtchron. p. 464. Ueber den beidseitigen Verlust vgl. J. v. M, l. c. Anm., 370 u. 374. Stumpf Chron. XI, 4 u. 16.

[48] Gall. Christ. XII, p. 748. W. regierte vom Juni 1437 bis Jan. 1451.

[49] Nach der Angabe in Gall. Christ. XII, p. 749 starb Heinrich am 15. December.

[50] Furrer III, p. 239, offenbar aus unserer Quelle. Stumpf Chron. XI, 6.

[51] Stumpf ib.

[52] Johann Ludwig war Bischof von Genf. Die Walliser hatten im

Eodem anno pestis iniqua grassatur in Briga.[64]

Anno Domini 1482, die 7. julii, in aurora obiit reverendus 1482.
dominus Waltherus de Saxo, episcopus Sedunensis (vulgo Uff der Flüe), qui præfuit 24 annis et 6 mensibus.[65]

Anno 1485 morbus epidimiæ truculenter infestabat incolas 1485.
Brigensis deceni; defuncti enim illic sunt plus quam 1400 homines adulti.[66]

Anno 1487, die 28. mensis aprilis, Vallesiensis una cum con- 1487.
fœderatis Oscellam ingressi, apud locum, qui dicitur Zum Stäg,

---

September ein Bündniss mit Bern geschlossen und dadurch erst recht den Zorn Savoyens, das auf Seite Burgunds stand, auf sich gezogen. Ausser in unserer Quelle wird der Niederlage der Savoyer auch in Schilling (von Bern) p. 252 und Edlibach (Mittheil. der ant. Ges. in Zürich IV, p. 148) Erwähnung gethan. Die verschiedenen Berichte differiren aber nicht wenig. Die Zahl der Savoyer gibt auch Schilling auf 16,000 an, Edlib. nur auf 10,000. Das Datum ist überall das nämliche, der 13. November. Desto verschiedenartiger wird der Hergang erzählt. Nach Schilling werden die Walliser, bei denen sich 60 Mann aus dem Obersimmenthal und aus Sanen befinden, zuerst gegen Sitten zurückgedrängt, sammeln sich dann wieder und treiben nun ihrerseits die Savoyarden in die Flucht. Nach Edlibach zogen die Savoyer gegen die Walliser und gegen alle, „so bin innen im grawen pund warend“. Am 13. November unternahmen sie einen Sturm auf Sitten. Während desselben wurden sie von 4000 Wallisern überrascht, trieben aber die Angreifer in die Flucht. In diesem Momente erscheinen 3000 Berner und Solothurner. Diese bringen die Walliser wieder zum Stehen und werfen nun, vereint mit ihnen, die Eindringlinge zum Lande hinaus. Das alles geschah am 13. November. Ebenso variiren die Angaben über die Verluste der Savoyarden und über die Beute der Walliser. Nach Schilling verloren jene 300 Mann, darunter viele Edle, ferner fünf Fähnlein. Edlibach spricht von 1000 Gefallenen, unter ihnen 300 Edelleute. Unser Bericht lässt die Zahl ganz offen, lässt dagegen die Walliser 18 Banner erbeuten. Simmler in seiner Vallesia lib. II (Thesaurus hist. Helv.) p. 32 schliesst sich fast ganz Edlibach an. Stumpf, Chron. XI, 17 folgt im grossen und ganzen der gleichen Quelle, bewegt sich aber in Darstellung der zeitlichen Aufeinanderfolge der einzelnen Acte freier und vertheilt den ganzen Hergang auf drei Tage.

[64] Stumpf Chr. XI, 6.

[65] Walther sass auf dem bischöflichen Stuhle vom 20. December 1457 bis 7. Juli 1482. Gall. Christ. p. 749/750.

[66] Stumpf, Chron. XI, 6.

ab eisdem incolis et exercitu ducis Mediolanensis gravem jacturam passi sunt ac tandem proprias lares repetierunt.[57]

1496. Anno Domini 1496, die 15. aprilis, reverendus dominus Jodocus de Sylinun, episcopus Sedunensis, procurante Georgio Super Saxo (Uff der Flû), contra eundem seditionem excitante, e patria et sede sua expulsus fuit.

Eodem tempore reverendus dominus Nicolaus Schiner in episcopatum Sedunensem sufficitur, qui tandem, senio gravatus, electioni cessit et episcopatum resignavit Matho Schiner, fratrueli suo.[58]

1499. Anno 1499 Schwabenkrieg.

1512. Anno 1512 idem reverendus dominus Matheus Schiner,
p. 794. episcopus Sedunensis, oratore agens Julii II. pont. max., Francorum regem auxilio Helvetiorum et Vallesiorum Italia expulit et Lombardiam abegit.[59]

Anno supra (-dicto) Schlacht zu Parma.

1513. Anno 1513 Schlacht zu Novaria.

1515. Anno 1515 Schlacht zu Meyland.[60]

1518. Anno Domini 1518, die 15. januarii, arx illa munitissima Martiniaci, in excelsa rupe exstructa, procurante Georgio Super Saxo.[61] Quæ dum diu obsidione cincta fuisset, tandem firmatis treugis devastata et in parte demolita fuit.

[57] Oscella, Eschenthal. Vgl. Etterlin, Ausg. von 1507 fol. 98 a, Diebold Schilling (von Lucern), p. 102, Anshelm I, p. 428, Stumpf, Chron. XI, 18. Die Walliser erhielten vornehmlich Zuzug aus Lucern, aber auch aus den übrigen Waldstätten. Das Datum, 28. April, findet sich auch bei Etterlin und Anshelm. Der Verlust wird sehr verschieden angegeben. Ansh. berichtet von 800 Gefallenen, darunter 800 Lucerner; Etterlin und Schill. nennen nur die Zahl der gebliebenen Lucerner, 50.

[58] Vgl. Dieb. Schilling p. 127, Anshelm II, p. 223. St. Chron. XI, 18. Schill. gibt gar kein Datum, Ansh. das des betreffenden Jahres 1496. Die Cession des Niklaus an Matthæus Schinner fand übrigens erst 1499 statt. Gall. Christ. XII, p. 751.

[59] Durch den sogenannten Pavierzug. In der folgenden Zeile muss es Pavia, nicht Parma heissen.

[60] Daneben mit rother Dinte: „kostend vil pluts".

[61] Ergänze: cepta est. Furrer I, p. 264.

Anno Domini 1518, die 8. septembris, reverendus dominus cardinalis Matheo Schiner repetere volente sedem sui episcopatus, cum ad monasterium deceni in Gomsch appulisset, a suis subditis, cum banderiis sibi hostili more obvenientibus, retro cedere coactus fuit, procurante Georgio Super Saxo hæc omnia.[63] 1518.

Anno 1519 Maximiliani obitus. Carolus V. eligitur. 1519.

Anno Domini 1521, 18. novembris, Matheus, cardinalis Se- 1521.
dunensis, una cum cardinale de Medicis, apostolico legato, Prospero de Columna, comite de Piscaria, adjutus ab Helvetiis, Vallesianis atque Grisonibus, dominum de Lautreck, regis Gallorum Mediolani locumtenentem, e Lombardia expulit ducatumque Mediolanensem penitus abegit, capto Theodoro Trivultio, Venetis et Gallis pluribus necatis, Helvetiis quoque, qui pro rege militabant, inde pulsis; ducem Franciscum Sfortiam suo ducatui et dominio restituit.[64]

Anno 1522, die 27. aprilis, loco Alapicota cecidit flos Hel- 1522.
vetiorum, Gallorum et Venetorum, pro rege Francisco militantium, cæsi et interempti bombardorum et tormentorum multitudine ab Hispanorum ac Doriferorum exercitu, qui in terram (?) sese fossa cinxerant. Fuerant itaque Helvetii solis tormentis bombardorum abacti, nec Hispanis sive Cesarianis propter fossam damnum ullum inferre potuerunt.[65]

[63] Ib. p. 261/263.

[64] Vgl. Hottinger, Gesch. d. Eidg. während der Kirchentrennung I, p. 51 ff. Ranke, Deutsche Gesch. im Zeitalter d. Ref. (Sämmtl. Werke 1867 ff.) II, p. 186 ff. Das Datum 18. Nov. soll sich wohl auf die Einnahme Mailands beziehen; diese fand aber erst am Abend des 19. statt. Der Cardinal von Medici ist Julius, der nachmalige Papst Clemens VII.

[65] Der vorliegende Bericht über die Schlacht von Bicocca schliesst sich im Widerspruch gegen denjenigen Anshelms VI, p. 159 an den Bullingers I, p. 72 an. Nach Anshelm nämlich und andern gleichzeitigen Chronisten geriethen die Schweizer mit den Landsknechten ins Handgemenge und wurden von diesen zurückgeworfen. Bull. widerspricht dem: Nicht durch die Spiesse der Landsknechte wurden die Schweizer besiegt, sondern durch das kaiserliche und spanische Geschütz, das sie decimirte und zum Rückzug zwang, bevor sie überhaupt zum Handgemenge zu kommen vermochten. Vgl. Ranke II, p. 199. Doriferi, [illegible], Lanzknechte.

Eodem anno, 4. mensis maji, Galli cesi et profligati sunt apud Laudensem, Insubrium civitatem, ab exercitu ducis Mediolani.

1523. p. 806. Anno Domini 1523, ultima die septembris, reverendus dominus Matheus, cardinalis Sedunensis, obiit Romæ profluvio ventris (non tamen absque sumpti veneni suspitione); sepultus fuit in basilica domini Petri.[59]

1523. Hoc 1523 anno Galli Mediolanum obsederunt spatio 11 ebdomadarum. Tandem in profesto sancti Martini delapsa fuit densissima nix, ob quam coacti fuerunt inde recedere usque Pigrass, illicque per hibernum tempus remanserunt.[60]

1525. Anno Domini 1525, die 24. februarii, ante urbem Paviam in foresta, Insubrium civitatem, Franciscus, rex Gallorum, personaliter post cruentam cædem ab exercitu imperatoris Caroli V. captus, in Hispaniam perducitur. Plures ex suis principibus necati fuerunt, aliqui vero maturo satis tempore (prout dominus de Lansen) fugæ præsidium arripuerunt.[61]

1529. Anno Domini 1529, circa festum sancti Hilarii, patriotæ insurrexerunt contra Georgium Super Saxo. Qui, videns populi furorem concitatum contra se ob quasdam literas, per ipsum Georgium ante 30 annos in patriæ perniciem contumeliose editas et Bernensibus transmissas, et qui magnam summæ quantitatem a rege Francorum acceperat, de qua tamen patriotis ne ratemum (?) quidem dedit, timens sibi iminere pericula, noctu, super traha vectus, auffugit usque Becium, deinde Viviacum, vir inquietus et seditiosissimus ac mastiga principum. Quemadmodum illis antea fecerat, ita factum est et ei. Mortuus inde brevi tempore ac Viviaci sepultus.[62]

---

[59] Vgl. Anshelm VI, p. 174, der Schinner „an der Pestilenz oder, wie gedacht, an einem wälschen Süpple sin unrüwig kriegisch Leben" beschliessen lässt. Gall. Christ. XII, p. 753. St. Chr. XI, 18.

[60] Anshelm VI, p. 218. Pigrass, Abbiategrasso, westlich von Mailand.

[61] Vgl. Anshelm VI, p. 331 ff. Der „dominus de Lansen" ist der Herzog von Alençon, des Königs Schwager, der so ziemlich im Anfang der Schlacht sich zur Flucht wandte.

[62] Stumpf, Chr. XI, 18. Furrer I, p. 266 hat unsere Stelle nicht benutzt. Becium soll wohl Bex sein, Viviacum — Vivis.

Anno Domini 1529, in mense septembri, reverendissimus dominus Adrianus de Riedmatten electus fuit in episcopum Sedunensem. Consecratus Lausannæ anno 1532, die 21. julii, per reverendissimum dominum Sebastianum de Monte Falconis, episcopum Lausanensem, comitatus fuit a prioribus et optimatibus terræ Vallesiensis ad numerum 56 equitum, qui consecrationi interfuerunt.[69] 1529. 1532.

Anno 1529, die 21. junii, patriotæ Vallesii in auxilium venerunt Quinquepagicis Helvetiorum cum vallida manu contra Thuricenses ad Tugium oppidum, ubi tandem tractatu pacis interv(eni)ente ad propria redierunt.[70] 1529.

S. ANNE . DIVE . VIRGINIS.
MATRI . GEORGIVS . SVPER.
SAXO . MILES . AV. HANC.
CAPELLAM . EDIDIT .
ANNO . SALUTIS . 1519.

ALTARE . FVNDAVIT . ET .
DOTAVIT . IVRE . PATRON.
HEREDIBVS . SVIS . RESERVATO.
CVM . EX . MARGARETA . VXORE.
NATOS . XXIII . GENVISSET.[71]

## Annales ex ecclesia in Glyss. p. [illegible]

Anno 1373, in crastinum diei Clementis, confœderati vallida manu obsederunt Paterniacum per 8 dies.[72] 1373.

Anno Domini 1393 in partibus Svicerorum 11. aprilis pluebat mel vel manna.[73] 1393.

---

[69] Vgl. Furrer III, p. 822.

[70] Wie unsere Quelle zu dem Datum 21. Juni kommt, ist mir nicht klar. Nach einem Schreiben von Hauptmann und Kriegsräthen der V Orte an Lucern waren die Walliser schon am 18. Juni im Lager bei Bar anwesend. Arch. f. schweiz. Ref. Gesch. III, p. 591.

[71] Diese Inschrift befindet sich in einer Seitencapelle der Kirche zu Glyss, die von G. prächtig ausgeschmückt und zu seiner und seiner Familie Begräbnisstätte bestimmt wurde. Dem Vertriebenen war jedoch kein Grab in der Heimat vergönnt. MILES. AV. übersetzt Furrer I, p. 266 mit „des goldenen Ritterordens".

[72] Stumpf, Chron. VIII, 16. Worauf sich diese Notiz beziehen soll, ist mir nicht klar.

[73] Was es mit diesem Manna- oder Honigregen auf sich hat, vermag

Glych under Glyß uf der rechten syten nebend der strassen stad der galgen mit dryen sulen.

Von Glyß zur landweri oder muwren nit gar ½ stund, acht von Brig dahin ½ stund.

Von Brig zum bad ubern Roddan 1 stund, von Glyß nit sovil.[74]

Visp ligt 2 stund under Glyß, ein gmeyne myl wegs.

Vischbach und syn talgelende:

Stalden, ein geringe myl, 2 stund ob Visp, ist ein pfar.
Grenchen, ein pfar ob Visp, 2 myl.[75]
Saß, ein pfar, dry myl ob Visp.
Mont Mart, Mons Martis, 4 mylen ob Visp.[76]
Gasa S. Nicolaus, 2 myl ob Visp.
Däsch, pfar, 3 myl ob Visp.
Matt, pfar, 4 myl ob Visp.[77]

Zu Visp thatend wir ein abentzechli, das kostet 3 ß. Zürch münz, was 9 kart.[78]

---

ich nicht zu sagen. Gerne würden wir über diese annalistischen Aufzeichnungen von Glyss mehr erfahren. Furrer III, p. 134, 136 u. 156 erwähnt ferner noch ein „manuscriptum Valeriæ." Im Verzeichniss der benutzten Quellen I, p. IX werden ausserdem noch Chroniken von Goms, Visp, Raron, Sitten, Martinach u. a. angeführt. Wie interessant wäre es, auch über diese nähere Aufschlüsse zu erhalten. Leider ist Furrer so berechtigten Wünschen nicht entgegengekommen. Wohl gibt er ein Verzeichniss der verwertheten Quellen; diese aber einzeln anzuführen an den Stellen, wo sie jeweilen der Darstellung zur Grundlage gedient haben, unterlässt er.

[74] Brieger Bad, auf dem rechten Rhoneufer, zwischen Mund und Baltschieder gelegen.

[75] Grächen oder Gräuchen, die Heimat der beiden Platter.

[76] Nach Stumpf Chr. XI, 7 ist unter dem Mons Martis wohl der Monte Moro zu verstehen.

[77] Am Rande mit rother Dinte: „Im zenden Visp find man ouch christallen, vide Monst. fol. 361, in Gasen". Münster lib. V, cap. 43.

[78] Eine in der westlichen Schweiz damals gebräuchliche Münze. Im Abschied vom 24. September 1484 (E. A. III, 1, Nr. 223 h) werden „die

Item von Visp gon Thurtic zc faren, 5 kart.

Von Visp gon Thurtic ist ein ringe myl, nit vollig 2 stund.

Vor Turthic uber, richtig ubers wasser, ligt Raron; hat ein schöne kilch uf eym hochen felßen, cum arce rupta quondam nobilium de Raronia.[79]

Von Raron gon Gestilen ein viertel eyner stund.[80]

Vor Gestilen[81] richtige uber ligt ein huß, Beckenriedt; da bleybend wir uber nacht, verzertend 2 batzen.

Die veneris, 29. augusti, (quæ erat decollationis beati Joan- p. 307.
nis) giengend wir von Thurtic zur Susten, ist 1 gute myl, 2 stund fußwegs.

Von Raron gon Leuck ein gute myl, 2 stund guts wegs.

Thurtmantal, by einer myl wegs oder etwas lenger.

Vor der Susten uber uf eynem lustigen wingartberg ligt der herlich flecken Löuck sampt dem bischoflichen schloss und eynem gar schönen rhathuß.

Zur Susten assend wir zu morgen. Da uberantwortet ich M. Peter Muwrers brief eynem erbaren mann, der wolt in ins bad schicken; dan houptman Vinschi und syn wyb warend nit anheymisch.

Zur Susten verzartend wir zum morgenbrot 3 batzen.

Löuck ad dextram Roddani. Vor der Susten uber ligt Leuck, ein schön dorf, cum arce episcopali; hat ein prugken ubern Roddan mit eym thurn beschlossen.

Under Leuck ist ein prugken uber des bades wasser[82], gat ouch durch ein thurn; darumb ist Leuck glych als ein stat beschlossen.

---

ausländischen neuen Münzen, als Fünfer, Cart und andere, die man in Savoyen, Wallis, Lausanne und Wiffisburg schlägt, auch die halben Cart, die zwei Fünfer warten", verrufen und verboten.

[79] Am Rande mit rother Dinte: „Im zenden Raron [ein] an Kischol ist ein silberarz. Monst. fol. 361." Münst. l. c.

[80] Item: „Im zenden Raron in Lötschental ist ein blyberg. Monst. 361."

[81] Nieder-Gestelen.

[82] Die Dala.

Pfimbdwald ist ein langer forrenwald under der Susten, nebend dem Üllgraben.[61]

Üllgraben ist ein wyter tiefer platz, vom bergwasser ußfressen; daruf ist vor zyten Alt-Löuck gstanden.

Syder, under Löuck 1 ringe myl, 2 stund, hat ob dem dorf ein prugken ubern Roddan. Ob dem dorf ein thurn und gfenckniß. Nebenduß gegem Roddan ein closter; im dorf ein burg eynes vogts.[62]

Under Alt-Syder, vor dem thurn Gradetsch uber, stat der Syder galgen.

Von Syder gon Gradetsch 1½ stund; ist ein alt stettli gsin, zerstort; noch ein kilchen da und etliche hüßer.

Von Gradetsch gon Sitten 1½ stund fußwegs. Darzwüschen uf halbem weg ligt das dorf S. Lienhart.

Inscriptio Seduni; fragmentum, a(d) dextram januam parrochialis templi. (Es ist die in den Mittheil. d. antiq. Ges. Zürich Bd. X. Inscriptiones confœderationis Helveticæ Latinæ ed. Theod. Mommsen unter Nr. 8 aufgeführte).[63] Neben der Inschrift befindet sich in unserer Handschrift ein Wappen, in einfachem Felde ein nach rechts schreitender aufrechter Löwe. Wie Stumpf später darüber geschrieben hat, ist es das Wappen der „von Syllenun“; bezüglich der Farben ist das Feld gelb, der Löwe roth bezeichnet.

Hoc vespere venimus Sedunum; habend by Hans Etter inkert.

---

[61] Pfynwald, westlich desselben der Weiler Pfyn. Üllgraben, heute Illgraben, ein gewaltiger Erosionskessel.

[62] Am Rande mit rother Dinte: „Heschi im Syder zanden under Schaley silberera. Monst. 361.“ Münst. l. c.

[63] Die Inschrift findet sich noch einmal auf einem bei p. 198 beigehefteten Blatte. Zu dem Abdruck in den Inscr. Conf. Helv. ist nachzutragen:

| | | | | |
|---|---|---|---|---|
| Z. 1 | liest Stumpf: | DIVI I | statt | DIVI F |
| Z. 6 | „ „ | AS | „ | ITAS |
| Z. 7 | „ „ | PATRONO | „ | ATRONO. |

Die sabbathi, 30. augusti, præsentavimus literas episcopo. Der hat uns zu M. Christanno gewißen; von dem warten wir bescheyds.

Enfischtal, hat den fluß Grunensi, hat by 2 myl biß zum p. [illegible] ursprung.[86]

Escho, ein dorf; Forckerin, ein pfar; Grun, ein pfar; Leinzberg, pfar; Schaley, ein derfli, pfar; S. Lienhart, ein pfar; Bremes, ein pfar.[87]

Borni fluß. Urenstal.[88]

Borni teylt sich uf ein myl a Roddano in zwen ursprung; der erst ursprung uf 3 myl a Roddano, der ander uf 2 myl.

S. Martin, ein pfar; Masi, pfar; Nas, ein pfar; Armensi, pfar; Eveleina, ein vilial; Farneisi, vilial; Väsch, ein pfar.[89]

Agend, pfar; Grimßlen, pfar; Zafleschl, pfar; Sewen, arx rupta; Schenlis, derfli.[90]

Morsia, uf ein myl oder mer.[91]

---

[86] Soll wohl heissen Grimensi. Grimenze, gewöhnlich der Name des Dorfes beim Ausgang des westlichen Zweigthales des Einfischtales. Indess heisst auch das Thal und der den hintersten Theil desselben ausfüllende Gletscher häufig so.

[87] Escho, Eyscholl gegenüber Raron?

Vercorin auf der Höhe westlich der Ausmündung des Einfischthales in das Hauptthal.

Grône auf dem linken Rhoneufer zwischen Siders und Sitten.

Lens (auch Leis) auf dem rechten Rhoneufer.

Chaley auf dem linken Rhoneufer.

S. Léonard auf dem rechten Rhoneufer.

Bramois gegenüber S. Léonard.

[88] Eerensthal, val d'Herens.

[89] S. Martin. Mase oder Mage, Nax, Hérémence, Evolène, Vernamièse, Vesch oder Vex; Hérémence und Vex links, die übrigen Dörfer rechts der Borgne. Am Rande: „Kupfererz, Mouet. 361. Salzbrunn."

[90] Ayent; Grimisuat (od. Grimseln); Savièse; Seon, Seta oder Sewen, sämmtlich auf dem rechten Rhoneufer bergwärts Sitten. Sallus (? Schenlis) auf dem linken Ufer.

[91] Die Morge, vom Sanetsch kommend, mündet unterhalb Sitten in die Rhone.

Monterson, arx rupta; Contagium planum, pfar; Contagium castellum, ein pfar; S. Peter, pfar und priorat; Ardona fluvius; Ardon, pfar; Tschamboson, filial; Leitron, ein pfar; Schellonum, oppidum arce rupta; Fuilden, pfarr.[58]

Turing, mons; Nenda, mons amenus, pfar; Ridun, pfar; Schasson, arx rupta, pfar.[59]

Martinach, pfar, etc.

Zu Sitten habend wir ußgeben 13 batzen; verzert mit M. Christiano.

Sambstag zu abend giengend wir von Sitten gon Gundiß; ist ein stund.

Von Gundis gon Schellon, ist $1^1/_2$ stund; da warend wir uber nacht und verzartend mit eynem Tütsch knecht 6 batzen.

p. [illegible] Die solis, 31. augusti, giengend wir von Schellon gon Martinach, $2^1/_2$ stund fußwegs ongfarlich. Ibi literas Philippi de Platea praesentavi, sed is non erat domi.

De destructione arcis Martenaci supra dictum est.[60]

Zu Martenach assend wir zu morgen by Hans Helbling von Zürich, eym Tütschen wirt; das mal kostet 4 batzen.

Das tal zu Martenach ob sich ze rechnen:

Von Martenach gon Burg $^1/_2$ stund.

Von Martenach gon Brandschier 2 stund; Brandschier, ein pfar; ob Brantschier teylet sich das tal.[61]

Von Brandschier gon Bangital 1 stund.

---

[58] Mont d'Orge (Gerstenberg), Conthey oder Gundis und Plan-Conthey, S. Pierre, Ardon, Chamoson, Leytron, Saillon, Fully, sämmtlich auf dem rechten Rhoneufer zwischen Sitten und Martinach. Die Ardona wird wohl die von den Diablerets herabkommende Lizerne sein, die bei Ardon in die Thalsohle eintritt.

[59] Turing mons? Nendaz, Riddes, Saxon, sämmtlich auf dem linken Rhoneufer.

[60] p. 252.

[61] Seinbrancher (S. Branchier), bei der Vereinigung des Bagnethales mit dem Val d'Entremont.

Von Bangital gon Urschier 1 stund.

Von Urschier gon Sanct Peter 2 stund, pfar; Lyda in medio.[96]

Von S. Peter zu S. Berhart 3 stund.

Von Martenach gon Ivvian 2 stund oder etwas mer[97]. Da thatend wir ein trunk; kostet 1 batzen 2 kart.

Von Ivvian ein vollige stund strengs fußgangs.

Vespere venimus Agaunum ad hospitium zu S. Georgen. Ibi abbati præsentavimus literas episcopi Sedunensis, qui nos humaniter suscepit et eodem vespere annotavimus subsequentes inscriptiones:

Martinaci prope ingressum majoris portæ parrochialis templi fragmentum.

Inschrift (Inscr. conf. Helv. Nr. 12).[98]

Alia in statua marmorea, ante introitum templi erecta (I. C. H. Nr. 316).[99]

Alia statua marmorea cum inscriptione jacens in terra, quam ob eius molem evertere et legere non potuimus.

Extant adhuc ibidem plura fragmenta veterum inscrip- p. 220
tionum, quæ penitus sunt illegibilia, præsertim statua marmorea literis insculpta, jacens ante portam templi parrochialis, magnæ molis, quam nec evertere nec scripturam profecto videre potuimus.[100]

---

[96] Orsières, Liddes und Bourg S. Pierre im Val d'Entremont.

[97] Ivvian-Éviens, Evionnaz, zwei Drittel Weges von Martinach nach S. Maurice.

[98] Die Inschrift findet sich nochmals auf dem bei p. 198 beigefügten Blatte. Stumpf Chron. XI, 20.

[99] Eine zweite Abschrift bei p. 198. Stumpf Chr. l. c.; Z. 1 heisst übrigens auf p. 200 IMP CAE, auf p. 198 IMP CAE VAL, vgl. I. C. H., l. c.

[100] Im Mscr. ist der noch übrige Raum auf der Seite leer gelassen. Eine Ueberschrift mit rother Dinte: „De sancto Mauritio, ex chronica Othonis Frisingensis" zeigt an, wie die Lücke hätte ausgefüllt werden sollen.

## Ex fundatione Agaunensis monasterii.

Sigismundus, rex Burgundiæ, habito consilio 60 episcoporum totidemque comitum publice in loco, dicto Agauno, anno Domini[101], Maximo Genevensi et Theodoro Sedunensi episcopis instructus, in honorem et sepulturam sanctorum martyrum Thebeæ legionis, Mauricii scilicet et sociorum eius, fundavit monasterium Agaunense.

Sanctus Arivus.
Sanctus Ambrosius.
Sanctus Victorius, episcopus Gracianopolitanus.

Irmemodus vel Ymmemodus, primus abbas Agaunensis, vel Ysmemodus.[102]

Sigismundus, Dei gratia Burgundionum rex etc., monasterium, quod vocatur Agaunum, intra regnum nostrum Burgundionum construximus et Ymmemodum abbatem ibidem constituimus, ubi tanta et talia sacra corpora Thebeorum martyrum quiescunt.

Item ego Sigismundus pro animæ meæ saluto eundem monasterium de rebus meis dono donatumque in perpotuum volo: hoc est in pagis vel territoriis Lugdunensi et Viennensi et Gracianopolitano et Augusta Cameraria et pago Genevensi et pago Valdensi et fine Aventicensi et Lausauensi et Vesunciensi curtas sic nuncupatas: Briogia, Olona, Cacusa, Nobregio, Statis etc. cum appenditiis eorum; et in pago Valensi et in valle Augustana, quæ est in finibus Italiæ, alias curtes, i(d est) Contextis, Sidrio, Bernona, Leuca, Bramusio etc. In civitate Augusta turrem unam, quæ respicit ad occidentem, etc. ad locum prædictum sancto Mauritio tradimus atque indulge-

---

[101] Das Jahr ist nicht ausgesetzt. Die Angaben schwanken zwischen 515 und 516. Am Rande steht mit rother Dinte geschrieben „Theodolus episcopus“.

[102] Der Name wird meistens „Ymnemodus“ geschrieben.

mus etc. Datum pridie kal. maji, in virorum fletu prope Agauno monasterio, feliciter.

Sigismundus rex per manus suæ signaculum obsignavit. Testes: Maximus, urbis Gebbennensis episcopus, Theodorus, urbis Sedunensis episcopus, Victor, Gracianopolitanus episcopus, Viventiolus, urbis Lugdunensis episcopus, subscripserunt; Vindemarus comes, Fredemundus comes, Gondeulfus comes signavit; Benedictus comes, Agano comes, Bonifacius comes, Trudemundus comes, Fredeboldus comes subscripsit.[183]

## Ex fundatione Agaunensi. p. 212.

Consensuerunt in hanc fundationem et dotationem Agaunensis monasterii Clotarius et ceteri reges Francorum et eandem confirmaverunt etc. Hoc idem fecit Eugenius papa.[184]

## Prelatorum Agaunensis monasterii series.

1. Ex institutione beati Sigismundi regis electus est sanctus Ysnemodus primus huius monasterii abbas.

---

[183] Stumpf hat die vorstehenden Notizen einem Document entnommen, das unter den Titeln „concilium Agaunense", „acta concilii Agaun.", „fundatio monasterii Agaun." häufig abgedruckt worden ist, zuletzt im „Mémorial de Fribourg" IV, p. 337 und Aubert, „trésor de l'abbaye Saint-Maurice d'Agaune", planches p. 203. (Andere Orte siehe in den beiden genannten Werken). Das Original ist nicht mehr vorhanden. Die verschiedenen Drucke weisen sehr verschiedene Redactionen auf. Mém. und Aub. gehören zusammen, eine andere Gruppe bilden Gall. christ., Collectio script. rerum hist.-monast.-ecclesiast. und concilia sacrosancta ed. Labbei, wieder eine andere Acta sanctorum, Briguet und Furrer. Die Copie, die Stumpf benutzte, (denn dass er das Original einsah, ist nach Mém. l. c. ausgeschlossen) stimmt im Wesentlichen mit den Drucken der letzten Gruppe überein, hat aber keinem von ihnen zur Vorlage gedient, wie die mehrfachen Abweichungen in der Schreibung der vorkommenden Ortsnamen beweisen: Nobregio gegenüber Robregio und Vambregio, Statis gegenüber Staties und Statice. Contextis ist das heutige Conthey, Sidrio Sierre, Bramuslo Bramois.

[184] Siehe weiter unten. Vgl. für das Folgende Aubert, S. Maurice d'Agaune, I.

2. Ambrosius.[105]

3. Achurus.[106]

4. Tranquillus.[107]

5. Venerandus.

6. Paulus.

7. Placidius.

8. Lutropus.[108]

9. Paulus II.

10. Martinus.

11. Ambrosius II.

12. Leontius.

13. Jocundinus.

14. Secundinus, floruit tempore Clotharii regis; accepit privilegium, ut non immutetur consuetudo monachorum.

15. Florentius, qui tempore supradicti Clotarii regis simile accepit privilegium.

16. Fragus[109], qui tempore Clodevei regis a sancto Eugenio papa accepit privilegium, cuius summa subsequitur in litera
p. 212. monasterii.[110]

17. Rocolenus[111], regnavit tempore Theoderici regis, a quo accepit privilegium, ne minuetur consuetudo fratrum.

18. Raggo.

19. Aygulfus abbas.

20. Ermenbertus.

21. Agebertus[112], tempore Dagoberti regis accepit privilegium.

---

105 Am Rande steht von St.'s Hand in späterer Schrift: „Avitus fuit secundus abbas; vide Aimonium lib. II, cap. 4“.

106 Acivus, auch Achivus (was dann St. als Achurus gelesen haben mag).

107 Auch Tranquillinus.

108 Eutropus.

109 Siagrius.

110 Mémorial IV, p. 348. Aubert p. 208.

111 Rocolenus.

112 Agobertus.

22. Ludulfus, tempore Chilperici regis accepit privilegium.
23. Aycomundus abbas.[113]
24. Protadius.
25. Nortbertus, dux et abbas.
26. Layfinus.
27. Berthelaus.
28. Ayrastus.
29. Willicarius.[114]
30. Altherus vel Altheus, episcopus et abbas, tempore Caroli imperatoris. Cum esset idem imperator in eodem monasterio Agaunensi, catervam Tebeæ legionis videre meruit. Idem imperator Karolus etiam monasterium aliquantulum donavit. Hoc tempore Adrianus papa dat privilegium monasterio Agaunensi in regno Burgundiæ situm (!), super Roddanum fluvium, in honore sancti Mauricii consecratum etc.[115]
31. Adalongus, abbas et Sedunensis episcopus, tempore Ludewici pii. Is accepit privilegium ab Alexandro papa, in quo liberatur et eximitur abbas et monasterium Agaunense ab episcopi Sedunensis aliorumque potestate.

Tempore Arnulphi, Romani imperatoris, et Leonis papæ et illorum consensu abbas monasterii Agaunensis infula est decoratus et ab ambobus multis privilegiis dotatus.

---

[113] Ayroindus (Gall. Christ.: Ayromdus).

[114] Die vorstehenden Notizen hat St. einer (wie es scheint sehr minderwerthigen) Copie einer alten Chronik des Stiftes aus dem 9. Jahrhundert entnommen, die nach einem kurzen Ueberblick über die Gründungsgeschichte ein Verzeichniss der Aebte bis zu dem von St. nicht mehr genannten Nachfolger des Adalongus, Heyminus, gibt. Der Verfasser war, der dem letzten Namen beigefügten Bemerkung „et ipse novissime a fratribus est electus" zufolge, ein Zeitgenosse des Heyminus. Vgl. Aubert, p. 207. Mémorial de Fribourg IV, p. 341. Mit kurzen Auslassungen und geringfügigen Aenderungen folgt St. seiner Quelle wörtlich. Ebenso ist sie auch in Gallia Christ. XII, p. 790 und 791 benutzt. Woher Stumpf die Notizen über die folgenden Aebte hat, ist mir nicht bekannt.

[115] Gall. Christ. XII, instrumenta, p. 424, Mémorial p. 350, Aubert p. 208.

p. 214. 1014. Litera Agaunensis; datum anno Domini 1014, regni eius 24., die sabbathi, 16. kal. mart., indictione 1., actum in Agauno, feliciter.

In hoc instrumento Rudolphus, rex Burgundiæ, monasterium rursus donat et a paupertate relevat. Hoc fecit intercessione eorum fratrum; nomina subsequuntur:

Hermengardis regina, uxor Rudolphi regis; Berchtoldus, Rudolphus, Robertus, comites; Hugo, episcopus Sedunensis; Heinricus, Lausannensis; Hugo, Genevensis; Burckardus, Lugdunensis; Anshelmus, Augustensis; Pandolfus.[116]

Litera Agaunensis; anno quinto, regnante Conrado rege anno quarto.

Meynerius, præpositus monasterii Agaunensis; Albricus, comes; Symon Levita.[117]

Litera Agaunensis; anno regis Rudolffi 8. Burckardus, archiepiscopus Lugdunensis et abbas Agaunensis; Agatha, regina Burgundiæ, uxor Rudolphi.[118]

996. Litera Agaunensis; datum Agauno, anno Domini 996, anno regni Rudolphi quarto, die et festo sancti Martini confessoris.

Rudolphus, rex Burgundiæ etc.

| | |
|---|---|
| Anshelmus, præpositus Agaunensis, Balfredus, N. donat ecclesiam Agaunensem. | petivit donationem a Rudolpho rege confirmari. |

---

[116] Das Datum ist unrichtig, die Urkunde ist datirt: 15. kal. mart. 1017. Mémorial p. 357, Aubert p. 214.

[117] Die Urkunde ist wohl diejenige, die Hidber im Schweiz. Urk.-Reg. unter Nr. 1092 anführt. Sie ist datirt „die dominico, 6. nonas julii, anno 6. regnante domino Chuonrado rege". Ein Symon Levita kommt allerdings in ihr nicht vor. Aus dem Datum, wie St. es mittheilt, kann man nicht klug werden. Eigenthümlicher Weise nimmt St. aus diesem, wie aus den nachfolgenden Urkunden nur die Namen auf. Ueber den Zweck, den er dabei im Auge hatte, siehe das Nachwort.

[118] Eine diesbezügliche Urkunde ist mir nicht bekannt.

Willerma, uxor Balfredi.[119]

Litera Agaunensis; datum anno 9. regni Rudolphi, 7. idus novembr. p. 215.

Rudolphus, rex Burgundiæ; Burckardus, Lugdunensis ecclesiæ archiepiscopus et abbas Agaunensis; Anshelmus, eiusdem ecclesiæ Agaunensis præpositus.

Litera Agaunensis; datum. Burckardus, Lugdunensis episcopus et abbas Agaunensis; Rudolphus, rex Burgundiæ.

Litera Agaunensis; anno 1016. Rudolphus, rex Burgundiæ; Burckardus, episcopus et abbas; Berchtoldus comes; Cuno comes. 1016.

Litera Agaunensis; datum 12. kal. maji, die jovis, anno Domini 1035; actum Pinpeningis. 1035.

Rudolphus, rex Burgundiæ; Hupertus, cancellarius; Burchardus, sancti Mauritii præpositus.

Litera Agaunensis; datum anno sexto regni Conradi.

Conradus, rex Burgundionum; Burckardus, archiepiscopus et abbas Agaunensis; Magnerius, præpositus Agaunensis.

Litera Agaunensis; datum in Agauno, anno Domini 909 909.

Rudolphus, rex Burgundiæ; Adalbertus, decanus Agaunensis; Winemarus, canonicus, presbyter Agaunensis; Bernardus, canonicus; Bovo, Sicardus, canonici.

Litera Agaunensis; datum anno Domini 909, in Agauno, p. 216. 909.
kal. oct., anno regni Chonradi 40.

Conradus, rex Burgundionum; Burckardus, archiepiscopus Lugdunensis et Agaunensis præpositus.

---

[119] Die angeführten Namen finden sich in der That in einer aus dieser Zeit stammenden Urkunde, das Datum lautet indessen: 15. Januar 997. Schweiz. Urk.-Reg. Nr. 1174.

Litera Agaunensis sine numero; anno 7. Heinrici regis. Conradus, Burgundionum rex; Annon, episcopus Sedunensis et abbaciæ sancti Mauricii præpositus.[130]

## Series regum Burgundiæ.

858. 859 Lotharius, rex Lotharingiæ, ducatum Burgundiæ minoris inter montem Jovis et Juram committit Hugberto abbati, ut supra in annalibus scriptum est.[131]

861. 861 Conradus, Hugberti filius, fit rex Burgundiæ; vide supra literam Agaunensem, quæ data est anno 40. regni Conradi.

869. 869 Lotharius Lotharingiæ obiit; nota supra. Conradus regnum obtinuit; nota

888. 888 Rudolphus, rex Burgundiæ, filius Conradi, nepos Hugberti, provintiam inter Jovis Alpes et Juram occupat.[132]

Auf beigefügtem Blatte befinden sich die Wappen der sechs Gemeinden des Unterwallis und der drei Herrschaften von Entremont. Ueber jedem Wappen ist der Name ausgesetzt, neben demselben oder im Wappen selbst sind die Farben angemerkt. Die Wappen sind folgende:

Burgum sancti Petri, wyß schlussel (Feld roth); Orsire (weisses Feld, schwarzer Bär); Baneas, zwey nacket fröwlin gegen einander in eym bad sitzende (in der Zeichnung sind diese indess weggelassen); Gudiß (Gundis, Conthey), (rothes Feld, gelbe Löwen); Shellon (Saillon), (rothes Feld, weisser Thurm); Ardon, Tschamboß, wyß veld, blow schlüßel; Martinach (rothes

[130] Ueber die angezogenen Urkunden vermag ich nichts genaueres beizubringen. Keines der angegebenen Daten lässt sich z. B. im Schweiz. Urk.-Reg. wieder finden. Einzelne, wie das Datum a. D. 909, anno regni Chonradi 40, sind geradezu unmöglich.

[131] Das Jahr ist nicht sicher; von einem ducatus Burg. kann natürlich nicht die Rede sein.

[132] Ueber die Gründung des transjuranischen Königreichs und die Anfänge des Königshauses siehe Wurstemberger, Gesch. der alten Landschaft Bern I, 234 ff., II, 3 ff.

Feld, gelber Löwe, blauer Hammer); Intermont (rothes Feld, grüner Berg, weisser Steinbock); S. Moritz (rothes Feld, weisses Kreuz).

Tempore Ludevicipii, Romanorum imperatoris et regis Francorum, monachi apud sanctum Mauritium propter immanitatem scelerum suorum ab Agaunensi ecclesia fuerunt ejecti. Quibus a supradicto imperatore Ludevico substituebantur 32 præsbiteri seculares, qui, longo tempore degentes sub præpositis, præfatam ecclesiam gubernaverunt. Quibus ultimus fuit præpositus Reynoldus, frater Amedæi, comitis Maurianensis, cuius tempore jamdicta ecclesia penitus desolata fuit ac in tantam paupertatem redacta, ut nemo illic psalleret, quia canonici ibidem possessiones ecclesiæ tribuebant filiis et filiabus suis. Demum redditibus deficientibus, non habebant, unde vivere possent. Tandem A., comes quidem (!), a Hugone, Gracianopolitano episcopo, admonitus, Agaunum veniens, canonicos ibidem regulares constituit ac ecclesiæ omnia bona et possessiones, male abalienatas, reddidit ac restitui curavit. Ut autem hæc institutio regularium canonicorum inviolata permaneret, confirmatio facta est a papa Honorio etc. Ordinatis ergo hic paucis canonicis regularibus, præficitur eis sub nomine prioris dominus Emerardus vel Hermenradus, in cuius manus Petrus Francigena, archiepiscopus Tarentasiensis, donavit ecclesiæ Agaunensi aliquæ bona. Acta sunt hæc anno Domini 1140, regnante papa Innocentio. Hanc restaurationem Innocentius papa confirmavit etc.[183]

[183] Die Darstellung entspricht im Wesentlichen dem, was die Urkunden uns erkennen lassen. Wie wir aus einer Bulle Papst Eugens II. ersehen, hatte Ludwig selbst die Mönche vertrieben und an ihrer Stelle Chorherrn im Kloster eingesetzt. Aubert p. 211, Mémorial p. 353. Im Jahre 1128 ordnete sodann Amadeus von Savoyen auf Bitten Propst Raynald's und auf Anrathen Bischof Hugo's von Grenoble „de consensu secularium canonicorum, qui (nunc) sunt“ an, „ut illi in regulares canonicos de cætero commutentur“. Aubert p. 215, Gall. Christ. XII, instr. p. 430. Honorius II. bestätigte den Act, Gall. Christ. ib. Eine ähnliche Bestätigung ertheilte Innocenz II. dem Prior Amerardus unterm 8. Juni 1136. Aubert p. 216.

1136 Ex literis Agaunensibus anno 1136.

Emerardius, prior Agaunensis; Innocentius papa; Amedæus, comes (nimirum Sabaudienses).[174]

Hugo post Emerardi decessum eligitur prior in ecclesia Agaunensi, in cuius manus comes Amedæus ecclesiæ Agaunensi tradidit præposituram de Bagnes. Hanc donationem confirmavit Amedæus, comes et marchio, cum consensu uxoris suæ, Majezæ, comitissæ, et Umberti, filii eorum. Instrumentum huius dotationis scriptum est anno Domini 1143, 3. kal. apr.[175]

Postea idem Hugo, prior Agaunensis, multiplicato numero canonicorum, sublimatus est rursus in abbatem ab Eugenio papa juxta tenorem instrumenti; datum Lugduni, 11. kal. apr., anno Domini 1146.[176]

p. 218. Huius Hugonis tempore idem papa Eugenius anno Domini
1146 1146 Agaunensem ecclesiam consecravit, 8. kal. jun.[177]

Ex instrumento Agaunensi; datum Agauni anno Domini
1150 1150, regnante Conrado rege.

Amedeus, episcopus Lausanensis, omnibus fidelibus etc.

Cum Amedeus, illustris comes et marchio, Huberti comitis pater et alterius Huberti filius, jam secundo intenderet ire Hierosolymam cum nobilissimo rege Francorum, Ludevico videlicet, nepote suo, et ad debellandas nationes barbaras sese præpararet, primo Agaunum venit; invitati ab ipso venimus et nos. Erat enim in Agaunensi ecclesia aurea tabula magni honoris,

---

[174] Es ist das soeben erwähnte Diplom.

[175] Schweiz. Urk.-Reg. Nr. 1794. In der mit diesem Datum versehenen Urkunde gibt Amadeus III. dem Stifte das Recht der eigenen Propstwahl zurück. Aubert p. 217 hat das Datum: kal. apr. Der Name Bagnes ist aus einer andern, mit der angezogenen sich nicht weiter berührenden Urkunde des Jahres 1150 herübergenommen. Schweiz. Urk.-Reg. Nr. 1902.

[176] Eugenius . . . . dilectis filiis, Hugoni, *abbati* Ag. etc. Aubert p. 218.

[177] Das Ereignis ist in das Jahr 1148 anzusetzen. Eugen war damals am 26. Mai nachweisbar in Agaunum. Schweiz. Urk.-Reg. Nr. 1879. 1146 befand sich Eugen in Viterbo, 1147 in Paris.

65 scilicet marcarum auri, exceptis lapidibus præciosis. Hanc sibi comes præstari ad expensas itineris a fratribus postulavit, hac condictione interposita, ut, gatgeriam[115] habentes, canonici de receptuum ipsius redditibus 50 libras vel eo amplius annuatim reciperent, donec ipse vel eius filius aut tabulam reficerent aut tabulæ præcium ecclesiæ restituerent. Factum est ita. Gatgeriam misit, aurum et præciosorum partem lapidum asportavit et peregre profectus est. Non multo post tempore Humbertus, filius, audita morte patris sui Amedæi, adhuc tenerioris ætatis, cum ferre vel implere comitatus negotia non valeret, inito cum suis consilio, nobis mandavit, ut comitem et ipsius terram tueremur. Obnixius deprecati sunt; verebant enim, si vel duci vel comiti seu seculari cuilibet potestati tuitionem illam committerent, forsitan non fidelis tutor, sed potius improbus et avarus exactor, propriis utilitatibus consulentes, sublatis pupilli hereditatem, pauperem quandoque relinquerent et terram spoliarent etc. Sane nos, crebra instantia quorundam venerabilium et religiosorum persuasi, tuitiouis curam suscepimus. Suscepta cura Agaunum venimus. Affuit et Ludewicus, venerabilis Sedunensis episcopus, et plures alii nobiles etc. Ibi consilii nostri fuit, ut comes Humbertus gatgeriam redimeret, receptuum terræ suæ || redditus rehaberet, debitum solveret; et quia, quantum debebat, reddere non poterat, terram aliquam aut aliquos redditus Agaunensi ecclesiæ funditus finiendo donaret, secundum quod ad persolvendum de quantitate debiti remaneret etc. Hupertus ergo, comes et marchio, sepernemoratæ ecclesiæ Agaunensi pro redemptione gatgeriæ de tabula precio 100 marchas argenti et duas auri ad ornamentum et tabulas faciendas se redditurum spopondit, ita ut, singulis annis reddendo moniti 5 marchas argenti et dimidium auri, quarto anno summam persolvisset, etc. Comes obsides dedit. — Sed quia hæc redditio prope nulla videbatur et vere parum erat, præfatus comes Humbertus receptum suum de Bagnes et libras 10, quas in præpositura Agaunensis ecclesiæ p. 275

---

[115] Gatgeria-pignus.

hactenus annualim habuerat, de cetero beato Mauritio remisit et donavit.

Acta sunt hæc et per episcopum tutorem consensa anno
1150. Domini 1150, ut supra.[109]

Post abbatem Hugonem Rudolphus, vir nobilis, suscepit abbaciam. Is erat magnanimus, monasterium sive cœnobium sancti Mauricii tam spiritualibus, quam terrenis beneficiis ampliavit, multas ecclesias et redditus acquisivit, multa edificia construxit, vineas multas monasterio acquisivit, Eugenio papæ tempore persecutionis adhesit, propter quod etiam Romæ incarceratus fuit.

Abbati Rudolpho successit Borcardus, homo severus, qui, per omnia prædecessoris sui vestigia sequens, multum edificavit, multa debita solvit. Demum, propter obtenebrationem oculorum ferme totaliter cecatus, abbatiam resignavit Wilhelmo, juveni bonæ indolis.

Wilhelmus, abbas ex ordine post Emerardum priorem
1178. quintus, regnavit circa annum Domini 1178, tempore Alexandri papæ, a quo plura privilegia adeptus est. Iste Wilhelmus tandem electus est in episcopum Sedunensem. Cui successit alius, Wilhelmus.[110]

p. 220. Wilhelmus II., vir nobilis, successit Wilhelmo episcopo vir quidem doctus. Is accepit confirmationem omnium privilegiorum monasterii Agaunensis a Celestino papa anno Do-
1196. mini 1196.[111] Wilhelmus, a Roma reversus, moritur et sepelitur ante majus altare.

G.[112], vir nobilis, post Wilhelmum a canonicis eligitur in abbatem.

---

[109] Schweiz. Urk.-Reg. Nr. 1903, vgl. 1902.

[110] Bulle vom 14. März 1178, Aubert p. 220. St. verwechselt die beiden Wilhelm. Wilh. II. wurde Bischof von Sitten, heisst aber als solcher Wilhelm I.

[111] Aubert p. 221.

[112] Zur Ergänzung des Namens ist im Mscr. eine Lücke gelassen. Der betreffende Abt heisst Gunther, † 1203.

Post hunc ordinem et seriem abbatum ulterius non invenio, nisi quos mihi dominus Bartolomeus, abbas, ore recitavit, scilicet:

Joannes Careti; Joannes Sostionis; Bartolomæus Boveli; Petrus Forneli; Michael Bernardi; Guilhelmus Alinsi; Joannes Alinsi; Bartholomæus Sostionis, Agaunensis natus.[193]

Rationem annorum, quibus isti regnarint, non inveni.

Magna aliquando fuit discordia inter abbatem Rodolphum, p. 231.
Agaunensem, et dominum Guilhelmum de Turre ac prædecessores eorum. Hæ (!) guerra diu duraverat; sed tandem unitæ sunt partes per reverendum dominum Ludewicum, episcopum Sedunensem, anno Domini 1157.[194] 1157.

Anno Domini 1174 canonici Agaunenses graviter conque- 1174.
rebantur de comite Gebbenensi, quod census, quos ipse debebat sancto Mauritio, retineret monasterioque multa mala faceret; tandem hoc anno per quosdam episcopos ita concordati sunt, ut comes præfatus cœnobio domini Mauricii aliqua bona libere traderet et donaret.[195]

Litera Agaunensis; datum Agauno, anno Domini 1150, 1150.
regnante Conrado rege anno secundo.

Conradus rex; Hubertus comes, Amedei filius, marchio; Hugo, abbas Agaunensis; Amedæus, episcopus Lausannensis; Lodoicus, episcopus Sedunensis.[196]

[193] Vom Jahr 1200 springt St. zum Jahr 1378 über. Die Reihenfolge der Aebte ist ihm von Abt Bartholomæus übrigens keineswegs richtig angegeben worden; in Wirklichkeit ist sie folgende: Johannes I., Quarretti oder Guaretti; Johannes II., Sostion oder Sostionis; Jacobus II.; Guilielmus I., Wuilliens; Petrus II., Forneri, auch Forneti oder Fornerl; Michael Bernhardi; Bartholomæus III., Roveri; Guilielmus II., Bernhardi; Johannes III., Alingii; Bartholomæus IV., Sostion oder Sostionis, 1521–1550. Gall. Christ. XII, p. 800.

[194] Ibidem, instr. p. 490.

[195] Schweiz. Urk.-Reg. Nr. 2331.

[196] Es ist dies die oben p. 270/72 erwähnte Urkunde. Schweiz. Urk.-Reg. Nr. 1909.

p. [illegible] Inschriften (Inscr. conf. Helv. Nr. 28, 21, 25, 26, 20, 16).[illegible]

p. [illegible] Item in introitu templi in utroque latere videntur literæ, marmoreis lapidibus insculptæ, sed ob nimiam vetustatem prorsus illegibiles. Sic circa chorum. Item in muro circa piscinam videntur plures tabulæ, quæ amplius legi non possunt. Item in magno marmore pavimenti in medio templi apparent adhuc maximæ literæ veteris inscriptionis, excedentes ferme longitudinem palmæ. Item in sacello templi videntur tres columnæ marmoreæ miræ vetustatis. Ajunt enim ante fundationem ecclesiæ illic fuisse pallatium Romanorum imperatorum, postea a Francis derutum, ex cuius cineribus fragmenta et inscriptiones supranotatæ desumptæ sunt.

Nota bene: den gestückten esterich hinder dem altar.[illegible]

Nota: 4 tabulæ circa chorum, penitus illegibiles.

Zu sanct Moritz verzartend wir zu sanct Georgen in der herberg $7\frac{1}{2}$ batzen.

Die lunæ, 1. septembris, circa 12. horam post meridiem, giengend wir von sanct Moritzen uf Losanna.

Von Agauno biß gon Aelen by $2\frac{1}{2}$ stund fußwegs. In Aelen pernoctavimus propter aëris iniquitatem; dicebant enim inferius Vibisci[illegible] pestem furiosius grassari.

Aelen, olim ducis Sabaudiæ, nunc præfectura Bernensium, cum arce elegantissima.

Zu Aelen habend wir verzartend wir (!) $6\frac{1}{2}$ batzen.

Die Martis, 2. (septembris), von Aelen uf Losanna verfaren 2 batzen.

Von Aelen zur Nüwenstatt ein gute Tütsche myl, 2 stund starks fußwegs.

---

[illegible] Inschr. Nr. 28, 21, 25, 20, 16 finden sich in gleicher Form auf einem bei p. 198 unseres Mscr. beigefügten Blatte, Inschr. Nr. 26 auf einem andern bei p. 210 beigefügten. Zu Mommsen, I. C. H. ist zu bemerken: Bei Inschr. 21 lautet Zeile 1 in unserm Mscr. X. PANSIO, Z. 2 fehlt N V †; in Inschr. 25 fehlt das L in IVL, über der Inschr. steht ein Stern; in Inschr. 26 fehlt p. 210 in Zeile 3 das D. Vgl. St. Chron. XI, 21.

[illegible] Damit ist jedenfalls ein Mosaikboden gemeint.

[illegible] Vibisci, Vevey.

Under dem stettli Nüwenstatt, Villæ Novæ, nit gar ein halbe stund, ligt das schloss Zylium[140], ain ort im see. p. 26.

Mochtrieu[141], ein schön dorf und fleck, ein wenig vom see in den reben, uf halbem weg zwüschen Nüwenstatt und Vivis.

Castellare, ein schloss ob Vivis.

Turris, ein kleines stettli, glych ne(ch)st ob Vivis, am see, mit eim schloss, im Burgunschen krieg verprent.[142]

Vivis, statt, ligt ein gute Tütsche myl, 2 stund starks gangs under der Nüwenstatt am see. Da assend wir zu morgen, verzartend 3 batzen.

Item 2½ batzen zu abend um ein trunk, ein schnode urten, zu Guli am see.[143]

Under Vivis folget ein schön schloss am see uf eym velsen, genant Clerola, sampt bygelegnem dorf.[144]

Guli, ein stettli am see, zwüschen Vivis und Losanna, am see, uf halbem weg von jedem ort by eyner kleynen myl, uf 2 stund gemeins fußwägs.

Under Guli, zwüschen Guli und Riva, volget in medio das stettli Lutre.

Riva, schloß, portus urbis Lausannensis, am see, hat der vogt syn gfenkniß darin; nota.

Losannam quidam putant veterem illam Equestrem civitatem; habet enim illa urbs adhuc vicum, Equestrem dictum, vulgo die gassen by dem Engel, Crüzgass, daran ein inrytender keyser besonder ceremonien brucht. Item incolæ huius vici præ ceteris civibus urbis richtend allein ubers plut, von jedem huß ein mann.

Zinstag, den 2. september, kamend wir gen Losanna zu p. 27. Petro Virelo und Beato Comiti; kamend zu uns Georg Rubli

[140] Zylium, Chillon.
[141] Mochtrieu soll wohl Montreux sein.
[142] Castellare = Chatelard; Turris = Tour de Peilz.
[143] Cully.
[144] Glerolles.

und Josue Witenbach. Wir kartend in zum Engel, quia hospitium Leonis erat occlusum.

Mittwoch, den 3. september, hab ich ußgeschrieben die ordnung der nachbenampten bischofen in ædibus lectoris Græci.

## Antiquitates aliquot ex libro vetusto, quem nobis exhibuit dominus N. de Wernetis, canonicus Lausannensis.[145]

Felix, quem dicunt Gravelensem, et uxor sua, Ermendrudis, sanctæ Mariæ Lausannensi construxerunt monasterium in loco Bolmensi[146], anno scilicet 14. Clodovæi regis, laudante Prothasio,
501. Aventicensi vel Lausannensi episcopo, anno Domini 501.

517. Obiit Clodoveus rex, anno Domini 517, regnante papa Agapito. Fuit tunc temporis Prothasius episcopus Lausannensis, de quo nihil aliud scriptum reperitur, nisi quod aliqui volunt ipsum fuisse de Venetia oriundum.

Chilmegesilus post beatum Prothasium fuit secundus epis-
532. copus Lausannensis. Is regnavit circa annum Domini 532 ante et post.[147]

Marius, tertius præsul Lausannensis ecclesiæ. Is suscepit episcopatum anno Domini 581 et tenuit annis 20 et mensibus 8
p. 276. vixitque || annis 64. De illo scriptum reperitur in libris vetustis.

Marius, Aventicensis sive Lausannensis episcopus.

Idem vero Marius episcopus templum et villam Paterniacum in solo construxit proprio dedicavitque sub die 8. kalend. julii, indict 5., episcopatus sui anno 14., regnante do-

[145] Der „liber vetustus“, dem Stumpf die nachfolgenden Aufzeichnungen entnimmt, ist das „chartularium Lausannense“, das Propst Kuno im 13. Jahrhundert zusammenstellte. Immerhin hatte St. nicht das in den „Mémoires et documents de la Suisse romande“ Bd. VI publicirte Original vor sich. Eine Reihe von Abweichungen, insbesondere von Zusätzen zu dem Text des Originals, sprechen dafür, dass unser Chronist eine hie und da mit Zusätzen versehene Copie benützte. Seiner Vorlage folgte Stumpf grossentheils wörtlich. Vgl. St. Chron. VIII, 23.

[146] Balmensi, Baulmes, im District Orbe.

[147] Mém. et doc. VI, p. 28 und 29.

mino Guntrando rege. Eodem anno, quo obiit sanctus Marius, obiit et Guntrandus rex, et Childebertus, nepos eius, cœpit regnare. Epitaphium Marii tale est:

Mors infesta ruens, quamvis ex lege parentis,
  Moribus instructus (!) nulla nocere potest.
Hoc ergo Marii tumulantur membra sepulchro,
  Summi pontificis, cui fuit alma fides.
Clericus offitio primevis tonsus ab annis,
  Militia exacta dux gregis egit oves.
Nobilitas generis radians et origo refulgens,
  De fructu meriti nobiliora tenet,
Ecclesiæ ornatus vasis fabricando sacratis
  Et manibus propriis prædia justa colens.
Justitiæ cultor, civium fidissima virtus,
  Norma sacerdotum pontificumque decus,
Cura propinquorum, justo bonus arbiter actu,
  Promptus in obsequiis corpore casto Dei,
Humanis dapibus fixo moderamine fultus,
  Pascendo inopes se bene pavit ope,
Jejuniando cibans alios, sibi parcus edendo,
  Horrea composuit, quomodo pastor abit.
Pervigil in studiis Domini exarando fidelis.[145]

In pago Aventicensi seu Lausannensi beatus Marius, episcopus, et Guntranus, Burgundionum rex, dederunt sancto Sigoni speluncam, quæ dicitur Balmeti etc. Acta sunt hæc apud Schalun civitatem, 12. kalend. marcii, anno Domini 600, regnante Guntrano, feliciter, amen. Eodem (anno), quo dominus Marius, obiit et Guntranus rex, postquam regnasset annis 26. p. [illegible] [illegible]

Beatus Marius donavit etiam templum Paterniacense aliquibus campis et bonis, reservatis tamen ecclesiæ Lausannensi ibidem decimis; sed monachi Paterniacenses postea partem eiusdem decimæ abstulerunt.

---

[145] Ibidem p. 30 und 31. Dem Epitaph fehlen anderthalb Distichen:
„Nunc habet inde requiem, unde caro fessa fuit.
Quem pietate patrem dulcedinis arma tuentem
Amissis terris credimus esse polis."
St. hat sich wohl durch den allerdings eigenthümlichen Pentameter „Nunc habet — fuit" von der gänzlichen Abschrift abschrecken lassen.

Fuit Marius ortus ex parentibus nobilibus de episcopatu Eduensi sive Augustodunensi. Sepedictus Marius dedit capitulo Lausannensi terram de allodio suo in quodam villa prope Divionem, que dicitur Marcennai; quam terram tenuit capitulum circa 724 annos, scilicet usque ad tempora Guidonis der (!) Marlamaco[149], qui tenuit episcopatum Lausannensem per 8 annos. De quo dicitur, quod aliquando neptem suam conjugaret cuidam militi eique dotem promitteret; sed antequam dotem promissam persolveret, Guido episcopus fuit depositus. Miles vero terram, quam capitulum habebat, Marcennai, abstulit capitulo pro pecunia, quam ei promiserat Guido pro nepte sua. Et quamvis canonici Lausannenses terram ablatam sepius exposcerent, non tamen reddebatur.[150]

Liber Lausannensis vetustissimus dicit, episcopatum primo Aventici cœpisse initium, deinde Aventico diruto Lausannam transversum fuisse.[151] Sed de episcopis Aventicensibus nihil invenio, nisi quod liber conciliorum meminit unius episcopi Aventicensis, cuius nomen invenies in annotationibus meis, ex antiquitatibus Sangallensis et Constantiensis monasteriorum desumptis, item in libro Beati Rhenani.[152]

Marmerius sive Manerius, episcopus Lausannensis, regnavit tempore Conradi, regis Burgundionum, anno 27.

Egilolphus, episcopus Lausannensis, regnavit anno 30., tempore Conradi regis.[153]

---

[149] Nach Mém. et doc.: Marlaniaco.

[150] Ib. p. 31 u. 32.

[151] Vgl. Mém. et doc. p. 32.

[152] p. 47 unseres Mscr. Die Stelle in Rhenan ist mir nicht bekannt.

[153] Die beiden Bischöfe Marmerius und Egilolphus finden sich weiter unten p. 280 nochmals unter den Namen Maguerius und Eginolphus. Bei den beiden Jahresdaten ist im Mscr. für die Hundertzahl eine Lücke gelassen. Am Rande steht „melius 627“, beziehungsweise „melius 630“. In Mém. et doc. ist über die zwei Bischöfe nichts zu finden; auch die Angabe „tempore Conradi regis Burgundionum“ beweist, dass die Ansetzung in das 7. Jahrhundert unrichtig ist; wir haben vielmehr 927 und 930 zu schreiben, wobei aber immerhin zwei Fehler noch mit unterlaufen, insofern als Konrad erst 937 den Thron bestieg. Vgl. Ruchat, abrégé de l'hist. ecclésiast. du pays de Vaud (Berne 1707) p. 14.

Aeritius, episcopus Lausannensis, fuit in concilio Cabilonensi circa annum Domini 660, tempore Clodovæi, regis Francorum. Testatur liber conciliorum.[154] 660.

Anno 688 Pipinus grossus regnare cœpit. p. 128. 688.

Anno 716 Carolus Martellus regnare cœpit; obiit autem 716. anno 742. Post cuius obitum Pipinus et Carolomannus regnare 742. cœperunt.[155]

Hec omnia habes in Chronica.

Udalricus, episcopus Lausanensis, floruit tempore Karoli Magni vel ante.

Pascalis, episcopus Lausannensis, suscipitur anno Domini 817, eo tempore, quo Lotharius imperator est factus. 817.

Fredericus, episcopus Lausannensis, anno Domini 815, ante 815. et post.

Pascalis, ut supra.

David episcopus Lausannæ ordinatur anno Domini 827. 827. Is tenuit episcopatum annis 24 et interfectus fuit a domino de Tegerfeldt (juxta Rhenum) cum suis in villa, que dicitur De Anes, anno Domini 850.[156] 850.

Hartmannus episcopus Lausannensis ordinatur die dominica, 2. non. martii, anno Domini 851; regnavit annis 28. Iste 851. Hartmannus prius fuit elcemosinarius sancti Bernardi montis Jovis; obiit anno 879, vel secundum alios 878.[157] 879. p. 129.

Hieronimus episcopus ordinatur Lausannæ anno Domini 881, tertio scilicet anno post decessum Hartmanni. Is tenuit 881. episcopatum annis 12.

Boso episcopus Lausannensis electus anno Domini 892 et 892.

---

[154] Mém. et doc. wissen nichts von einem Bischof Aeritius. Wie der Schriftcharakter beweist, ist die Notiz erst später von St. hineingesetzt worden. Vgl. Ruchat, p. 16.

[155] Mém. et doc. p. 5/6.

[156] Mém. et doc. p. 33 mit Ausnahme der Jahreszahl, als welche nach den dortigen Angaben auch 851 angenommen werden könnte.

[157] Das „chart. Laus." hat den Namen Armannus. Das Todesjahr ist nicht ausgesetzt.

fuit ordinatus in Soloduro, 2. non. decemb., tenuitque potestatem episcopalem 35 annis.[138]

927. Libo episcopus Lausannensis ordinatur anno Christi 927 et tenuit episcopatum 5 annis.

932. Bero episcopus ordinatur anno 932, reg(n)at annis 16.

Maguerius Lausannensis episcopus ordinatur anno Domini
947. 947, regnat annis 21.

Eginolfus ordinatur episcopus Lausannensis anno ab in-
968. carnatione ver i 968 tenuitque episcopatum 18 annis et filius fuit comitis de * [139]

985. Heinricus fuit Lausannensis episcopus anno Domini 985 regnavitque annis 35. Is comitatum Waldense acquisivit a domino imperatore Heinrico; fuit demum occisus tempore Rudolphi, Burgundionum regis.[140]

Hugo, filius regis Rudolphi de Burgundia, statim post interfectum Heinricum suscepit episcopatum Lausannensem, anno
1019. Domini 1019, tenuitque annis 19 et obiit 2. kal. sept., sepultus in choro Lausannensi juxta regem Rudolphum, patrem suum. Et dedit capitulo in eleemosynam villas scilicet Roan, Albam Aquam et Grans, quae est in episcopatu Gebbenensi.[141] Diser
p. 230. machet ein vereynung || und püntniß mit den erzbischofen von Vien und Bisantz, auch mit allen iren underworfuen bischofen etc. Diß geschach zu Romont.[142]

Borcardus Lausannensis episcopus eligitur post Hugonem. Is multum versabatur in Saxonia apud Heinricum imperatorem; derhalben von syner diensten wegen bemelter keyßer dem bistum Losan gab vil guter güeter, höf und gült zu Murten und vil andern orten. Tempore hujus Borcardi Novum Aventicum, scilicet Wiflispurg, primo moenibus et muro cinctum est. Is Burckhardus apud Heinricum IV., in Saxonia oppidum

[138] Mém. et doc. p. 35.
[139] Der Name fehlt im Mscr. Mém. et doc. p. 35 haben „Hibor", für „Kibor", Kiburg.
[140] Ib. p. 35/36.
[141] Ib. p. 38. Rua (Riaz), Alba Aqua (Albeuve) und Crans.
[142] Ib. p. 38. In Monte Rotundo (Mont-riond, unterhalb Lausanne).

Glyche in Türingia obsidentem, in pugna occisus est anno Domini 1088 vel 1089, in vigilia natalis Domini, teste Ursper- 1088. 1089.
gensi.[163]

Lambertus, filius comitis Lamperti de Granson, fit episcopus anno Domini 1089 post Borcardum; de eius annis vel obitu nihil invenio. Is res ecclesiæ omnino dissipavit et male rexit, Walthero, nepoti suo, domino de Blonai, de episcopatu dedit Viveis et curiam de Corsie et multa alia. Demum pœnitentia ductus, episcopatum reliquit, urbem Lausannam exivit solus, ita ut postea nunquam ab ullo hominum de Lausanna visus sit. Quare aliqui dicebant ipsum a diabolo surreptum fuisse, alii vero dicebant ipsum heremiticam vitam subiisse etc.[164]

Cuno, comes de N.[165], post Lampertum electus fuit in episcopum Lausannensem. Hic de suo patrimonio fundavit abbatiam Erlacensem et, dum strueret ecclesiam, sublatus fuit e medio. Et Burcardus, frater suus Basiliensis, perfecit ecclesiam pro fratre suo etc. Is Cono fuit sepultus in ecclesia Erlacensi.

Geroldus episcopus Lausannensis post Cůnonem; cuius annos non inveni; obiit kal. julii.[166]

Guido de Marlamaco fuit episcopus Lausannensis post p. 331.
Geroldum, tenuit episcopatum annis 8, tempore Innocentii papæ, qui in bulla quadam mandavit Guidoni, ne castrum Cloes (apud quod hactenus viatores sepius turbati fuerunt et eodem (!) castrum propterea dirutum) ulterius unquam reedificari per-

---

[163] Ib. p. 39/40. Der Tod des Bischofs fällt nach der angeführten Quelle ins Jahr 1089.

[164] Auch hier zeigt sich, abgesehen von einer Umstellung und einigen formalen Aenderungen, Uebereinstimmung mit Mém. et doc. p. 40/41.

[165] Darüber steht von St.'s Hand später geschrieben: „baro de Hasenburg", und am Rande „vide catalogum episcoporum Basiliensium". Der erwähnte Katalog befindet sich im gleichen Bande, wie unser Mscr. p. 5 ff. In der That ist dort ein Bischof Burkhart von Hasenburg aufgeführt. In Mém. et doc. p. 41 ist C. als „filius Uldrici comitis de Fenі" bezeichnet.

[166] Ib.

mittat, et qui illud resta(u)rare conetur, sit excommunicatus etc. Iste Guido demum expulsus est propter enormitatem et incontinentiam suam.[147]

Amedæus vero successit Guidoni in episcopatu Lausannensi, vir nobilis, ortus de castro, quod dicitur Chasta, prope sanctum Antonium. Is antea fuerat monachus Clarevallensis. Fuit spetiosus forma. Præter cetera, quæ prudenter in ecclesia Lausannensi fecit, comitem Gebbenensem, Amedæum, qui (!), Lausannensi ecclesiæ et civitati incumbens(!), domum muratam ante urbem Lausannensem ad ipsam expugnandam construere volentem prudentissime repulit. Ipsum, qui eam construxerat, a fundamento destruere et deruere coegit. Vixit et regnavit tempore Conradi Romanorum imperatoris; von dem hat er syne privilegia empfangen. Is Amedæus dedit capitulo Lausannensi multas ecclesias et tenuit episcopatum 14 annis.[148]

Landricus de Durnac, decanus sancti Johannis Bisuntinensis, suscepit episcopatum Lausannensem post Amedæum. Is edificavit aliquæ castra, velut castrum de Loucens, et turrim struxit in Ripa Lausannensi. Erat agriculturæ deditissimus. Tenuit episcopatum 19 annis. Tandem accusatus apud papam de incontinentia et insufficientia, in manus domini papæ resignavit et preterea diu vixit. Obiit demum, Lausannæ sepultus.[149]

Rogerius, episcopus Lausannensis, prius subdiaconus domini papæ. Is restauravit castrum de Lucens, prius per guerram combustum; item reedificavit turrim in Ripa Lausanuensi, quam Thomas, Sabaudiensis comes, dirruerat, et acquisivit multas possessiones, et tenuit episcopatum per 37 annos. Tandem senio confectus, episcopatum resignavit. Doch behielt er vons bistumbs gut, das er syn leben lang gnug hat. Vixit autem postea simplex canonicus per annos 8 et 3 menses. Obiit autem
p. [illegible]. 1419. anno Domini 1219, 3. non. marcii, || Lausannæ sepultus. Resigna-

[147] Verkürzt aus Mém. et doc. p. 42.
[148] Item p. 42/43.
[149] Item p. 44/45.

vit autem anno Domini 1211 in manus domini abbatis de Alcrest.[170]

Berchtoldus, filius Udalrici, comitis de Novo Castro, thesaurarius Lausannensis, fuit electus anno Domini 1211; regna- 1211.
vit annis 8 et mensibus 6. Obiit anno Domini 1223, id. julii. 1223.

Geroldus, filius comitis Tietbaldi de Rubeo Monte, decanus sancti Stephani Bisuntinensis, eligitur anno 1220.[171]

Wilhelmus eligitur anno 1221. Der hat vil herlicheit, flecken 1221.
und güter, vom bistum versetzt, widerumb gelößt; besonder lößt er die vogty der statt Losanna von her Aymone de Fuclnie, qui eam emerat a comitibus Warnero et Hartmanno de Kyburg. Tenuit episcopatum annos 8 obiitque anno Domini
1238.[172] 1238.

Bonifatius, scolasticus Coloniensis, a Gregorio papa intruditur ecclesiæ Lausannensi tenuitque episcopatum annis 8 et mensibus 4; tandem resignavit.

Joannes, episcopus Lausannensis electus,
regnavit circa annum Domini 1239 cum Bonifatio.[173] 1239.

[electi sunt in discordia, unus a papa, alter per capitulum.]

p. 238.
Vetustissima instrumenta donationum, confirmationum et privilegiorum Lausannensis ecclesiæ, quæ ego vidi in libro vetustissimo pergameneo[174], omnia sunt data a Ludevico pio et eius
posteris, veluti Carolo II. et Carolo III; item a Rudolpho, rege 888. 895.
Burgundiæ, qui vixit circa annos Domini 888 et 895 et 925 925.
et 904. Instrumenta nonnulla sunt data in castro Lausannæ. 904.

Losannam putant quidam olim fuisse Equestrem civitatem. Habet enim adhuc vicum, Equestrem dictum, apud hospitium

---

[170] Alcrest. Verkürzt aus Mém. et doc. p. 45/46.
[171] Item p. 46/47.
[172] Mém. et doc. p. 47/49.
[173] Ib. p. 49 ff.
[174] Hier haben wir nun unzweifelhaft unter dem „liber vetustissimus pergameneus" das Original des Chartulars zu verstehen.

Angeli, qui præ ceteris habet jus in maleficos ferre sententiam, ita ut ex quolibet domo pater familias sit judex; item si Cæsar Lausannam venerit, in hoc vico cum civibus habet peragere aliquas solennitates et ceremonias.[174]

Zu Losanna habend wir verzert und ußgeben 20 batzen biß an dritten tag.

p. 334. Jovis, 4. septembris, zwüschen eylfe und zwölfe, giengend wir von Losanna gon Romont; ist 6 stund guts fußwegs, thut dry gmeine Tütsche mylen; gabend underwegen umb ein trunk 1 batzen.

Zu Romont verzartend wir uber nacht und ein kleins morgenbrötli 6 batzen, 2 crüzer.

Veneris, 5. septembris, mittags, kamend wir gon Friburg, assend zum Hirzen zu ymbiß; kostet 16 Fryburger ß., thut $4\frac{1}{2}$ batzen.

Von Romont gon Fryburg ist zwo Schwytzer myl, uf $4\frac{1}{2}$ stund starks fußwegs.

Von Fryburg giengend wir zur Senßen, ist 2 myl; da warend wir uber nacht, verzartend 4 batzen, 2 crüzer.

Die sabbathi, 6. septembris, kamend wir gon Bern zum Falken; da habend wir zwen tag verzert 20 batzen, hembder gewaschen, schuch butzt und schärgelt.

p. 335.

## Notanda.

Ynß, ob Erlach, ubi Anglici sunt prostrati etc; nota Ynß, non Synß an der Rüß.

Theodericus, dux Helvetiorum etc., vide Valerium Anshelm fol. 40.[175]

Engolismorum comes, vulgariter graf zu Angolem.

[174] Vgl. p. 275. Nach den neueren Forschungen haben wir die „Civitas Equestris" nicht in Lausanne, sondern in Nyon zu suchen.

[175] ?

| | | | | | | | |
|---|---|---|---|---|---|---|---|
| Lützardus, Graf zu Altenburg und Habspurg. | Gebino, Graf zu Habspurg. | | | | | | |
| | Beno, Graf zu Habspurg. | Margreth, gräfin zu Kyburg. | | | | | |
| | | Berchtoldus, marggraf zu Zeringen, one erben. | | | | | |
| | Berchtilo, Graf zu Habspurg. | Berchtold II., marggrave zu Zeringen. | — Berchtold III., erster herzog zu Zeringen. | — Conrad, herzog zu Zeringen. | Hugo, herzog zu Zäringen im Bryßgow. | | |
| | | | | | Conrad, ein fürst zu Zäringen. | N., ein gräfin zu Kyburg. | |
| | | | | | Berchtold IV., — herzog zu Zeringen. | Berchtold V., herzog zu Zäringen. | N., ein junger son. |
| | | | | | | | N., ein junger son. |
| | | | | | Albrecht, her zu Drackenveld. | N., grevin zu Urach oder Fürstenberg. | |
| | | | | | Rudolph, bischof zu Lüttich. | | |
| | | Herman, ein münch. | | | | | |
| | | Gebhart, bischof zu Costentz. | | | | | |

[177] Leider gibt St. nicht an, woher er das Stemma hat. Ueber seinen Werth oder Unwerth braucht wohl nicht viel gesagt zu werden. Es ist übrigens zu bemerken, dass sämmtliche, die einzelnen Glieder des Geschlechts unter sich verbindenden Linien, das Gerippe, gleicherweise wie die Ueberschrift von St. später mit rother Dinte beigefügt worden sind. Die in der Chron. VII 29 gegebene, einigermassen richtigere Stammtafel weicht von dieser erheblich ab.

## Ex chronica Bernensi.

p. [illegible].

Berchtoldus, dux Zäringensis, dominus Burgundiæ, hat das land Burgund. Testatur vetus inscriptio quædam in castello Burchtorff.

Burckdorff ist gestift und die veste gepuwen von zweyen brüedern, Sintramo uud Baltramo, graven von Lentzburg. Hæc testatur chronica Bernensis.[178]

Strättlingen, schloß am Thunersee, ward von Bernern zerstort im krieg wider den von Kiburg, Solothorn halber. Nota. Vide chronicam tuam.[179]

1333. 1333, octava Petri et Pauli, ward die groß muwr oder grundvesti zu Bern am kilchof ze puwen angefangen.[180]

1341. 1343. Pätterlingen machet ein püntniß mit der statt Bern, ewig eynander ze helfen und ze raten.[181]

1348. 1348. Her Johans von Bubenberg, schultheiß zu Bern, wird mit etlichen räten der statt Bern verwißen. ze leisten 101 jar, darumb das sy verlümbdet warend, das sy miet hettend genommen etc.[182]

1355. 1355. Wolffhart von Brandiß, fryher, ward burger zu Bern mit synem schloss Brandiß und mit synen lüten.[183]

1400. 1400 starb graf Amedæus von Saffoy. Da ward her Ottho von Granßon, ritter, verlümbdet, sam solte er schuld tragen am tot Amedæi. Dießer that beschuldigt in her Gerhart von

---

[178] Justinger (ed. Studer) p. 6. Anonyme Stadtchronik (als Anhang zu Studer) p. 314. Just.-Tschachtlan (Original auf der Stadtbibl. Zürich) p. 11/12, Just.-Schilling (Ausgabe von Stierlin und Wyss) p. 7/8.

[179] Just. p. 66 unterm Jahr 1334. Schill. p. 65 unterm Jahr 1332. St. Chron. VII, 22 mit der Jahrzahl 1381.

[180] Just. p. 69, Tschachtlan p. 129, beide unterm Jahr 1334. Schill. p. 68 unterm Jahr 1333.

[181] Just. p. 106, Schill. p. 135.

[182] Just. p. 114 unterm Jahr 1350, in einzelnen Handschriften 1348. Tsch. p. 223, Schill. p. 145, beide mit der Jahrzahl 1348.

[183] Just. p. 122 (nicht in allen Hdschr. vorhanden), Anon. Stadt-Chr. p. 388, Tsch. p. 238, Schill. p. 156.

Steffols, ritter, und embot sich mit Ottoni zum kampf. Der kampf geschach, darin lag her Ottho von Granßon.[184]

1406. Her Wilhelm, geporn von Montow, bischof zu Losanna, ward im schloss Lobsingen von synem kamermeyster, genampt Merlet, (den er als syn eignen man von jugend uf erzogen hatt) morgens frue an synem bett ermürdet; der morder ward mit glüenden zangen gerissen, demnach gevierteilt.[185] p. 877. 1406.

Nota.

Im Aergowischen habend die Berner mit Liebegk und Trostburg ouch Hallwyl und Rud gewunnen.[186]

Sontag, 7. september, zu abend, giengend wir gon Biel; thatend ein trunk zu Arberg, kost 4 ß. Bern münz.

Von Bern gon Aarberg ist zwo ring mylen, uf 4 stund gemeins fußgangs.

Von Arberg gon Biel ein gute myl uf $2^1/_2$ stund.

Sontag znacht kamend wir gon Biel zum Wyssen Crüz, verzartend uber nacht 6 batzen.

Item 2 batzen, 1 crüzer von mynen schuchen ze büetzen.

---

[184] Just. p. 188 mit den Daten 1391 und 1398, Anon. Stadt-Chr. p. 439. 1400, Tsch. p. 372, Schill. p. 246, beide mit der Zeitangabe „in denselben ziten"; die nächstvorhergehende Jahrzahl ist bei Tsch. 1399, bei Schill. 1400.

[185] Just. p. 197, der Bischof heisst W. von Mentoney, der Kammerdiener Morlet; Tsch. p. 392, die Namen lauten Menteney und Merlet; Schill. p. 258 mit den Namen Mentow und Merlet.

Eine Vergleichung der vier Quellen bezüglich der Daten, im letzten Punkt auch der Namen, zeigt, dass die Notizen nur aus Schilling, beziehungsweise dessen Bearbeitung Justingers entnommen sein können. Nach welchem Gesichtspunkt sie von St. ausgewählt worden seien, ist nicht klar; denn weder sind sie an sich besonders wichtig, noch auch für Stumpf von besonderem Interesse.

[186] Just. p. 226.

p. 224.

## Ex chronicis Bielensibus.

1371. Anno Domini 1371 empfiengend die von Bern in ir schirm und burgrecht das Tütsch huße zu Sumißwald mit den lüten, darzu gehörig.

1373. Anno 1373 was ein dechan zu Straßburg im thum, geporn von Ochsenstein, und ein thumpropst, was einer von Kyburg, die hattend groß spän und stöß mit eynander. Also viengend der von Kyburg und syn diener den von Ochßenstein ze Straßburg in der statt in synem eignen huß ab tische, furtend den by nacht uf der Brüsch nider uß der statt uf die burg Windegk; da lag er lang gefangen. Daruß entstund grosser krieg etc.[181]

Drey Wappen: das erste „Viris", vertikal geteilter Schild, linker Teil als „blo" rechter als „gel" bezeichnet (St. Chron. VIII 22); das zweite „Murten", nach rechts gekehrter aufrecht schreitender rother Löwe mit einer Krone auf dem Haupte, in weissem Feld, auf einem Berge stehend (ib. VIII 18.); das dritte „Philippus de Gundelßheim, episcopus Basiliensis", quadrierter Schild, rechts oben und links unten rother Bischofsstab in weissem Feld, links oben und rechts unten rothes Feld mit weissem vertikalem Balken. (ib. XIII 34.)

Montag, den 8. september, nach imbiß, giengen wir von Biel gon Solethern; thatend zu Grenchen ein trunk, kostet 2 batzen.

Von Biel gon Solothorn sind zwo gute mylen, 5 stund guts fußgangs.

An sontag[182] znacht kamend wir gon Solothorn zum Lewen, verzartend uber nach(t) und an mentag[183] zu ymbiß

[181] Die Notizen sind Justinger entnommen (p. 138 u. 140), diessmal aber nicht der Schilling'schen Redaction.

[182] Montag.

[183] Dienstag.

mit den herren, die arbeit mit uns hattend, 1 gulden 5 batzen, da man uns den wyn schankt.

## Antiquitates Salodorenses. p. [illegible]

Imperator Maximianus cum exercitu Octodorum veniens, erat in eodem exercitu legio Thebea, qui cum duce suo Mauritio Hierosolymis baptisati fuerant. Ab Octodoro Agaunum usque pervenerunt. Erant in eadem legione Ursus et Victor, qui Salodorum pervenientes, a Hyrtato præside coacti Mercurio, genio loci, sacrificare. Supra oppidum Salodorum sacellum est, ubi pons fuit tempore Diocletiani et Maximiani. Testatur historia domini Ursi; item testantur adhuc sudes. Passi sunt martyres Ursus, Victor cum sociis apud Salodorum, pridie kal. oct., anno Domini 287.[190] [illegible]

Sanctus Victor translatus est a Salodoro castro Gebbennam vel Genevam translatus est (!), cum apud Burgundiones Gundisolus regnaret, qui opere(!) Theudesindæ, illustris reginæ, ob amorem beati martyris Victoris basilicam zu Sanct Victor non longe a Gebbennensi urbe fundavit.[191]

Acta sunt hæc regnante Domitiano, Genevensi episcopo, quo tempore etiam castrum Salodorense episcopatui Genevensi subditum erat.[192]

---

[190] Die Quelle, der St. hier folgt, scheint eine ziemlich spät angelegte Compilation der älteren Berichte über das Martyrium zu sein, aus der St. kurze Auszüge gemacht hat. Die erste Hälfte des Stumpf'schen Berichtes geht wohl auf diejenige Tradition zurück, die sich bei Surius findet (Acta SS. Sept. VIII, p. 291). Es spricht hiefür die Voranstellung des Namens Ursus, die Erwähnung des Mercur, dem die Heiligen opfern sollen (dort ist allerdings auch Jupiter genannt), sowie die Erwähnung der Brücke, bei der die Hinrichtung stattfand. Eine Jahrzahl ist bei Surius nicht angegeben.

[191] Die Stelle „S. Victor translatus est" etc. ist fast wörtlich der aus S. Gallen stammenden ältesten Darstellung des Martyriums entnommen. Lütolf, die Glaubensboten der Schweiz, p. 174.

[192] Die Worte sind der Schluss einer in der S. Victorskirche in Genf im Jahr 1534 gefundenen Inschrift. Lütolf p. 153.

Mauritius, Victor, Ursus, Exuperius, Candidus, Innocentius et Vitalis.[193]

Bertha, regina Franciæ sive Burgundiæ. (Darunter ein fünffach vertical getheilter Schild, dessen Farben gold und roth sind; daneben die Worte:)

Fuit hæc Bertha uxor Rudolphi, regis Burgundiæ, et mater sanctæ Adelheydis, uxoris Othonis, primi Romanorum imperatoris, et mater Othonis secundi, avia Othonis tertii. Invenit reliquias domini Ursi et sociorum, quæ latuerunt annis quingentis.

Fragmentum veteris inscriptionis Solodori in limite portæ majoris domini Ursi.

J. C. H. Nr. 224.[194]

p. [illegible] LIII. Literæ Solodorensis ecclesiæ. Anno 1218.[195]

P., comes de Buchegk; Ulricus, præpositus Solodorensis; Hanno de Gerenstein; Cuno de Krouchtal; magister Ludevicus; Rudolphus supra Domum.

1234. Literæ Solodorenses. Anno 1234, 15kal. mart., indictione 7; datum Franckfurt.[196]

Heinricus, Romanorum rex; Hugo, abbas Murbacensis.

Literæ Solodurenses. Datum Basel.[197]

Herman von Bonstetten, der hoverichter myns herren des küniga von Rome;

Thomas | von Bremgarten, canonici Solodurenses.
Ulrich |

Basileæ, sambstag nach Mathie, im 18. jar der cronung künig Rudolphs.

---

[193] Die Namen sind offenbar dem Eingang der vorerwähnten ältesten Passion entnommen, Litt. p. 178; ihnen wurde dann noch S. Ursus beigefügt.

[194] Z. 1 fehlt das C am Rande.

[195] Solothurner Wochenblatt, Jahrgang 1817, p. 349.

[196] Ib. 1811, p. 351.

[197] 3 März. Ib. 1811, p. 356.

Literæ Solodurenses.[illegible]

Albertus, Romanorum rex, confirmat privilegia colegio Solodurensi. Ulmæ, 10. kal. marcii, anno regni eiusdem 2.

Literæ Solodurenses. Datum anno 1235.[illegible] 1235.

Chono, dominus de Tüphen, procurator in Burgundia domini Friderici, Romanorum imperatoris.

Homines sancti Ursi infra Ararim et montem Leberen.

Literæ Solodurenses.[illegible]

Colegium Solodurense per omnia habet eadem privilegia, quæ colegium Tiguri habet. Datum anno 1240. 1240.

Literæ Solodurenses.[illegible]

Confirmantur privilegia ecclesiæ ab Conrado, Romanorum imperatore, Friderici filio. Datum Hagnow, indict. 1., 27. febr.

Literæ Solodurenses. 1305, 5. non Maji. Datum Bernæ. p. 841. 1305.

Carolus IV., Romanorum imperator; Hugo, abbas Murbacensis; Otho, præpositus Solodurensis.

Literæ Solodurenses. Anno 1318. Datum Solodorn. 1318.

Hermanus de

Literæ Solodurenses. Anno 1318. Datum Burgdorff. 1318.

N., comitissa de Kyburg, uxor comitis Ulrici de Dogkenburg; her Ulrich von Torberg, pfleger myner junkern von Kyburg.

Literæ Solodurenses. Datum Solodorn. Anno 1356.[illegible] 1356.

Rudolphus de Spins, miles; Carolus, Romanorum imperator; Joannes de Bubenberg, senior, miles; Berchtoldus de Rechberg.

---

[illegible] Ib. 1828 p. 446, 1811 p. 257 mit unrichtigem Datum „10 tage vorm maytag".

[illegible] Ib. 1811, p. 314.

[illegible] Eine Urkunde, die in den Zusammenhang gehört, findet sich ib. 1812, p. 182.

[illegible] Gemeint ist Konrad IV.: die Urkunde muss ins Jahr 1243 fallen; eine ebenfalls von K. ausgestellte ib. 1828, p. 333.

[illegible] 2. Mal, Urkundio I, p. 189. Statt des Berchtold von Rechberg ist dort aber ein B. von Bechburg genannt.

1318. Literæ Solodurenses. Datum Burgdorff 1318, feria tertia post Margrethe.[303]

Petrus, Jacobus, Joannes, Rudolffus de Kriegstetten; Heinricus de Buchegk, comes; Panthaleon de Gebstrass, miles; Hartmannus de Kyburg; Joannes Dives, armiger, civis Solodurensis.

1300. Literæ Solodurenses. Anno 1300.[304]

Heinricus, comes de Buchegk, filius; Petrus de Buchegk, pater; Hartmannus, comes de Nydow, præpositus Solodurensis; Ulricus de Kriegstetten, canonicus Solodurensis; Rûff de Lindnach, canonicus Solodurensis; Peter von Aetingen, canonicus Solodurensis; ligt nach by Solotorn Aetingen.

1234. Literæ Solodurenses. Anno 1234, 15. kal. marcii, indict. 7.[305]

Wilhelmus, episcopus Lausanensis; Hugo, abbas Murbacensis.

Literæ.

Fridericus, Romonarum imperator III., confirmat ecclesiæ privilegia.

p. 344. Do man zalt nach der geburte unser (!) lieben herrn
280. Jhesu Christi zweyhundert achtzig jar, do regierten zwen keyser zu Rom, hieß einer Diocletianus, ward der heilig himmelfürst sanctus Ursus, der ouch ein houptman under sanct Maricius gesellschaft was, selbs sechs und sechzigost, under keyser Maximianus von dem vogt Syrdaco[306] nach vil marter uf der Arenbrugg enthoûptet und in die Aren geworfen; nam jetlicher sin houpt in sine hend und leytent sich vergraben an die statt, do sant Peters cappel ist, und lagent do fünfhundert jare; und wurden sybenzechen funden durch die künigin Berchta und nach der erhebung här in diß gottshuse getragen und durch den bapst zu derselben zyte zu Rom

[303] Ib. 1811, p. 869 mit dem (mit dem unsrigen zusammenfallenden) Datum Dienstag nach Margr. (18. Juli).

[304] Ib. 1814, p. 341. 18. September.

[305] Ib. 1811, p. 351.

[306] Hirtacus.

gewürdigot. Darnach als man zalt thusent vierhundert sybenzig und drü jar sind derselben heiligen aber funden dryssig und sechs und von dem bapst Sixto gewürdigot; die ouch würdiklich durch prelaten haruf getragen und in sant Ursen altar durch den statthalter von Losen geleyt sind, der ouch in sant Peters cappel derselben heiligen dry in des heiligen crüz altar geleyt hat. Der allmechtig Gott und sin würdige muter und die lieben heiligen wollen dise statt behüten.[307] 1473.

## Copy und translation eines briefes, berürende die mordnacht zu Solothurn. p. 645.

Ze wüssen sye menklichem, das da ist beredt und verkommen zwüschen uns, Diebolten, herrn zů Nüwenburg, vysconten zu Bonnen, einersyt, und uns, Růdolfen, grafen zu Kyburg und vysconten zu Burgunden, der andern syt, in form und gestalten hienach geschriben: Zum ersten, das wir, herrn von Nüwenburg und grafe von Kyburg, söllen machen und tryben kriege wider die statte von Solothurn, so da ist in dem bisthum Losan, und in disem kriege helfen einer den andern, wol und ufrechtlichen. Und ist zu wüssen, das mit hilf unsers Herrn Gottes und der jungfrowen Maryen wir zwen haben fürgenomen inzenämen, zo gewinnen und ze erstigen dieselbe statt von Solothurn uf dem abent sant Martins zu wynterzyte nächstkünftig, und sollen haben ein jeder under uns zweyen uf demselbigen abent sant Martins hundert lanzen, wol gerüst und wol gewapnot, inzenämmen die bemelte statt. Und in dem vale, wo mit Gottes hilfe die berürte statt wurde gewunnen, der dritteyle der gefangnen und varenden hab söllen sin der knechten, und die andern zwen dritteyl

[307] Das Vorstehende ist nicht von Stumpf's Hand. Wir haben hier den Wortlaut einer beim Portal der S. Ursenkirche befindlichen Inschrift. Siehe über sie acta SS. Sept. VIII. p. 267, woselbst auch eine Lateinische Uebersetzung sich befindet. Vgl. Lütolf, p. 168–171. Als Abweichung ist zu bemerken, dass die Arbrücke in den acta SS. nicht erwähnt wird. „Selbs sechs und sechsigost" wird übersetzt „cum sexaginta sex".

sollen sich teylen under uns zwen, jedem zu dem halben teyle; und den besten kouf, so wir mogen haben von den knechten, ein jeder uf siner syten, ob es im gefalt, mag und soll er innämen. Wyter ist beredt und verkommen, ob die gedachte statt von Solothurn gewunnen wurde, so sol sy belyben fry, und ubergeben werden sampt aller ir zugehörde dem vermelten grafen von Kyburg, ane eyniche teylung oder
p. 236. teyle, so wir der genant || herr von Nüwenburg da möchten haben; und dagegen wir, der genant graf von Kyburg, sollten verbunden sin ze geben uns, dem berürten herrn von Nüwenburg, die sum fünf tusent guldin gutes goldes und guter gewichte oder pfande, das da benügte uns, den vermelten herren von Nüwenburg, namlichen ein schloss und flecken; dess wir hätten besitzunge sampt den zugehörden, so da genugsam wären für die obberürte sum, so lang biß das wir, der genant herr von Nüwenburg, wurdent bezalt der funf tusent guldin, wir oder unser erben oder die, so von uns rechte harzu möchten haben. Und in dem valc, das die gedachte statt von Solothurn nit wurde gewunnen, wir, der genant graf von Kyburg, wären und sollten belyben ledig derselben fünf tusent guldin. Und ob wol sy wurde gewunnen oder nit, wir, der genant herr von Nüwenburg, söllen belyben helfer dem genanten grafen von Kyburg, als lang der krieg wärte wider die von Solothurn und ire helfer, und möchten und söllten nit machen noch ufnemen anstande oder friden einer under uns ane den andern. Wyter ist beredt und verkommen, das wir, Diebolt, herr zu Nüwenburg, so lang derselb krieg wäret, werden und sollen geben uns, dem vorberürten grafen von Kyburg, biß uf zwenzig lanzen zu hut der plätzen unsers, dess grafen von Kyburg, und den kriege ze füren wider die statt von Solothurn und wider ir helfer, ane nutzbarkeyte, so wir, der genant grafe von Kyburg, inen thügen, ußgenommen das wir, der genant
p. 237. graf von Kyburg, werden || schuldig sin inen ußzerichten ir zerung, trinken und essen für sy und ire ross, dessglychen sy zu lösen uss gefenknussen und die ross, ob es inen missgienge (das Gott nit wolle). Wyter ist verkommen, das dess gewyns halb, so man thun wurde uf denen von Solothurn

und iren helfern, nach dem so man hätte abgericht die knechte, das der kosten der reysigen söllte beschechen gemeynlichen der vorbemelten zwenzig lanzen, und das übrig sollten sy teylen, jetlichem zu dem halben teyle. Mer ist ze wüssen, ob die vorgemelte statt von Solothurn sich nit wurde gewünnen uf den abent desselben sant Martins, und man sy demnach gewunne, der genant herr von Nüwenburg wurde hinnämen die vorberürten fünf thusent guldin sampt sinem theyle der gefangnen und varenden hab, und in all wäg, wie obgelütrot ist, oder das pfant, wie obbemelt, ob wir, der genant graf von Kyburg im nit geben dieselben fünf thusent guldin und all obberürt sachen. Hant wir verheyssen einer dem andern ze halten und ze vollbringen ufrecht und redlich, ane betrüge, beschiss oder einichen bößen ufsatz. Zu zügnusse der warheyte haben wir, der genant herr von Nüwenburg, gethan unsere anhangende sigel an disem gegenwürtigen briefe, so gemachot und geben sind samstage vor sant Michels tage in gegenwürtikeyt und bysin Thürings Däptingen, Peterman von Machtetten (!), Diebolden von Brünenveld und Johansen von sant Mauritzen, edelknechte, dess jares thusent dryhundert achtzig und zwey jare.[308] 1382.

In Celtis nihil est Salodoro antiquius, unis p. 168
Exceptis Treveris, cuius ego dicta soror.
H. Glareanus.[309]

Damascus in Siria ac Salodorum apud Helvetios fundantur ab homine condito 3283, ante Christum 1916.[310] 3283. 1916.

[308] Die Schrift ist die gleiche wie bei den Reliquienfunden. Das französische Original ist abgedruckt im Urkundio II, p. 100, vgl. Sol. Wochenblatt 1822, p. 280.

[309] Das Distichon findet sich correcter nochmals auf p 297. Im „Panegyricon", Vers 139 u. 140 drückt sich Glarean folgendermassen aus „Urbs Treveri soror, et Romæ Solodoris priscæ Aut æqua, aut major natu" u. s. w.

[310] Z. 23—26 sind wiederum von anderer Hand.

Wir, der schultheiß, der rat und die gemeynde ze Solothurn, verkünden und thund ze wüssen menklichen und allen nachkommen ewenklich, das in der jarzale, do man nach
1382. Christi geburte zalte thusent dryhundert und zwey und achtzig jar, uf sant Martins tages nacht, graf Rudolf von Kyburg und die andern grafen von Kyburg und ir helfer unser statt unwüssentlichen und unabgeseytner dingen überfallen wollten han und uns mürdern by nacht und by näbel, ane schulde; und wollte pfaff Hans vom Stein, der ein thumbherr was zu unserm gottshuß, der wollte inen durch sinen hof, der an unser ringmure stund, mit beratenschaft harin geholfen han; denne das uns der heilig Gott und sin heilige muter, unsere frowe, und alle lieben heiligen und marterer zu unserm gottshuß gnädig davor behuten; . . . . .[311]

p. [illegible] Solodorum, propter obedientiam Ludevici IV. excommunicatum, absolvitur a Friderico, episcopo Babenbergensi, anno
1348. Domini 1348, feria 3. ante festum cathedri(!) sancti Petri.

1397. Literæ Solodurenses. 1397, indictione 6.

Hartmannus de Bubenberg, præpositus Solodurensis; Wernherus de Erlach, canonicus.

1181. Literæ Solodurenses. Datum anno 1181.[312]

Udalricus, dominus de Novo Castro, feudum habuit ab ecclesia Solodurensi, tres mansos, molendinam et forestum in Selsach etc.

Berchtoldus, dux Zeringensis, rector Burgundiæ; Adelbertus, Hugo, duces Zeringenses, fratres Bertholdi; comes

[311] Von gleicher Hand wie die erste Urkunde des Jahres 1382. Stumpf Chr. VII, 25. Es ist eine, wenn auch orthographisch keineswegs genaue, Abschrift der über dem Hauptportal von S. Urses angebrachten bleiernen Inschrift. Es fehlen hier übrigens die am Schlusse beigefügten Verse.

„So Gott nit selbs behüt ein statt,
Der Mensch sin wacht vergebens hat:
Den wir biten sy z'han in hut
Maria und die helgen gut."

X. Amiet, Hans Roth, mit Einl. von J. J. Amiet, p. XLIX.

[312] Sol. Wochenblatt 1831, p. 188.

Egenon de Uren; Burchardus de Wessenberg; Hesso de Granchon; Ulricus de Straßberg; Wernherus de Uffhusen; Heinricus, Ulricus, fratres, comites de Bechburg; Adelbertus de Ture; Hugo de Jägistorff; Heinricus de Krouchtal; Cůno de Ergeßingen; Rudolph; Rudolphus, Ulrich, de Koppingen.

Literæ Solodorenses. Anno 1208, kalend. dec.[313] 1208.

Reverendus episcopus Lausanensis; præpositus Albanus de Chilchperg; Heymo de Gerenstein; Cuno de Krauchtal.

Salodorum de se:

In Celtis nihil est Salodoro antiquius unis
Exceptis Treveris, quarum ego dicta soror.
Glareanus.

Literæ Solodorenses. 1302, die Vincentii.[314] p. 351. 1302.

Heinrich, graf zu Buchegk, landgraf ze Bürgenden; Elisabet von Buchegk, syn schwester; Hartmann von Nydow, propst zu Solothorn; Rudolph von Grunenberg, barfot; Berchtold von Buchegk, compthur zu Sumißwald, graf Heinrichs von Buchegk son; Hug von Jägistorff.

Literæ Solodorenses. 1303.[315] 1303.

Peter von Kriegstetten; Elßbeth, grevin zu Kyburg; Ulrich von Torberg; Hartmann, graf zu Kyburg.

Literæ Solodorenses. Anno 1287.[316] 1287.

Hugo de Langenstein, comendator in Sumißwald; Berchtoldus de Ruthi, præpositus Solodurensis.

Literæ Solodorenses. 1311, festo Martini.[317] 1311.

Rudolph, Hartman, Ulrich } vom Stein, fratres.

313 Ib. 1813, p. 299, 1812, p. 346.
314 22. Jan. Ib. 1811, p. 360.
315 1. April. Ib. 1811, p. 361.
316 17. Sept Ib. 1811, p. 354.
317 Ib. 1826, p. 342, 1811, p. 367.

1301. Literæ Solodurenses. Anno 1301.[118]
Heinricus vom Stein.

Zynstag den 9. septembris, nach ymbiß, giengend wir von Solothorn gon Wangen; ist ein myl, 2 stund fußwegs. Da thatend wir ein abendtrunk, kost 4 batzen; hattend Jochimen zu gast, der was mit uns von Solethorn gangen.

Von Wangen giengend wir zu Sanct Urbau; ist ein grosse myl, 3 gute stund fußgangs. Da bleybend wir uber nacht im gasthuß, verzartend . . .

## p. 254. Antiquitates sancti Urbani.

Fundatores cœnobii divi Urbani fuerunt barones de Langenstein.

Cernuntur adhuc hodie in plaga meridiana Melchnow tres arces vetustissimæ, scilicet Grünenberg, Langenstein et Schnabel.

Lüpoldus, Wernherus et Udalricus. Lüpoldus fuit monachus Cistertiensis, Wernherus monachus etiam Cistertiensis, Udalricus vero secularis.

Wernherus et Lüpoldus, monachi, ab initio cœnobium edificare cœperunt in viculo, dicto Rotha.[119] Sed paulo post propter aquæ defectum electus est alius locus, ubi nunc cœnobium est divi Urbani; verum locus iste prius dicebatur Tundwyl. Erant enim ibidem duo viculi, Tundwyl superior, et Tundwyl inferior. Districtui vero horum vicorum præerant nobiles quidam de Kapffenberg dicti, a quibus baronibus prædicti Lüpoldus et Wernherus de Langenstein, monachi, præfatum locum vel mutuo vel precio compararunt; hac quidem condictione,

[118] 5. Oct. Ib. 1826, p. 341, 1811, p. 358.

[119] Klein Roth, am linken Ufer des Rothbaches, ca. 1/2 Stunden oberhalb des heutigen S. Urban.

ut in posterum etiam Capffenburgii cum illis de Langonstein fundatores simul censarentur.[230]

Anno itaque Domini 1194, tempore Celestinæ papæ et Heinrici VI., Romanorum imperatoris, cœpta est structura cœnobii divi Urbani in locum viculorum jamdictorum Tundwyl; derelicto vero nomine Tundwyl deinceps cœpit nominari Zu Sanct Urban, ab sacellulo ligneo illic prius in bivio constructo et divo Urbano consecrato. 1194.

Jamdicti duo germani fratres de Langenstein, Lupoldus et Wernherus, monasterium construxerunt non solum suis bonis et sumptibus, verum etiam suis manibus laborantes. Quantus vero fuerit labor edificandorum, facile conjicitur ex hoc, quod omnia fiebant ex coctilibus lateribus; sunt enim omnes muri totius cœnobii latericii.

Monasterium divi Urbani dedicatum est ab Erhardo, Constantiensi episcopo, anno Domini 1259, tempore vacationis Romanorum imperii post excommunicatum Fridericum II.[231] 1259.

Etiam Udalricus de Langenstein, secularis, multa bona impendit suis fratribus in usum novi monasterii. Ipse vero post mortem elegit inibi sepulturam suam et omnem rem privatam in usus monasterii tradidit etc. Hac conditione omnis prosapia tituli de Langenstein in istis tribus fratribus sopita est.

Ilis autem tribus de Langenstein defunctis mox succedunt in patronatum cœnobii vel in advocatiam nobiles illi dicti de Grünenberg, qui et ipsi benefecerunt monasterio, illud donando. p. 231.

Anno 1255 Wernherus de Luternow abbati, fratribus et monasterio sancti Urbani plurimum fuit infensus; vastavit prædia illorum in Langental et ceteris locis illisque plurima intulit damna, dormitorium cœnobii igne succendit. Tandem lite composita per Joannem de Buttickon et Udalricum de Oentz et prestita fide in manus Hartmanni junioris, comitis de Kyburgo, Wernherus violavit fœdus; sed patrocinante monachis 1255.

---

[230] Nach Mulinen, Helvetia Sacra I, p. 195 wurde der Platz von dem Freien Arnold von Kapfenburg, Gemahl der Willeburgis von Langenstein, einer Schwester der obgenannten drei Brüder, gegeben.

[231] Kopp, Gesch. d. eidg. Bünde II, I. p. 514, Anm. 3.

prædicto comite Hartmanno lis secundario sopita fuit per nobiles Cůnonem de Rüthi, Joannem de Büttickon et Udalricum de Oentz.

Postea filii prædicti Wernheri, scilicet Burchardus et Rudolphus, iterum movent bellum contra cœnobium. Dissidium vero oriebatur propter bona quædam et possessiones quasdam in Langenthan et flumine ibidem, quæ supradicti nobiles sibi vendicare nitebantur. Prudentia tamen comitis Hartmanni de Kyburg tertio sopitum est bellum. Cernuntur huius trinæ consectionis adhuc tria instrumenta, sigilata per domino(!) Hartmannum juniorem de Kyburgo, Chuononis(!) de Rhüti etc.

Vixerunt hoc tempore Hartmannus, comes de Kyburg; Chuono de Rüthi; Joannes de Büttickon; Rudolphus de Palma; Marquardus, Heinrichus de Grüenenberg.[271]

1309. Anno Domini 1309, tempore Heinrici de Lützelburg, Romanorum imperatoris, Ortolphus de Uotzingen vexabat monasterium divi Urbani. Huius arcis Utzingen vetustissimæ vestigia et menia rupta cernuntur inter pagos Madißwyl et Lotzwyl, quondam dictæ Guottenburg. Huic districtui præerat jamdictus Ortolphus habebatque dominatum in pago Lotzwyl, quem hodie possident cives oppidi in Burchdorff etc. Quorum quidem bonorum partem aliquam majores sui cœnobio

[271] Nach Kopp II, 1. p. 525 haben wir als Urheber dieser dreifachen Anfeindung nicht sowohl einen Vater und dessen zwei Söhne anzusehen, sondern drei Brüder, Werner, Burkhart und Rudolf, deren Vater sich allerdings auch schon gegen das Kloster verfehlt hatte (p. 526). Der erste Streit, den alle drei Brüder gegen S. Urban kämpften, wurde durch eine Urkunde des Jahres 1249 beigelegt, unter deren Zeugen sich auch die von St. erwähnten M. und H. von Grünenberg und R. von der Balm befinden, als deren Sigler Graf Hartmann von Kiburg, (Rudolf) von der Balm und (Heinrich) von Grünenberg genannt werden (Kopp 526, Anm. 4). Werner setzte dann den Streit allein fort. Zum zweiten Male wurde dieser 1256 auf Veranlassung Graf Hartmanns von Johannes von Büttinkon und Ulrich von Oenz, zum dritten Male 1257 von Kuno von Rüti und den beiden Vorgenannten geschlichtet. Kopp, p. 527 u. 528.

tribuerant, quæ || Ortolphus nitebatur rursus occupare, veluti p. 256.
prædia in Steckholtz et alibi. Ortolphus ergo hostili manu monasterium invasit et omnia, quæ illius erant, impetebat, pecora et greges abegit. Monachi vero, auxilium Heinrici imperatoris implorantes, Cesarem huc impellunt, ut literis Cæsareis mandaret stulteto(!) et civibus Solodurensibus et ceteris Burgundiæ rectoribus id (!) provintiæ, ut monasterium divi Urbani et res eius summa fide tuerentur et ledere conantes tamquam criminis lesæ maiestatis reos ulciscerentur.

Solodorenses ergo, sine mora Cæsareis mandatis obedientes, correptis armis omni virtute et impetu ad arcem Guottenburg properant illudque obsident. Sed non satis constat, quem tandem finem hoc bellum sit sortita, neque satis clarum est eo tempore arcem hanc fuisse dirutam. Sed sive eo bello, sive alio tempore destructa sit arx, non magni refert; jam enim cernuntur dumtaxat cineres et menia diruta.[399]

Postea Gerhardus de Uotzingen (quem aliqui Ortolphi nepotem fuisse putant) simili modo cœnobium sancti Urbani turbat ac abbatem Hermannum, comitem Froburgium, et totum conventum lacessivit. Sed hoc bellum tandem sedatur per sequentes arbitros, scilicet per Joannem, comitem de Froburgo, Philippum de Kien, Berchtoldum de Malters.

---

[399] Kopp III, 2, p. 287/288 berichtet von Feindseligkeiten Ortolphs von Utzingen gegen S. Urban in den Jahren 1303 und 1306, die durch gütliche Vermittlung ihren Abschluss fanden. Eine Eroberung des Schlosses Gutenburg durch die Solothurner, die auf Geheiß Heinrich's VII. dem Kloster halfen, erwähnt er nicht. Mülinen p. 197 bemerkt bei Abt Rudolf I. (1264–1301): „Er hatte viel von Ortolf von Utzingen, Frey, auszustehen, bis ihm die Solothurner zu Hülfe eilten". Leu, Lexicon, s. v. S. Urban und Utzingen erwähnt das Jahr 1309, indessen hat er das aus Stumpf's Chr., wo VII, 33 unsere Aufzeichnungen verwerthet sind.

Stumpf's Quelle ist das „S. Urbani monasterii chronicon", welches das vorn in der Chronik befindliche Verzeichniss der benutzten Autoren und Quellen aufführt. Vgl. über S. Urban Lang Histor. theol. Grundriss I, p. 741. Haffner, Solothurnischer Schauplatz II, p. 123.

p. 266. **Abbates cœnobii divi Urbani.**

1. Conradus a Lucella.
2. Otho a Salem.
3. Conradus a Tennenberg.
4. Marcellarius N.
5. Julianus N.
6. Ulricus de Burgdorff.
7. Ulricus II. de sancto Gallo.
8. Marquardus N.
9. Nicolaus.
10. Joannes de Wangen.
11. Joannes II. de Zofingen.
12. Hermannus, comes de Froburg, abbas.
13. Joannes III., dictus Kolb.
14. Wernherus N., abbas.
15. Rûdolphus Howenstein.
16. Joannes IV., dictus Spariolus.
17. Heinricus de Yberg.
18. Ulricus III. de sancto Gallo.
19. Rudolphus II. Frutinger.
20. Heinricus Houpting.
21. Joannes (IV.) V. de Surßee.
22. Nicolaus II., Hällstein dictus.
23. Joannes (V.) VI., Küeffer dictus.

p. 267. 24. Heinricus III., dictus Bartenheim.

25. Joannes (VI.) VII., dictus Kentzlinger, Rentzlinger; obiit
1512. anno 1512.

1512. 26. Erhardus Kastler eligitur anno Domini 1512, id. nov.
1513. Huius abbatis tempore, anno Domini 1513, septima id. aprilis circa horam secundam postmeridianam, cœnobium divi Urbani fere totum combustum est; sed ab abbate Erhardo restauratum.

27. Waltherus Thörü.

28. Sebastianus Seeman, adhuc vivens.[344]

Zu Sanct Urban im gasthuß verzartend wir abends und morgens . . .

Mittwoch, den 10. september, giengend wir von Sanct Urban gon Zofingen; ist ein guote myl, $2^{1}/_{2}$ stund fußwegs.

[344] Vgl. zu diesem Verzeichnisse dasjenige bei Mülinen l. c., das nicht unerhebliche Abweichungen aufweist. Ueber S. Urban vgl. auch Anzeiger f. Schweiz. Alterthumskunde 1883 III, Liebenau, zur Gesch. des Klosterbaues von S. Urban.

# Nachwort.

Es ist eine unbestrittene Thatsache, dass das 11. Buch der Stumpf'schen Chronik, „vom Land Wallis“, zu den reichhaltigsten und am fleißigsten bearbeiteten Partien des Werkes gehört. Stumpf bemerkt im Eingange des genannten Buches im 1. Capitel: „Also hab ich dises Land selbs gemässen und fleyssig besichtiget, anno Domini 1544, im Monat August.“ In der That lassen uns schon die allgemeine topographische Beschreibung des Landes, die Mittheilungen über die Bodenproducte und die Erzeugnisse des Landes, über seine Thierwelt, die Bemerkungen über die Bewohner desselben, über die politische Gestaltung und Eintheilung, über die herrschende Bauart u. s. w., welche als Einleitung der speciellen Beschreibung vorangehen, die Früchte dieser „fleissigen Besichtigung“ erkennen. Kein Zweifel, dass gerade die unmittelbare, persönliche Kenntniss des Landes und die Autopsie die Hauptsache dazu gethan haben, das 11. Buch zu einem der allerbemerkenswerthesten Theile des Werkes zu machen und ihm besonders den Stempel der Frische und Unmittelbarkeit aufzudrücken.

Unser vorstehender Bericht ist nichts anderes, als das greifbare Resultat, der wissenschaftliche Gewinn jener Reise. Das Original befindet sich auf der Stadtbibliothek Zürich in einem Bande, der die Bezeichnung Macr. Leu, fol. 47 trägt.[1] Der Band enthält Miscellaneen, Aufzeichnungen und Notizen, die sich sämmtlich auf die Stumpf'sche Chronik beziehen, sämmtlich als Material zu derselben gedient haben. Ueber die Art und Weise, wie die Chronik

---

[1] Haller IV, 397.

entstanden ist, gibt er höchst schätzenswerthe Aufschlüsse. Die Verschiedenartigkeit der in ihm enthaltenen Aufzeichnungen lässt allein schon erkennen, auf welch breiter Grundlage das Werk entstanden ist. Es offenbart sich uns aus ihm auch die, allerdings nicht unbekannte Thatsache, dass Freundeshände Stumpf in nicht unerheblicher Weise in der Sammlung des Materials unterstützt haben.

Unter den verschiedenen Stücken, die unser Band enthält, sind mehrere, die Stumpf von aussen her erhalten hat; eines von ihnen, dem der Umschlag mit der Adresse beigeheftet ist, wurde ihm von Nicolaus Brieffer, Dekan zu S. Peter in Basel, zugesandt.

Den Anfang des Bandes bildet eine „cronica episcoporum Basiliensium etc." Ihr folgt ein Verzeichniss der Constanzer Bischöfe, und diesem eine „series episcoporum Argentinensium", alle drei nicht von Stumpf's Hand. Bunt durcheinander gewürfelt und ohne Zusammenhang, weder zeitlichen noch örtlichen, kommen hierauf Notizen, die aus den Urkunden oder Annalenwerken und Chroniken von S. Gallen, Constanz, Reichenau, Chur, Muri u. s. w. gezogen sind. An sie schliesst sich eine Sammlung von römischen Inschriften an. Die folgenden Stücke tragen die Titel „monasterii Augiæ maioris antiquitates", „antiquitates monasterii Heremitarum", „antiquitates Fabarienses", „Murensis monasterii antiquitates aliquot", „diplomata varia monasterii Wettingen". Das grösste von allen Stücken ist unser nun folgender Reisebericht. Eine fremde Hand weisen Notizen über einige Argauische Schlösser auf. Die „Antiquitates aliquot ex chartis donationum monasteriorum aliquot vetustissimis desumptæ" sind wieder von Stumpf's Hand; während das letzte grössere Stück „de primordiis clarissimæ urbis Schaphusiæ historia" fremden Schriftcharakter trug. Zwischen den angeführten Stücken finden sich noch eine Reihe kleinerer Beiträge und Notizensammlungen, theils von Stumpf's, theils von fremder Hand.

Die Reise selbst ist uns aus unserm Bericht schon bekannt. Wie schon oben bemerkt wurde, ist ihr Resultat dem Wallis am meisten zu gute gekommen. Daneben aber hat Stumpf auch von Engelberg, ferner von Lausanne, Solothurn und S. Urban Materialien für seine Chronik zurückgebracht.

Aeusserlich scheint die Reise sehr einfach verlaufen zu sein. Mit kurzen Worten verzeichnet Stumpf jedes Nachtlager, jeden Trunk und jedes Essen, das die Wanderung unterbrach. Die Ausgaben werden gebucht, sei es, dass sie für Essen und Trinken oder für Schuhflicken, Seckelschnüre gemacht, sei es, dass Schiffmann, Wegweiser und Träger bezahlt wurden. Wenn er guten Wein bekommt, so wird das ebenso gewissenhaft registrirt, wie wenn er die Gasthauszeche „schnöd“ findet, oder wenn der Wein ihnen geschenkt wird.[1] Nur über einen Umstand schweigt er leider; nirgends wird erwähnt, wer denn eigentlich seine Gesellschaft gebildet hat. Sollte ihn irgend eines seiner Gemeindekinder begleitet haben, das zugleich die Stellung eines Dieners einnahm? Oder war es ein Mann von seinem Range? In diesem Fall wäre es wohl auffällig, dass er ihn nirgends namentlich anführt, und ebenso sehr, dass derselbe ihn bei seiner Arbeit nicht sollte unterstützt haben. Wohl finden wir einmal, in den Solothurner Excerpten[2], fremde Handschriften im Bericht. Gehörten die aber nicht eher den Herren an, „die arbeit mit uns hattend“, wie Stumpf berichtet?

In seinen Nachforschungen wurde Stumpf überall auf das bereitwilligste unterstützt; es ist das um so mehr zu bemerken, als gerade in Engelburg Grund genug vorhanden gewesen wäre, gewisse missliebige Vorfälle ihm, der als Anhänger der Reformation ein Gegner des Mönchthums war, nicht bekannt werden zu lassen.[3] Einzig in Sitten kam er nicht sofort zu seinem Ziel. Von dem Bischof, dem er Empfehlungsbriefe überbrachte, wurde er an „Meister Christian“ gewiesen, der ihm Bescheid versprach.[4] Wie wir annehmen dürfen, wurden ihm die gewünschten Nachrichten in der That bald nachher zugesandt. In der Chronik finden sich nämlich in den Capiteln, die über Sitten handeln, eine Reihe von Daten und Angaben, die Stumpf unmöglich in Zürich erfahren oder

[1] S. oben p. 233 u. 234, 239 u. 240, 256 u. 257, 275, 281, 289.

[2] p. 292–296.

[3] p. 289.

[4] S. die Stellen p. 237 u. 238.

[5] p. 259.

aus Büchern entnehmen konnte, deren Mittheilung wir desshalb wohl mit Sicherheit eben auf diesen Meister Christian zurückführen dürfen.

Auffallend mag es erscheinen, dass in Bern die Ausbeute eine so spärliche und die Auswahl der Excerpte aus Justinger-Schilling eine so eigenthümliche ist. Nicht minder wundern wir uns, dass Stumpf sich in Freiburg gar nicht aufgehalten hat. Wir müssen wohl annehmen, dass er damals das Material über die Geschichte beider Städte schon beisammen hatte und dass es sich in Bern lediglich um eine Nachlese handelte. Denselben Grund wird es haben, wenn auch in Solothurn über die Geschichte der Stadt so wenig notirt wird und wenn unsere Aufzeichnungen in Zofingen überhaupt ganz abbrechen. Stumpf besass das Wünschenswerthe über den Argau wohl bereits; was ihm aber noch fehlte, wurde ihm von befreundeter Seite zugestellt, wie die oben erwähnten Notizen über einige argauische Schlösser.

Nicht recht verständlich ist auf den ersten Blick der Gesichtspunkt, nach dem die Auszüge aus den Urkunden angelegt sind. Von dem, was wir heute ein Regest nennen, findet sich meist keine Spur. In den meisten Fällen sind nur die Aussteller, oder durch den betreffenden Akt berührte Personen, oder Zeugen, mit ihren Namen aufgeführt.[1] Man weiss zuerst kaum, welchen Zweck Stumpf bei solchem Verfahren im Auge hatte. Wenn man dann aber sieht, wie er z. B. in dem zweitletzten grösseren Stück unseres Bandes, in den „antiquitates aliquot ex chartis .... desumptæ" aus solchen Notizen eine vollständige Liste der S. Gallischen Aebte zusammenzusetzen sucht, so wird das Ziel solchen Vorgehens klarer: Anfertigung von Regenten-, Bischofs-, Abtslisten u. s. w., wohl auch Controlle anderer, die schon in seinen Händen sich befanden.

Ein eigenthümliches Interesse bietet uns jenes früher erwähnte Croquis[2], das zur Erläuterung des Weges, den Stumpf von Engelberg hinüber ins Haslithal und über die Grimsel ins Wallis einschlug, dienen soll. Es umfasst die Einsattelung des Jochpasses, eine Skizzirung der im Umkreise des obern Trübsees und des

[1] p. 266 ff, p. 280.
[2] p. 239.

Engstlensees liegenden Berge, sodann den Lauf der Are vom Ursprung bis zum Brienzersee mit Andeutung der Gebirge bei dem ersteren. Durchaus in der Manier der Karten der Chronik gehalten, wie sie von Nord nach Süd gezeichnet, weist es einen Massstab auf, der ungefähr um $1/4$—$1/3$ grösser ist als das der Karte beim 11. Buch, ungefähr um $1/2$ grösser als das der Karte beim 7. Buch. Von der Ausmündung des Nessenthales abwärts zum Brienzersee ist die Distanz hier ungenauer als in den beiden Karten; dagegen werden diese in denjenigen von Im Grund aufwärts zur Grimsel übertroffen. Allerdings wird dieser günstigere Eindruck wieder durch einige unrichtig angebrachte Zuflüsse der obern Ara abgeschwächt. An Oertlichkeiten finden sich verzeichnet der „Spital“ auf der Grimsel, die Dörfer „Gutenthan“, „Im Grund“ und „Haßle“ (Meiringen), alle drei auf dem linken Arufer. Ferner sind mit Namen bezeichnet der Pass „Uf Joch“, der „Engstlißee“ mit dem „Triftfluß“, der „Brienzersee“, ferner „Grimsel Mons“ und „Ar alp“. Links unten befindet sich eine Bemerkung: „Nota de miro fonte in alpibus Engstlen“; gemeint ist der sogenannte „Wunderbrunnen“, den Stumpf auch in seiner Chronik erwähnt.* Steht dieses Croquis mit einer der beiden Karten in innerm Zusammenhang? Dem widerspricht jedoch namentlich die Verschiedenheit der Distanzen. Mit den Münster'schen Karten hat es nichts zu thun. Mit der Tschudischen vom Jahr 1538 weist es auch keine Verwandtschaft auf. Ferner, wo hat Stumpf es angelegt? In Engelberg nach einer uns unbekannten Karte? Allein dort kann es nicht entstanden sein, weil sonst ja nicht zwischen den Engelberger Aufzeichnungen und dem Croquis schon die Erlebnisse des Marschtages eben über den Jochpass verzeichnet sein könnten. So bleibt uns wohl nichts anderes übrig als anzunehmen, dass Stumpf selbst es aus freier Hand angelegt habe. Auf die Art und Weise, wie wir uns die Anfertigung der Karten der Chronik zu denken haben, würde dieser Umstand ein interessantes Licht werfen, obwohl allerdings die Schwierigkeiten der Erklärung damit keineswegs gehoben sind. Denn Thatsache ist, dass die Karte des Wallis schon

* Buch VII, cap. 21.

vor der Reise sich in den Händen Stumpf's befunden hat, sonst könne er nicht unterwegs eine Berichtigung zu derselben sich notiren.[19]

Wie es ja auf der Hand liegt, musste das auf der Reise gewonnene Material zu Hause von neuem wieder durchgearbeitet werden, bedurfte nach einzelnen Seiten hin der Ergänzung.

Zu allererst geschah wohl, dass eine durchgehende Rubricirung durchgeführt wurde; mit rother Dinte wurden die wichtigeren Namen oder kurze Inhaltsangaben an den Rand hinausgesetzt, Jahreszahlen unterstrichen, Ueberschriften ausgeschrieben, mitunter auch Literaturverweise beigefügt. Die mitgebrachten Inschriften wurden ergänzt und erhielten diejenige Fassung, die sie in der Chronik aufweisen. Oder es galt aus Cæsar's bellum Gallicum und aus Eutrop eine Darstellung der bekannten Kämpfe bei Octodurum zu verfassen, die in unserm Bande unmittelbar auf den Reisebericht folgt. Selbst Correspondenzen wurden gewechselt. Vor unsern Bericht befindet sich ein Brief Bullinger's berührend die Fundation des Stiftes zu Lucern, die Stumpf an Ort und Stelle, zwar nur in einer Copie, eingesehen und mit seiner Abschrift verglichen hatte.

Kaum erwähnt zu werden braucht wohl, dass übrigens der Gewinn der Reise sich keineswegs auf den Reisebericht beschränkt. Manche Bemerkung und Beobachtung, vorzugsweise naturhistorischer, geographischer oder topographischer Natur, brauchte nicht aufgezeichnet zu werden; es genügte, wenigstens den Namen der betreffenden Oertlichkeit schriftlich zu fixiren. Desshalb hat Stumpf im Wallis die Namen der Ortschaften, durch die und in deren Nähe er vorbeigekommen, grösstentheils einlässlich registrirt. An und für sich hätte das kein Interesse gehabt. Es könnte uns ja gleichgiltig bleiben, ob er z. B. die Dörfer des Saas- und des Zermatterthales[20] aufzählt oder nicht, ob er die zwischen Siders und Sitten besonders auf dem südlichen Thalgehänge und in den Seitenthälern liegenden so genau bucht.[21] Erst wenn wir

[19] p. 242.
[20] p. 256.
[21] p. 260/261.

sehen, welches Relief diese Namen in der Chronik erhalten, erkennen wir die eigentliche Bedeutung ihrer Registrirung.[1]

Was die in der vorliegenden Ausgabe durchgeführte Orthographie betrifft, so wurde im Lateinischen Text diejenige des Mscr. fast überall unverändert beibehalten, mit einziger Ausnahme des e in der Endung, des Gen. sing und Nom plur der 1. Declination, das stets durch æ wiedergegeben wurde. Mehr wurde der deutsche Text verändert. Die Vocale wurden zwar meist so gelassen, wie sie im Original standen; Verdoppelungen jedoch, die heute nicht mehr gebräuchlich sind, beseitigt; das sich häufig findende e mit übergeschriebenem a musste dem ä weichen. Bei den Consonanten wurden Geminationen ebenfalls nur da belassen, wo sie jetzt gebräuchlich sind. dt und gk wurden in einfaches t resp. k verwandelt, wo nicht ein kurzer Vokal vorhergieng; ss und ß aber stets nach dem Original angewandt, da Stumpf ziemlich scharf zwischen ihnen scheidet und das erstere meist nach kurzen, das letztere meist nach langen Vokalen setzt.

[1] Hand in Hand damit geht, wenn Stumpf sogar mit ausdrücklicher Erwähnung seiner Reise einzelne Züge erwähnt, die im Bericht nicht enthalten. Vgl. z. B. die Stelle, da er mittheilt, dass er selbst auf der Grimsel Cristalle gefunden habe, Chr. XI, Cap 4, oder die andere, wo er der 24—30 Pfund schweren Fische erwähnt, die er selbst bei S. Maurice fangen gesehen hat. Cap. 2.

Nachtrag.

# Eine Mailänder Handschrift

## von C. Türst's „Descriptio".

Mitgetheilt

von

**Emilio Motta.**

In dem Nachworte zu der Türst'schen Schrift ist oben — S. 63 — erwähnt worden, dass ein Exemplar derselben auch dem Herzog von Mailand Lodovico Maria Sforza gewidmet worden sein müsse, und zwar vor dem 22. October 1497. Während nun der verdiente Tessinische Geschichtsforscher E. Motta in den öffentlichen und Privatbibliotheken Mailands nach dieser, dem Herzoge gewidmeten Handschrift suchte, fiel ihm eine andere, dem Kaiser Maximilian gewidmete und nach dem unmittelbar voranstehenden Begleitschreiben unter dem 29. Mai 1499, von Zürich aus, dem damaligen kaiserlichen Statthalter von Triest übersandte, lateinische Bearbeitung der Schrift in die Hände, die er für uns copiren liess.

Wenn auch diese Bearbeitung inhaltlich nicht gerade wesentlich von der oben abgedruckten abweicht, dürfte ihre gänzliche Wiedergabe mit den erläuternden Bemerkungen des Hrn. Motta dennoch als gerechtfertigt erscheinen, schon wegen der ihr beigegebenen einleitenden Stücke und des neu beigefügten Schlusscapitels XIX über den schweizerischen Adel.

Wenn wir das Schreiben des Augustus Hieronymianus recht verstehen, hat dieser Poeta Laureatus den etwas ungefügen lateinischen Text des Dr. Türst überarbeitet und dem Italiener Brasca auch mit Bezug auf die Eigennamen (z. B. „Asburg", „Acberg" statt „Habsburg" und „Hachberg") mundgerecht gemacht. Dabei sind offenbar viele Entstellungen mit unterlaufen. Wie viele derselben auf Rechnung des Ueberarbeiters gehen, wie viele auf diejenige unsers Copisten, ist nicht zu unterscheiden. Dass der letztere oft ohne Verständniss geschrieben hat, geht leider auch aus verschiedenen Stellen der vorgesetzten Schreiben hervor, die nicht durchgehends in Ordnung gebracht werden konnten, weil wir gegenwärtig keine Gelegenheit haben, die Correctur in Mailand nach dem Original besorgen zu lassen. Im Texte wagten wir von uns aus nur die handgreiflichsten Verschreibungen (wie z. B. „Lovingen" statt „Zovingen", „curum" statt „eurum", „Rhuseandi" für „Rhuse amni", „Aroum", „Nidoum" etc. für „Arouw, Nidouw" etc. etc.) zu berichtigen.

## 1.[1] Augustus Hieronymianus Poeta laureatus Herasmo Brasche Magnanimo Tergestine Urbis Prefecto Sapientissimo Romanorum Regis Consiliario splendidissimoque Equestris ordinis Viro salutem.

Terrarum orbis descriptio, quam ......[2] Greci vocant, scitu pulcherrima, permultis, sed regibus imprimis, maxime necessaria est. Huius, cum tua singulari fide, opera, consilio summis in rebus Divus Maximilianus, Augustus Romanorum Rex, utatur, jure studiosus es. Nec est ulla Europe vel regio vel gens, quam oculis, honestissimo functus munere, non obvieris, fideli memorie recessu non condideris. Cumque inter omnis eius terre tractus Belgice pars, cuius incole Svycij vulgo appellantur, existat, que bellicosissima est et Germanie, Italie Gallieque contermina, ob easque trita hominum sermoni, quamvis nulli veterum intacta, particulari descriptione, que .....[3] a Ptolomeo dicitur, digna tibi visa est. Sane ut noscere volentium desiderio facilior cognitio suggeratur, igitur totius rei summa homini indigene, locorum (non) ignaro, demandata est. Opusculum vero, quoniam humanissimus modestissimusque es ac nihil tibi blandiris, nihil arrogas, non tibi, alioqui preciosissimo quoque munere digno, sed divo Maximiliano Cesari, quo nihil majus, nihil sui similius Dij Immortales terris dederunt, quasi Numini consecrare voluisti. Id cum mediocri admodum ingenij mei judicio perpendendum injunxeris, quid senseram: itaque, amplitudini tue libenter indulgens, de integro potius excudendum, quam temere castigandum censeo. Sed utinam, cum lucubrationes meas singularem fulgorem tuum plurimi facere
fol. 2 cognoscas, tanti aliquando sim, | ut preclara facinora tua eternitati, sicut merentur, commendare possim. Quippe exploratum habeo, quantum litteras ceterasque artes bonas atque earum cultores foveas, quantum me diligas, quam in amicos, imo in omnes officiose liberalis existas[4], o mira animi benignitas, nullo vel secundo fortune vento, quamvis sublimi felicitatis gradu compositus, intume scis: patet omnibus quantum consilio, gratia apud divum Cesarem valeas: quanta sit tua apud omnis Europe reges, principes, nationes auctoritas, quos summis legationibus functus in quam volueris sententiam duxeris. Nam omnibus, que dicis, tanta fides inest, ut dissentire pudor sit. Ceterum, quis te est bello vel pace solertior? quis auro, argento, gemmis alijsque, que prima mortales ducunt, beatior? hec atingens quam largo quam ingenuo pudore suffundaris, sentio. Quamobrem plura de his olim et complius. Vale.

---

[1] Die Nummer 1 steht auch im Manuscript.

[2] Der griechische Ausdruck im Original ausgelassen.

[3] Ebenso.

[4] Unsere Vorlage hat: „officius liberalis exmas".

## Mortalium longe sapientiori clarissimoque viro Domino Herasmo Brasche Equiti Aurato, Regio Consiliario, Domino suo plurimum metuendo Curradus Turstius. S. P. D.

Pollicitam meam editionem tue claritati, strenuissime Herasme, proximo .........[1] de situ Dominorum Confœderatorum Sacræ Majestati Romanorum congestam nedum persolvi (uti deceret grato tam benemeritum erga Dominum), fisica partim ob mea negotia, tamen potissimum propter sevum avortem, qui furens proh (dolor)! cum Germaniam, tum Belgicam mœroribus Galliam et incendijs et populationibus terret. Tot inter angustias studui tuo petitui satisfacere. Nam singula, que vis et mandas, lubens pro facultatibus (ut obligor) exequar. Quare te hoc opusculo primum jam transcripto et absoluto rogo meam segniciem excusatam. Vale meque commendatum adserva. Dat. Turregij, decimo quarto Kal. Junias, anni 1499.

## Ad Summum ac Invictissimum Divum Maximilianum Cæsarem Romanorum semper Augustum, Hungariæ, Dalmatiæ, Croatiæ, etc. Regem, Austrie Archiducem, Ducem Burgundie, Lotharingie, Brabantiæ, Stiriæ, Carintiæ, Carniolæ. Limburgiæ, Lucemburgiæ, Geldriæ, Flandriæ, in Abspurg, Tirolis, Feretis, in Chiburg, Arthesij, Burgundie et Goritie, Hanoniæ, Holande, Selandie, Namurti, Zutphanie [Comitem], Palatinum Sacri Romani Imperij et Burgovie Marchionem, Alsatiæ Lantgravium, Frisiæ, Marchie, Illirice, Portusnavonis, Salinarum et Mechlinie Dominum Conradi Turstij Turregensis Medici Clarissimi Svycicorum libellus. fol. 3

### Proemium.

Quia haud recte factum ab illis iri existimo mortalibus, mortalium omnium princeps, Sacratissime quoque Rex Romanorum Dive Maximiliane, qui tuam Majestatem non observant, non verentur aut sui obseqij officium non prestant, cum nemo nec tam infimo loco nec tam summo fastigio honoris sive sanguinis sub sole nascitur, cui liceat aut se abdicare tuo imperio aut tardior ad precepta efficienda fore aut tuum divum nomen (quod sua natura splendidissimum est) pro viribus non venerari: unde medius fidius quod in alijs vindicavi, ipsus [non] fastidivi, atque hactenus quantum cum ingeniolo, tam exili doctrina diligentiaque quivi, in omnes etiam invitus audientes (agrestes quidem plurimi nostrates adeo sunt, quod regie Majestatis

[1] Unsere Vorlage hat hier das (unverständliche) Wort: premisere.

Celsitudinisve auctoritatem ignorant) transfudi, quomodo servilis autem animi mei fidem et singularem observantiam argumento aliquo iterum tue Majestati (tu enim mihi Cæsar es et Apollo) ostenderem: diu volutans ac mecum cogitans, eandem nostre telluris homines et munificentia et infinita clementia fol. 4. amplexatam. | In mea verum officina nil preter impolitas cudi litteras. Nihilominus animam sumpsi, et has nostras Confederatorum (vel ut rectius loquar) tuas terras atque earumdem situm conscripsi, in universale quoque pandi[1] hec cum libuerit per ingentes ac fere infinitas occupationes molesque cognoscas, cur ex tam arto amfractu innumerus educitur populus, eo usque, quo binis etiam inimicis principibus ad infestos et jam preliare cognantes exercitus abunde suffragari valeat. Volens tue summe Majestati gratificari sicuti operarius ille rudis (cui nihil aliud erat)[2], qui aquam utraque manu ex proximo haustam flumine Artaxerxi regi obtulit, Invictissime et Sanctissime Rex, tuam Sacratissimam obsecro Majestatem, non opusculum, quod datur, vel inopiam vel comunem eius apud Geographos usum, sed alacrem dantis voluntatem metiare.

## Ex quibus nationibus Svycij constent, atque se primum in libertatem vindicarint. Cap. j.

Gallorum, qui vulgo Svycii et Confederati apellantur quique maxime ex parte Belgis, dein Sequanis, Allobrogibus, Leopontinis, Rhetis, Svevis, Inmbribus Helvecijsque constant, quidam gradibus xxvij, quidam xxviij ab occidente distant, ab æquinotiali in aquilonem circiter xlvij primaque septimi climati et sextique extrema tenet dierum longissimum horarum quindecim et minutorum circiter xl. Habent terminos autem ab oriente Brigantinum lacum, quo Rhenus amnis excipitur, ab austro Rhenum et Adulam montem et Alpes, ab occidente Lemannum lacum, quem influit Rhodanus et fol. 5. Juram montem: ab artho | Bacenim Silvam fortissimi bellicosissimi ex quibus Uranij, Svycij ac Unervaldini quo sese in libertatem vindicarent presidem conjurati sustulerant, diuque cum Lucernensibus terrestri atque navali prelio conflixere, donec sibi victos advinxerunt: quibus fœdere societis addixere se Turgenses, Bernenses, Zugenses, Glaronenses, Friburgenses et Solodrenses, que quidem societas et invictis armis et insignibus victorijs adeo pollens potensque est, ut plerique principes nisi percusso simul fœdere se vix tutos putent. Te vero Cæsar invictissime, Dive Maximiliane, principum maxime, summa fide religione veretur. Terra autem est frumenti, vini, pecoris, pabuli abunde fertilis: etiam montibus, silvis, fluminibus, lacubus, oppi-

[1] In der Vorlage: „pautir".

[2] Im Original ist die Klammer zu schliessen vergessen worden.

die frequentique multarum gentium comertio percelebris: ubi summa temperies miraque inde salubritas. Urbes, quibus ipsa societas constat, sunt decem, earum primum situs, deinde eas sui conditionibus refferemus.

## De situ decem Urbium. Cap. ij.

Turegum abest a Rheni ostio LXVj m. passus, totidemque a Curia Rhetie, a Constantia xxxiiij mille, ab Alpibus lxx mille, a Basilea l mille.

Berna abest a Lacu Lemano lxx mille, a Constantia lxxxx mille, ab Alpibus lxx mille, ab Augusta Raurica lvj mille.

Lucerna abest ab Alpibus xlv mille passus, totidemque a Basilea, a Constantia lj mille, a Lemano lxx mille.

Altorphum Alpium radicibus accubans abest ab Adule montis jugo xx mille.

Svicia abest ab Altorpho vij mille passus, a Constantia xlij mille, a Turrego xxiiij mille.

Stans abest a Lucerna iiij mille passus, a Rhodani fonte xxx mille, a Constantia lvj mille.

Zugum, inter Turegum, Lucernam et Svyciam situm, abest ab illis xij, fol. 6.
ab hac xiij mille passus.

Glarona abest a Turego xxiiij mille passus, a Curia Rhetie xxxj mille, ab Altorpho xx mille.

Friburgum abest a Lemano lacu xxxv mille passus, à Berna xvij mille, a Jura monte xxij mille.

Solodrum abest a Lemano lacu lv passus, a Basilea xxxvj, a Constantia lxxj mille.

## De Turego eiusque ditione. Cap. iij.

Turegum in fronte lacus inde appellati Turregij, que in arctou(!) vergit, situm est, omniumque, que fœdere juncta sunt, oppidorum maxime prestans, mœnibus, propugnaculis ceterisque ad arcendam hostium vim idoneis munitissimum, edificijs, civibus opulentissimis, innumeris famulum sanctarumque virginum collegijs, Deorum imortalium templis nobilissimum, e quibus vetustum illud imprimis et numinum miraculis et auctoris celsitudine excellit: numina sunt Felix, Exuperantius et Regula, auctor Carolus Cæsar. Lacus Turregius ab ipso oppido, quod in fronte situm diximus, in meridiem porrigitur longitudine xvj mil. passuum, latitudine circiter stadiorum quatuor et viginti, ubi ponte jungitur angustior. Dextro latere viiij mil. pass. ab urbe castellum est natura et arte munitum Vediavil; in altero Lingi amnis ostium; dein xiiij mil. pass. ab urbe Rapesvil: ibi lacus ponte injungitur. Post Bubicon; dein quator et viginti ab urbe stadiis Cusnach: utramque flumi-

num monasterium. Citra Lingum amnem Var est, Benedictalium virginum
sacellum. Prope Bubicum abbatia nobilis, Ruten(!) vocant, et Turegio monti
ad orientem imposita canonicorum Augustinalium prepositura. Hinc xij sta-
Col. 7. diis distans Gphen, Lazaralium virginum monasterium. | A Vintertario sta-
diis sex Berbergum flamines Augustinales tenent, haud procul Heliburgum
et Does virginum Domitinlium. Ultra in meridiem vij mil. passus a Vin-
tertario inter Hapersvil et Constantiam, que Brigantino alnitur(!) lacu, abbatie
due sunt: Themtonicon(!), sacrarum virginum, et Vischingen, Benedictalis col-
legii, ad Urle(!) radices montis. Capella inter Turegum et Zugum ab Alpium
dorso sita est x mill. pass. a Turego, et vij mil. in septentrionem vergens nobile
canonicorum monasterium Imbriacum. In agro Tigurino viiij mil. a Turego
in orientem Chiburgum castellum colle eminet, quod celebratissimos majores
tuos tulit, maxime illustre! Hinc quatuor et viginti stadiis in subjecta valle
oppidum Vintertarium; ab eo stadiis xxxx castellum liberum Vulphlingium,
municipium Kunlangiorum, et sex mil. pass. in austrum Elge vicus; a
Turego viiij mil. in aquilonem oppidum Bulach, et in meridiem x mil. pass.
Gruningenium; a Bulach xxxiij stadiis Rheno adjacens Elgison. Tum haud
procul a Rheni Turique confluente, circiter quatuordecim mil. pass. ab urbe
in ripa Turi vicus est Andelphingium. In extremo angulo Brigantini lacus
ubi elabitur Rhenus, inter Constantiam et Schephuson, xij mil. pass. utrinque distans, xxiiij a Turego, oppidum est, Stein, quod eius arx saxeo appli-
cata est colli, appellant. Ea est omni amenitate referta. Oppidi decus, divi
Benedicti monasterium, ab Henrico Cesare structum est. Et Hegensbergen
oppidum, vij pass. a Turego in chorum[1], situ atque opere inexpugnabile dictum, quod a colle, cui impositum est, quasi imbres manant; ager fecundus,
Col. 8. villis frequens, | latus prope usque ad Rhenum. Ultra quinque mil. pass.
ab urbe in eurum Grifense vicus, eodem nomine palludi accubans; ab eo xvj
stadiis Ustri arx, eidem paludi conterminus. Et castellum alterum haud longe
ab urbe Dubelsterum(!). Eadem ab urbe v mil. pass. in vesperum Phriampas(!)
ager, Rhuse amni conterminus, tum Cnonon, xij mil. ab urbe Turegia. Longe
autem in margine Brigantini lacus, que orientem spectat, municipium est
Burcornium(!), xj mil. pass. a Constantia. Duo quoque cis Rhenum, alterum
Sulcium, Viafeltium alterum. Hec tamen omnia, que hactenus memoravimus,
non dolo aut vi sibi Turgenses vindicaverunt, sed quedam emerunt, quedam
[in] pignus acceperunt.

## De Berna eiusque ditione. Cap. iiij.

Berna Ara flumine, quod in Alpibus haut procul a fonte Rhodani oritur,
prope incingitur: menibus, templis, domibus, municipibus excellens. In ea
est et nobile flaminum collegium et pulcherimum divi Antonj asylum et

[1] in caurum? (Nordwestwind, Nordwind).

monasteria feminarum Franciscalium, Domicellarum virginum et xenodochia duo. Ab urbe xviij stadiis in africum distat Conuetion, militum Germanorum, non longe in occidentem Frouencapellam, canonicorum Augustinalium. Eodem tractu abatie sunt: Fromspergum, viiij mil. pass. ab urbe, et a Fromspergo viij mil. pass. Herlac, Zillo amni accubans, et in vesperum xv mil. pass. ab urbe Gottstatium. In vulturnum sex mil. pass. ab urbe castellum oppulentum colle eminens; Torbergum ab in eo eurum v mil. pass. Zumisvaltum, militum Germanorum. A Bernensis urbe xj mil. pass. sacrarum virginum abbatia est Ragsouw, | et alia in arctum x mil. ab urbe, Frovenbrunnem appellant. fol. 9. Tum Buesl vj mil. a Berna atque Tanstetten xxiiij, ambo militum Hierosolymitanorum. Deinde xj mil. pass. ab urbe ad flumen Aram canonicorum monasterium, Anseltigen vocant. Hinc xij mil. pass. canonicorum monasterium, quod, quoniam inter duos lacus, quos Ara efficit, positum est, Interlacus dicitur. In vertice inferius lacus specus est diuturnis miraculis clarus. Id evenit, quod ibi divum Beatum, apostoli Petri discipulum, sanctam vixisse vitam constat. Ab urbe xxvij mil. pass. in eurunotum est Trubum, divi Benedicti abbatis. Apud Arouw quatuor et viginti stadiis in septentrionem arx est, quam Biberstein nominant, Hierosolimitanorum militum. Deinde ad Rhusc amnis, qui in Adula monte oritur, atque Are, quem supra in Alpibus non longe a Rhodani fonte nasci docuimus, confluentem, l mil. pass. a Berna, a Turego xvj mil., monasterium est, cui Campo Regio cognomen additur, Alberti Romanorum regis et Joannis Austrie principis monumento insigne. A Berna xij mil. pass. in austrum Thunum oppidum, inferiori ostio inferioris Are lacus impositum. Tum iij stad. levo latere castellum est Oberhoffen, Scarnatalium municipium: ab hoc x mil. pass. inter utrumque lacum vicus est, Underseven dicunt adversum ....[1]: ibi optimi cuiusque generis pisces quovis anni tempore affatim capiuntur. Ultra sex mil. pass. prope a capite superioris lacus Hasle est, robustissimorum virorum. Supra in orientem inter Alpium rupes agri tres sunt: Transelvaldius cum oppidulo in medio sito, xxv mil. pass. ab urbe, et alius ab Underseven viij mil. pass. vallem | Grinevaldi- fol. 10. nam, proceris viris armentisque abundans; item alius, in quo vicus est Herbibachius(!) castellumque Frontigenium, xxvj mil. ab urbe.[2] Oppidum munitissimum Burtolphum, procerum Chiburgensium aliquando sedes, ibique domus Cordigerum. Deinceps xxv mil. pass. ab urbe oppidum Zovingen cum insigni canonicorum collegio; hinc quinque mil. pass. in aquilonem cis Aram castrum est Arbergum cum vico. A Solodro vij mil. pass. Vietlispach vicus castrumque in Jure montis apice situm. A Berna xlv mil. pass. Are oppidum adjacet Arouw, in eoque Domicellarum virginum monasterium. Ultra eodem tractu ij mil. distat Asburgum, castellum a Trojana stirpe conditum. Unde tu, Cesar Gloriosissime, oriundus es. Hinc in auroram, xvij mil. a To-

[1] Hier ist die Erwähnung von Interlachen (adversus monasterium Interlacense) ausgefallen.

[2] Hier ist für Burgdorf offenbar die Angabe der Entfernung von Bern ausgefallen.

rego, in colle positam Lensburgum, arcis amplitudine singularique architectura percelebris. Deinde oppidum est Brugum, Are fluvio adjacens, haud longe a Campo Regio; inde iiij mil. pass. in occidentem Jure montis radicibus applicatum Scheucembergum. A Berna iiij mil. pass. in favonium, in ripa Are positum Richenburgum, Erlschensium municipium; ab eo vij mil. abest Arbergum, a flumine prefluente dictum; et quod eodem alnitur (!) flumine oppidum Burrem, xiiij mil. pass. ab urbe distans, dive Virginis fano et miraculis maxime illustre. Ultra xxvj mil. pass. ab urbe Ervangen; et ab eadem Bernensis urbe in auroram v mil. pass. est Vorbum, municipium Dies Bachensium (!); ultra Brandis, castellum procerum Brandensium, ab urbe xv mil. pass. Inter Bernam ac Lucernam vicus est Utvll, xxiiij mil. pass. abutraque distans; est et Signouw castellum, dies Bachensium (!) municipium, xij mil. fol. 11. ab urbe. Ab eaque tribus stadiis in africum castellum | aliud Simplicium municipium Herlachensium, et ab ulteriore Sane amnis ripa clivo applicatum oppidum, Loupen vocant, viiij mil. pass. ab urbe. Hic ab Herlachensi olim municipe proprio exercitu rem Bernensem prope lapsam maximo ereptam discrimini constat. Ultra inter Bernam et Friburgum Grasbergum oppidum est. Duo sunt agri xxiiij mil. pass. a Berna Alpibus Sanaque fluvio septi, lati culti, rure multo frequentes: superior Obersibental dictus, Nidersibental inferior. Ultra vallis est a Sane fonte ad Sedunum porrecta, Sanen appellant, Bernensi ac Friburgensi ditione communis. Ab urbe autem xvj mil. pass. in vesperum oppidum Herlacum. Tum lacus est, quem Zilius amnis in Alobrogum terra ortus facit, viij mil. pass. longitudine patens. In fonte huius xvij mil. pass. ab urbe Nidouw castellum munitissimum cum adjacente vico situm est. Supra iij stadiis intervallo oppidum est Biel, Basiliensis antistitis, perenni juramento Berne annexum. Proxime Rhodani ostio, quo Lemanum intuit, vij (!) mil. ab urbe, arx est Helo cum vico, vinetis venationibusque percelebris. Inter Sequanos Castrum Novum; trans Renum in Germania municipia Acbergum[1], Susenburgum, Rhetelimum atque Badenvilerium. Ascitus est Bernensi reipublice et princeps Valendesis et plerique alii proceres, quorum persecutio nec temporis huius nec loci est. Quibus supra memoratis acerrimi et invictissimi equitatis assertores Bernenses existunt.

## De Lucerna eiusque ditione. Cap. v.

fol. 12. Lucerna in fronte lacus, que arctou (!) spectat, sita est. Is inter lacum Turregium duosque lacus, quos Ara effici diximus, a septentrione in meridiem xxiiij mil. pass. longitudine patet. Per hunc Rhusa amnis, Adula monte dejectus atque eminentias cautium, non longe a lacu ipso Lucernensi ad ortum usque fluminis quasi gradus consurgentes — Scalas apellant — tortuosis

---

[1] Für „Hachbergum".

montibus subinde intersecans, ac ubicunque intersecat pontibus injunctus, eandemque permeans lacum egreditur; inde navigabilis ac Rheno mixtus in Oceanum evolvitur, evehendis mercibus quoque aptissimus. Urbs ipsa, que lacum excipit, pontes habet longos, tectos atque artificio celebres. In ea monasteria sunt sacre preposituræ et flaminum Franciscalium. Ab urbe vj mil. pass. in volturnum Houre est, nunc militum Hierosolymitanorum, litteratorum quondam armorumque gymnasium. Ad Rhusam iiij ab urbe mil. pass. sanctarum virginum abbatia. Monasteria sunt Aeschibachium, canonicarum, in aquilonem vij ab Lucerna mil. pass., et aliud virginum Domicelium; item aliud canonicorum, agri opulenti, Romani imperii feudum, xiiij mil. pass. ab urbe; item divi Urbani, in boream xvj mil. Ab urbe oppida vero sunt Villison, in circium xv mil. pass., et Surse, xiiij mil. ab urbe in arcton, quatuor et viginti inter se stadiis distantia; Surse (ad) eiusdem nominis paludem, unde Sur amnis oritur, sita est. In vertice paludis oppidum est Zempacum, vij mil. ab Lucerna, parique distantia; in aquilonem alterum oppidum, Rotemburgum dictum. Lucerna vero xxviij mil. pass. a se, quatuor autem et viginti stadiis a Zovingeulo usque, Vivegenium castellum ditionem terminat. Ab Vivegenio iiij mil. pass. arx est, Burrem vocant, olim herois Arburgensis sedes. Et Merisvandenium, xiiij mil. pass. ab Lucerna, in radice Lindembergii montis. fol. 18 Ultra hunc montem vj mil. pass. in vesperam duo in convalle paludes: superior Baldecherse, Halvilerse inferior. In illa fluvius Aas(!) ortus, hanc perfluit, atque ubi egreditur, castellum situm est Halvil, Bernensium limitum; hinc Halvilensis orinnda nobilitas. Inter paludes Richense vicus, xij mil. pass. ab urbe, Lucernensis ditionis terminus, et x mil. pass. a Lucerna in orientem Hertenstein castellum, in ora Zugi lacus situm, municipium Hertensteiensium (!).

## De Altorpho eiusque ditione. Cap. vj.

Altorphum villa, radicibus Alpium accubans, amplitudine atque opulentia Uranie regionis caput, a meridie Scheim(!) torrentem(!), ab occidente Rhusam fluvium habet. Ultra eum in valle virginum Lazaralium monasterium. In Volturnum ad Scheis fontem vallis est Scheital. In Adula Ursarenum, nec procul Hospicium. Trans Alpes Aiarol, deinde Livantina vallis, xxvj mil. pass. longitudine patens, antiatis(!) Vercellensis, priusquam eam Uranii occupavissent. Quorum assiduis precibus fatigatus Innocentius pontifex maximus eorum tandem ditioni obnoxiam fecit, ad quod plerique ante eum pontifices maximi adduci nequaquam potuere.

## De Svycia eiusque ditione. Cap. vij.

Svycia villa maxime insignis imprimisque ceteris federe conjunctis nomen dedit; Svycii enim universi appellantur. Monasterium habet virginum Domicialium. Extra aliud quatuor et viginti stadiis distans, Steynam vocant, Loverse paludi proximum. Deinde vij mil. pass. a Svicia Arta villa, Zugio lacui apposita. In margine lacus Lucernensis Cusnachum villa est, iiij mil. pass. ab Lucerna. In austrum Morsachum in apice montis | situm. (fol. 14.) Inter rupes ad orientem vergens vallis est Mutental. A Svicia viij mil. pass. monasterium est Megirradicum, fidei tutelaque Svicie creditum; phanum habet dive Virginis, celesti munere a plerisque pontificibus maximis concesso atque ob id plurimarum gentium concursu celleberimum. Et agrum Indermarchium, viij mil. pass. longitudine, cum villis, quarum prestantissimam Lachen appellant; et Phephicon castellum cum vico amplaque villa, quam Calbrunnen appellant; divique Geroldi preposituram, culti agri multarumque villarum, in Drusiana valle, a Megirradico monasterio lvj mil. pass. trans Rhenum in vulturnum.

## De Stante eiusque ditione. Cap. viij.

Stans villa, Undervaldine regionis caput, Lucernensi lacui, e regione prope Lucerne, apposita est. In angulo ipsius lacus, qui ad vesperum extenditur, Altnachum est. Deinde Sarne et Saalem (!) et Nicolaj anachorete capella, ubi eum absque cibo sancte vixisse fama est. Ultra Mons Angeli cum monasterium (!) Benedictalium et fratrum et virginum, xij mil. pass. a Stante.

## De Zugo eiusque ditione. Cap. ix.

Zugum in margine lacus sui nominis, que orientem spectat, situm est. Is inter Turregium Lucernensemque lacum ab aquilone in africum vij mil. pass. in longitudinem porrigitur, latitudine quatuor et viginti stadiorum. Ab ipso oppido vij mil. pass. Egrus mons est, in meridiem vergens; et in arctos Bar villa, Zugensis reipublice partes. Dein oppidum Chamon, ipsi appositum lacui, ubi Loretius amnis, qui Rhusam influit, egreditur, quique iiij mil. pass. ab oppido Zugensi parvam insulam facit; in ea est sacrarum virginum monasterium. Ultra Hunnembergum, v mil. pass. a Zugo.

## De Glarona eiusque ditione. Cap. x.

(fol. 15) Glarona villa, Lingo amni apposita, ditione continet Nefelsem, Svandem atque Wesen vicum, in fronte lacus Walise, que septentrioni exposita est, ub As fluvius effluit, situm. Hic lacus vj mil. pass. a Glarona ab ipso vico in meridiem x mil. pass. longitudine extenditur, latitudine vero xvj stadiorum, margine, qui ad vesperum vergit, multis villis frequente.

## De Friburgo eiusque ditione. Cap. xj.

Friburgum oppidum natura et arte munitissimum, quippe et firmissimis undique menibus et ab arcto Sana fluvio, ab austro preruptis collibus locingitur. In eo sunt preclara edificia atque monasteria militum Hierosolymitanorum et flaminum Augustinalium et Franciscaliumque (!) et virginum Domicialium. Ab oppido iiij mil. pass. in aphricum Altenriphon abbatia est; nec procul Blafeyum, vj mil. pass. a Friburgo; deinde Gugensbergum; post quam Illingen nominant. In meridiem vero castellum est Vippingium et municipium Vippingensium, vij mil. pass. ab oppido Friburgensi distans Procul hinc, non longe admodum a Rhodani hostio, quo Lemanum influit, Grierum castellum colle eminet, Friburgensi ditioni a principe suo ascitum. Is(?) cum Bernensibus oppida administrat Moratenum, sui nominis stagno assidens, vij mil. pass. Friburgensi ab urbe, a Bernensi autem xiiij, et Aventicum, v stadiis a Murateno distans, et Orbanum, juxta verticem lacus Castrinovi, quem Zilius amnis facit, antequam alterum, de quo supra meminibus, faciat, a Morateno xllj mil. pass. sejunctum, et Granson, eundem attingens lacum.

## De Solodro eiusque ditione. Cap. xij. fol. 17.

Solodrum Ara flumine a meridie occasuque prefluente et turribus prisca structura erectis munitissimum oppidum est. Collegium habet canonicorum, multis martyrum reliquiis pollens; ad hoc monasterium flaminum Cordigerum. Extra autem monasterium est Werdea nomine, tribus stadiis ab Arno, quod oppidum Are proximum exposuimus, distans. Et arces due prerupte imposite rupibus: altera Falchenstein dicta, altera Cluse; illa xij mil. pass., hec viiij Solodrensi ab urbe sejungitur. Proximum est Beburgum(!), Jure monti applicatum, xiiij mil. pass. ab urbe. Ultra Pippium castellum, a Pipino Caroli magni patre (ut ajunt) conditum, xvj mil. pass. ab urbe, tribus ab Ara stadiis. Apud Aram, xxiij mil. pass. a Solodro et a Basilea xxj, Oltenum oppidum est, flumen ipsum pont ejungens, comertij inter Rauricos atque Helvetios gratia. Ab urbe v mil. pass. in meridiem Chiemburgum, Are conterminum. Pleraque etiam municipia montem, quem Jurassum nuncupant, passim tenent; ea non reffero (!).

## De oppidis, que decem Sociatis anexa(!) sunt. Cap. xiij.

Hactenus de singulis Sviciorum locis populisve, fœdere conjunctis, eorumque situ atque distantiis, quantum ad presentem materiam pertinere visum est, locuti sumus. Nunc autem de oppidis, que fide atque societate confederatis annectuntur, dicendum videtur, ab eoque, quod Sancti Galli vocant, exordium sumemus. Situm igitur id est a Constantia in meridiem xxiiij mil. pass., ab hostio autem Rheni, quo Brigantinum ingreditur lacum, xj mil. fol. 17. pass. Deinde est, cui Celle | Abbatie cognomen deditur, cum agro xxij mil. pass. longitudine, ad Rhenum usque protenso. In eo ville plereque Alstetensumque vicus. Longe admodum oppidum Schefuson, Rheno appositum, a Constantia in arcton xxij mil. pass. distans, cum vetusta Sanctorum Omnium abbatia, quam Benedictales tenent flamines, queque Lonphenum castellum habet Rheno accubans, duoque monasteria: alterum Virginum Agnetalium, alterum sacerdotum Cordalium Cordigerum, eumque Herblengeno castello Chronorum[1] iiij mil. pass. a se. Ab hoc oppido, quod Schefuson vocant, xlij mil. pass. oppidum aliud Rotvil, fluvio Nescare(!) circunditum, concilio Cæsareo, quod ibi singulo quoque mense fieri solet, maxime illustre; concilij judex feudalis princeps Sultiensis esse consuevit. Antistes Costantius quoque, cum oppidanis Celle Episcopi, Arbonensibus omnibusque municipibus suis, fœdus renovavit.

## De oppidis, quæ sunt in proprietate octo Capitum Confederatorum. Cap. xiiij.

Zurzachum vicus proximus Rheno, xvij mil. pass. ab urbe Turregia, canonicorum collegio inprimisque nundinis opulentissimis prestantissimus. Oppida deinde Cheiserstul, a Gallia Germaniam dirimens, xiij mil. pass. a Turego in arcton, et Clingnouw, haud procul a Rheni atque Aræ confluente. Duo ibi monasteria: alterum militum Hierosolymitanorum, quod intra est, alterum divi Gallelmi, quod extra. Parum hinc trans Aram Lugernum est militum Hierosolymitanorum; in Germania haud longe Badenum castellum, Lingo amni incubans, Helvetiorum Thermas | vocant, cum valle, qua nihil fol. 18. amenius, nihil jocundius asserunt. Castellum a Turego xij mil. passus abest, mox, eidem fluvio adjacens, castellum aliud; hinc Marie Stelle inditum nomen prope monasterium percelebre est. Tribus hinc ad Rhusam stadijs oppidum situm est Melingenium nomine; ab hoc xvj in meridiem stadijs Vallis Gratie monasterium virgines sacre tenent. Ultra est Prengartenum, Rhusam alliegens, vj mil. pass. a Melingeno et a Turego xj mil. pass. in vesperugem(!).

## De oppidis que sunt in proprietate sex Capitum Confederatorum. Cap. xv.

Prengarteno ab oppido duobus in meridiem stadijs Hermansvileron sacellum ad Rhusam, virginum Benedictalium. Deinde monasterium est Mure nomine, Rhuse imineus(!), iiij mil. pass. a Prengarteno, a Turego xij distans: ultra quatuor et viginti stadijs Siechilch, militum Germanorum aedes, palu-

[1] 1471 hatte Adam Cron das Schloss Herblingen erkauft.

dibus, quas amne Aa effici diximus, proxime, et Maiembergum vicus, Rheno quoque conterminus, viiij mil. pass. a Zugo. Rustal ager totus est Turegensium, Lucernensium, Svicierum, Underwaldinorum, Zugensium et Glaronensium.

## De oppidis, que sunt in proprietate et quatuor et duo Capitum Confederatorum. Cap. xvj.

Rapersvil oppidum amenissimum atque artificio munitissimum Turregio lacui, ubi is ponte superatur, xiiij mil. pass. a Turego (ut diximus), accubat. Tribus hinc stadiis monasterium est virginum Vurspachiarum(!). Hec et Seduna vallis | quatuor Capitum existunt. fol. 19. Deinde in Lingum firmissima turris stat, amnis ipsius custodia: hanc Grinouw vocant, vj mil. pass. ab oppido. Proximum trans fluvium oppidum colle eminet Uznachum, xij a Turego stadiis; et ab Uznacho quatuor et viginti stadiis Schennis, Angustinalium canonicorum sedes, in Castellio agro, prope Am fluvium, quem supra memoravimus. Et hec duorum Capitum Svicie Glaroneque.

## De oppidis, que sunt in proprietate septem Capitum Confederatorum. Cap. xvij.

Alpibus Leopontiis Fabaria, divi Benedicti abbatia, imposita est. Quatuor et viginti(!!) ab hac in occasum stadiis antra distant saloberimarum(!) aquarum, et in rupem ad orientem arx est Wartenstein nomine, Rheno contermina, x mil. pass a Curia Rhetie; xvj deinde stadiis Sanagana oppidum, arce eminens, ipsi amni sese in orientem vertente proximum, optimo abundans ferro, xliiij mil. pass. ab urbe Turregia. Eodem tractu, duobus stadiis ab vertice Walise lacus, qui ad meridiem vergit, Vallenstatum sedet. Arces sunt vij mil. pass. a Sanagana Verdemburgum, cum eiusdem nominis vico, et Varton, utraque Rheno apposita, utraque incolis frequens; heros Castelvartensis possidet. Et Saxum et Forstegum, utrunque in montibus. Ultra vicus est Burglo(!), viij mil. pass. a Constantia. Non longe autem a Turi fontibus abbatia est divi Johannis, longe vallis. Paulum ab angulo Brigantini | lacus, unde fol. 20. Rhenus emittitur, vj mil. pass. a Constantia, Steckbore(!) vicus ipso alluitur lacu. Prope eodem in margine Veldbachum abbatia, et a lacu phanum Calchere(!), utraque sacrarum virginum. At in ripa Rheni, inter oppida Stein et Schephuson, Diessenhophenum situm est. Extra monasteria sunt: virginum Domitialium Vallem Dive Catherine dicunt, et quem Paradisum appellant, Cordigerarum virginum. Postea Rheni insula et civitas mire vetustatis. Apud Turum amnem vicus, Phin appellant, viiij pass. a Constantia, moxque Itinga. Trans fluvium Frouvenfeldum oppidum est, xv mil. a Constantia pass.; hinc in meridiem Dobel, militum Hierosolymitanorum. Et hec primorum Confederatorum, preterquam Bernensium sunt.

## De oppidis, que sunt in proprietate aliorum quatuor Capitum Confederatorum. Cap. xviij.

Monasterium sancti Galli haud parva ditione pollens potensque est, quippe loca pleraque eius subjacent antisti(!) Uldarico. Ea hic refferam(!). Primum est oppidum Wil, xxiiij mil. pass. a Turego, a Constantia oppidoque sancti Galli xij mil. pass. sejunctum. Deinde Roscachum, vicus in margine Brigantini lacus, vj mil. pass. a sancti Galli oppido. In eo monasterium eius, quem supra nominavimus, antistis(!) impensa extruitur. Castella Ravempurgum, trans lacum in Germania, Blatenumque, Rheno incubans, xlj mil. pass. ab oppido sancti Galli. Et monasterium, quod Magnouw appellant, iiij mil. pass. ab Wile. Dein a Magnoo in orientem vergens Burre vicus, et a sancti fol. 81. Galli oppido vij mil. | pass. Glatburgum, colle emporsians, et Wili proximum Svarcenburgum. Ultra Toggemburgum cum oppido Liectensteigo ad Turum, a Rapersvile xlj mil. pass., atque eundem trans fluvium Iburgum, et Wildenhus, ad Turi fontem colle eminens. Et Brigantino astans terris nomine Rumishornum. Cum his quidem locis supramemoratus antistes quatuor Confederatis Capitibus Turegensibus, Lucernensibus, Svicijs, Glaronensibus societate anexus(!) est. Quorum ditioni addetur et Rhinegum, Rheni hostio, quo Brigantinum influit, accubans, xxx mil. pass. a Constantia.

## Quod Svicioram terra semper et populis frequens et pace belloque insignis fuerit quodque in ea illustres familie decesserint. Cap. xix et ultimum.

Dubitares fortasse, Augustissime Romanorum Rex Dive Maximiliane, has Sviciorum terras, quarum paulo ante meminimus, tot olim, quod nunc, populis celebres fuisse, nisi C. Cesaris comentaria(!) testimonio essent. Sed nec multis ante annis innumere atque clarissime gentes in ijs terris pace et bello excelluerunt. Quibus quidem aut in colendis agris vitam ducere aut ad preclara inde belli facinora prodire, ingenti glorie fuit, quod nec L. Quintium Cincinatum dedecuisse facile constat, harum pleraeque hoc in loco reffere(!) haud incongruum puto. Sintra igitur Baltraque duces(!?); Lenburgi comites aliique loci eiusdem comites; marchiones Nidoi; commarchiones Cormuble, Habspurgi; comites Chiburgi, Castrinovi, | Buchegi, Rottemfol. 82. burgi, Froburgi, Toggemburgi, Rapesvilla; balivi Eschibachi, Sedorphi, Spizembergi, Arbergi, Hombergi; barones Grasbergi, Volchusem, Zunterni, Ringembergi, Falchenstein, Bochburgi, Spiezi, Arburgi, Wassersteini, Fridburgi, Wedinvilla, Rarenj, Busunogi, Berglenj, Scvandeni, Legrenl, Schvartsembachi, Friemstein, Hasemburgi, Stretlingeni, Signoj, Egroteni, Ussiahl, Granni, Sarnen, Clingenj, Tegervelti, Warte, Regenspergi, Grunenbergi, Seldenburrae, Chrenginge, Bichelse, Maninge, Ulinge, Sennae, Chempte, Badeni; nobiles Rhusegi, Krisvilis, Ruthen Urichi (!?), Chusnachi, Fluntreni, Loncopheni, Hotingeni, Mulnerj, Scheni, Chlottenj, Chilchbergi, Opphichi, Athichuse, Wolenhopheni, Hoffstettenj, Wagembergi, Uzembergi, Chamj, Affoltrenj, Bonole, Geslerbrunegij, Wellembergij, Bettvisenij, Hege, Spiegelbergij, Schenenverdi, Roschachi, Busingeri, Chilgnof, Schlotti, Ulingenij, Stetfurti, Beinvilis, Oltenj, Arvangenj, Schimbargi, Uosingenj, Glaris, Hovenstejn, Heidegi, Diessenhophenj, Frobergi, Dapiferi, Vildegij, Buchsorum, Vartense, Lutishophenij, Tannegij, Herdrenij, Hunnembergij, Hopplerij, Tvingenstein, Trostburgi, Chussembergi, Hondvilis, Phungem, Schenstein, Hilfiichi, Dubelstein, Monise, Dannegi, Vinterbergj, Friesembergi, Oepentalis, Mussi, Chnononj, Chractalis, Wengenj, Wisnouj, Medolsvilis, Phisterij, Rormosal, Schonense, Chunstein, Wartenfelsi, Langenstein, Veringenj, Rubisvilis, Rogvilis, Wilis, Iffentalis, Vilspachi, Hagbergi, Masse, Rheinnoni, Wetenvilis, Tettingenj, Guttenburgi, Sebergi, Urburgi, Sconembergi, Chorburgi, Waltersvilis, Grimmenstein, Liebegi, Bargenstein, Bonstettenj, Zinnchi, Strenchenj, Unsvilis, Rhinouj, Harchenstein, Sempachi, Artingenj, Uffuses, Wanges, Schlierbachum, Surse, Dabendorfi, Oenzij, Gelterchingenj, Ilegendorfi, Sphaphnachi, Stetembergi, | Battenstein, Teselorum, Ersingenj, Varchilcheni, Mastetteni, Frempergi, Burre, Schalerj, Manegi; villicj Altestem (!), Lochnoni, Oberbergi, Rebem, Bernangi, Gossoni, Ilardegi, Grimmenstein, Huseni, Buchenstein, Undrachi, Rhinegi, Lembergi, Tosse, Ratembergi, Hertembergi, Omeni, Munvilis, Bumbergi, Sternembergi, Edesvilis, Veldegi, Osenchartl, Lomi, Torbergi, Furtergi, Furvandem, Lansbrovilis, Burghachi, Termavile, Lochenj, Wildenrein, Reis, Nidrendorfi, Tuli, Holzbergi, Spisij, Wilbergi, Bemmengeni, Chlembergi, Woleni, Buslerj, Cholstabi, Abdorphi, Manolphingeni, Mechingeni, Eggi, Krendingi, Girspergi, Corunburgi, Lutispergi, Langenharti, Wisenwegi, Riedri, Frodenfelsi, Sougoni, Falchenstein, Bonishophem, Megeni, Oberdorph, Litoni, Ibergi, Gigvigeni, et Chil (!?): Namque deorum imortalium munere id evenisse id existimandum est; qui enim majori fide, cultu religionem observant, rem divinam peragunt, inanim divorum templa erigunt, excelsissimos majores tuos imitati quoque Svicij: quippe Austriae duces Morea repararunt, Lenzburgenses Beronam et Schennim fundarunt, Habspurgenses vicum Zurzachium et Biberstein, Chiburgenses comites Rugsouw, Fronenbrunnen, Veldbachum, Chalcheren, Berbergum, Heiligbergum et Emberachum, Berta comes regio ex sanguine Werdeam, Solodrum et Anselvingium, celebratissimi atavi tui Campum Regium, Varspachij (!), Haremnm, Interlacus, Maristellam reditibus auxerunt. Nec est ullum in omni Sviciorum terra aut templum aut monasterium, quod non a generosissimis, quae supra memoravimus, familijs auro, argento, reddito ceterisque, quae prima mortales ducunt, decoratum existat. Et hec sacrosante majestati tue de Svicijs dicta sufficiant.

fol. 2a.

Anm. — Die auf „-ouw“ und „-stein“ auslautenden Eigennamen sind in unserer Vorlage regelmässig „-oum“ und „-stain“ geschrieben.

# Nachwort.

Wir verdanken die Kenntniss der Mailänder Handschrift der Türst'schen *Descriptio* der gefälligen Mittheilung des Hrn. *Alessandro Spirelli*, des bekannten fleissigen italienischen Geschichtsforschers. Das Ms. existirt im reichen Archiv des Grafen *Commendatore Ardua Sola* in Mailand, der uns mit verdankenswerther Bereitwilligkeit den Zutritt zu demselben gestattete.

Das Ms. auf Papier zählt 28 Seiten, davon 23 beschrieben. Es stammt von einem einzigen Copisten, ist gleichförmig und im allgemeinen sorgfältig gehalten; nur in den 2 letzten Blättern wird die Schrift nachlässig. Sie trägt italienischen Charakter, aus der Zeit der Bearbeitung der *Descriptio*. Die Handschrift ist nicht von Türst geschrieben, wie aus der Vergleichung eines von ihm unterschriebenen Briefes des Jahres 1499 (im Staatsarchiv Mailand) mit diesem Ms. hervorgeht. Das Ms. ist 26 cm. hoch und 12 cm. breit, ein Rand bei allen Blättern, doch bei den letzten weniger, respectirt, durchschnittlich an den Seiten etwa 5 cm., oben und unten 2 cm. breit; der Text complet.

Die Tinte ist schwarz; besondere Initialen fehlen. Jedes Blatt zählt 28—31 geschriebene Zeilen. Das Manuscript nicht gebunden.

Wasserzeichen des Papiers: eine Wage.

Ueber den *Erasmo Brasca*, in Triest, dem Türst seine Abhandlung für den Kaiser angesendet hat, entnehmen wir aus Cantù folgendes:

E. Brasca, geb. 1463 in Mailand, herzoglicher Gesandter, *eques auratus*, Senator und A° 1499 Gubernator von Triest im Namen des Kaisers, war auch Schriftsteller und wird von *Angelati* in seiner *Bibliotheca Scriptorum Mediolanensium* erwähnt. Brasca wurde in verschiedenen wichtigen Gesandtschaften vom Kaiser gebraucht, auch bei den Venetianern A°. 1498. Er starb 1502 in Triest; der Leichnam wurde nach Mailand transportirt.

—

[1] Cantù Cesare, Scorsa di un lombardo negli archivj di Venezia. (Milano, 1856) pag. 169 u. 168.

Folgende Inschrift, von Triest nach Venedig übergegangen, existirt im *Museo Marciano*, und erinnert an die Reparaturen, die von Brasca A° 1499 an dem kaiserlichen Palast in Triest gemacht wurden:

Divi Max. Ces. ius. T. R. P. impensa, sed max. studio cl. equitis au. Hermani Brasche, ces. sena. ac Terg. prefectus, regia hec fuit insta. suo sue. 9. usa. di. 1499.

Ueber den *Augustus Hieronymianus*, poeta laureatus, können wir nichts weiter mittheilen.

Weitere spärliche biographische Notizen über Türst, aus dem Mailänder Staatsarchiv, folgen hier.

Es ist bereits oben angegeben worden, Türst habe für die Widmung seiner *Descriptio* an Herzog Ludwig Sforza von Mailand A° 1497 eine Pension erlangt.[1] Aber bereits A° 1491 sandte Türst dem gleichen Herzog einige astrologische Werke; davon zeugen folgende 2 Briefe des Herzogs:

*Viglevani 29 martij 1491.*

## D. Corado phisico Turicensi.

Egregie vir, amice noster charissime. Libellum vatidicum ac dies in ineundis negotijs electos, quos ad nos dono dare tue visum est humanitati, non inspicere nobis adhuc licuit in actionibus illis implicitis, quibus operam impendere his sanctis diebus ad Christianum quemquam optimum pertinet. Verum ut primum commoditas non deerit, ea omnia libenter inspiciemus, quod et si apud nos non parva est hominum copia, qui excellentes ducantur mathematici, credimus tamen vos pro eo ingenio et doctrina, qua in facultate illa prestatis, non nisi cognitione dignissima in eodem libello et dierum electione annotare debuisse. De quibus quas possimus vobis gratias habemus et agimus, quippe qui ex singulari vestro erga nos amore profecta animadvertamus, in quo nos etiam vobis semper corresponsuros credere indubitato habetis.

*Mediolani 23 octobris 1491.*

## Magister Conrado Sturst (!), phisico Turicensi.

Memoria tenemus vos multos jam menses ad nos dono libellum misisse, dignum quedam in astronomia tractantem, que ut pergratus nobis fuerat, ita animi nostri gratitudinem argumento aliquo declarandum erga vos censui-

[1] Das in Mailand gesuchte Exemplar, dem Sforza gewidmet, ist aus der Hamilton'schen Sammlung an die Berliner Bibliothek gekommen: Ad Lud. Mariam Sforza etc. situs Confœderatorum descriptio Conr. Türst Med. doctoris. Turegij physici. (Neues Archiv der Gesellschaft für ältere deutsche Geschichte VIII, 1883, p. 643).

mus. Pro una igitur veste brauchia vigiuti pani serici, qui viridi est colore, ut quem jucundiorem fore putavimus, dono ad vos per Tabellarium hunc seu nuncium mittuntur, que ea mente benivola, qua a nobis missa sunt, num accipere vestre erit bonitatis: sil (*weiteres fehlt*)[1]

Der astronomischen Fascikel von Türst ist auch schon oben erwähnt worden, bei Angabe der *Bibliotheca universalis* von Konrad Gessner. Die weiteren Notizen beziehen sich noch immer auf die obgenannten Werke Türst's.

Am 30. April 1492 von Vigevano aus dankt der Herzog von Mailand dem Dr. Türst für die ihm letzthin gesandten Werke („scripta vestra quibus vos proxime nobis donastis"). Dabei wird die Liebe und das Interesse des Verfassers vom Herzog gerühmt und er zu gleichem Fortfahren ermuthigt.

Im März 1493 war Türst selber in Mailand, wie aus folgendem vom Marchese *G. d'Adda* veröffentlichten Schreiben hervorgeht[2]:

Messer Bartholomeo (*Calco*, herzogl. Kanzler)[3]. E venuto ad noi quello todesco phisico da Zurego, et ce ha presentato *quelli doi volumi*, deli quali ce haveti dato aviso per vostre littere; li quali havemo veduto voluntera. Et per fare qualche segno de remuneratione verso esso todesco, *li facemo donare il raso negro per fare una turcha* (Kleid). Del che scrivemo opportunamente per le incluse littere alli deputati et a Gotardo Panigarola. Però voi li fareti presentare con fare solicitare la expeditione, aciocchè questo todesco non stia su la hostaria per questo, como anchora noi li scrivemo.

Viglevani, 28 martij 1493.

Ludovicus Maria Sfortia etc.

Und vom 18. Juli desselben Jahres ist weiter folgende Empfehlung der Tagsatzung in Baden an Galeazzo Sforza[4]:

Illustrissime Excellentissimeque Princeps, Heros singulariter graciose. Amplectimur multo favore egregium medicine doctorem Conradum Turst, urbis Turegie phisicum, ita ut comoditates(!) suas singulariter promovere cupiamus. Inteligentes itaque, eundem pridie multa lucubratione investigasse, ut natale fatum splendidissimi primogeniti Excellentie vestre, Francisci, in lucem ederet, non mediocris eum spes tenuit remuneracionis graciose inde percipiende, maxime cum parem divinacionem super nativitate Cesaris Illustrissimi domini Ludovici gnati naturalis confecerit. Quam eidem domino Ludovico ita placuisse ferunt, ut dictum Conradum Turst munere panni

---

[1] Staatsarchiv Mailand. Classe: Astrologhi.

[2] Ricerche sulla Biblioteca Visconteo-sforzesca in Pavia. Appendice, pag. 80 (Milano, 1879).

[3] Das Document im Staatsarchiv Milano: Potenze Sovrane, Biblioteca sforzesca.

[4] Darauf speciell bezieht sich die Nachricht bei Konrad Gessner.

sericei donaverit: editio vero in primogenitum Excellentie vestre ut preferlur digesta et manibus proprijs in mense aprili preterito Excellentie vestre exhibita, aut neglecta aut fortasse in aliud tempus reservata opinatur, quod nichil recompense inde super prefatum Conradum Turst evenerit. Cum vero mortales omnes, liberalissimam munificienciam Excellentie vestre perspectam habeant, que vel minima obsequia hactenus negligere passa non est, eandem Illustrissimam dominacionem vestram oratam facimus, quatenus nisi illi molestum sit, operam prefati doctoris Conradi Turst, qui famam Illustrissime dominacionis vestre exornare et hactenus sepe studuit et ingenio suo in dies promptissime conabitur, tam benevolo et grato animo suscipiat, ut lucubraciones suas non incassum cecidisse, sed aliquid sibi emolumenti vicissim protulisse senciat. Que res nobis pergrata erit, si virum et doctrina et ingenio prestantem fructum laborum suorum accepisse sentierimus. Valeat Ill. dom. vestra, cui nos crebro optamus fore recommendatos. Datum sub sigillo dicte urbis Thuricensis, vice nostra universali, xviij Julij Anno etc. lxxxiij.

Magne lige Confederatorum Alamanie Superioris
oratores in opido Baden congregati.

*a tergo:*

Illustrissimo Excellentissimoque Principi et domino Domino Joanni Galeatz Maria Sfortia Vicecomiti Duci Mediolani etc. heroi nobis singulariter gracioso et confederato gratissimo.

Noch eins. Dr. Türst scheint in jenen Jahren sich sehr für Mailand interessirt zu haben. Ein Brief von ihm (X Cal. Marcias 1499) aus Zürich gibt dem Sforza Bericht über die Tagsatzung in Luzern.[1] Und in Berichten der mailändischen Gesandten[2] Anno 1513 kommt der Name Türst, als eines wichtigen Mannes und Freundes von Mailand, einige Mal vor.

Die topographische Karte zu Türst's „*Descriptio*" liess sich im Archiv *Sola*, trotz sorgfältiger Nachforschungen des Hrn. *Spinelli*, dem das Archiv anvertraut ist, nicht finden. In der reichen *Triwulziana*, laut Brief des Senator *Conte Giulio Porro(?)-Lambertenghi* findet sich von *Türst* nichts. Ebenso auf der Ambrosiana.

E. Motta.

---

[1] Den Brief (in Mailand), da er weitere biographische Aufzeichnungen nicht bietet, glaubte ich auslassen zu können. Er ist gezeichnet „Conradus Türst Md. Turegius physicus!"

[2] Damals ein Stampa, ein Ferravisino, ein Visconti etc.

Durch die Gefälligkeit des Herrn Dr. Hermann Escher ist uns nachträglich auch noch folgende Anweisung des Kaisers Maximilian an die „Raytcamer", „den Rechnungshof" in Innsbruck aus dem dortigen Archiv zur Kenntniss gekommen:

Getreuen Lieben. Wir haben den ersamen, gelarten, unsern getreuen lieben Condratn (!) Türst, lerer der ertzney, zu unserm diener und artst aufgenomen und ime umb sölich sein dienen hinfüran zehen jar lang von dato dis briefs anzuraytten und nach ausgang derselben bis auf unser widerruef jerlichen hundert guldein Reinisch zu quotemberzeiten aus unser Tyrolischen camer ze geben benennt, nach laut unser brief darmit ausgangen und empholhen euch darauf mit ernst und wellen (!), das ir demselben doctor Conradin solch hundert guldein Reinisch, wie angetzaigt ist, jerlichen aus berürter unser camer zu quotemberzeiten ausszurichten und zubetzalen nach unser raytcamer ordnung verordnet und verschaffet und das nit lasset: daran tut ir unser ernstlich meynung.

Geben zu Ynsprugg, am 22 julii, anno etc. primo.

Durch kn., mt., H. v. Landow, Blasi Holtzl und registrator underschriben.

An die verwalter und rat der raytcamer zu Ynsprugg.

Copialbuch: Geschäft vom Hof 1501, fol. 65 b.

---

Ueber Türst's Ende ist uns nichts bekannt. Nur geht aus einer auf die Abtei Zürich bezüglichen Urkunde hervor, dass er in Folge ökonomischer Bedrängniss Zürich verliess und sein Amt und Bürgerrecht daselbst aufgab. Herr Bernhart Türst (wahrscheinlich ein Verwandter unsers Autors), Doctor Türst und dessen Mutter besassen gemeinsam als Leibding von der Abtei das Haus zum Psalter (auf dem Münsterhofe) in Zürich. „Nun nach Abgang Herrn Bernhart Türsten keme Doctor Türst in Abgang zitlichen güts halben, das er sich diser statt ûsserte und das ein hie undergen liess" sagt die Verantwortung des Kapitels der Abtei betreffend verschiedene ihm vom Rathe vorgelegte Punkte.

Die Urkunde (Geschichte der Abtei Zürich. Beyl. n. 488 in den Mittheilungen der antiq. Gesellschaft in Zürich Bd. VIII, s. 457 ff.) ist ohne Datum, wurde beim Abdruck in die letzten Jahre der Regierung Bürgermeister Waldmanns gesetzt (1487/89), muss aber nach oben (S. 62) Angeführtem jedenfalls nach dem Jahre 1497 entstanden sein, da Türst damals noch Stadtarzt in Zürich war.

Wann er diese Stellung aufgab und Zürich verliess, ist nicht bestimmt anzugeben. Denn über den Amtsantritt eines Nachfolgers: Peter Holzhüttner von Mellingen, — den eine gefällige Mittheilung von Hrn. Dr. von Liebenau in Luzern als zürcherischen Stadtarzt nennt, — ist in den zürcherischen Rathsmandaten nichts vorgemerkt.

Vermuthlich gieng Türst damals (1499? 1500?) in den Dienst Kaiser Maximilians über, in welchem ihm laut des vorstehenden kaiserlichen Briefes vom 22. Juli 1501 eine Jahresbesoldung von hundert Gulden zu Theil wurde.

G. v. W.

---

# Berichtigung.

Auf S. 68 ist in der Uebersicht über die Besitzer des Türst'schen Manuscripts unter „1." die Zahl „1489" in „1498" zu ändern.

---

# Zu Stumpf's Reisebericht.

1. Vergl. über denselben den demnächst erscheinenden Aufsatz von G. Meyer von Knonau: „Eine Schweizerreise eines Gelehrten im 16. Jahrhundert" im XIX. Band des Jahrbuchs des S. A. C., Jahrgang 1883/84. Dem Aufsatz wird eine Reproduction des p. 229 und 307 erwähnten Croquis beigegeben werden.

2. Ueber die p. 233, Z. 16, erwähnte „Fundation" s. Segesser, Rechtsgeschichte der Stadt und Republik, Lucern I, p. 13 und Sal. Vögelin, das alte Zürich, 2. Aufl., Anm. 87.

3. Zur Inschrift von Glyß ist noch eine Notiz nachzutragen, welche ihr Stumpf selbst in unserm Sammelband, p. 108, am Schlusse einer Sammlung von Römischen Inschriften aus verschiedenen Theilen der Schweiz, denen sich die besprochene Inschrift anschliesst, beifügt: „Habuit enim 12 filios et 11 filias, ex quibus omnibus adhuc unicus filius tamen superstes, nomine Georgius. Anno Domini 1541."

# Register.

Als massgebende Namensformen, denen die betreffenden Seitenzahlen beigesetzt wurden, sind in der Regel nicht die im Text vorkommenden, sondern die jetzt gebräuchlichen entsprechenden betrachtet worden. Wo diese letzteren sich nicht constatiren liessen, musste natürlicherweise auf jene zurückgegriffen werden, so namentlich bei einer Reihe von Namensformen in dem Verzeichniss schweizerischer Adelsfamilien in der Mailänder Handschrift Türst's (p. 326 u. 327), die mit einem * im Register angemerkt sind.

ä ö ü und ů wurden in deutschen Namen den entsprechenden einfachen Vocalen gleichgesetzt; an die Stelle von ó trat ö; ferner an diejenige von ŏ u.

† ) p. 50 ist das auf der Karte nicht ganz deutlich gerathene „Mülhen" irrthümlich als „Nüdhen" aufgeführt und mit wohl berechtigtem Fragezeichen als „Neunforn" erklärt worden.

†) Eher als an Vogogna (p. 56) ist an Vigevano zu denken. Dass die Tschudi'sche Karte den Ort so stark nach Norden verlegt, darf nicht zu sehr ins Gewicht fallen; auch Novara und Sion haben ein Gleiches erleiden müssen.

## Nachtrag.

p. 339 lies: Burghach statt Burgbach.

p. 341 schalte ein: Egerdon (Egretennm), Freiherren von 326.

Nachfolgend geben wir noch eine Uebersicht der in der Mailänder Handschrift Türst's (p. 326 u. 327) aufgeführten Schweizerischen Adelsgeschlechter unter näherer Bestimmung ihres Sitzes. Eine Anzahl von Namen, die im Register mit einem * versehen wurden, finden sich hier nun erklärt. Abgesehen von einigen unbedeutenden Zusätzen verdanken wir die Liste Herrn Zeller-Werdmüller in Zürich.

*Comites, Marchiones.*

Lenzburg.
Nidau.
Kärnthen (Corantie).
Habsburg.
Kiburg.
Neuenburg.
Buchegg.
Rothenburg.
Froburg.
Toggenburg.
Rapperswil, Vögte von.
Eschenbach.
Seedorf.
Spitzenberg.
Arberg.
Homberg.

*Barones.*

Grasburg (Bern).
Wolhusen (Luzern).
Zum Thurn (von Turn u. Gestelenburg, de la Tour Chatillon).
Ringgenberg (Bern).
Falkenstein (Solothurn).
Bechburg (Solothurn).
Spiez (Bern).
Arburg (Argau).
Wasserstelz (Klettgau).
Friedberg (bei Meilen).
Wädenswil (Zürich u. Bern).
Raron (Wallis).
Bussnang (Thurgau).
Bürglen (Thurgau).
Schwanden (Bern).
Lägern (Zürich).
Schwarzenbach (bei Wyl ?)
Freienstein (Zürich).
Hasenburg (Bern).
Strättlingen (Bern).
Signau (Bern).
Egerdon (Bern).

Gösgen (Solothurn).
Granson (Neuenburg).
Sarnes = Sargans?
Klingen (Thurgau).
Tegerfelden (Argau).
Wart (Zürich).
Regensberg (Zürich).
Grünenberg (Bern).
Seldenbüren (Zürich).
Krenkingen (Klettgau).
Bichelsee (Thurgau).
Maringen (Thurgau).
Illingen = Illens (Freiburg).
Senn (Senn v. Münsingen), (Bern).
Kempten (Zürich).
Baden (Argau).

*Nobiles.*

Reussegg (Lucern).
Eriswil (Bern).
Ruthen = Rudens? (Uri).
Urichi = Uerikon? (Zürich).
Küsnach (Zürich, Schwiz).
Fluntern (Zürich).
Lankhofen (Argau).
Hottingen (Zürich).
Mülner (Zürich).
Schön (Zürich).
Kloten (Zürich).
Kilchberg (Zürich).
Opfiken (Zürich).
Attinghusen (Uri).
Wollishofen (Zürich).
Hofstetten (Zürich).
Wagenberg (Zürich).
Usnaburg (S. Gallen).
Cham (Zug).
Affoltern (Zürich).
Böckli (Zürich).
Gessler von Brunegg (Argau).
Wellenberg (Thurgau).
Bettwiesen (Thurgau).
Hegi (Zürich).
Spiegelberg (Thurgau).
Schönenwert (Zürich).
Rorschach (S. Gallen).
Büsinger (Schaffhausen?).
Klingnau (Argau).
Schlatt (Zürich).
Ülingen (Klettgau?).
Stettfurt (Thurgau).
Beinwil (Argau, Solothurn).
Olten (Solothurn).
Arwangen (Bern).
Schimburg?
Utzingen (Bern).
Glaris (Glarus).
Hanenstein (Solothurn).
Heidegg (Lucern).
Diessenhofen (Thurgau).
Froburg (Solothurn).
Dapifer (Truchsess von Diessenhofen).
Wildegg (Argau).
Buchs (Argau? Lucern?)
Wartensee (St. Gallen).
Lütishofen (zu Lucern verbürgert).
Tannegg (Thurgau).
Herdern (Thurgau).
Hünenberg (Zug).
Hoppler (von Langenhart, Zürich).
Zwingenstein (S. Gallen).
Trostberg (Argau).
Küssenberg (Klettgau).
Hundwil (Hunnwil, Unterwalden).
Pfungen (Zürich).
Schönenstein (S. Galler Dienstleute).
Hilfikon (Argau).
Dübelstein (Zürich).
Monise = Manesse? (Zürich).
Tannegg (Thurgau).
Winterberg (Zürich).
Friesenberg (Zürich, Bern).
Hospenthal (Uri).
Moe (Uri, Lucern).
Knonau (Zürich).
Kranchthal (Bern).
Wengen (Thurgau, Bern).
Weissenau (Bern).
Medolevil = Madoltswile = Madiswil (Bern).
Pfister?
Rohrmos (Lucern).
Schauensee (Lucern).
Chunstein = Küngstein (Argau).
Wartenfels (Solothurn).

Langenstein (Bern, bei Melchnau).
Veringen?
Rubiewil = Rapperswil (Argau).
Roggwil (bei Arwangen, Bern).
Wil (Bern).
Iffenthal (Solothurn).
Vilsbach = Filisbach?
Hagberg (Solothurn).
Messen (Solothurn).
Rheinau.
Wetenwil = Witterswil? (Solothurn), Wittiwil? (Bern).
Döttingen (Argau).
Gutenburg (Bern).
Seeburg (Bern).
Urburg (Argau).
Schauenberg (Zürich, Basel).
Chorburg = Chorberg, Corbières (Freiburg).
Walterswil (Bern).
Grimmenstein (bei Winigen, Bern).
Liebegg (Argau).
Bürgistein (Bern).
Bonstetten (Zürich).
Zimikon (Zürich, Argau).
Strenchen = Streng (S. Gallische Dienstleute).
Unzwil = Unwillen? (bei Oberbalm, Bern).
Rheinau (Zürich).
Hertenstein (Lucern).
Sempach (Lucern).
Artingen?
Uffhusen (Lucern).
Wangen (Lucern).
Schlierbach (Lucern).
Sursee (Lucern).
Bubendorf (Baselland).
Oens (Bern).
Gelterkinden (Baselland).
Hegendorf (Solothurn).
Pfaffnach = Pfaffnau (Lucern).
Stettenberg (Gutthäter von S. Urban).
Buttenstein = Büttstein (bei Kirchdorf, Bern).
Tesell = Tessen = Diesse? (zwischen Bielersee und Jura).
Eriingen (Bern).
Vorkilchen (Argau).
Maltstetten (Bern).
Fremspergum = Freundsberg (Zürich).
Büren (Bern).
Schaler (Basel).
Manegg (Zürich).
Altestem = Altstetten, Meyer von.
Lochnau (bei Lindau).
Oberberg (bei Gossau).
Behem?
Bernang (S. Gallen).
Gossau (S. Gallen).
Hardegg (S. Gallen).
Grimmenstein (S. Gallen).
Hausen (S. Gallen).
Buchenstein (im Rheinthal).
Undrach = Unterach (S. Gallen).
Rheinegg (S. Gallen).
Löuberg (S. Gallen).
Töss (S. Galler Dienstleute).
Ratembergem = Rallenberg?
Hertenberg (Argau?).
Omen, Oem (S. Galler Dienstleute).
Munvil = Münchwilen? (Thurgau), oder = Muntwil?
Bamberg (S. Gallen).
Sternenberg (Solothurn).
Edeswil = Ederschwiler? (Bern).
Feldegg.
Ochsenhart (S. Gallische Dienstleute).
Lommis (Thurgau).
Thurberg (bei Weinfelden, Thurgau).
Furtergum?
Forwanden?
Lansbrevil = Lanzbrechtswil, Lampretswil (S. Gallen).
Burghachum = Burgäschi?
Termuvil Therwil (Baselland)?
Lochen (Thurgau).
Wildenrein (Thurgau?)
Reis = Rein? (S. Gallen).
Niederdorf.
Tolum?
Heldsberg (S. Gallen).
Spiez (Bern).
Wilberg (Zürich).
Bemmengen?

Kienberg (Solothurn).
Wolen (Argau).
Boslerl = Bochsler (Zürich).
Kolstab.
Ab Dorf.
Munolfingen = Mundelfingen (?)
Möggingen (Hegau, Zürich).
Esch (Zürich).
Erendingen (Argau).
Girsberg (Zürich).
Kornburg.
Lütisburg (Toggenburg).
Langenhart (Zürich).
Wissenwegen (Bürger zu Lucern).
Riedern (Thurgau).
Freudenfels (Thurgau).
Sengen (Argau).
Falkenstein (Solothurn).
Bünishofen (S. Gallen?).
Meggen (Lucern).
Oberdorf.
Littau (Lucern).
Iberg (Lucern).
Gwiggen (Vorarlberg).
Chil = Giel? (S. Gallen).

Druck:
Canon Deutschland Business Services GmbH
im Auftrag der KNV-Gruppe
Ferdinand-Jühlke-Str. 7
99095 Erfurt